EL ARGUMENTO DE CONTIGÜIDAD ONTOLÓGICA

EL ARGUMENTO DE CONTIGÜIDAD ONTOLÓGICA

De la antigüedad
a Tomás de Aquino

Gabriela de los Ángeles Caram

Caram, Gabriela de los Ángeles
 El argumento de contigüidad ontológica: de la antigüedad a Tomás
 de Aquino / Gabriela de los Ángeles Caram. – 1a ed . – Ciudad
 Autónoma de Buenos Aires: Teseo, 2017. 388 p.; 20 x 13 cm.
 ISBN 978-987-723-131-1
 1. Ontología. 2. Filosofía. I. Título.
 CDD 111

© Editorial Teseo, 2017

Buenos Aires, Argentina

Editorial Teseo

Hecho el depósito que previene la ley 11.723

Para sugerencias o comentarios acerca del contenido de esta obra, escríbanos a: **info@editorialteseo.com**

www.editorialteseo.com

ISBN: 9789877231311

Compaginado desde TeseoPress (www.teseopress.com)

*Dedicado a mi familia,
en eterna gratitud por su amor
y apoyo incondicional*

Índice

Agradecimientos 11
Siglas y abreviaturas 13
Introducción 15

Primera parte **19**

1. El argumento de la contigüidad ontológica en el
neoplatonismo 21
   La contigüidad ontológica en el neoplatonismo de
   Plotino 21
   La continuidad ontológica en el pensamiento de Proclo 59
   El Liber de Causis como fuente principal del
   pensamiento neoplatónico 85

2. El pensamiento de Dionisio y su recepción por
Tomás de Aquino 105
   Primera parte El pensamiento de Dionisio: contexto de
   su surgimiento y caracteres fundamentales 105
   Segunda parte Formulación del argumento de
   contigüidad ontológica en la obra dionisiana 134
   Conclusiones de la primera y de la segunda parte 140
   Tercera parte Recepción de la doctrina de Dionisio por
   Santo Tomás 141

Segunda parte **161**

3. La recepción del argumento de la contigüidad
ontológica en Tomás de Aquino 163
   Fuentes neoplatónicas del tomismo 163
   Obras de Tomás de Aquino y contextos en que aparece
   el argumento 190

4. El argumento de la contigüidad ontológica en aspectos específicos de la doctrina de Tomás de Aquino 297
   El argumento en la explicación de la jerarquía de los seres 297
   El argumento en la posibilidad de la intuición en el conocimiento humano 313
   El argumento en el fundamento de la sindéresis 332

Conclusiones generales 349
Bibliografía 369

Agradecimientos

En primer lugar quiero dar gracias a Dios por haberme concedido amorosamente la posibilidad de recorrer este camino de trabajo intelectual, tan caro a mi corazón y tan preciso a mi vocación, y por haberme sostenido en todo momento.

Mi gratitud es grande y tiene muchos destinatarios. Agradezco especialmente al Dr. Rubén Peretó Rivas, quien a lo largo de todos estos años ha impulsado mi crecimiento académico y personal, apoyando cada actividad de mi carrera, aconsejándome y guiándome certeramente en cada etapa. Como director de esta investigación, le debo particular gratitud por su excelente disposición e indispensable favor.

A mis colegas y amigos del Centro de Estudios Filosóficos Medievales, profesionales íntegros, de quienes recibí aportes positivos y ayuda generosa; menciono especialmente al Dr. Ceferino Muñoz, por su ayuda y asistencia constante; al Dr. José Mendoza, por su compañerismo y apertura para compartir bienes intelectuales, y al Dr. Cristian Benavides, quien puso a mi disposición textos básicos para el desarrollo de esta tesis.

Al Dr. Hugo Costarelli Brandi, profesor, colega y amigo, modelo de persona y de investigador, que supo iluminar mi pensamiento en diversas ocasiones con sus reflexiones y precisiones en el ámbito del saber y en el espiritual.

A la Institución de la Facultad de Filosofía y Letras de la Universidad Nacional de Cuyo, verdadera sede del amor a la sabiduría y de maestros honorables, donde pude efectivizar mi estudio y mi trabajo, y donde hoy puedo seguir creciendo.

A todos aquellos investigadores, profesores, doctores y maestros, que en diferentes eventos científicos y reuniones amicales me han enriquecido con su calidad humana y la profundidad de sus conocimientos.

A mi familia, por proporcionarme cotidianamente tanto amor, contención, esperanza y felicidad a lo largo de este trayecto, y de toda mi vida.

Siglas y abreviaturas

Obras de Tomás de Aquino

C.G.	Summa contra gentiles
De Anima	Quaestiones disputatae de anima
De malo	Quaestiones disputatae de malo
De Pot.	Quaestiones disputatae de potentia
De Spir. Creat.	Quaestio disputata de spiritualibus creaturis
De Sub. Sep.	De substantiis separatis
De Ver.	Quaestiones disputatae de veritate
In Ad Tim.	Super Epistolam ad Timotheum lectura
In De Anima	Sententia libri De anima
In De caelo	In libros Aristotelis De caelo et mundo expositio
In De causis	In librum de Causis expositio
In De Div.Nom.	In librum beati Dionysii De divinis nominibus expositio
In De Hebd.	Expositio libri Boetii De ebdomadibus
In De Trin.	Super Boetium De Trinitate
In Ethic.	Sententia libri Ethicorum
In Metaphys.	In libros Aristotelis Metaphysicorum expositio
In Post. Anal.	Expositio libri Posteriorum
In Sent.	Scriptum super libros Sententiarum

Op. Theol.	Opuscula Theologica
Quodl.	Quaestiones de quodlibet
S.Th.	Summa theologiae

Introducción

La historia de la filosofía y los críticos del pensamiento filosófico han considerado en gran medida a Tomás de Aquino como un heredero de Aristóteles en grado casi exclusivo, llegando a acuñar la célebre, y equívoca, expresión "filosofía aristotélico-tomista". En muchos casos, incluso, se ha desestimado la presencia de otras tradiciones filosóficas, especialmente del neoplatonismo, en Tomás. Pero la lectura atenta de la obra del Aquinate y los estudios recientes muestran de un modo suficientemente claro el influjo inequívoco de autores y de obras que deben ser inscritos en otras tradiciones de pensamiento diversas a la de Aristóteles, entre ellos Plotino, Proclo, el trabajo anónimo del *Liber de Causis*, y, fundamentalmente, el aporte de Dionisio Areopagita.

Sin embargo, se percibe la necesidad de mostrar de un modo aún más contundente estas presencias a través del seguimiento minucioso, a lo largo de toda la obra tomasiana, de argumentos tales como el que se propone en esta tesis. Este estudio no sólo permite manifestar la deuda de Tomás con Dionisio y los sistemas de pensamiento anteriores a éste, sino también ubicar un argumento concreto, el de la contigüidad ontológica, dentro de su doctrina, lo cual no es un detalle menor.

En este contexto señalamos que el auge del tomismo, producido a fines del siglo XIX y durante la primera mitad del XX, produjo que algunos estudiosos prestaran atención a la presencia de autores que no provenían de la escuela del Estagirita en la obra de Tomás. Mencionamos, entre los más recientes, a Cornelio Fabro, principalmente con sus libros *Introducción al tomismo* (Rialp, Madrid, 2º edición, 1999); *La nozione metafisica di participazione secondo San Tommaso d'Aquino* (Edivi, Segni, 2005) y *Participazione e causalità* (Società Editrice Internazionale, Torino, 1960); J. Peghaire y su estudio *Intellectus et ratio selon S. Thomas d'Aquin* (Vrin, París, 1936) e Ignacio Andereggen con su tesis *La metafísica de Santo Tomás en la Exposición sobre el* De divinis nominibus *de Dionisio Areopagita* (Educa, Buenos Aires, 1989). Estos antecedentes, entre otros, ofrecen la base suficiente para establecer un punto de partida que permite adentrarse en la exploración de uno de los aportes realizados por Dionisio, a saber, su argumento de la contigüidad ontológica. Tal estudio no ha sido hecho hasta el momento y se inscribe en el especial interés que numerosos conocedores de la obra de Tomás están dirigiendo sobre la presencia dionisiana en su obra.

La tesis que se presenta a continuación es el resultado de las investigaciones que tienen como punto central de reflexión el principio de la contigüidad ontológica de los seres, que podría ser formulado brevemente del siguiente modo: *Natura inferior secundum supremum sui attingit infimum naturae superioris*, esto es, la naturaleza inferior en lo superior de sí "toca" a lo inferior de la naturaleza superior. Existe una afinidad metafísica según la cual la realidad es comprendida jerárquicamente como una analogía de seres, que se ordenan en cascadas descendentes hasta el último grado: cada nivel entitativo inferior tiene su origen en la atenuación del grado superior inmediato que le antecede.

El objetivo específico de esta investigación consiste en estudiar con detenimiento el argumento de la contigüidad ontológica en la tradición neoplatónica reparando de un modo particular en la reflexión de Dionisio Areopagita. Dicho argumento aparece por primera vez enunciado con claridad en la obra de Dionisio, cuya formación fue eminentemente neoplatónica, pero perteneciente de raíz al horizonte de pensamiento cristiano. Se puede afirmar que en Dionisio –este enigmático monje sirio del siglo V de la era cristiana– las relaciones entre helenismo y cristianismo se hacen patentes. De este autor, pasará a los maestros medievales y será recepcionado también por Tomás de Aquino. Cabe destacar, además, que nuestro trabajo se sitúa en la conjunción de lo que podríamos llamar la "filosofía patrística" y la "filosofía medieval". Ciertamente, estamos estudiando la recepción de un autor patrístico –y sus influencias filosóficas fundamentales– en otro autor medieval. Esta investigación se propone también como objetivo abordar el hecho mismo de la recepción de este importante principio metafísico por el Aquinate y, fundamentalmente, su ubicación dentro de la estructura de su obra, mirando de modo particular la importancia que se le asigna como piedra basal de diversas afirmaciones cardinales de la doctrina tomasiana. En efecto, se trata de un argumento sobre el que Tomás cimenta numerosos aspectos de su pensamiento, tanto en el plano estrictamente metafísico como también en el antropológico y en el ético. Un estudio pormenorizado de su rol dentro de la obra tomasiana puede contribuir a esclarecer aún más las reflexiones filosóficas del autor como así también aportar un dato nuevo y significativo a la crítica de su obra.

Luego de un rastreo detenido a lo largo de su *Opera Omnia*, nuestra investigación examina los casos en los cuales Santo Tomás emplea el argumento de la contigüidad ontológica, que aparecen distinguidos en los diversos ámbitos temáticos en los que se encuentra desarrollado; destacamos en particular tres de ellos: el metafísico, el gnoseológico y el moral. El trabajo pretende mostrar la importancia e, incluso, la centralidad que posee el pensamiento dionisiano dentro de la obra de Tomás de Aquino, y se expondrán los diversos matices que surjan en cada caso.

Conforme a lo expuesto, la hipótesis sobre la que hemos trabajado puede formularse de la siguiente manera: el argumento de la contigüidad ontológica recibido por Tomás de Aquino a partir de la obra de Dionisio Areopagita y cuyos puntuales antecedentes provienen del neoplatonismo, se constituye en el argumento basal sobre el que construye numerosos aspectos de su doctrina, principalmente aquellos referidos al tipo y al alcance del conocimiento humano y de la capacidad humana natural del conocimiento del primer principio moral.

Para esta investigación hemos utilizado el método histórico-hermenéutico. Destacamos, sin embargo, que no es un trabajo técnico-histórico y que, si bien toca temas teológicos, posee una clara definición filosófica. Se realiza una hermenéutica minuciosa de los textos, de autores y de obras de cariz neoplatónico, de Dionisio y de Tomás, lo cual abre el espacio de reflexión que posibilita la comprobación de la hipótesis planteada.

A modo de síntesis, se busca localizar los antecedentes del argumento de la contigüidad ontológica en la tradición neoplatónica, examinando específicamente sus elementos fundantes en la obra de Plotino, en la de Proclo y en el *Liber de Causis*, fuentes relevantes para la configuración de dicho principio. Como siguiente objetivo, se plantea la necesidad de estudiar dicha argumentación formalmente desarrollada en la obra dionisiana, para luego pasar a las diversas formulaciones presentes en la *Opera Omnia* de Santo Tomás de Aquino. De todo ello se espera poder mostrar la importancia y la centralidad del pensamiento dionisiano dentro de la obra del Aquinate, y de ese modo matizar la visión predominante.

Primera parte

1

El argumento de la contigüidad ontológica en el neoplatonismo

La contigüidad ontológica en el neoplatonismo de Plotino

Introducción

Plotino[1] (205-270) vivió durante una de las épocas más turbulentas de la historia de Roma: la época de la gran crisis del siglo III d. C., que se inicia en el siglo anterior con el reinado de Cómodo (180-192) y se prolonga hasta la monarquía militar de los Severos (193-235). Época de crisis,

---

[1] Nació en el 204 o el 205 en la ciudad egipcia Licópolis, hoy Assiut. En el 232 entró en el círculo de Sakkas en Alejandría. Se dice de él que recogía niños huérfanos y les daba educación. Su discípulo Porfirio, autor de su biografía *Vida de Plotino* y de la sistematización y publicación de su obra central *Enéadas*, refiere que en los seis años que estuvo con él tuvo hasta cuatro uniones místicas. Desde el año 254 comienza a poner sus obras por escrito. Sus tratados son en total 54 y están ordenados en seis grupos de nueve, resultado de lo cual reciben el nombre de *Enéadas*. Se considera como uno de los tratados más sólidos de la Antigüedad, junto a los de Platón y los de Aristóteles. Murió aquejado de una dolorosa enfermedad (lepra) en el 270 d.C. a los 66 años, en Campania. Definido como neoplatónico místico, Plotino realiza una nueva fundamentación de la metafísica clásica, tomando caminos más ligados a la mística de raigambre pitagórica y platónica que al camino seguido por Aristóteles.

pero además de una conciencia de crisis, que se va reflejando en la mayoría de los escritores de ese tiempo en que las *Enéadas* crean una atmósfera de sereno pensamiento.[2] A los veintisiete años se sintió conmovido por una especie de llamado interior que lo condujo a su conversión a la filosofía por motivos de trasfondo religioso y moral. Debía comenzar con un estudio filosófico serio, por lo que se emprendió su estudio con los maestros más prestigiosos de la escuela de Alejandría, pero sólo en el platónico Ammonio encontró un maestro de verdadera enseñanza, al que siguió durante 11 años completos.

Junto con Ammonio Sakkas,[3] ha sido considerado el fundador del neoplatonismo. Definido como neoplatónico místico, Plotino realizó una nueva fundamentación de la metafísica clásica, tomando caminos ligados a la mística de raíz pitagórica y platónica.[4] Su pensamiento permanece unido a la tesis griega tradicional, asimilada por Platón y retenida en el platonismo medio, que entiende lo divino como καλός καγαθός,[5] aunque va más allá de ella.[6]

Uno de los aspectos más atractivos del neoplatonismo, en particular en el pensamiento de Plotino, es la visión unitaria y armónica que expone sobre el universo, concebido no como un conjunto de seres relacionados externamente, sino como *"legato con amore in un volumen"*.[7] Un estudio profundo de este pensador permite observar una continuidad

---

[2] Sobre esta época puede leerse E. R. Dodds, *Pagan and Cristian in an Age of Anxiety*, Cambridge, Cambridge University Press, 1965, p. 3, que se refiere al período que va desde la subida al trono de Marco Aurelio hasta la conversión de Constantino.

[3] Su sobrenombre procede del trabajo de cargador que realizaba en su juventud en el muelle, "cargador de sacos" (en griego σάκκας).

[4] Para este tema, consultar la introducción de P. Henry, "The place of Plotinus in the History of Thought", de la traducción de S. Mackenna en: Plotinus, *The Enneads*, London, LP Classic Reprint Series, 1991, p. 39.

[5] Responde a la expresión griega: καλός καγαθός: lo bello y bueno.

[6] F. G. Bazán, *Plotino. Sobre la trascendencia divina*, Mendoza, Ed. de la Facultad de Filosofía y Letras (U.N.Cuyo), 1992, p. 18.

[7] Dante, citado por V. Mathieu, *Perché leggere Plotino*, Milano, Rusconi, 1992, p. 131.

que es tal por la procesión de los seres que se despliega a partir del Uno, en una secuencia en la que cada ser es generado a partir de la contemplación de sí mismo de su origen (o su causa antecedente). En este sentido, pueden encontrarse los antecedentes de la filosofía procleana, en cuanto que en el desarrollo hay una búsqueda de unidad de las procesiones, en una cadena que relaciona profundamente cada esfera óntica con su precedente y origen, y con la siguiente. El objetivo de esta sección es delinear los elementos salientes del pensamiento de Plotino que muestran la continuidad sin fisuras que configura la realidad y sus diferentes estadíos.

La configuración de la realidad

Dentro de la metafísica plotiniana se reconoce como fuente y explicación de la consistencia de toda la realidad la presencia de un origen desde el Uno.[8] Este pensamiento permite establecer una escala de seres que tiene su explicación en la diversidad de niveles que se establecen según la unidad presente en ellos. Cuanto más ser más unidad, piensa Plotino, y cuanto menos ser menos unidad. Esto vale tanto para el ámbito ontológico cuanto para el ámbito gnoseológico; esto es, si se puede dar de cada realidad una definición, es porque se dice de ella que es *una*, y a esto debe su existencia.

Un profundo vínculo causal comunica a los seres entre sí, por el cual ellos participan del Uno de manera descendente: cada ser da aquello que ha tomado del ser inmediatamente superior y recibe en la medida de su posibilidad específica de receptividad. De este modo, un ser acoge una unidad derivada del ser precedente y según una degradación ordenada; por esto puede a su vez dar ser (dar unidad) al ser inmediatamente sucesivo. La unidad de cada cosa, por

---

[8] Cfr Plotino, *Enéadas*, Introducciones, traducciones y notas de J. Igal, Madrid, Gredos, 1985, VI, 9, 1-2.

tanto, depende de su posición en la escala de los seres, la cual se debe a su receptividad y a su capacidad de comunicar algo a la realidad que viene después de ella.

Tal es el proceso de generación en los seres: primero se necesita un ser en acto; luego, el ser que le siga, será ya en potencia lo que aquél es en acto: el ser primero está muy por encima de los seres que le suceden e, igualmente, de todo lo que él da; es algo superior a todo eso. Si hay, pues, algo anterior al acto, estará también más allá del acto y, por consiguiente, más allá de la vida. Si la vida la situamos en la inteligencia, no cabrá duda alguna que quien dio la vida poseerá más belleza y más honores que la vida misma. La inteligencia posee la vida (…). Porque la vida es como una huella de este principio, pero no vida de él. Es ilimitada desde el momento en que dirige sus miradas hacia ese principio; mas se limita una vez que lo ha visto, sin que por eso adquiera el principio límite alguno. Por esta contemplación del Uno la inteligencia adquiere un límite inmediato y, con la limitación, su propia determinación y su forma. La forma es algo que ella recibe en tanto el principio productor permanece amorfo. Y el límite, a su vez, no viene de fuera, como puede ocurrir a lo que da contorno a una magnitud, sino que constituye lo que delimita la vida universal, que es múltiple e infinita, como salido lleno de luz de la naturaleza del Bien.[9]

La realidad viene así configurada en grados descendentes y proporcionados según la naturaleza de cada cosa. Así se da en todas partes el ser, pero no de manera idéntica, y en ese sentido parece haber un bien primero, un bien segundo y un bien posterior. El uno procede del otro, y el posterior del anterior, de tal modo que, afirmando todos ellos su proveniencia del Uno, afirman también su participación en él aunque siguiendo cada cual la naturaleza que le es propia.[10] A partir de esta argumentación, afirma que el bien que se

---

9 Plotino, *Enéadas*, VI, 7, 17.
10 Cfr. Plotino, *Enéadas*, VI, 2, 17.

da en el ser es el acto del ser, o lo que es lo mismo, el acto propio que le lleva hacia el Uno. Este acto será su bien, puesto que hace que tenga la forma del bien.[11] Con relación a la naturaleza de la realidad, ésta es vida y actividad, pero se trata de una vida y una actividad *intelectiva* y *contemplativa*. Todos los seres aspiran a la contemplación, toda acción tiene puesto su afán en ella, pues éste es el fin al que miran tanto los racionales como los irracionales y la naturaleza residente en las plantas y en la tierra que las alimenta. Unos contemplan y alcanzan la contemplación de una manera y otros de otra, unos más perfectamente que otros.[12] Ahora bien, ¿cómo puede la Naturaleza alcanzar contemplación alguna? La suya propia no es la que resulta del razonamiento, si por "resultante del razonamiento" se entiende el examen del contenido propio. Pero porque posee contemplación es por lo que produce, y de ella procede el reino de lo inanimado. Producir significa para ella ser por sí misma lo que es y lo productivo de ella se identifica con la totalidad de su ser.

La llamada "Naturaleza", como es un Alma que es hija de un Alma anterior de vida más pujante, como posee en sí misma una contemplación en callada quietud sin volverse hacia arriba y sin descender tampoco más abajo, sino estando quieta donde está, de ese modo, en virtud de su propia quietud, en virtud de esa comprensión y de una especie de autoconsciencia, vio –como era capaz de ver– lo que viene a continuación de ella, y ya no se puso a buscar otras cosas una vez que hubo creado un espectáculo esplendente y gracioso. Y tanto si uno quiere atribuirle cierta comprensión como si quiere atribuirle cierta percepción, no es como la percepción o la comprensión de que hablamos en el caso de los otros seres, sino como la que se tiene en sueños comparada con la de quien está despierto. Porque la Naturaleza halla descanso contemplando su propio espectáculo, obtenido como resultado de quedarse en

---

[11] Cfr. Plotino, *Enéadas*, VI, 2, 17.
[12] Cfr. Plotino, *Enéadas*, III, 8, 1.

sí misma y consigo misma y de ser objeto de contemplación. Así que es una contemplación silenciosa aunque un tanto desvaída. Hay, en efecto, otra contemplación más clarividente que ella; ella, en cambio, es imagen de otra contemplación. Y precisamente por eso, lo engendrado por ella es totalmente débil, porque una contemplación que se debilita engendra un objeto débil de contemplación.[13]

Plotino toma de Aristóteles la concepción de la gradación escalonada de niveles de vida, pero los interpreta como niveles de intelección, por eso considera que hasta las plantas contemplan. Si para Aristóteles la vegetatividad es nutrición y reproducción, Plotino los considera ante todo como contemplación, más difusa, pero contemplación al fin.[14]

Hay intelecciones de primero, segundo, tercero y cuarto grado en correspondencia con el grado de vida considerado. Toda vida es una forma de intelección, con lo cual hay intelecciones que son más borrosas que otras. El grado más perfecto de vida es la inteligencia, que es *intelección intuitiva*, grado al cual siguen los tres niveles de vida del Alma: racional, sensitivo y vegetativo. A éstos conciernen tres niveles de intelección progresivamente más indeterminados.[15]

La actividad contemplativa es tan fecunda que permite la sucesiva procesión de las hipóstasis, de manera que existe en el seno de las relaciones una connaturalidad que es como si el mismo Uno adquiriera diversas determinaciones,[16] y en esto reside la unidad que caracteriza el pensamiento de

---

[13] Plotino, *Enéadas*, III, 8, 4.
[14] Cfr. Plotino, *Enéadas*, Madrid, Gredos, 1982, Introducción General de J. Igal, p. 33.
[15] Cfr. D. P. Hunt, "Contemplation and hypostatic procession in Plotinus", *Apeiron: A Journal for Ancient Philosophy and Science* 15/2 (1982), p. 71: "(...) *this processional structure is at every stage advanced by the occurrence of a "contemplation" wich in some way informs the procession to the next stage»*.
[16] Jean Trouillard habla de "purificación" como la negación o determinaciones que va adquiriendo la fecundidad germinal e indivisa del Uno. Ver J. Trouillard, *La Procession plotinnienne et la Purification plotinniene*, Paris, Presses Universitaires de France, 1955, pp. 69-80.

Plotino. La donación sucesiva de ser implica que cada procesión envuelve un grado de determinación diferente en la jerarquía hipostática, en una única armonía universal.

La jerarquía ontológica

En el sistema derivativo de Plotino todo proviene de un único principio: el Uno-Bien, un principio divino del cual todo depende y por el cual todo es, vive y piensa.[17] La dependencia radical del Uno se muestra en el proceder de cada realidad de aquella que le precede y se realiza por medio de intermediarios. El Alma depende de la Inteligencia y la Inteligencia del Bien, entonces todas las cosas son sostenidas por el Bien. La más extrema distancia está constituida por la realidad sensible que depende del Alma.[18]

El esquema propuesto podría presentarse sintéticamente de la siguiente manera: el Uno-Bien sería el principio no creado que está más allá de toda contingencia; es así causa incausada, máxima perfección, realidad in-forme, en cuanto no posee una forma determinada, no posee determinaciones ni multiplicidad, ni composición en sí mismo. La Inteligencia procede como la primera realidad derivada del Uno, poseedora de la máxima plenitud y belleza ontológica, capaz de contemplar al Uno, de quien recibe su propia consistencia y la posibilidad de poseer en sí todos los inteligibles.

El alma es una realidad que deriva de la Inteligencia en su ser y en su poder de tener también los inteligibles, de un modo diferente a aquélla. Plotino hace una división entre las diversas almas: las que no están unidas a la materia y las que sí lo están. Finalmente el mundo material con su multiplicidad y complejidad, que aparece como un límite inferior

---

[17] Cfr. Plotino, *Enéadas*, I, 6, 7 y VI, 7, 41.
[18] Cfr. Plotino, *Enéadas*, VI, 7, 42.

concebible, pero sin existencia autónoma (por su falta de unidad). La noción de materia implica sólo receptividad sin el poder de comunicar nada a nadie.[19]

Plotino no inventa ciertamente su esquema, sino que éste procede de la elaboración de una larga tradición filosófica, en la cual el universo es concebido como una graduación bastante definida de la realidad, en una dependencia según anterioridad y posterioridad ontológica. El lugar de cada realidad depende de su unidad, y ésta, a su vez, depende de su receptividad, la cual es mayor o menor según la cercanía o la lejanía respecto del Uno. Sería un error no ver el profundo nexo que existe entre toda la realidad: todos los seres se encuentran en comunicación unos con otros de modo tal que los intermedios permiten la comunicación de los inferiores con los superiores y con el Uno. En esta totalidad, la presencia de la causa se encuentra en lo causado, y a su vez, el Principio no se encuentra en ningún lugar, sino que se encuentra en todos. El Uno es infinita fuerza rebosante que hacer ser a todo cuanto existe.[20]

La jerarquía es una característica palmaria de este pensamiento.[21] Pero es notable que en muchos pasajes, Plotino muestra que su mirada de la jerarquía no sólo es vertical sino que curiosamente puede ser vista concéntricamente.[22] El Uno está actualmente en el núcleo de toda la realidad, como el centro de un círculo, tal como aparece en *Enéada* IV 3, 17:

---

[19] Cfr. Plotino, *Enéadas*, V, 3, 15.
[20] Cfr. G. Reale, "Fundamentos de la Metafísica de Plotino", *Anuario Filosófico* 33 (2000), p. 168.
[21] Para una mayor aproximación al tema ver D. O'Meara, *Structures hiérarchiques dans la pensée de Plotin*, Leiden, Brill, 1975.
[22] Cfr. J. Dillon, "Plotinus at Work on Platonism", *Greece & Rome* 39/2 (1992), p. 192.

Efectivamente, hay una especie de foco central y, bordeando a éste, un círculo que refulge con luz venida de aquél; bordeando a éstos, hay otro círculo que es luz de luz; pero hay otro círculo por fuera de éstos, y ese ya no es luminoso, sino que está necesitado de resplandor ajeno por falta de luz propia.

En esta imagen, el foco central representa al Uno-Bien, y los tres círculos concéntricos que lo rodean a la Inteligencia, al Alma, y al cosmos sensible respectivamente. Y continúa explicando:

> Imaginémoslo como una rueda, o mejor, como una esfera de ese tipo -es decir, con falta de luz propia-, una esfera que toma de la tercera, como contigua a ella, todo el fulgor que despide aquélla. Pues bien, aquel gran foco central ilumina permaneciendo fijo mientras otras son atraídas demasiado por el reverbero de la zona iluminada por ellas.[23]

Asimismo, el universo plotiniano se presenta sostenido en la unidad por un doble proceso de interacción entre los niveles de realidad. Uno, llamado de "procesión" (πρόοδος), por el cual se da una suerte de iluminación o irradiación de los inferiores por los superiores, sin que el superior pierda parte de sí en este sistema. El otro, llamado de "reversión" (ἐπιστροφή), esto es, de retorno, es el reflejarse del Principio en sí mismo a través de un autodespliegue que vuelve a sí en un "retorno contemplativo",[24] lo cual se realiza en el proceder diferenciado de la multiplicidad que retorna al Uno, movimiento que es considerado como una identidad dinámica.

---

[23] Cfr. Plotino, *Enéadas*, VI, 3, 17.
[24] Cfr. G. Reale, "Fundamentos de la Metafísica de Plotino", p. 176.

Procesión y retorno

Plotino considera que la realidad es vida y actividad. Pero se pueden distinguir dos géneros de actividad: la constitutiva de la esencia de cada cosa y la resultante de la esencia de cada cosa.[25] Con lo cual se produce una transmisión de la vida, en una *procesión* en la que cada término está constituido por una actividad y, a la vez, es liberador y transmisor de una nueva actividad, de la misma manera que el fuego tiene un calor inmanente y otro calor que libera o transmite.[26] Esta analogía del fuego es aplicada al orden de los seres. En esta totalidad, el Uno está más allá de toda esencia y de la vida, y no cabe hablar propiamente de una actividad constitutiva de su esencia, sino que es pre-vida, pre-actividad y pre-esencia, es plenitud total y origen de lo que en niveles inferiores se presenta como vida, actividad y esencia.

En este proceder, la actividad segunda es liberada por la primera *necesariamente*, lo cual responde al principio de la productividad de lo perfecto: "todas las cosas, cuando ya son perfectas, engendran",[27] principio que surge por una especie de inducción del reino de lo sensible, a partir de un principio aristotélico que el Estagirita desarrolla en el marco de sus estudios biológicos. Sucede con las plantas y los animales que, cuando han llegado a cierta madurez, engendran un nuevo ser semejante a ellos. Semejante, pero no igual, y necesariamente menos perfecto. La Inteligencia procede del Uno-Bien así como el Alma procede de la Inteligencia, a partir de una especie de desbordamiento de la sobreabundancia de sus respectivas causas.[28] Esto responde además al *principio de degradación progresiva* o descenso continuo, que implica que cada nuevo término es siempre un término inferior; lo generado se manifiesta siempre más

---

[25] Cfr. Plotino, *Enéadas*, V, 4, 2.
[26] Cfr. Plotino, *Enéadas*, V, 1, 3, 10; V, 4, 2, 30-33.
[27] Plotino, *Enéadas*, V, 1, 6, 38.
[28] Cfr. Plotino, *Enéadas*, V, 2, 1, 7-16.

imperfecto que lo generante,[29] pero engendra necesariamente lo más perfecto después de él,[30] por eso no hay nada que medie entre el Uno y la Inteligencia, ni nada tampoco entre la Inteligencia y el Alma. El esquema de producción se repite en todos los niveles de la realidad: primero, el poder de cierto ser lleva a un sustrato indeterminado a un nivel más bajo que él mismo y luego, volviéndose contemplativamente hacia su origen, desarrolla su propio y específico ser. Este sustrato no es completamente indeterminado –por eso es ser–: tiene una capacidad de desarrollar su forma. Es decir que las formas no son impuestas desde afuera, sino que están potencialmente presentes en el sustrato y necesitan el retorno a su origen para ser actualizadas.[31]

La procesión plotiniana guarda cierto parecido con la emanación pero se diferencia de ésta en que, en la medida en que un ser va procediendo de otro, no se produce una pérdida de la sustancia del ser superior, ni tampoco una suerte de retransmisión de energía con desgaste de la propia. Pero tampoco se trata de una creación artesanal sino que su esquema tiene un parecido con la creación *ex nihilo*, en cuanto que el nuevo ser es originado en su totalidad y no a partir de un material dado. Pero tampoco es sacado de la nada en virtud de un acto libre, como sucede en aquélla, porque *procede necesariamente* de su inmediato anterior. Por último, se puede afirmar que se asemeja a la generación en que el ser generado proviene de su progenitor, pero difiere de ella en que el ser generado es siempre inferior, y no de la misma especie, como sucedería en el modo de la generación.

---

[29] Cfr. Plotino, *Enéadas*, V, 5, 13, 37-38.
[30] Cfr. Plotino, *Enéadas*, V, 4, 1, 40-41.
[31] Cfr. Plotino, *Enéadas*, III, 4, 1. Cfr. también: G. Van Riel, "Horizontalism o Verticalism? Proclus, Plotinus on the Procession of Matter", *Phronesis* 46/2 (2001), p. 136.

Trouillard piensa en la procesión plotiniana según un esquema afín que denomina de "procesión-conversión", en el cual se produce una continuidad sin fisuras que se mantiene en la unidad de la referencia siempre al Uno.[32] La conversión alude al permanente retorno a la Causa, pero en una íntima unidad con ella. El νοῦς reencuentra al Uno por virtud de la similitud y connaturalidad que posee con respecto a él (ὁμοιότης, συγγένεια). La permanencia de su contacto con el Uno genera la conversión indefectible que mueve al νοῦς hacia su principio y por lo cual se produce la posibilidad del engendramiento de un orden nuevo: el alma.[33] La materia constituye el término extremo de la procesión –que deriva de la reversión del alma y contemplación de su principio– y su orientación, radicalmente centrífuga, compromete la posibilidad de conversión.[34]

El Uno, la Inteligencia, el Alma y la materia

El Uno

Plotino plantea la existencia de un principio inengendrado, el primer Principio o lo Supremo, el Uno, al que llama también "primera hipóstasis". El Bien es el Uno. Bien y Uno se identifican a raíz de lo que Plotino llama el principio más firme de todos: que la tendencia innata de todos los seres al Bien es tendencia a la unidad.[35] Conoce a fondo la filosofía platónica –los dos diálogos que más cita son el *Timeo* y la *República*– y lo cita en más 150 oportunidades,[36] en las que se examina la cuestión del Bien y sus aplicaciones. Para Plotino, como para Platón, el Bien es el fundamento del

---

[32] J. Trouillard, *La Procession plotinnienne...*, pp. 10-11.
[33] Cfr. J. Trouillard, *La Procession plotinnienne...*, pp. 43-45 y 46-49.
[34] Cfr. J. Trouillard, *La Procession plotinnienne...*, pp. 14-20.
[35] Cfr. Plotino, *Enéadas*, VI, 5, 1.
[36] Cfr. F. García Bazán, *Plotino. Sobre la trascendencia divina*, p. 189.

ser y no a la inversa. Todos los seres, tanto los inteligibles como los sensibles, son seres por la unidad, hallan su bien en ella y tienden a ella. Una de las citas reiteradamente utilizadas por Plotino para afianzar su doctrina del Bien es el pasaje 141e 9-142a 9 del *Parménides*,[37] en el que se afirma que lo Uno *no* participa del ser y por lo tanto *no es* en absoluto. En tanto que existe como Uno no es, porque si fuese ya existiría como lo que es y lo que participa del ser. No tiene nombre ni definición; no hay ciencia ni sensación ni opinión de Él. Entonces el Uno (τὸ ἥν) no es cognoscible y en cuanto es opuesto a lo múltiple (πολλά) queda rigurosamente determinado como no ser. Si no puede ser una pluralidad a causa de su misma noción, resulta que no es ni una parte ni tampoco un todo, por lo que carece de principio, medio y fin. Si no tiene comienzo ni fin, no tiene límites (ἄπειρον). Así entendido como simple, posee ausencia de partes, de particularidades, de determinaciones o de relaciones entitativas. Citando la *Carta VII* de Platón,[38] explica la dificultad de expresarse sobre la naturaleza del Bien y la práctica de su contacto, por ser la experiencia más inefable y preciosa que un filósofo pueda tener. No es algo que se pueda decir como los demás saberes e implica por ello necesariamente una dificultad en su manifestación y su enseñanza. El Uno es infinito, pero su infinitud no envuelve el carácter de ilimitación en el tiempo y en el espacio, que la Antigüedad consideró como un absurdo lógico, sino que, a causa de su inabarcabilidad propia, rechaza en sí cualquier limitación. Esta inabarcabilidad dice *omnipresencia*: el Uno de la primera hipótesis del

---

[37] Platón, *Diálogos V. Parménides. Teeteto. Sofista. Político*, introducciones, traducciones y notas de Ma. I. Santa Cruz, Á. Vallejo Campos y N. Luis Cordero, Madrid, Gredos, 2000, 141e 9- 42a 9: "De ningún modo, entonces, lo uno es. (...) En consecuencia, tampoco hay modo de que sea uno; pues ya sería algo que es y que participa del ser. Pero, según parece lo uno ni es uno ni es (...). Por lo tanto, no hay para él ni nombre ni enunciado, ni ciencia, ni sensación ni opinión que le correspondan".

[38] Platón, *Diálogos VII. Carta VII*, Introducción de Juan Zaragoza, Madrid, Gredos, 1992.

Parménides no está en ninguna parte, ni en sí mismo ni en otro,[39] en cambio, el plotiniano está en todas partes y no está en ninguna parte, está en todas las cosas y no está en ninguna.[40] Según Plotino, los antecedentes contienen a sus consecuentes sin estar contenidos por éstos; así, el Principio está en todas las cosas porque las contiene a todas, pero no está en ninguna porque no está contenido por ninguna;[41] presente en todas pero sin mezclarse con ninguna.[42]

Es la Causa primera y final del universo desde la cual deriva una jerarquía ontológica según grados de ser. El Bien como primer Principio, como aparece en la *Enéada IV* (2, 4), es sólo Uno. Lo Uno se caracteriza como Realidad no manifiesta (ἐκέκρυπτο), carente de forma, inmutable y anterior a los seres y a la multiplicidad; es el origen de la procesión. Como es simple y lo primero de todo, es lo más autosuficiente; es Uno con exclusividad, porque si existiera otra naturaleza semejante ambas se identificarían de algún modo. Siguiendo al maestro de la antigüedad griega, pone de relieve la superioridad del Bien, en cuanto está más allá del intelecto.

> y siempre que digamos "el Bien", hay que pensar que su naturaleza es la misma, y que la llamamos "una" no tratando de predicar nada de ella, sino tratando de mostrárnosla a nosotros mismos como podemos; que la llamamos "el Primero" por esta razón, porque es algo simplísimo y el "Autosuficiente", porque no consta de varios componentes; y que decimos que no está en otro, porque todo lo que está en otro, también proviene de otro. Si, pues, tampoco proviene de otro, ni está en otro ni es ningún compuesto, síguese forzosamente que no hay nada por encima de él.

---

[39] Platón, *Carta VII*, 138 a 2-b 6.
[40] Cfr Plotino, *Enéadas*, III, 9, 4.
[41] Cfr.Plotino, *Enéadas*, V, 5, 9, 1-26.
[42] Cfr. Plotino, *Enéadas*, V, 4, 1, 6-8.

No debemos, por tanto, recurrir a otros principios, sino colocar a éste el primero; luego, después de él, a la Inteligencia y al Inteligente primario, y luego, después de la Inteligencia, al Alma –éste es, efectivamente, el orden conforme a la naturaleza.[43]

Plotino transforma la primera hipótesis del *Parménides* platónico y la sintetiza en la noción del Uno, realizando su propia interpretación metafísica y aplicándole la filosofía negativa del *Parménides*: el Uno *no es* ninguna de todas las cosas (*En*. III, 8, 9, 53-54; V, 1, 7, 19), "es anterior a todas las cosas" (*En*. III, 8, 9, 48-49), está más allá de todas las cosas (*En*.V, 3, 13, 2), y eso porque es principio de todas las cosas y causa de todas ellas (*En*. V, 3, 15, 27). En su formulación positiva lo llama, además, el "Uno primario" (*En*. V, 1, 8, 25), el "Uno absoluto" (*En*. V, 3, 15, 5; VI, 2, 9, 6), "real y verdaderamente Uno" (*En*. III, 8, 9, 4), o el "Uno sin más", "puramente Uno" o "simplemente Uno" (*En*. III, 8, 10, 22; V 5, 4, 6; VI 6, 11, 19).

La dificultad para explicar este Principio según su unidad se manifiesta en cuanto que hay dos posibilidades para considerarlo: una positiva, en cuanto se encuentra en Él el principio de toda la realidad y la última y profunda causa de toda la existencia de cada cosa. Se entiende como la causa del originarse y como causa de su tender hacia Él como fin perfeccionante de cada naturaleza. La consideración negativa, por su parte, atiende a la conciencia de que nuestros conceptos son incapaces de explicar su "naturaleza", pues se limitan a dar un significado analógico y una aproximación más o menos plausible del Mismo. Las dos posibilidades avanzan juntas, pues el momento afirmativo siempre se debe considerar complementado con el momento negativo.[44]

---

[43] Plotino, *Enéadas*, II, 9, 1-16.
[44] En este contexto puede resultar interesante citar de J. Igal, un fragmento de la "Introducción general" de las *Enéadas*: "En síntesis, la filosofía del Uno-Bien se puede reducir a tres proposiciones: no es ninguna de todas las cosas,

El Uno-causa como principio de la multiplicidad sostiene cada forma de ser, desde la más perfecta hasta la más frágil. Su característica fundamental es la *simplicidad*, porque no admite ninguna composición ni dualidad; ya en la Inteligencia, la primera realidad derivada, existe una división entre pensante y pensado.

El Uno se vuelve el principio de la multiplicidad y del devenir, como una *fuente siempre manante*[45] que permanece siempre estable en sí y otorga *ser*. Esto es expresado por Plotino de múltiples maneras, pero acierta con claridad al decir que el Uno es como el sol cuando de él emerge un rayo alimentado por su centro, sin que el mismo sol cambie bajo ningún aspecto.[46]

La convicción plotiniana acerca de la *trascendencia* total del Uno permite concebirlo como totalmente distinto de todo y al mismo tiempo presente en todo gracias a su causalidad. Por su absoluta trascendencia se dificulta la posibilidad de predicar de él alguna "propiedad". De manera que sólo queda despojarlo de toda cosa, evitando atribuirle propiedades o caracteres que en él no son como en las cosas.[47] Asimismo, considera que no puede llamarse "ser" porque este término viene ligado a una multiplicidad de sentidos. Incluso tampoco el nombre "Uno" o "Bien" parecen ser

---

está más allá de todas las cosas, pero en cierto modo es todas las cosas. Corresponden, como se ve, a las tres vías: la de la negación, la de la trascendencia y la de la analogía. Parménides condenó la vía del no-ser como vericueto cerrado a toda información (Diels-Kranz fr. 2) porque entendía el no-ser como la nada absoluta. Pero desde que Platón alumbró un nuevo sentido del no-ser, el de alteridad (*Sofista* 257 b 3-4), la vía de la negación quedó legitimada como posible método de investigación. Sólo que en nuestro caso la sola vía de la negación no nos llevaría demasiado lejos. Apenas nos serviría para distinguir al Uno-Bien de la materia, privación absoluta. A su vez, la sola vía de la trascendencia tendería a romper la imagen de continuidad que se da en la cadena procesional, mientras que la sola vía de la analogía podría exponernos a falsear la realidad singularísima del primer principio. Se impone, pues, el uso conjunto de las tres vías, es decir, como complementarias, no autónomas" (p. 42).

[45] Cfr. Plotino, *Enéadas*, III, 8, 9.
[46] Cfr. Plotino, *Enéadas*, V, 1, 6.
[47] Cfr. Plotino, *Enéadas*, V, 5, 13.

satisfactorios.[48] Plotino enseña con anterioridad a Dionisio Areopagita que la denominación "Uno" es impropia para designar la simplicidad absoluta. Es superior a toda forma, ser, vida, conocimiento y es antes que ellos. Está más allá del pensar y por lo tanto de la esencia. Con lo cual no es posible atribuirle nada porque no se le puede asignar ninguna de las actividades que se dicen de los seres, al menos del modo en que son conocidas para nosotros. En otras palabras, no es posible agregarle alguna característica que lo pueda enriquecer, en cuanto no admite nada en sí, porque él mismo es suficiente para sí mismo.[49]

Por esto no es el ser, sino su generador; el ser es su primer vástago; lo Uno, como es perfecto –porque nada busca, posee ni necesita– desborda, y esta sobreabundancia produce algo diferente de Él; se plenifica y mirándole es también de este modo Intelecto. Su detención junto a Aquél lo ha engendrado como el ser, y la contemplación de Él, la Inteligencia. Puesto que está firme junto a Él, para poder mirar, es al mismo tiempo inteligencia y ser. Así, el Uno requiere una comprensión diversa de la comprensión de tipo intelectiva que tiene por objeto al ser.[50]

A diferencia de Aristóteles que concebía a Dios como realidad suprema en cuanto "intelección de intelección", en Plotino no se entiende a Dios como autopensante, sino que autointelección y autoconciencia se presentan como incompatibles con la absoluta anterioridad, simplicidad, autosuficiencia y soberanía del primer principio. La dualidad debe fundarse en la unidad absoluta de un principio anterior, en el que no cabe dualidad ni siquiera lógica.

El Uno es identificado con el Bien; el Uno del *Parménides* es el mismo Bien de la *República* (508e-509d), sólo que en la concepción de Plotino no solamente está allende la

---

[48] Cfr. Plotino, *Enéadas*, VI, 9, 2.
[49] Cfr. Plotino, *Enéadas*, VI, 7, 41.
[50] Cfr. Plotino, *Enéadas*, V, 4, 2.

Inteligencia y las esencias,[51] sino más allá de todas las cosas como su principio. La naturaleza infinita del Uno no podrá ser perceptible por el cognoscente sino que está más allá de lo espiritual y lo intelectual, de lo cual surge la comparación del Uno con el Sol (*Apolo*= α-πολλός=no muchos).[52] De ninguna manera se diferencia de lo demás por el género propio y la diferencia específica o cualidades accidentales puesto que es inconcebible. La luz del Uno, que está oculta por causa de que ella permite ver lo que procede de ella, es la que posibilita la visión de las entidades sensibles e inteligibles. Es la condición de la existencia y de la concepción del Intelecto a partir de la identidad luminosa.[53]

Si el Bien platónico es el fin al que aspira toda alma,[54] el Uno-Bien plotiniano es a la vez el *desde dónde* y el *hacia dónde* de toda la realidad –no solamente de toda alma– concebida como vida, actividad y energía. Vida palpitante tanto en su movimiento de expansión o fase *proódica*[55] –de procesión–, como en el movimiento centrífugo, hacia sí mismo, o fase *epistrófica*.[56] De Él penden todas las cosas y hacia él miran como su término final, como un centro del que parten y en el que convergen todos los radios.[57] Es también como la raíz inmóvil y vivificante de un árbol.[58]

---

[51] Cfr. Plotino, *Enéadas*, V, 1, 8, 7-8.
[52] Cfr. F. García Bazán, *Plotino. Sobre la trascendencia divina*, p.50.
[53] Cfr. Plotino, *Enéadas*, I, 4, 46. El empleo de la metáfora de la luz del sol está tomada de Platón, *Diálogos IV. República*, Introducción, traducción y notas de C. Eggers Lan, Madrid, Gredos, 2000, 509 b, p. 338: "Pienso que puedes decir que el sol no sólo aporta a lo que se ve la propiedad de ser visto, también la génesis, el crecimiento y la nutrición, sin ser él mismo génesis.(...) Y así dirás que a las cosas cognoscibles les viene del Bien no sólo ser conocidas, sino también de él les llega el existir (τὸ εἶναι) y la esencia (οὐσία), aunque el Bien no sea esencia, sino algo que se eleva más allá de la esencia en cuanto a dignidad y a potencia".
[54] Platón, *República*, VI, 505 d 11.
[55] De πρόοδος ου ἡ: avance, marcha adelante, progreso.
[56] De ἐπιστροφή ἧς ἡ: acción de volverse o tornarse a.
[57] Plotino, *Enéadas*, I, 7, 1.
[58] Plotino, *Enéadas*, III 8, 10, 5-14.

La Inteligencia

Una de las cuestiones que ocupan el centro de la atención plotiniana es cómo del Uno puede derivar la multiplicidad.[59] El Uno tiene tal plenitud que precede al ser. Es simplemente actividad perfectísima y superior a cada modo de ser, no tiene necesidad de nada; y por su sobreabundancia produce el ser. La donación de sí que realiza el Uno es una donación sin merma,[60] de quien procede el ser sin menoscabo de su propia integridad y de quien desciende una degradación progresiva. Surge del supra-ser[61] y pasa por grados cada vez menos perfectos y se esfuma en el no-ser (materia).

La Inteligencia (νοῦς) procede directa e *inmediatamente* del Principio y permanece como la más perfecta de las realidades existentes:

> Porque no es posible que el Uno tuviera una vez el deseo de generar el Intelecto y que después el Intelecto naciera, como si el deseo fuese un intermediario entre Él y el Intelecto generado; de ningún modo ha habido deseo en Él, porque de ser así ni Él era perfecto ni el deseo tenía lo que hubiera deseado.[62]

El Uno sería comparable con el sol y el Intelecto dependería de su luz, y recibiría toda la potencialidad de la cercanía a la fuente. El alma se aleja un poco más del origen y recibe su ser a través de la mediación de la Inteligencia, que, como la luna, recibe la luz del sol. En este contexto comenta Fernando Pascual:

---

[59] Cfr. Plotino, *Enéadas*, III, 9, 4.
[60] Cfr. Proclus, Elementa Theologiae, E. R. Dodds (2° ed.), Oxford, Clarendon Press, 1963 (Reimpr. 1977), § 26.
[61] Cfr. Plotino, *Enéadas*, I, 8, 7, 17-20; V 3, 16, 5-8.
[62] Plotino, *Enéadas*, V, 3, 12, 28-32.

> La prima realtà che procede dall'Uno è l'Intelligenza, grazie alla quale si possono spiegare tutte le altre realtà derivate. Come concepire l'Intelligenza? Come Pensiero, come Essere, come Vita, come autocoscienza, come prima dualità (cf. Specialmente V, 4, 2), come fonte e presenza di tutti gli intelligibili, come bene derivato, come atto perfetto, come unità nella molteplicità (oppure, in una formula molto concentrata che abbiamo usato precedentemente, come Uno-Molti, (V, 1, 8; V, 3, 15-17). Sarebbe, in poche parole, "un'immagine dell'Uno" (V, 1, 7), quella più perfetta che possa esistere in quanto derivata dalla fonte.[63]

La Inteligencia es dual porque siempre está emparejada con su inteligible y al mismo tiempo es *todo* porque se hace todas las cosas en la actividad intelectiva que las piensa; nada escapa a la inteligencia. Constituye la unidad de lo múltiple, y es polimorfa. En ella, como dualidad primera, hay movimiento y reposo, inteligencia y vida perfectas; pero se trata no de una inteligencia particular, sino universal, que contiene todas las inteligencias particulares;[64] se la llama el "universo verdadero" (τὸ ἀληθινὸν πᾶν), el "universo real" (τὸ ὄντος πᾶν), el "universo primero" (τὸ πρότον πᾶν),[65] porque "aunque los inteligibles son muchos son una unidad".[66]

La Inteligencia está siempre en acto, ya que no puede pasar de la potencia al acto, es ella a la vez lo que piensa y lo pensado, es unidad múltiple y la unidad más completa, ya que nada escapa a ella. Desde una remembranza platónica se puede afirmar que está en el vestíbulo del Bien (*Filebo*, 64c). Si es lo que piensa y lo pensado, será doble y tampoco será simple ni lo Uno. El Intelecto, como *segunda Hipóstasis*, configura la esfera del ser inteligible, viviente en sí mismo, constituido por elementos existenciales, tales como los principios elementales de forma y materia, los principios de ordenación de los compuestos

---

[63] F. Pascual, L.C., "La concezione metafísica di Plotino", *Alpha Omega* 9/1 (2006), pp. 142-143.
[64] Cfr. Plotino, *Enéadas*, VI, 7, 38.
[65] Cfr. Plotino, *Enéadas*, VI, 4, 22; VI 2, 1-2; VI 2, 13 y 14.
[66] Cfr. Plotino, *Enéadas*, VI, 5, 23.

inteligibles (número esencial), las perfecciones supragenéricas (ser-vida-conocimiento), las disposiciones inteligibles (eternidad, verdad y felicidad) y la belleza como manifestación de plenitud, en cuanto culminación de la actividad espiritual.[67]

> El intelecto aporta principios evidentes, siempre que un alma es apta para recibir, después ella combina, entrelaza y divide las cosas que siguen hasta llegar a la inteligencia perfecta. Es el hábito más valioso, en cuanto sabiduría sobre lo que es, y como inteligencia sobre "lo que está más allá del ser".[68]

Así, lo que nace del Uno deriva como pensamiento, puesto que el Uno-Bien lo sostiene y, como engendrado, se mueve hacia Él. Pensar, entonces, es un movimiento hacia el Bien, deseándolo. Y mirando y pensando al Bien se piensa, ya que actuando se piensa, su actividad toda se orienta hacia el Bien.[69] El Intelecto es representado como una irradiación o proyección luminosa (περιλαμψις)[70] que proviene del Uno.[71]

Esta derivación de la segunda Hipóstasis es posible ontológicamente ya que el Uno-Bien permanece en sí y reposa en su plenitud, pero a su vez engendra lo diferente, como algo que es su inmediata imagen o destello y efecto de sobreabundancia. El Uno no es ser, sino su generador. El ser es su primera generación; porque siendo perfecto —ya que nada busca ni posee, ni necesita— desborda, y este caudal produce algo diferente de Él.[72] El νοῦς es "mundo inteligible",[73] viviente en sí y existe *siendo* simultáneamente todo, puesto que lo que puede concebirse tiene una esencia

---

[67] Cfr. F. García Bazán, *Plotino. Sobre la trascendencia divina*, pp. 81-82.
[68] Plotino, *Enéadas*, I, 3, 4, 2-5.
[69] Cfr. Plotino, *Enéadas*, V, 6, 5, 5-19.
[70] De περιλάμπω: brillar alrededor; iluminar.
[71] Cfr. Plotino, *Enéadas*, V, 1, 10; V, 6, 28-30.
[72] Cfr. Plotino, *Enéadas*, II, 2, 1, 6-9.
[73] Cfr. Plotino, *Enéadas*, V, 9, 9, 8.

inteligible.⁷⁴ Así, el Intelecto es el acto de la vida, donde reside la verdadera vida del alma; esto es, en ese acto tiene lugar el engendramiento de la belleza, la justicia y la virtud, y por lo tanto, la plenificación del alma.

El Intelecto como Hipóstasis generadora en su acto cognoscitivo trae al ser a la determinación o existencia esencial, así como el conocimiento permanente del ser mantiene la inteligencia del Intelecto o νοῦς. En el acto de pensar, el ser se mantiene idéntico y diferente a la inteligencia. Asimismo, la inteligencia, para tornarse idéntica a sí misma, piensa al ser.

El Uno carece en sí mismo de pensamiento para no tener alteridad.⁷⁵ Sin embargo, es unidad indiferenciada que retorna a sí misma y se contempla; este contemplarse *es* el Intelecto. El Intelecto es la misma unidad mediada por el pensamiento, en otras palabras, es la absoluta identidad de pensamiento y su objeto, y una identidad en relación con la cual nada más grande puede ser pensado. La diferencia entre el Uno y el Intelecto es que éste *es por participación*. Su pura participación es lo que constituye su verdadera identidad. Mientras que el Uno es más allá del ser, el Intelecto es idéntico con él.⁷⁶

Así, el Intelecto deviene fecundado en el contemplarse del Uno. Es la primera hipóstasis que procede del Uno surgiendo como una imagen de Él, y lo sigue *inmediatamente*. El Intelecto en la culminación de su acto intrínseco es vida, vida plena, potente e ininterrumpida; se trata de un movimiento perfecto que es reposo interior porque nada busca, ya que todo lo encierra, todo lo ha abarcado. Vida,

---

74 Ver Plotino, *Enéadas*, V, 1, 4, 31-43: "El Intelecto es todos los seres... cada uno de ellos es inteligencia y ser y el conjunto de la Inteligencia total y el Ser total, la Inteligencia por el pensar haciendo existir al ser, pero el ser dando a la Inteligencia el pensar y el ser. Esta unidad que es simultáneamente inteligencia y ser, es una dualidad, lo que piensa y lo que es pensado".
75 Cfr. Plotino, *Enéadas*, VI, 9,9; VI, 6, 42.
76 Ver también: D. C. Schindler, "What's the Difference? On the Metaphysics of Participation in a Christian Context", *The Saint Anselm Journal* 3/1 (2005), p. 11.

actividad libre, acto desbordante de luz, tal es la acción intelectual como contemplación cognoscitiva de los propios contenidos.[77] En esta segunda esfera, constituyen una unidad el ser, la vida y el pensamiento. En tanto que se contempla, genera lo múltiple, pero la visión del intelecto ve gracias a otra luz las cosas que están iluminadas por aquella primera Naturaleza, y en tanto que está la luz en aquéllas, ve la visión, y cuando ve, es causa de lo que no es Intelecto.[78] En el tratado *En.* V, 2 se desarrolla cómo la Inteligencia genera fuera de sí el Alma, la cual, a su vez, está en grado de generar otra realidad en modo concatenado, porque no hay separación entre especies ni escisión respecto a lo que es primero. El proceso va desde el principio hasta la realidad última, sin que se produzca un cambio en el Principio generador de toda la realidad. Lo que dona el Primer Principio lo concede sin menoscabo de su propia integridad, lo que permite comprender que la procesión plotiniana excluye el emanatismo en su base. Se trata de una *participación* cuya noción llega a ser en Plotino explícitamente un principio productivo a partir de su trascendencia y generosidad. Es poder productivo de todas las cosas (Posibilidad Universal) en tanto

---

[77] Cfr. F. García Bazán, *Plotino. Sobre la trascendencia divina*, pp. 135-136: "Naturalmente toda esta actividad de un ser compuesto, perfecto y ordenado, porque sabemos también que en su contemplación está contenido el número auténtico, es acto, el primer acto y, por lo tanto, reconoce por sobre sí la causa de ese acto, el motor último de un deseo que se refleja logradamente en esa convergencia total hacia sí mismo que alcanza cuanto desea, pero que es, justamente, como imagen de un deseo más profundo, testimonio de necesidad, de precariedad, de anhelo de Infinito o Absoluto no actual".

[78] Esta luz, en realidad, no viene ni se retira, sino que se ve o no se ve, está siempre, es el Intelecto el que estando en ella se retira como Intelecto que es y si le fuese posible sobreponerse al no permanecer en ningún lado (no permanece en un lugar, porque él no está en un lugar, sino absolutamente en ninguna parte), estaría siempre mirando a Aquel; aunque ni siquiera estaría mirándole, sino que siendo uno con Él no habría dualidad. Pero ahora, puesto que es Intelecto, como tal ve, cuando ve, es causa de lo que no es Intelecto. (Cfr. Plotino, *Enéadas*, V, 8, 19-23).

δύναμις πάντον.⁷⁹ La noción platónica de participación es radicalizada en Plotino, de manera que este Principio no solamente trasciende los entes físicos, sino que Él mismo es la trascendencia pura y simple, carece de todo contenido por ser la fuente absoluta de todo contenido, por su incomparable magnanimidad. Es infinita, y esto en cuanto que intelige todas las cosas; debe poseer todo en sí, pues si tuviera alguna parte que no fuera inteligencia, estaría conformada también por no-inteligencias. Es infinita porque tampoco sufre menoscabo al proceder otro ser de ella, no es un compuesto de partes.

La tríada ser-vida-conocimiento

La interpretación de la tríada ser-vida-conocimiento⁸⁰ encuentra su tratamiento en la *Enéada* V, 9, 5, donde reflexiona a fondo sobre la naturaleza de la segunda Hipóstasis. Se concibe al *Nous* como "mundo inteligible", como viviente en sí, y siendo simultáneamente todo: "lo que puede captarse es esencia inteligible y cada ser participa de la vida". También en *Enéada* III, 8, 8 se puede leer:

> Ahora bien, como la contemplación va elevándose desde la Naturaleza al Alma y de ésta a la inteligencia, y como las contemplaciones van haciéndose cada vez más íntimas y unificadas con los sujetos contemplantes y, en el alma virtuosa, los objetos conocidos tienden a identificarse con el sujeto puesto que tienden a la Inteligencia, síguese que en ésta ambas cosas son ya una sola, no por intimidad como en el alma perfecta, sino por esencia y por el hecho de que "ser y pensar son la misma cosa" (*Parménides*, fr. 3). Porque no son ya dos cosas distintas. Ambas cosas deben, pues, ser realmente esa sola

---

[79] Lo que Plotino refiere por πάντα no son meramente las cosas del reino inteligible, sino absolutamente todas las cosas pertenecientes al cielo y a la tierra. Cfr. D. Schindler, "What's the Difference? On the Metaphysics of Participation in a Christian Context", p. 9.
[80] Cfr. P. Hadot, "Être, vie, pensée chez Plotin et avant Plotin", *Les sources de Plotin* 5 (1960), pp. 108 ss.

cosa, y ésta no es otra cosa que una Contemplación viviente, y no un objeto de contemplación como el que existe en un sujeto distinto. Si, pues, ha de haber un objeto de contemplación que sea viviente, debe haber una Vida en sí que no sea vegetativa, ni sensitiva ni la psíquica restante. Es verdad que aun estas vidas son intelecciones en cierto modo, pero la una es intelección vegetativa, la otra sensitiva y la otra psíquica. (...) toda vida es una determinada intelección, sólo que una es más borrosa que otra, como lo es también la vida. Pero la que es más clara, ésa también es la Vida primera y la Inteligencia primera y una.[81]

De esta manera el ser total es el ser verdadero, inteligencia y viviente.[82] En *Enéada* V, 3, 49, se enseña que como el Intelecto es el conocimiento verdadero, en él, *lo que conoce*, *lo conocido* y el *acto de conocer* se dan juntamente, pues todo es conocimiento, pero se trata de tres aspectos de una unidad múltiple, a saber: el νοῦς es vida y ser, la vida es νοῦς y ser, y el ser es vida y νοῦς. Esta tríada conforma un uno-todo que engloba todas las posibilidades de vida y perfección hasta sus formas últimas e indivisibles, las ideas.

En esta tríada se hacen presentes los cinco géneros supremos: el *ser*, el *reposo* y la *identidad*, y el *movimiento* y *diferencia* (o alteridad). Son los elementos constitutivos y organizadores supremos de la totalidad. Las ideas se distinguen como organismos individuales en un organismo total. Lo que distingue a todas las ideas por igual es que cada una de ellas es lo que es en el conjunto y no otra cosa; cada una está fija en lo que es, lo que le da estabilidad y reposo, cada una es lo que es en sí misma y no otra cosa (identidad). Cada una es ella misma en cuanto aspiró al Bien, a causa del deseo indefinido de la vida intelectual y de esta manera se produce la diferencia, en el marco de la apertura a todas las restantes

---

[81] Plotino, *Enéadas*, III, 8, 8.
[82] Cfr. Plotino, *Enéadas*, VI, 6, 15.

ideas (movimiento) y la diferenciación de todas ellas. Estos cinco géneros son primeros porque no es posible afirmar de ellos predicados que se incluyan en su quididad. El pasaje de la *Enéada* VI, 7, 38, se refiere al surgimiento del Intelecto a partir de la inactividad y su formación como realidad en acto, diciendo:

> si no tuviera ningún cambio ni ninguna alteridad lo despertara a la vida, no sería acto; ya que semejante estado no se distingue del no acto. Pero aunque tuviera un movimiento así, sería vida solitaria, no total; sin embargo es necesario que posea toda vida y por doquier y nada carente de vida. (...) Siendo, empero, mismo y otro en general no hay lo que le falte de los otros, por lo tanto tiene una naturaleza para alterizarse en todo.

La inteligencia tiene siempre la misma marcha a través de los seres diferentes, porque no cambia, sino que en ella coexisten lo igual e idéntico junto con las diferencias: si no se conservara esta igualdad e identidad junto con las diferencias, sería inactiva. Nada hay que no aporte a todas las cosas, y tampoco nada hay en ella que no sea diverso. Si no hubiera otro dentro de sí, sino sólo identidad, restringiría el ser propio de ella y su naturaleza no estaría completa. Pensándose, es múltiple, constituyéndose en sujeto que piensa, en inteligible y en algo que se mueve (κινούμενος).

En el Alma vemos que hay ser y vida, si esto es así, con mayor razón debemos afirmar la vida en el Intelecto. Pero decir vida es admitir el movimiento; no hay vida sin movimiento, pero tampoco sin ser. Así, la vida primera es movimiento y lo que *es* ella, y también reposo, porque no puede hablarse de ser sin sobreentender el reposo.

Los géneros supremos son inconvertibles entre sí; a ellos los supera la uni-trinidad de ser-vida-conocimiento, que sí son recíprocamente convertibles, y constituyen una estructura existencial previa a las determinaciones de los cinco géneros.

Sintetiza Plotino a partir de los elementos estudiados de la unidad-múltiple inteligible que es una determinada intelección unitaria pero integrada por una multiplicidad, que es una multitud indivisa,

> como un punto en que estuvieran juntos todos los radios sin adelantarse y sin fluir jamás, antes al contrario, permaneciendo aquél en sí mismo en identidad y sin cambiar nunca, sino estando siempre fijo en el presente por razón de que nada de lo suyo ha pasado y nada tampoco se originará, sino que es exactamente lo que es.[83]

La eternidad le pertenece, pues la eternidad es lo que ni fue ni será, ni cambia ni ha cambiado, sino sólo *es*. Es la vida total, junta y plena y absolutamente inextensa, que es inherente al Ser.[84]

El Alma

¿Cómo produce el Intelecto al alma, y por medio de ésta al mundo sensible, tal como su cuerpo? Esto lo puede hacer a partir de la contemplación de sí mismo, por un exceso de su propia plenitud, a imitación del Uno. La Inteligencia, desbordándose, genera el Alma, como el Uno, desbordándose generó la Inteligencia.[85]

En la teoría plotiniana de la tercera Hipóstasis subyace la doctrina platónica del *Timeo* acerca del Alma cósmica, su génesis, su naturaleza, sus actividades y su unión con el cuerpo del cosmos. En el texto de Platón, ella es creada por el Demiurgo como una naturaleza constituida por una parte indivisa y por una parte que se divide en los cuerpos; y desarrolla dos actividades, una intelectiva en

---

[83] Plotino, *Enéadas*, III, 7, 3.
[84] Esta noción aparece como un anticipo de la definición de Boecio, según el cual la eternidad es la posesión total, simultánea y perfecta de la vida interminable (*De consolatione philosophiae* V, vi: *"interminabilis vitae tota simul et perfecta possesio"*).
[85] Cfr. Plotino, *Enéadas*, V, 2, 11; V, 1, 1, 7-15.

relación con los inteligibles, y otra opinativo-sensitiva con respecto a los sensibles. El cosmos es como un gran ser animado que consta de cuerpo, alma e inteligencia (*Timeo*, 30b). Plotino reajusta el esquema platónico al sistema de la procesión, reconociendo la existencia de dos niveles en la tercera Hipóstasis; estos dos niveles corresponden a dos procesiones: una por la que el Alma superior o intelectiva procede de la Inteligencia; y otra, por la que el Alma inferior procede de la superior, no para constituir una nueva Hipóstasis, sino para hacer nacer un nivel inferior dentro de la misma Hipóstasis. La existencia de ambas partes está ilustrada con la misma analogía de los dos calores del fuego: el inmanente y el derivado.[86]

El alma es una estructura compleja que se manifiesta en diferentes niveles. Las almas se ordenan según la belleza y la graduación que podemos observar en el mundo sensible y que refleja algo del origen de todas las cosas. La participación del Alma en el Intelecto significa la suma de una diferencia a la diferencia que constituye el Intelecto. Pero no ha de entenderse la multiplicación progresiva o "como en cascada" desde el principio en un sentido simplemente cuantitativo, sino primero que todo en un sentido cualitativo.

Sólo como el Intelecto *es* el Uno, el Uno en tanto pensarse a sí mismo "intelectualmente", el Alma *es* el Intelecto (y por consiguiente también el Uno) pensándose a sí mismo; el Alma adquiere su identidad, su ser y su forma mirando al νοῦς.[87] De este modo, cada pensar la totalidad deviene un pensar, que va como "ensayando" sus objetos de pensamiento sucesivamente, y aquí es donde se introduce la diferencia temporal. Para Plotino –en correspondencia con *Timeo* 37 c-38 b–, el tiempo es descripto como una imagen

---

[86] Cfr. Plotino, *Enéadas*, V, 1, 3, 10-12; V, 4, 2, 30-33.
[87] Cfr. I. Yarza, "Anotaciones sobre la relación en Plotino", *Anuario Filosófico* 33 (2000), p. 286.

de la eternidad,[88] como aquello que forma el pensar del alma acerca de la realidad en sus distintos aspectos, uno a uno, hasta llegar al último.

Ella se comporta en su primera fase como una materia, pero no una materia indeterminada e informe, sino hermosa, noiforme y simple;[89] es visión e intelección en potencia. Pero así como la Inteligencia debe volverse y mirar al Uno para ser plenamente Inteligencia, del mismo modo el Alma, una vez generada, debe volverse hacia la Inteligencia para ser plenificada, llenándose de contenido.[90] De visión e intelección en potencia pasa a ser visión e intelección en acto.

Estos dos niveles considerados al interior de la tercera Hipóstasis representan, en realidad, dos actividades psíquicas. Pero ambas son a la vez contemplativas y creativas, sólo que en distinto grado y de diverso modo. El Alma superior es intelectiva en virtud de la inteligencia inmanente implantada en ella por la Inteligencia trascendente. De lo cual se entiende que el Alma es una inteligencia derivada: a diferencia de la Inteligencia, el Alma no se identifica con los seres reales que contempla; no *es* los seres reales como lo es la Inteligencia.[91] Su inteligencia le es adventicia como la luz de la luna;[92] el objeto primario de su contemplación es la esencia primaria, aunque lo que puede recibir de esa contemplación son los λογοί, que son expresiones o imágenes de una realidad superior, como la palabra lo es de la idea. El Alma, al recrearse en esta visión, en virtud como de una delectación, hace nacer el Amor, como un ojo colmado.

Como se dice que el Alma iluminada es trascendente, entonces se ha de tener por trascendente a este Amor, que reside solamente donde está el Alma incontaminada. Este Amor cósmico engendró el Amor que se implanta según la

---

[88] Cfr. Plotino, *Enéadas*, III, 7,11; V, 1, 4.
[89] Cfr. Plotino, *Enéadas*, V, 1, 3, 22-23. El término *noiforme* hace alusión a la capacidad contemplativa del alma.
[90] Cfr. Plotino, *Enéadas*, V, 2, 1, 19-20.
[91] Cfr. Plotino, *Enéadas*, V, 3, 6, 5-6.
[92] Cfr. Plotino, *Enéadas*, V, 4, 14-17.

naturaleza de cada alma, puesto que cada una apetece en correspondencia con su naturaleza particular. Por lo que la relación que guarda cada alma particular con la total no está desgajada de ella, sino comprendida en ella de tal modo que todas son una sola y esa misma relación guardará también cada amor particular con el Amor universal.[93] El Alma intelectiva es un compendio de λογοί, como un sistema unimúltiple por el que ésta es a su vez un solo Logos y un compendio de λογοί, una sola Alma y una multiplicidad de almas, una sola Naturaleza y una multiplicidad de naturalezas.[94] El Alma superior se mantiene totalmente separada de toda división y dispersión cuantitativa en el espacio y el tiempo, mientras que el Alma inferior se presenta dividida espacial y temporalmente en los cuerpos en que se encarna.[95]

El mundo ha existido desde siempre y también seguirá existiendo por siempre, porque desde que existe el mundo inteligible y mientras exista, también existirá el cosmos sensible.[96] Pero la eternidad de este último no es la del Intelecto, sino que se trata de la perdurabilidad de lo "siempre deviniente" porque existe desde y por siempre pero en el tiempo, en perpetuo devenir y pendiente de lo por venir. No es la vida plena vivida toda a la vez, sino una existencia precaria que se desgrana sucesivamente y por partes, implicando el tiempo y el espacio. De los movimientos del Alma inferior nació el movimiento paralelo que es el tiempo,[97] en cuanto imagen móvil de la eternidad de la que había hablado Platón en *Timeo* (37d).[98]

---

[93] Cfr. Plotino, *Enéadas*, III, 5, 4, 10-15.
[94] Cfr. Plotino, *Enéadas*, IV, 3, 5.
[95] Cfr. Plotino, *Enéadas*, IV, 1.
[96] Cfr. Plotino, *Enéadas*, V, 8, 12, 11-26.
[97] Cfr. Plotino, *Enéadas*, III, 7, 11, 17-20.
[98] Plotino, *Enéadas*, III, 7, 11: "Había, empero, una naturaleza afanosa, y, como estaba deseosa de mandar en sí misma y ser de sí misma y había optado por buscar más que lo presente se puso en movimiento ella –el Alma inferior– y se puso en movimiento también él –el tiempo–. Y así es como, moviéndonos

El Alma superior ejerce sus funciones cósmicas de crear, ordenar y gobernar, dando órdenes con soberanía regia al Alma inferior, que es la que las recibe y las ejecuta.[99] El Alma crea dando órdenes, pero quien da las órdenes se identifica con su ordenamiento interior, a saber, el orden de sus propios λογοί. También su voluntad creadora se identifica con su sabiduría, de manera que contemplación y creación en ella son dos facetas de la misma actividad.

En cuanto a su concepción antropológica, Plotino comprende que el alma *es* el hombre, puesto que el alma es una sustancia trascendente, incorpórea e inmortal, que preexiste a su unión con el cuerpo y sobrevive a su separación de él, y es premiada o castigada según su conducta moral en esta vida. El alma es una naturaleza una y simple, no multipartita,[100] aunque a la vez es múltiple, en el sentido de que es una naturaleza con multiplicidad de potencias.[101] Como el hombre es su alma, entonces el hombre es múltiple por serlo el alma en cuanto es un sistema ordenado y trascendente (κόσμος νοητός). El alma humana consta, como la del cosmos, de un nivel superior o intelectivo, que es la esencia indivisa y un nivel inferior o sensitivo-vegetativo, que es la esencia que se divide en los cuerpos.

La materia

La naturaleza contempla las ideas del Alma, y de esta contemplación emerge una nueva diferencia: la diferencia espacial. La contemplación de la naturaleza es generadora, a su vez, del cosmos sensible.

---

siempre en dirección al después y a lo posterior y a lo no idéntico sino diverso y nuevamente diverso, al prolongar un tanto nuestra marcha, hemos producido el tiempo como imagen de la eternidad".
99 Cfr. Plotino, *Enéadas*, II, 3, 17, 16-17.
100 Cfr. Plotino, *Enéadas*, IV, 7, 12, 13.
101 Cfr. Plotino, *Enéadas*, II, 9, 2, 6.

Uno de los tópicos centrales del debate neoplatónico sobre la materia es la cuestión de cómo se relaciona ella con el Uno-Bien. Si el Bien es el primer y omnipotente principio de toda la realidad, entonces la materia debe ser originada por Él. Es en este punto donde se distingue el neoplatonismo del dualismo gnóstico.

Cuando Plotino se refiere al mal en el tratado I, 8 de las *Enéadas*,[102] explica que materia y mal se identifican: ambos son *no-ser*, pero no en el sentido de una mera *otredad* sino como lo contrario al ser. Plotino era consciente de las posibles objeciones contra su tesis, sobre todo de las emergentes del punto de vista aristotélico. De acuerdo con Aristóteles, el ser como sustancia no tiene contrario:[103] una oposición sí puede darse entre características o atributos que están lo más distante posible unos de otros. Plotino responde que este razonamiento es válido sólo si se considera al ser como οὐσία, la sustancia concreta e individual considerada en sí. Si se considera al ser −en el sentido antedicho− como tal, es posible decir que tiene contrario, el cual es la ausencia de todo lo que determina al ser. Contrario al ser, o *no ser*, debe ser aquello que es contrario a una muy específica naturaleza, es decir, la más absoluta indeterminación. *No ser*, aquello que no tiene límite ni medida, es la privación absoluta de la forma. Al ser privación, es privación de ser, y por lo tanto del bien, tal como lo explica en *Enéada* VI, 7, 15-18.

Plotino sostiene que la materia, en cuanto sustrato indeterminado, es privación de toda determinación quiditativa. Esta identificación implica que cuando una forma o característica es puesta sobre la materia, su privación no

---

[102] Plotino, *Enéadas*, I, 8, 3, 10-15: "Ya con ello puede uno formarse una idea de este no-ser como una especie de sinmedida en comparación con la medida, ilimitado en comparación con el límite, informe en comparación con lo conformativo, siempre indigente en comparación con lo autosuficiente, siempre indeterminado, absolutamente inestable, omnipasible, insaciado, penuria absoluta".

[103] Cfr. Aristóteles, *Categorías*, 3 b, 24-36; 6 a 17-18. Aquí explica, por ejemplo, que un animal, como una οὐσία particular, no puede ser contrario a otra οὐσία tal como un hombre.

se extingue, sino que queda preservada. No pierde por ello su esencial indeterminación. De este modo, la versión hilemórfica del neoplatonismo no asume una mera diferencia abstracta entre materia y forma, sino una cierta contradicción en cuanto combinación de dos elementos independientes. Materia es receptividad de formas y se encuentra situada en el punto en que la fuerza del Bien llega a su final en una total insuficiencia (ἔλλειψις); es la última fase en la producción de la realidad a partir del Bien. Por ello es considerada como una ausencia de bien, pero no en el sentido parmenídeo de la nada absoluta, sino como lo distinto del ser.

En el último nivel de la realidad el esquema de procesión-reversión toma un camino particular:

> Así como todo lo engendrado anteriormente a esto era engendrado sin forma, pero era conformado por la forma porque se volvía a su progenitor como quien se nutre de él, así también aquí lo engendrado debe ser no ya una especie de alma –pues no vive ya–, sino indeterminación absoluta.[104]

Esta particularidad se debe a que el poder que originalmente viene del Uno se ha debilitado extremadamente. Por esto, la materia no tiene ya el poder de volverse hacia su productora, el Alma, y se torna el último nivel de lo inferior.

Sin embargo, la receptividad en sí misma es buena. Luego de haber producido el sustrato, el alma debe volver al nivel inferior y procurar belleza y forma en él. La determinación, en este caso, permanece enteramente externa al sustrato; en este sentido Plotino declara que el alma sólo imprime una imagen (εἴδωλον) como forma de la

---

[104] Plotino, *Enéadas*, III, 4, 1; el texto continúa: "Porque aunque la indeterminación existía aun en los anteriores, pero existía en una forma, pues era algo indeterminado no absolutamente, sino relativamente a su propio perfeccionamiento; lo de ahora, en cambio, absolutamente. Mas, al perfeccionarse, se convierte en cuerpo tras recibir la forma adecuada a su capacidad: es un receptáculo".

materia. El primer aspecto de determinación y bondad es su receptividad: el sustrato completamente indeterminado es "perfeccionado" (τελειούμενον). Sin la receptividad, las formas serían imposibles en el mundo sensible. La materia se extiende bajo el alma y es iluminada, por lo cual definitivamente hay un elemento de bondad en la materia, que es realmente el último horizonte pensable, la última apertura y receptividad del bien. Sin embargo, la materia en sí misma es mera oscuridad e inmediatamente oscurece la chispa que proviene del alma.

Cuando el alma desciende al nivel inferior para darle forma, si las circunstancias son favorables, puede modelar formas sin perder nada de su ser y, en este caso, lo producido resulta hermoso y sin obstáculos, de suerte que las cosas originadas siempre guardan un orden. Viviendo, pues, ella en una razón, es decir en un *logos* como principio conformador de la vida, comunica a los cuerpos una razón, imagen de la que ella posee, y por eso también el cosmos posee todas las cosas.[105] Así, se puede comprender cómo es que la materia deriva del Uno-Bien: es un sustrato totalmente indefinido en que el poder del Bien llega a su fin.

Pero hay cuerpos que obstaculizándose unos a otros se ven privados de conseguir su forma apropiada, y no adquieren el modo de ser que les debe proporcionar la tercera Hipóstasis. Ésta, en su descenso, siempre corre el riesgo de perderse, pues la materia tiene una naturaleza refractaria que resiste la operación del alma: este hecho siempre amenaza al alma con ser mezclada con la materia y de esta manera cortar con su elevado origen. En este sentido, la materia puede ser "causa" del mal.

Cierta debilidad se presenta en el alma; ella se ve necesitada del contacto con la materia y experimenta su influjo negativo. La presencia de la materia no es suficiente para producir mal en el alma ni su debilidad; ser débil no es ser malo, sino que ella es sólo una condición necesaria para el

---

[105] Cfr. Plotino, *Enéadas*, IV, 3, 10.

alma de ser afectada por el mal. Puede decirse que en la medida en que el alma es débil, así ella puede ser perturbada. Pero es necesario hacer una observación: sin la materia, el alma no podría debilitarse. La materia causa la debilidad, y ambas son la causa de los vicios.[106] Este sistema de pensamiento ha encontrado dificultades para explicar cómo la materia puede ser derivada del Bien y a su vez no estar separada del mal. Por este motivo, algunos neoplatónicos tardíos se han rehusado a asumir este punto de vista.[107]

Síntesis y valoración del pensamiento de Plotino

En Plotino, la más profunda interpretación sobre la participación tiene lugar en la comprensión de que el que participa es una positiva expresión de lo participado, el fruto de su amor y búsqueda de unidad, una bella manifestación de la unidad misma. El mundo sensible es valorado también como revelación de la divina Unidad y la multiplicidad se presenta en el mundo como un efecto del Bien. El Uno está inmediatamente presente en todas las cosas, pero su presencia en cada ser está limitada de acuerdo con la capacidad de cada uno de recibirlo, de lo cual depende su gradual expansión, que determina el nivel de cada ser en la jerarquía. Ser significa, en efecto, una entidad delimitada, respecto a lo cual el Uno es más allá (τὸ ἐπέκεινα).

---

[106] Plotino, *Enéadas*, I, 8, 14, 49-50: "ὕλη τοίνυν καὶ ἀσθενείας ψυχῇ αἰτία καὶ κακίας αἰτία".

[107] De acuerdo con los neoplatónicos posteriores, la materia procede del Bien en un sentido directo; la materia no es mala en absoluto. Es buena y siempre "divina" (ἔνθεον). La base para esta interpretación está tomada del *Filebo* (23 c, 30), donde se arguye que Platón presenta un importante análisis de los más altos niveles de realidad, en que el Uno Bien se encuentra inmediatamente seguido por una dualidad de principios: πέρας y ἄπειρον (el Límite y lo Ilimitado). Estos principios están presentes en todos los niveles de la realidad. Cfr. también: G. Van Riel, "Horizontalism o Verticalism? Proclus, Plotinus on the Procession of Matter", p. 138.

Un punto significativo para comprender el pensamiento de Plotino es que la producción de cada nivel inferior desde el superior no es el resultado de algún acto consciente de éste sino un necesario e inconsciente reflejo de su primaria actividad de contemplación; y además cada nivel del ser real hasta el más inferior es considerado como algo bueno. Plotino puede decir que la materia en cuanto absoluta no-determinación contiene al mal, pero en realidad demuestra la bondad del mundo material, que es una imagen de su más glorioso arquetipo.[108]

En este esquema, la estructura metafísica de la participación se formula como una esencial procesión desde el Principio primero a partir del cual surge toda la realidad. Hay una bondad intrínseca en lo que se genera como *diferencia* del Uno, y es en esta diferencia que se manifiesta la bondad en la medida en que cada ser viene a "multiplicar" la unidad, pero no porque meramente la diferencie o lo diferente sea un bien por sí mismo. El ser es bueno en la medida en que manifiesta una diferencia, en el sentido de que la diferencia es tal porque se genera en y de la Unidad, siendo una expresión de ella, necesitada de volver a ella.

La divinidad es participada por los distintos grados ontológicos para realizarse como tales y volver a su fuente según el modo de πρόοδος -ἐπιστροφή presente en este sistema de procesiones. Se comprueba un contraste entre el sistema derivativo plotiniano y la metafísica que tiene origen en el esquema cristiano, que incorporó al mundo religioso y filosófico la idea de la creación. Para Plotino —y por ende para el sistema de procesiones— todo depende del principio del cual deriva todo, donde el primer derivado origina el segundo, y así continúa en modo descendente. En el sistema creacionista, en cambio, cada creatura se relaciona directamente con el Creador, de manera que se

---

[108] Cfr. A. H. Armstrong, *The Architecture of the Intelligible Universe in the Philosophy of Plotinus: An Analytical and Historical Study*, Cambridge, Cambridge University Press, 1940, pp. 111-112.

puede explicar el universo espiritual y material a partir de la correspondencia de cada ser creado –sin mediaciones– con el Principio, el Dios Creador. Se podría pensar que el Uno, autosuficiente y omnipotente en este pensamiento, podría haber dado lugar a la construcción de una teoría diversa para explicar el proceder de lo real. Sin embargo, Plotino ha construido un edificio filosófico de gran fuerza especulativa, tomando en su base una importante cantidad de elementos platónicos que son reformulados en función de un sistema que presenta una radical dependencia de los seres respecto del Uno, fundamento presente y a la vez trascendente de la totalidad.

El estudio de Plotino deviene necesario para comprender el funcionamiento del universo bajo la óptica de la subordinación de los seres. Siendo su principio, el Uno es independiente de la realidad que se origina de Él, pero sin embargo transmite al cosmos una presencia que no desmedra en absoluto su particularidad de ser incondicionado. El Uno no es causa según el modo de darse la causalidad en el mundo derivado, sino en un modo distinto, diríamos, más lleno de sentido, como un efluvio de poder y vida,[109] y tampoco es fin como un objeto externo a alcanzar. El retorno a este Principio envolvería una tendencia profunda hacia Él de todo lo que es, en el cual está ya en cierta forma presente. El final del camino sería un modo nuevo de vivir en Él, con una comprensión de la existencia que espera arribar a su plenitud.

Hay *un* universo y, por lo tanto, una sola estructura procesional y no múltiples, que alcanza su valor en virtud de la última derivación.[110] En este sentido, el universo plotiniano mantiene en unidad el doble proceso de interacción de procesión y reversión entre los niveles escalonados de

---

[109] Cfr. A. H. Armstrong, "'Emanation' in Plotinus", *Mind* 46/181(1937), p. 61.
[110] Cfr. D. P. Hunt, "Contemplation and hypostatic procession in Plotinus", *Apeiron* 15/2 ((1981), p. 72. Ver también J. M. Rist, "Te One of Plotinus and the God of Aristotle", *The Revue of Methaphysics* 27/1 (1973), p. 82.

la realidad desde el Uno hasta la materia, implicando una actividad de iluminación o irradiación desde los superiores hacia los inferiores. Este dinamismo evoca una constitución jerárquica que se establece como una cadena de seres, en la cual del nivel ontológico superior procede por sobreabundancia el nivel inferior, que es dotado de la última perfección de quien le antecede. Una alternativa de comprensión de este sistema puede verse a través de una analogía: un objeto que se refleja en un espejo imperfecto genera una imagen menos nítida que lo real; si, a su vez, esta imagen imperfecta se refleja en un espejo más imperfecto, surge una imagen aún más distorsionada, derivada de la segunda. Progresivamente, la imagen se hará más defectiva hasta llegar a la última, pero siempre conservando cierta semejanza con la que la originó. La concatenación y la causación en la continuidad se ven claramente a través de esta comparación.

Plotino tiene en mente una continuidad análoga a la de la vista, esto es, por medio de los grados de contemplación de que goza la realidad. Así, el Uno, al ser contemplado por el Intelecto –su reflejo debilitado– en una suerte de "visión", da lugar a la existencia del Alma. Asimismo, el Alma contemplando al νοῦς produce la materia. Este esquema de causaciones es un modelo basal para la concepción de la contigüidad ontológica según será entendida por Dionisio y tomada posteriormente por Tomás de Aquino. La sucesión gradual se comprende en la identidad diferenciada de todos los seres con el Uno, según las posibilidades de su esfera de contemplación, actividad que no sólo es fecunda en la generación del universo sino que a ella debe su retorno al Uno como a su Bien.

La influencia de Plotino se extendió a Proclo y a algunos sucesores escolásticos, entre ellos el maestro Tomás de Aquino. En la Edad Media y el Renacimiento, Plotino y el Neoplatonismo en general constituyeron un parámetro muy importante para Dionisio Areopagita. Juan Scoto Eriúgena (c. 810-c. 877) y Nicolás de Cusa (1401-1464) fueron influenciados más directamente por Proclo y la tradición que surgió a partir de él. Asimismo, Marcilio Ficino (1433-1499) tradujo los textos plotinianos al latín, lo que contribuyó a que el texto de las *Enéadas* fuera una de las obras básicas de la Academia Platónica de Florencia. Giordano Bruno (1548-1600) estuvo también significativamente marcado por este pensamiento.

La continuidad ontológica en el pensamiento de Proclo

Introducción

Proclo de Bizancio (n. 8 de febrero de 410, en Constantinopla; † 17 de abril, de 485 en Atenas) fue discípulo de Plutarco de Atenas y de Siriano. El neoplatonismo con él cobra el carácter de sistema erudito en Atenas, con repercusiones platonizantes en el entorno de la filosofía musulmana y medieval cristiana; aunque la escolástica sólo pudo conocer fragmentariamente a Proclo a partir de 1268, entre algunos discípulos de San Alberto Magno.

Proclo fue el miembro más importante de la escuela del neoplatonismo después de su fundador Plotino. La discrepancia de Jámblico[111] con la filosofía de Plotino fue seguida posteriormente por Siriano y Proclo, quienes elaboraron sus propios sistemas de pensamiento. Es cierto que antes de Proclo la cristiandad había sido profundamente influenciada por las ideas neoplatónicas derivadas de Plotino a través de un intermediario tan importante como San Agustín. Sin embargo, las principales fuentes de neoplatonismo para la escolástica fueron fundamentalmente: Dionisio

---

[111] Jámblico de Calcis (240-325 d. C.) fue un filósofo sirio, uno de los principales exponentes del neoplatonismo y discípulo de Porfirio en Roma; luego conoció la filosofía de Plotino, de la cual se separó para regresar a Siria y fundar su propia escuela, que intentaba conciliar, en un sistema único y coherente, las ideas de Platón con las del pensador y matemático Pitágoras y con algunos elementos místicos de la religión oriental.

Pseudo-Areopagita, Proclo y el *Liber de Causis*, respecto del cual los contemporáneos de Santo Tomás supusieron que se trataba de un trabajo aristotélico. Su pensamiento nos hace llegar los principios elementales de la mencionada doctrina neoplatónica, en un estricto orden de conexión lógica, configurando una totalidad correctamente articulada. La característica esencial de la filosofía de este autor consiste en que es un sistema ontológico de la identidad, en el cual la *analogía* aparece como el fundamento de la estructura unitaria del universo.[112] El sistema procleano no se presenta como un conjunto global estático y rígido, sino que es el realizarse orgánico de una compleja trama de relaciones articuladas de manera dinámica. Así, la identidad en este pensador implica diferenciación y relacionalidad estructural, en cuanto que la identidad se va verificando a través de las relaciones y las diferenciaciones continuas.

Su obra más destacada fue *Elementos de teología* o *Elementatio Theologica*,[113] un tratado relativamente corto que comprende dos secciones principales y uno de los manuales más sistemáticos entre su vasta obra, la cual no se conserva completa.[114] La metafísica procleana es un armónico sistema lógico en el cual se trata de demostrar la coherencia formal de sus proposiciones. En efecto, Proclo utiliza el método euclideano[115] para realizar la derivación de un complejo sistema compuesto por teoremas metafísicos que se fundan en un pequeño número de axiomas iniciales. La estructura lógica que reproduce detalladamente su pensamiento refleja la estructura ontológica de la realidad, cuyos niveles están constituidos por una tensión entre dos principios básicos:

---

[112] La analogía une los extremos del universo en un orden unitario, en el cual todo deviene afín al Uno, para retornar a Él, en virtud de su semejanza.
[113] Proclus, *Elementatio Theologica*. Cit. *E.T.*
[114] Sobre este tema ver R. Chlup, *Proclus. An introduction*, Cambridge, Cambridge University Press, 2012, p. 43.
[115] Metodológicamente esta obra está inspirada en *Los elementos de Euclides*, ed. crítica de M. L. Puertas, Madrid, Gredos, 1996.

Límite e *Ilimitado*, ambos surgidos del Uno, que no es una remota e infinita abstracción metafísica sino un poder que permanece continuamente presente en el horizonte de lo que es. Mientras el Límite corresponde a una disposición lógica precisa, lo Ilimitado es una corriente infinita que fluye a través del universo proveyendo vida y poder.[116] La primera de las proposiciones expuesta en *Elementos de teología* aporta una idea central: la totalidad de lo que es, en su multiplicidad, participa de la unidad.[117]

Paso a paso Proclo va deduciendo la existencia del Uno y luego de todos los niveles, leyes y categorías del universo neoplatónico. Mientras en los *Elementos* procede por medio de deducciones puras y sin referencias históricas, en *Teología platónica*[118] toma el curso opuesto, en un trabajo de hermenéutica teológica de lo escrito por Platón acerca de los dioses de las teogonías órficas y caldeas. Otro grupo de obras de Proclo está constituido por los *Comentarios*, que para los neoplatónicos tardíos fue el género más importante de todos.[119]

El propósito de este trabajo es abordar en forma breve la continuidad descendente e íntimamente conectada que se va desplegando en el universo a partir del Uno-Bien, siguiendo en gran medida la lógica de la causalidad presente en *Elementos de teología*, combinando la reflexión con ideas centrales presentes en otros textos.

---

116 Cfr. R. Chlup, *Proclus. An introduction*, p. 48.
117 Cfr. Proclus, *E.T.*, §1: "Πᾶν πλῆθος μετέχει πῃ τοῦ ἑνός".
118 Cfr. Proclus, *Théologie Platonicienne*, H. D. Saffrey y L. G. Westerink (eds.), 6 vols, Paris, Les belles lettres, 1968-97.
119 Sobre el tema se puede consultar I. Sluiter, "Commentaries and the Didactic Tradition", Glenn W. Most (ed.), *Commentaries – Kommentare* 4 (1999), pp. 173-205.

La identidad Uno-Bien y la causalidad

El primer principio considerado por el autor es el Uno (que se identifica con el Bien) ya que toda multiplicidad es posterior al Uno, a la unidad: "Πᾶν πλῆθος δεύτερόν ἐστι τοῦ ἑνός. εἰ γὰρ ἔστι πλῆθος πρὸ τοῦ ἑνός, τὸ μὲν ἓν μεθέξει τοῦ πλήθους, τὸ δὲ πλῆθος τὸ πρὸ τοῦ ἑνὸς οὐ μεθέξει τοῦ ἑνός".[120] Este principio es incausado; no puede decirse que el Primer Principio sea *causa sui* pues su absoluta trascendencia –la consideración del Uno según el método de la dialéctica negativa–[121] lo impide. Causalidad implica necesidad, y el Uno en sí mismo no necesita nada para darse un principio pues es intemporal y eterno.

La causalidad es una correlación transitiva en la cual sus términos son entidades sustanciales. Para los neoplatónicos se trata siempre de una relación transitiva entre dos términos que se corresponden: el que produce y el que es producido. Pero esta categoría no envuelve una secuencia temporal, pues la relación no se da entre eventos, y por lo tanto no implica necesariamente una secuencia en el tiempo. Así, el principio de esta secuencia no tiene comienzo ni origen, así como tampoco lo tiene el universo, y esto es posible a raíz de la específica comprensión relacional de la causalidad que plantea el autor.

Toda causa permanece inmutable al constituir los seres subsiguientes. Por lo cual tampoco es acertado comprender la teoría procleana de la sucesión de causas y efectos como

---

[120] Cfr. Proclus, *E.T.*, §5.
[121] El método de la dialéctica negativa corre paralelo al de la dialéctica analógica, a la que ya se mencionó más arriba en términos generales. El fundamento ontológico de la dialéctica analógica consiste en una semejanza entre el derivado y el Principio. La analogía es una tentativa de pensar el Principio, quien verdaderamente es Impensable e Inefable. Reparar en el Uno desde una perspectiva negativa significa adoptar el método más adecuado a la imposibilidad de comprensión de la esencia del Principio. Cfr.W. Beierwaltes, *Proclo. I fondamenti della sua metafisica*, trad. de Nicoletta Scotti, Introd. de G. Reale, Milano, Pubblicazioni della Università del Sacro Cuore, 1988, p. 371.

emanacionista. En efecto, en la ley que atraviesa todo el neoplatonismo y según la cual la causa da lugar a un efecto, la primera permanece sin disminución y sin alteración. Proclo agrega a esta noción de procedencia causal la transmisión continua de la *semejanza*: "Πᾶν τὸ παράγον τὰ ὅμοια πρὸς ἑαυτὸ πρὸ τῶν ἀνομοίων ὑφίστησιν".[122]

La semejanza en Proclo es la capacidad de mantener el carácter del origen en un menor grado. Esta semejanza inicialmente es una característica entre objetos, pero aquí posee un carácter necesario en la procesión de los seres, en la transmisión de lo mayor a lo menor, o de lo anterior a lo posterior. De esta manera, la semejanza requiere una derivación tal como se aduce en el parágrafo 18,[123] en el que afirma que lo contenido en el efecto se encontraba ya en la causa. Asimismo, en el parágrafo 65 (*E.T.*) Proclo explica que todo lo que existe participa o es imagen de una causa, en la cual tiene su bien: "Πᾶν τὸ ὁπωσοῦν ὑφεστὸς ἢ κατ' αἰτίαν ἔστιν ἀρχοειδῶς ἢ καθ' ὕπαρξιν ἢ κατὰ ἕθεξιν εἰκονικῶς".[124]

Una causa da lugar a ciertos efectos y no a otros. Tales efectos sólo reflejan parcialmente su principio productor, aunque es patente en ellos la semejanza que guardan con la causa. En Proclo la entidad producida por un agente causal es en sí misma capaz de producir algo fuera de sí, y si no es capaz de ello, *no es*: esto se aplica a todos los niveles de la jerarquía de seres. En efecto, si no es, este mismo hecho determina su extrema inferioridad con respecto a su causa, es decir, se trata del último peldaño de la jerarquía. La materia es lo último en la cadena causal y, como tal, es en cierta forma un *no-ser*, por lo cual no puede producir nada.

Lo máximo de esta escala conformada es el Supremo Bien. El texto expone en el parágrafo 12 de *E. T.*: "Πάντων τῶν ὄντων ἀρχὴ καὶ αἰτία πρωτίστη τὸ ἀγαθόν ἐστιν"; y en el

---

122 Proclus, *E.T.*, §28.
123 Cfr. Proclus, *E.T.*, § 18: "Πᾶν τὸ τῷ εἶναι χορηγοῦν ἄλλοις αὐτὸ πρώτως ἐστὶ τοῦτο, οὗ μεταδίδωσι τοῖς χορηγουμένοις".
124 Proclus, *E.T.*, § 65.

13 puede leerse: "Πᾶν ἀγαθὸν ἑνωτικόν ἐστι τῶν μετεχόντων αὐτοῦ, καὶ πᾶσα ἕνωσις ἀγαθόν, καὶ τἀγαθὸν τῷ ἑνὶ ταὐτόν". Esta identificación formal del Uno con el Bien proviene de Platón –de la cual también proviene la de Plotino–, según el cual el Bien, por ser tal, por su propia naturaleza, es pura comunicatividad. Tanto Plotino como Proclo no consideran a la actividad productora como aquello en lo que todo ha sido originado por libre elección. Para ambos, el que esta derivación hubiera sido por libre elección hubiera significado que el Bien se puede concebir como aún no habiendo conferido algo, lo que implica que puede no haber sido totalmente Bien. Ellos entienden que los actos del Uno-Bien responden a una ley de su naturaleza. La ley de la Bondad sería la ley de la naturaleza de Dios.[125]

De manera que no se puede pensar –dentro de los límites de la filosofía procleana– que hubo un tiempo en que el Bien no había generado sus efectos; no es posible que no existiera el mundo con sus creaturas. No es pensable porque Proclo acentúa el Bien como la Primera Gran Causa. La causa es tal porque *siempre* es causa de sus efectos, pero no se debe entender la relación causa-efecto al modo de los pensadores modernos, quienes podrían concebir que dicha relación se identifica con la relación lógica de antecedente-consecuente.

La realidad triádica en la jerarquía de seres y en los principios de la comprensión de lo real

En primer lugar se plantea la realidad en términos de jerarquía. Lo mismo que en Plotino, Proclo piensa en una *procesión* a partir del Uno, desde el cual surge una cadena de procesiones comenzando con los seres superiores hasta llegar a los inferiores. Se comprueba en esta concepción un tratamiento similar al del principio de la contigüidad

---

[125] Cfr. A. E. Taylor, "The Philosophy of Proclus", *Proceedings of the Aristotelian Society* 18 (1917-1918), p. 614.

ontológica[126] y se pueden analizar sus particularidades, a saber: la realidad constituida en cuanto series encadenadas triádicamente y contiguas unas con otras.

En el contexto de un universo jeráquica y triádicamente organizado, Proclo sostiene la eternidad del mundo y declara necesaria la conclusión de que el cosmos debe ser eterno, tomando el argumento del *Timeo*,[127] según el cual el demiurgo posee un *hacer* permanente, por el cual el cosmos siempre deviene, está en un continuo hacerse. La palabra "demiurgo" entraña el significado de "el hacedor", "el productor", "el artífice". A partir del argumento de Platón, el de Bizancio afirma que, a causa de que el demiurgo es causa eterna y divina, debe asimismo ser invariable: de lo que se sigue que si su naturaleza es ser "hacedor", siempre produce y consecuentemente el universo siempre debe ser producido, no tiene comienzo ni fin. Por ser invariable, el demiurgo siempre desarrolla su obra en el mismo sentido y por ello forja una única realidad articulada según estadíos de ser.

En este punto es necesario aclarar que Proclo considera al demiurgo como la primaria causa eficiente, responsable del orden y de la estructura del universo. Es una figura divina cuyo rol es ser el "ordenador" del cosmos físico, cuyo estatus ontológico pertenece al reino del ser eterno. Es un

---

[126] El principio de la contigüidad o continuidad ontológica será tratado más tarde en: Dionisio Areopagita, *Los nombres divinos*, 1° ed., trad. y notas por P. A. Cavallero, revisión y comentarios al texto por G. Ritacco, Buenos Aires, Losada, 2007, cap. VII. Este tema es desarrollado por Tomás de Aquino en varias de sus obras.
[127] Platón, *Diálogos VI. Timeo*, introducciones, traducciones y notas de M. A. Durán y F. Lisi, Madrid, Gredos, 2000, 27 d 6-28 a: "¿Qué es lo que es siempre y no deviene y qué, lo que deviene continuamente, pero nunca es? Uno puede ser comprendido por la inteligencia mediante el razonamiento, el ser siempre inmutable; el otro es opinable, por medio de la opinión unida a la percepción sensible no racional, nace y fenece, pero nunca es realmente. Además, todo lo que deviene, deviene necesariamente por alguna causa; es imposible, por tanto, que algo devenga sin una causa".

intelecto divino, perteneciente al orden de los dioses intelectivos, anterior al alma.[128] Por lo tanto, vale aclarar, no es el Uno plotiniano, sino una deidad ordenadora.[129]

En general, la figura triádica representa el ritmo en que se despliega el universo a partir del Principio. Proclo sostiene que la disposición triádica reproduce el orden de las relaciones por las cuales la más alta de las realidades está conectada con las realidades inferiores. Comienza la escala con la noción simplísima de Unidad o Uno, por ser el máximo y más pleno de todos los conceptos, y desciende en una serie de mentes, almas y cuerpos hasta los seres más imperfectos.[130] El método por el que las tríadas se van sucediendo es inmediatamente inteligible y su primer principio es una Absoluta y Trascendente Deidad que es la fuente de todos los existentes, sus caracteres y sus relaciones entre ellos.

En síntesis, la tríada implica una unidad subsistente en la multiplicidad y una unidad subsistente en la diferencia. Por ello es unidad dinámica que se equipara con la identidad lógico-estática o tautológica. El carácter de dinamicidad lo da el orden según una subordinación en serie.

---

[128] Cfr. Proclus, *Commentary on Plato's Timaeus*, Vol. II, Book 2: Proclus on the Causes of the Cosmos and its Creation, traducción, introducción y notas de David T. Runia y Michael Share, Cambridge: Cambridge University Press, 2008, p. 23: "Plato describes him as a *nous* at 39 e 7 (cf. 224.7, 323.24), as an eternally existent god at 34a8 (cf. 230.2), and he is to be identified with the 'Royal intellect' in *Philebus* 30 d 2 (cf. 224.1, 315.16, 406.29)".

[129] Cfr. Proclus, *Commentary on Plato's Timaeus*, p. 23: "the Demiurge is an Intellect situated in the realm of eternal Being. More precisely he marks the border of the intellective gods.69 The transcendent realm of Being, situated at the level under that of the first Principle and connected to it by means of the henads, consists of three levels of gods, a triad of intelligible gods (to which the Paradigm belongs), a triad of intelligible-intellective gods which are the cause of life, and thirdly seven intellective gods, of which the Demiurge is the lowest of the first triad. This god only is called 'Maker and Father' by Plato (311.26)".

[130] Cfr. Proclus, *E.T.*, §20: "Πάντων σωμάτων ἐπέκεινά ἐστιν ἡ ψυχῆς οὐσία, καὶ πασῶν ψυχῶν ἐπέκεινα ἡ νοερὰ φύσις, καὶ πασῶν τῶν νοερῶν ὑποστάσεων ἐπέκεινα τὸ ἕν".

Las tríadas

Proclo estima que del Uno procede todo lo que es, ordenado en tríadas descendentes y jerarquizadas, en las que el primer miembro de cada una de ellas es no-participado (ἀμέθεκτος). Se trata de principios genéricos, a los que denomina "mónadas", de los cuales derivan los elementos participados. El autor concibe el cosmos como un todo en el que cada miembro de la sucesión da lugar a otro. Los primeros términos generan una serie de entes del mismo tipo que el primero. Es así como al nivel del Intelecto, por ejemplo, surge una serie de intelectos más o menos elevados, y similarmente, en un nivel inferior, una serie de almas y una serie de cuerpos con mayor o menor valor y dignidad. La serie que sigue al miembro principal recibe predicación, es decir, son inteligencias o almas participadas. Así, en el caso de los intelectos, el primer miembro de la serie es el Intelecto y los demás son intelectos de los seres que *tienen* intelecto.

Esta especulación es aplicable al Bien o Uno, no menos que al Intelecto o al Alma. Si el Intelecto da lugar no sólo al Alma sino también a una pluralidad de intelectos, el Supremo Uno o Bien debe ser pensado como dando lugar a una serie de "unos", a los cuales Proclo llama "hénades", que son divinidades, o unidades divinas, que pertenecen al reino del Uno, como lo primero derivado. Como el Bien es Dios, en este sistema las hénades son divinidades en plural,[131] relacionadas con Dios así como los intelectos se relacionan con la entidad que llama "Intelecto" o "Inteligencia". Dios aparece como la fuente de cuatro órdenes: hénades, intelectos, almas y cuerpos. Ellos forman una jerarquía de "imágenes" a la manera de reflejos del Uno. Y cada orden forma una jerarquía de imágenes o reflejos de su miembro inicial propio. La tríada del cosmos surgida del Uno se constituye sintéticamente así: del Uno y del reino de los

---

[131] Las hénades son dimensiones universales de la actividad de Dios. Cfr. E. P. Butler, *The Metaphysics of Polytheism in Proclus*, United States, UMI, 2003, p.8.

"unos" o hénades, surgen la Inteligencia, el Alma, y el Cuerpo, en cuanto mónadas o realidades inteligibles que son paradigmas de los entes.[132] Estas tres unidades monádicas o formas paradigmáticas dan lugar a una serie de individuos: intelectos, almas y cuerpos particulares. El sistema completo es una ordenada serie de ordenadas series, en la que cada ser tiende a su bien, lo cual constituye la ley de su ser. Proclo afirma que es una consecuencia de la identidad del Uno con el Bien que todas las cosas tiendan a él en un movimiento de retorno, en busca de su propia simplificación. De este modo las cosas tienden a una afirmación de unidad e individualidad en la medida en que su naturaleza lo permite: en este proceso de reversión, la individualidad no se rompe, ni los cuerpos dejan de ser tales, y tampoco las almas.

Vale aclarar que el retorno de los seres al Uno no significa que aquellos *llegan a ser* Dios, sino que en su contemplación de sí mismos aprenden a *conocer* a Dios en la medida en que es comprensible a algunas de sus creaturas. No se trata de un Absoluto en el cual algún tipo de individualidad infinita sea transformada, sino que toda cosa es lo que es y no otra cosa sin cesar de ser lo que es.[133]

La procesión de las tríadas inteligibles

En el sistema procleano la organización de la realidad en tríadas tiene variados alcances. Por un lado, encontramos la realidad ordenada como se vio anteriormente en tres niveles encabezados por hénades procedentes del Uno, constituyendo una cadena jerárquicamente dispuesta de seres. Paralelamente, Proclo desarrolla un sistema hermenéutico de tríadas inteligibles, a la manera de explicaciones también triádicas y concatenadas entre sí, concernientes a la

---

132 Para la profundización en el origen y distinción entre *hénadas* y *mónadas* ver E. P. Butler, *The Metaphysics of Polytheism in Proclus*, cap. 4, pp 151-185.
133 Cfr. A. E. Taylor, "The Philosophy of Proclus", p. 633.

comprensión de la dinamicidad estructural del sistema de lo real. El pensamiento explica, en este ordenamiento, la forma en que ha procedido la realidad desde el Uno, a su vez desde distintas perspectivas de interpretación. Se contempla la realidad según sus aspectos que resultan inmediatamente inteligibles en la explicación secuenciada de Proclo. Este método de análisis no constituye una mera funcionalidad formal, sino que aparece como expresión de la estructura de lo real: la estructura triádica del pensamiento se vincula esencialmente con la disposición metafísica de lo real, y sus elementos se van sucediendo gradualmente así como ocurre en la dimensión de la existencia.

El fundamento unitivo de las tríadas es la posibilidad de la comunidad[134] (κοινωνία) de las cosas en cuanto modalidad en la cual el espíritu (νοῦς) reduce los tres elementos de la tríada en una unidad; es decir que el *pensamiento* se despliega como su principio ontológico y a la vez hermenéutico unitivo. En verdad, se da una conexión no externa o meramente causal, sino una unidad subsistente de la triadicidad consigo misma en la que la intencionalidad del pensamiento permanece preservada.

El ordenamiento de las tríadas hermenéuticas o pertenecientes al reino noético[135] sería el siguiente: 1) límite-ilimitado-mixto (πέρας-ἄπειρον-μικτόν); 2) ser-diferencia-identidad (οὐσία-ἑτερότης-ταυτότης); 3) principio-medio-fin (ἀρχή-μέσον-τέλος); 4) inteligible – inteligible e intelectivo – intelectivo (νοητόν- νοητὸν ἅμα καὶ νόηρόν- νοηρόν); 5) ser-vida-espíritu (οὐσία-ζωή-νοῦς); 6) permanencia-procesión-reversión (μονή-πρόοδος-ἐπιστροφή). El fin y el método de la reflexión en torno a este orden es mostrar, primeramente, cómo la esencia de la tríada constituye la estructura

---

134 Cfr. W. Beierwaltes, *Proclo. I fondamenti della sua metafisica*, p.78.
135 Cfr. S. Klitenic Wear y J. Dillon, *Dionysius the Areopagite and the Neoplatonist Tradition*, England, Ashgate, 2007, p. 25.

básica del sistema del ente, y en la estructura triádica del ente encuentra su fundamento el desarrollo triádico del pensamiento.

Límite-ilimitado-mixto (πέρας-ἄπειρον-μικτόν)

Límite e Ilimitado (πέρας y ἄπειρον) son los elementos centrales para la explicación de la producción de la multiplicidad a partir de la Primera Causa. Ésta parece ser la primera preocupación de Proclo, quien no concibe "saltos" entre una u otra fase de la realidad. En primer lugar, el Uno sólo puede producir unidad, y esta unidad se cristaliza en el principio del Límite. Éste define los límites del ser, lo circunscribe (περιγράφει).[136] De este modo, la existencia (ὕπαρξιν)[137] del *ser* como una entidad separada es el resultado del primer Límite. Esta acción limitante consiste en la *unificación* que es requerida para la existencia de un ser, el cual, por sí mismo, no es capaz de constituirse en una unidad separada.

Así como el Límite, el poder generativo de lo ilimitado va constituyendo una serie que tiene miembros en cada nivel de realidad. Cada ser es productivo en un sentido o en otro, en cuya serie el gobierno es ejercido por el principio de la Ilimitación: el ἄπειρον. La Ilimitación implica δύναμις y está relacionada con los grados más altos de la realidad, aunque la jerarquía posee en sus niveles diferentes manifestaciones de ésta, así como el ἄπειρον se desarrolla en diferentes grados.

La procesión es llevada a la realidad a partir de un poder (γεννητικὴ δύναμις). El inferior es producido por el superior no a causa de que éste desee producirlo, sino por

---

[136] Cfr. Proclus, *In Platonis Cratylum commentaria*, G. Pascuali (ed.), Lipsiae, 1908, 42, 13, 21-22 y 24-26.
[137] Cfr. Proclus, *In Platonis Timaeum Commentaria*, E. Diehl (ed.), 3 vols., Leipzig, Teubneri, 1903-6, III, 176, 1: "ὁ μὲν οὖν ὅρος οὗτος καὶ τὸ πέρας ἀφορίζει τὴν ὕπαρξιν ἑκάστου".

su poder sobreabundante (δυνάμεως περιουσίαν).[138] El poder del superior resulta incomprensible para el inferior, en el cual la multiplicidad es más grande. El ser, entonces, posee δύναμις en dos sentidos: no sólo participa en la primera infinitud o Ilimitación, sino que también es δύναμις en cuanto va produciendo el nivel subsiguiente. La sucesión de los diferentes niveles es explicada como la *actualización* de aquello que estaba potencialmente en el grado previo.[139] Aquí se puede corroborar la continuidad sin hiato intermedio entre los niveles de la realidad.

Esta primera tríada πέρας-ἄπειρον- μικτόν sirve para abrir la comprensión en torno al funcionamiento de los tres elementos que conforman la primera realidad intermediaria que sucede al Uno. Como se ha visto, a partir de dos elementos que van surgiendo uno del otro se genera una relación sintetizada en el tercer término. En el esquema de Límite, Ilimitado y Mezcla (μικτόν), el tercer término es producido y propiamente sólo realiza la combinación de los dos anteriores. Pero en cierto sentido, la unidad que caracteriza al tercer elemento parece ser débil para excluir la dualidad. Pero ¿cómo sería posible una dualidad en el nivel de realidad que está justo por debajo del Uno y su reino henádico –es decir, la primera tríada–? ¿No debería ser aquel nivel que tuviera la mayor unidad?

Proclo comprende que por encima de las distinciones es posible salvaguardar la unidad. Su filosofía, en sí, constituye, a pesar de las diferenciaciones continuas, un esfuerzo de unificación permanente de todo el espectro de lo real. Esto es testificado por el poder generativo infinito (δύναμις),

---

[138] Cfr. Proclus, *E.T.*, § 27: "Πᾶν τὸ παράγον διὰ τελειότητα καὶ δυνάμεως περιουσίαν παρακτικόν ἐστι τῶν δευτέρων".
[139] Cfr. S. E. Gersh, "From Iamblicus to Eriugena. An investigation of the Prehistory and Evolution of the Pseudo Dionysian Tradition", *Studien zur Problemgeschichte der antiken und mittelalterlichen Philosophie* 8 (1978), pp. 32-33.

que es siempre inherente al límite. La ilimitación nunca existe apartada del límite; Límite, Ilimitación y su combinación reaparecen en todos los niveles de la realidad.

Ser-diferencia-identidad (οὐσία-ἑτερότης-ταυτότης)

De la segunda tríada, el ente en la dimensión de la οὐσία es una unidad de contraposiciones, porque en ella se compenetran Límite e Ilimitación, Identidad y Diferencia, ser y no ser. Así, la realidad total está gobernada por la dualidad, desde lo más alto hasta lo inferior. Al llegar al final de la sucesión, la materia concluye la manifestación más pura de lo Ilimitado; es el último nivel, pero es cabalmente miembro de la serie, por lo cual se puede colegir que ha sido producida por el Uno Bien, como su primera e inefable causa.[140]

De este modo también puede concluirse que la ausencia de determinación no puede estar relacionada absolutamente con el mal. Por el contrario, se ha mostrado que se origina del Bien, por lo cual es imposible asociar la materia, y por lo tanto los cuerpos y la ilimitación, con el mal. Toda la naturaleza material debe ser referida de continuo a la causa, porque hasta ella ha llegado la δύναμις generadora, la fuerza que produce todo lo que es.

La indeterminación en cuanto potencia generatriz es principio de la procesión, y se constituye en el fundamento primario por el cual la multiplicidad de los entes es externa al Uno y la potencialidad que preexiste en el límite se comunica al ente, mientras al mismo tiempo el límite actúa articulando la multiplicidad.

Proclo indica la unidad de Límite e ilimitado como clave para entender el principio de la constitución del ser. Ser, identidad y diferencia penetran también la totalidad de la realidad. En cada cosa existente, identidad y diversidad

---

[140] Proclus, *In Platonis Timaeum Commentaria*, I, 384.30: "εἰ οὖν, ὥσπερ εἴπομεν, ὁ Θεός πᾶσαν ἀπειρίαν ὑφίστησι, καὶ τὴν ὕλην ὑφίστησιν, ἐσχάτην οὖσαν ἀπειρίαν. καὶ αὕτη μὲν πρωτίστη καὶ ἄρρητος αἰτία τῆς ὕλης".

resultan unidas en virtud del ser; juntas determinan lo indefinido a formar tal o cual cosa. Límite y diferencia, a su vez, ponen en evidencia el no ser de la identidad en relación con lo distinto. Como la identidad y la diferencia no son opuestos contradictorios, del mismo modo el no ser no significa nulidad pura sino un no ser que radica en los varios tipos de relaciones que acaecen entre las cosas. La diferencia es principio y causa de separación y división. El poder de la diferencia pone la distinción ya que hace que cada ser sea él mismo y no otro en virtud de la negatividad del límite. La identidad, en cambio, reconduce la alteridad en la unidad ya diferenciada, y funda su esencia, en un sentido positivo, definiéndola, y en un sentido negativo, separándola.[141]

Principio-medio-fin (ἀρχή-μέσον-τέλος)

La tríada principio-medio-fin se encuentra en el fundamento de la esencia de la totalidad que en todas las cosas se manifiesta y las presenta en cuanto definidas y unitarias. Pero propiamente esta tríada explica al Uno en su ser principio supraexistente, por el cual cada realidad tiene su propio inicio, el propio punto medio o potencia que lo mantiene en el ser –porque en ella está centrado y radicado–, y el propio fin al cual nuevamente debe retornar para encontrar su cumplimiento. El Uno no tiene en sí inicio, medio ni fin porque implicaría una relacionalidad consigo mismo, una autorreflexión del Uno, en la cual permaneciendo en sí mismo saldría de sí por automediación para retornar a sí nuevamente. En cambio, el Uno está fuera de toda determinación categorial, relacional o temporal; pero es el origen de la tríada presente en las cosas y en ellas

---

[141] Cfr. W. Beierwaltes, *Proclo. I fondamenti della sua metafisica*, p.111.

está como su principio, medio y fin. Como Platón dice en *Leyes*,[142] Dios tiene en sus manos el principio, el medio y el fin de todo lo que existe.

Inteligible – inteligible e intelectivo – intelectivo (νοητόν – νοητὸν ἅμα καὶ νόηρόν- νοηρόν)

Con respecto a la cuarta tríada inteligible – inteligible e intelectivo – intelectivo, primeramente debe comprenderse que la diferenciación ontológica y la articulación jerárquica en la esfera del espíritu (νοῦς) tuvo su inicio en Jámblico, que distingue el νοῦς en un cosmos inteligible (κόσμος νοητός), subdividido en tres niveles y en un cosmos intelectivo (κόσμος νοερός).

El término νοητόν explica la inteligibilidad de un ente, su inteligible determinación; el ente en cuanto real se funda en el νοῦς pensante, esto es, en cuanto es pensado. El término νοερός indica, en cambio, *el inteligir*, el acto del intelecto o del espíritu, que no es simplemente *pensamiento*, sino *el pensante*; el pensamiento se cumple siempre en el espíritu. Indica la dirección de sentido o de intencionalidad del νοῦς, el cual no puede ser comprendido como un vacío totalmente privado de contenido, de determinaciones, de diferencias y de relaciones,[143] sino que es una unidad relacional de todo lo pensado en cuanto plenitud de la idea y siempre unido a un inteligible (νοητόν) inteligiblemente determinado.[144] Así, el espíritu no es otra cosa que ser, y en esta identidad acontece una tríada (pensado – pensado junto al pensante – pensante): al mismo tiempo espíritu y ser, pensante y pensado son idénticos pero diferentes; a partir del νοητὸν ἅμα καὶ νόηρόν el espíritu no es sin el pensado,

---

[142] Cfr. Platón, *Diálogos. VIII. Leyes* (Libros I-VI), traducción de F. Lisi, Madrid, Gredos, 1999, 715 y ss.
[143] Cfr. Proclus, *In Platonis Timaeum commentaria*, III, 102, 10s: "οὐ γὰρ ἄνευ νόος ἐστὶ νοητοῦ καὶ τὸ νοητόν οὐ νοῦ χωρὶς ὑπάρχει κατὰ <τὸ λόγιον> [or. chald. 11 s]".
[144] Cfr. W. Beierwaltes, *Proclo. I fondamenti della sua metafisica*, p. 135.

ni el pensado existe separado del espíritu, y no queda nada fuera de esta relación como unidad intencional. Esta tríada se completa en su continuidad con la siguiente.

Ser-vida-intelecto (οὐσία-ζωή-νοῦς)

El orden inteligible toma su forma fundamentalmente de esta tríada.[145] En la interpretación del νοῦς por medio de la tríada ser-vida-pensamiento o espíritu, se ve que este pensamiento, en cuanto que es, es ser; lo inteligible es el ser. En virtud de la intencionalidad de ambos, la identidad de ser y pensamiento relacional: el ser es siempre ser del pensamiento, y éste es siempre pensamiento del ser. El espíritu, en el cual esta unidad se realiza, es el ser que piensa, mientras que el ser, en su ser pensado, confiere al νοῦς pensamiento y vida. El parágrafo 103 de *Elementos de teología* refiere que todas las cosas están ordenadas de tal modo que en el ser hay vida e inteligencia; en la vida hay ser e inteligencia; en la Inteligencia hay ser y vida; pero cada una de ellas existe en distintos niveles: en un nivel intelectual, en otro de modo vital y en el tercero existencialmente.[146]

El ser es un elemento dinámico para la vida y el pensamiento: éstos pueden desplegarse en el ser y por medio del ser, como vida existencial y pensamiento existencial. El pensamiento, como tercer elemento, está en relación con el ser y la vida en virtud de su participación en ellos. En efecto, el ser puede ser pensado sin la vida y sin el pensamiento; la vida puede ser pensada sin el pensamiento, pero éste no puede ser concebido sin el ser y sin la vida. Sin el acto de la vida que opera la mediación entre los dos elementos, el espíritu no tendría ninguna conciencia del propio ser y de la propia esencia. El ser, que es mediado con el pensamiento

---

[145] Cfr. E. P. Butler, *The Metaphysics of Polytheism in Proclus*, pp. 10-11.
[146] Cfr. Proclus, *E.T.*, §103: "Πάντα ἐν πᾶσιν, οἰκείως δὲ ἐν ἑκάστῳ· καὶ γὰρ ἐν τῷ ὄντι καὶ ἡ ζωὴ καὶ ὁ νοῦς, καὶ ἐν τῇ ζωῇ τὸ εἶναι καὶ τὸ νοεῖν, καὶ ἐν τῷ νῷ τὸ εἶναι καὶ τὸ ζῆν, ἀλλ' ὅπου μὲν νοερῶς, ὅπου δὲ ζωτικῶς, ὅπου δὲ ὄντως ὄντα πάντα".

mediante la vida, es la vida del pensamiento, mientras el pensamiento es la vida del ser y, con mayor razón, el pensamiento es el ser de la vida.[147] Ella, en cuanto pensante y existente, funda el acto de identidad que ocurre entre el ser y el espíritu, y deviene mediadora de la triadicidad del νοῦς.

Permanencia- procesión-reversión (μονή-πρόοδος-ἐπιστροφή)

El desenvolvimiento de esta tríada es fundamental para el pensamiento procleano y para los pensadores que reflejaron posteriormente parte de su filosofía. Refleja con claridad una impronta basal de pensamiento que aparecerá hasta el neoplatonismo de Tomás de Aquino y el posterior.

La esencia y la acción de la tríada permanencia-procesión-reversión no halla su ubicación apropiada *junto* a las otras tríadas, sino que es aquella que se encuentra ínsita en las demás y constituye su fundamento dinámico. Es decir que se revela como fundamento del dinamismo de la unidad del cosmos, como causalidad inteligible, como despliegue desde la Idea comprendida en el νοῦς del demiurgo en la multiplicidad sensible y como cíclico retorno del mundo a su propio fundamento inteligible.

Se constituye especialmente, además, en un principio estructural del espíritu que procede transversalmente a través de los momentos que lo componen. Funda el movimiento del pensamiento como reflexión en relación con el propio pensamiento y por lo tanto produce un retorno a sí mismo. Por la dimensión del espíritu, la permanencia significa el ser en sí, el permanecer en sí del espíritu, que es por esencia autosubsistente,[148] lo cual no significa que el espíritu sea el fundamento absoluto de sí mismo, pero en cuanto hipóstasis fundada en sí misma no necesita de ninguna otra hipóstasis para la realización de la propia esencia.

---

147 Cfr. W. Beierwaltes, *Proclo. I fondamenti della sua metafisica*, p. 141.
148 Cfr. Proclus, *E.T.*, § 41; § 44, 1-3: "τὸ γὰρ γεννᾶν ἑαυτὸ πεφυκὸς ἕδρας ἄλλης οὐ δεῖται, συνεχόμενον ὑφ ἑαυτοῦ καὶ σωζόμενον ἐν ἑατυῷ τοῦ ὑποκειμένου χωρίς".

Su permanecer en sí no guarda relación con la dimensión temporal ni espacial. Ni tampoco la procesión del espíritu se desarrolla en una superación de su propia dimensión; no implica movimiento discursivo, sino que abraza todo –coincide con lo pensado– porque la inteligencia tiene intelección simultánea de todas las cosas.[149] Su intelección abarca todas las cosas perpetuamente y en todas las inteligencias, pero en cada una de ellas delimita todos sus objetos por un carácter particular. Así, el autocumplimiento de su esencia es un dinamismo que permanece en sí diferenciándose, pues todo lo que es autohipostático es capaz de reversión sobre sí mismo.[150]

El movimiento de esta tríada tiene lugar a partir de un nexo de causalidad en el cual todo lo que procede de cualquier principio revierte, respecto de su ser, sobre aquello de que procede.[151] Esta reversión se produce con motivo de que cada cosa desea su bien y cada una de ellas lo alcanza por mediación de su causa próxima; es decir que el objeto primario de su apetito es aquello sobre lo que revierte. Esta última tríada hace patente el sistema causal procleano. Una vez comprendidas las tríadas noéticas que secuencialmente contempla el pensador, es necesario considerar el ordenamiento de lo real.

---

[149] Cfr. Werner Beierwaltes, *Proclo. I fondamenti della sua metafisica*, p. 163.
[150] Proclus, *E.T.*, § 42: "Πᾶν τὸ αὐθυπόστατον πρὸς ἑαυτό ἐστιν ἐπιστρεπτικόν".
[151] Proclus, *E.T.*, § 31: "Πᾶν τὸ προϊὸν ἀπό τινος κατ' οὐσίαν ἐπιστρέφεται πρὸς ἐκεῖνο ἀφ' οὗ πρόεισιν".

La procesión de lo real a partir del Uno

Las hénades

La identificación de las hénades con ciertas divinidades puede ser atribuida al maestro de Proclo, Siriano.[152] Como entidades metafísicas, se comprende que son divinas "unidades" o "unicidades" que poseen el aspecto de una unidad trascendente. El pensador de Bizancio se vale de esta noción para indicar la existencia de entidades intermedias, para explicar la continuidad de la procesión de seres desde el Uno hasta la realidad múltiple. Las hénades están para abrir un puente en el abismo que Plotino pensó entre el Uno y la realidad. Son el primer derivado del Límite y la Ilimitación, los cuales cumplen la función de principio y causa con respecto a la totalidad de lo real. Son principios de los cuales participa escalonadamente, según sus posibilidades, el reino del ser; son unidad múltiple, o multiplicidad unitaria, originaria y primera, luego del Uno absoluto.

Las hénades o divinidades proceden del Uno y dan lugar a los primeros términos de las tríadas existentes. Trascienden los miembros de cada tríada como realidades separadas de las que participan los componentes subsiguientes. Los principios divinos de este modo son más comprehensivos y más potentes que lo que procede de ellos, y es a causa de la falta de idoneidad de los demás miembros de cada serie que se da lugar a la insuficiencia de luz divina que llega a ellos. Cuando esta luz se debilita, se debe a la impotencia del participante y parece asumir la dirección otro principio o hénade.[153]

---

[152] Siriano fue sucesor de Plutarco de Atenas y uno de los representantes del neoplatonismo plotiniano de la Escuela de Atenas.
[153] Cfr. Proclus, *E.T.*, §143: "Πάντα τὰ καταδεέστερα τῇ παρουσίᾳ τῶν θεῶν ὑπεξίσταται· κἂν ἐπιτήδειον ᾖ τὸ μετέχον, πᾶν μὲν τὸ ἀλλότριον τοῦ θείου φωτὸς ἐκποδὼν γίνεται, καταλάμπεται δὲ πάντα ἀθρόως ὑπὸ τῶν θεῶν".

Estas deidades ejercen su providencia con las existencias secundarias y a su vez las trascienden, sin perder su unidad y sin que su separada unidad anule su trascendencia, pues su carácter distintivo es la irradiación de la bondad. Suministran el bien sin ninguna concesión calculada, pero los participantes inmediatamente inferiores reciben según su mérito y su dignidad.[154] En su calidad de trascendentes son inefables e incognoscibles por cualquier ser secundario a causa de su unidad supraexistencial, pero pueden ser aprehendidas y conocidas de algún modo a partir de los existentes que participan en ellas. Por esto, solamente el Uno es absolutamente incognoscible, por ser no participado.[155] Una afirmación claramente neoplatónica desde el punto de vista gnoseológico es que, en términos generales, el nivel más alto es sólo cognoscible por medio de sus efectos en lo inferior.[156]

Así, la hénade es co-operante con el Uno en la producción del existente real que participa de ella. De tal modo que todas las capacidades de los dioses proceden a través de los intermediarios y descienden hasta los últimos existentes de las regiones terrestres. La hénade es divinidad inmediata, la inteligencia es divina en grado máximo, el alma es divina, y el cuerpo también lo es, en grado menor. El carácter divino sucesivamente descendente de los niveles de ser procede de la participación de la divinidad de la hénade.[157] Esta concatenación va llevando desde el Uno lo máximo

---

[154] Cfr. Proclus, *E.T.*, §122: "Πᾶν τὸ θεῖον καὶ προνοεῖ τῶν δευτέρων καὶ ἐξῄρηται τῶν προνοουμένων, μήτε τῆς προνοίας χαλώσης τὴν ἄμικτον αὐτοῦ καὶ ἑνιαίαν ὑπεροχὴν μήτε τῆς χωριστῆς ἑνώσεως τὴν πρόνοιαν ἀφανιζούσης".
[155] Cfr. Proclus, *E.T.*, §123: "Πᾶν τὸ θεῖον αὐτὸ μὲν διὰ τὴν ὑπερούσιον ἕνωσιν ἄρρητόν ἐστι καὶ ἄγνωστον πᾶσι τοῖς δευτέροις, ἀπὸ δὲ τῶν μετεχόντων ληπτόν ἐστι καὶ γνωστόν· διὸ μόνον τὸ πρῶτον παντελῶς ἄγνωστον, ἅτε ἀμέθεκτον ὄν".
[156] Cfr. A. E. Taylor, "The Philosophy of Proclus", p. 632.
[157] Cfr. Proclus, *E.T.*, §129: "Πᾶν μὲν σῶμα θεῖον διὰ ψυχῆς ἐστι θεῖον τῆς ἐκθεουμένης, πᾶσα δὲ ψυχὴ θεία διὰ τοῦ θείου νοῦ, πᾶς δὲ νοῦς [θεῖος] κατὰ μέθεξιν τῆς θείας ἑνάδος· καὶ ἡ μὲν ἑνὰς αὐτόθεν θεός, ὁ δὲ νοῦς θειότατον, ἡ δὲ ψυχὴ θεία, τὸ δὲ σῶμα θεοειδές".

de plenitud que desciende en cada ser a su modo por la mediación primera de las hénades, de las cuales participan los demás términos.

Intelecto, Alma y Cuerpo

La Inteligencia es una existencia indivisible porque es incorpórea, lo cual se demuestra porque puede revertir hacia sí misma, mientras que los cuerpos son incapaces de reversión; produce sus consecuentes mediante el acto de su intelección y su actividad "creadora" es el pensar puesto que pensamiento es "ποιεῖν".[158]

Proclo habla de la Inteligencia Primaria, participada por las demás inteligencias. En el caso del Alma, es participada por las almas particulares; se entiende que son sustancias incorpóreas, independientes del cuerpo, pero dependientes de la inteligencia. Toda alma tiene su origen inmediato en una inteligencia, de manera que toda alma participada tiene una existencia eterna, a raíz de su origen, pero una actividad propiamente temporal.

En cuanto a su lugar propio en la jerarquía, la actividad del alma consiste en comunicar al nivel inmediatamente inferior su *proprium*, que es la vida. Vivifica los cuerpos infundiendo sobre ellos su propia virtud, otorga la vida para dotar de un especial tipo de unidad y organización características de los organismos. No todos los cuerpos son capaces de recibir este tipo de unidad y estructura, sino sólo algunos, los que poseen materia orgánica. En la materia inorgánica, el alma no puede ya ejercer ninguna influencia, y este tipo de realidad ocupa el último lugar en el sistema de los existentes. Solamente es capaz de revertir sobre sí

---

[158] Cfr. Proclus, *E.T.*, §174: "Πᾶς νοῦς τῷ νοεῖν ὑφίστησι τὰ μετ' αὐτόν, καὶ ἡ ποίησις ἐν τῷ νοεῖν, καὶ ἡ νόησις ἐν τῷ ποιεῖν".

mismo aquello que es incorpóreo, por lo cual los cuerpos no pueden hacerlo, y allí encuentra su final la gran cadena de procesiones del universo.[159] Como primeros términos de serie, el Intelecto y el Alma, generan una serie de entes del mismo tipo que ellos mismos, con lo cual al nivel de la Inteligencia se genera una serie de inteligencias menos exaltadas y, similarmente en el horizonte del Alma, una sucesión de almas y, subsiguientemente, en el ámbito del cuerpo una serie de cuerpos de mayor o menor valor y dignidad. Proclo integra completamente la materia en su ontología y evita hacer una excepción con respecto a la generación de ella a partir de las leyes de la causalidad. Por lo tanto, la materia deriva de la existencia del Uno, es producida por Él, intermediado por otros seres. Además, comprende que esta generación no puede ser comprendida como producida en el tiempo, sino como una dependencia de su causa, pues una producción divina debe ser eterna y sin movimiento.[160]

En *De malorum subsistencia*[161] (capítulos 11-38), Proclo explicita su postura con respecto a la materia y fundamenta el rechazo a la consideración plotiniana de la materia como causa del mal en el alma. Refuta la idea de que la materia sea el principio de todos los males y rebate la razón de Plotino de la materia como completa privación. Privación es contraria a la forma y por lo tanto su característica es no ser. Está en las antípodas de ser un substrato que desea una forma, y sólo *accidentalmente* no es. Así, el último rango de ser, el reino de lo material, deriva su poder del Bien, y no debe ser considerado como privación o como un mal, sino como un subcontrario del Bien, esto es, no como su

---

[159] Cfr. Radek Chlup, *Proclus*, p. 74.
[160] Cfr. F. A. J. De Haas, "John Philoponus' New Definition of Prime Matter. Aspects of its Background in Neoplatonism and the Ancient Commentary Tradition", *Philosophia Antiqua* 69 (1997), pp.7-8.
[161] Proclus, *De malorum subsistentia* (cit. *D.M.S.*), H. Boese (ed.), Berlín, Berolini, 1960.

contrario.[162] Así lo afirma en los capítulos 52 y 53 de la obra citada. El mal absoluto es incapaz de recibir una forma; por el contrario, la materia es un substrato sin cualidad ni forma, pero que las precisa. La materia no es buena ni es mala, sino necesaria.[163] Se debe recordar que el Uno no sólo produce lo que es limitado, sino también lo ilimitado, cuyo último estadío es la materia.

Conclusiones

A lo largo de este desarrollo, la jerarquía planteada en las bases de este pensamiento significa tanto la *organización* del universo, una *interpretación* de la organización del universo, como también un verdadero *proceso*. Como proceso, implica actividad; la actividad de la jerarquía es el acto de la creación del Uno, y un deseo de todo lo creado de retornar a la Unidad suprema. La tríada es el modo según el cual se articula el despliegue del universo a partir del mismo Principio en eslabones sucesivos.

Uno de los puntos principales del pensamiento neoplatónico es la conexión que guardan los diferentes niveles a través de una estructura gradualmente dispuesta, en la cual el punto inferior de cada nivel de ser es el más alto de los puntos del nivel que le sigue, resguardando la consideración de la unidad y trascendencia del Uno y a su vez colocando como su siguiente inmediato a la multiplicidad y a la creación. Muy particular del pensador de Bizancio es la búsqueda de disminución de toda distancia entre cada nivel de ser y a su vez en cada nivel del ámbito noético. Como se dijo,

---

[162] Cfr. J. Phillips, *Order From Disorder. Proclus' Doctrine of Evil and its Roots in Ancient Platonism*, R. M. Berchman and J. F. Finamore (eds.), Boston, Brill, 2007, p. 70: "in *Theaetetus* he employs the term 'sub-contrary' to describe the relationship of evil to the Good as one of not total contrariety. Evil is not wholly so, which is to say that its opposition to the Good is not absolute, insofar as it has no power or activity of its own".
[163] Cfr. Proclus, *D.M.S.*, pp. 36-37.

la estructura triádica del pensamiento (la interpretación de las tríadas inteligibles) encuentra su correspondencia en la ordenación triádica de la realidad. Entre los paganos, solamente Proclo sostuvo la estructura triádica, que encuentra en Plotino sus primeras raíces, a la que puede comprenderse como una *unidad que se desarrolla triádicamente o tríada unitaria*. La multiplicación progresiva de dicha estructura a partir de los primeros principios es uno de los rasgos más notables de su filosofía. Este sistema constituye un proceso gradual y continuo, en orden a explicar la naturaleza de todas las cosas, y establecer un procedimiento en que la distancia entre los momentos sea lo más ínfima posible. En el universo procleano, la tríada fundamental Ser-Vida-Intelecto proviene desde el Uno, mediada por el Límite y la Ilimitación. Tanto para Siriano como para Proclo dicha tríada es una tri-unidad (trinidad) que aparece en el comienzo de lo que sería la segunda hipóstasis, de manera que después del reino del Uno, existen el Ser, la Vida y el Intelecto –tríada noética–, manifiestos en las hénades seguidas de intelectos y almas, hasta llegar al reino de la pura materia.

Es importante también observar que la tríada procesión-permanencia-reversión constituye un elemento visiblemente neoplatónico, que favorece la concepción del principio de la continuidad de los seres, posteriormente formulado por Dionisio Areopagita. Dentro del sistema, cada término procesivo singular revierte sobre su propio principio inicial, de quien procedió. Esta reversión del fin sobre el comienzo hace que todo el orden sea uno y determinado, convergente sobre sí mismo, manifestando la unidad en la multiplicidad.[164] Se revela aquí un claro antecedente del argumento de contigüidad ontológica, expresado cabalmente en el parágrafo 147 de *E.T.* En él se muestra la continuidad a lo largo de las procesiones divinas; cada orden está ligado a otro por los términos medios adecuados.

---

[164] Cfr. Proclus, *ET*, §146.

Los términos más elevados de la segunda serie están necesariamente unidos con los términos limítrofes del primero. La conexión específica de cada rango de ser se verifica por medio de la semejanza; por consiguiente, habrá semejanza entre los principios iniciales del orden inferior y los últimos miembros del más elevado,[165] en el punto de unión entre lo inferior de lo superior y lo superior de lo inferior. Se comprueba una vez más el interés del pensador por mantener un encadenamiento sin fisuras entre los componentes de la realidad.

Además de la contigüidad ontológica, es posible descubrir una continuidad también fundamental en el reino inteligible, abreviada en las palabras de Marije Martijn: "the nature and the methods of philosophy of nature presuppose a fundamental and crucial *continuity* between the world of generation and the intelligible realm".[166] La autora afirma enérgicamente más abajo:

> *I will show, however, that Proclus in his overall reading of the Timaeus is concerned especially with the continuity both of reality and of cognition. All his writings are deeply imbued with the principle "all in all, but appropriately to each thing".*[167]

Se puede colegir que no solamente hay una continuidad en lo real, sino también, y profundamente vinculada, una continuidad entre lo real y el reino del pensamiento, como más arriba se puso de manifiesto.

---

[165] Cfr. Proclus, *ET*, §147: " Πάντων τῶν θείων διακόσμων τὰ ἀκρότατα τοῖς πέρασιν ὁμοιοῦται τῶν ὑπερκειμένων. εἰ γὰρ δεῖ συνέχειαν εἶναι τῆς θείας προόδου καὶ ταῖς οἰκείαις ἑκάστην τάξιν συνδεδέσθαι μεσότησιν, ἀνάγκη τὰς ἀκρότητας τῶν δευτέρων συνάπτειν ταῖς ἀποπερατώσεσι τῶν πρώτων· ἡ δὲ συναφὴ δι' ὁμοιότητος. ὁμοιότης ἄρα ἔσται τῶν ἀρχῶν τῆς ὑφειμένης τάξεως πρὸς τὰ τέλη τῆς ὑπεριδρυμένης".

[166] M. Martijn, "Proclus on nature: philosophy of nature and its methods in Proclus' Commentary on Plato's Timaeus", *Philosophia antique* 121 (2010), p.2.

[167] M. Martijn, ibid., p. 7.

Si bien se habla de Proclo como aprobando la existencia de dioses, esto es, sosteniendo una metafísica politeísta, alejada en algunos aspectos del cristianismo posterior –aunque semejante en otros–, la riqueza de este pensamiento ha contribuido a formar una notable esfera de influencia, en la cual encontramos a Dionisio Areopagita, Juan Scoto Eriúgena y el aporte del *Liber de Causis*,[168] entre otros.

El *Liber de Causis* como fuente principal del pensamiento neoplatónico

Acerca del Liber de Causis

Un hecho muy importante acaecido en Occidente en el siglo XIII fue el ingreso y la traducción de todo el *corpus Aristotelicum*. Las obras perdidas del Estagirita durante siglos comenzaron a ser conocidas a partir de escritos hallados en los límites entre España e Italia, ubicación que los latinos compartían con los árabes, quienes fueron los primeros protagonistas del trabajo de exégesis y traducción de las obras de Aristóteles. Con pocas excepciones, los escolásticos medievales se dedicaron a comprender y traducir estas obras al latín. Cuando un texto era revertido al latín significaba que iba a comenzar a circular y a ser estudiado.[169]

Entre las obras que se decían de Aristóteles, apareció el *Liber de Causis*, un pequeño tratado adjudicado erróneamente al Filósofo, que constituyó para muchos el punto central de su pensamiento. Incluso Alberto Magno interpretó en él la culminación metafísica del sistema aristotéli-

---

[168] A. Pattin (ed.), "Liber de Causis", *Tijschrift voor Filosofie* 28/1 (1966) 90-203. (Cit. *Liber de Causis*).
[169] Cfr. J. Marenbon, *Early Medieval Philosophy*, Routledge, London and New York, 1988, pp. 50-51.

co. Tomás de Aquino, sin embargo, notó que la obra había sido elaborada a partir de los *Elementos de teología* de Proclo traducidos en 1268 por Guillermo de Moerbeke.[170]

El *Liber de Causis* es un texto anónimo que fue traducido por Gerardo de Cremona del árabe al latín en la segunda mitad del siglo XII. Este texto, que consta de 31 proposiciones, trata acerca de los principios metafísicos y de la naturaleza de la Primera Causa, las sustancias separadas o inteligencias y las almas más elevadas. Probablemente tuvo primeramente por título *Expositio bonitatis purae*, conocido en el mundo latino con el nombre *Liber de causis*. Tomás de Aquino hizo un gran uso de esta obra, con citaciones del texto que aparecen en muchos de sus trabajos: en el *Comentario a las Sentencias*, en su *De ente et essentia*, y también en 1271-1272, cuando, en el proemio de su *Super librum de causis expositio*, demostró que estas proposiciones consisten en fragmentos de los *Elementos de teología* de Proclo. Esto fue confirmado con cierto detalle por Pera, quien preparó la edición del *Comentario* del Aquinate.[171]

Respecto del origen específico del *Liber* se han propuesto dos tesis: la primera considera que se trata de una traducción latina realizada a partir de un original anónimo árabe, procedente de Bagdad —importante capital del saber en este período— entre los siglos IX y X en el círculo filosófico de Al-Kindi,[172] que se valió de la obra de Proclo;

---

[170] Los árabes fueron los herederos del último neoplatonismo de Atenas luego de la Academia, cerrada en el año 529. Al seguir el itinerario neoplatónico, buscaron sus fuentes y por ello iniciaron sus estudios con Aristóteles.

[171] Cfr. R. C. Taylor, "Aquinas, the 'Plotiniana Arabica', and the Metaphysics of Being and Actuality", *Journal of the History of Ideas* 59/2 (1998), p. 229.

[172] Considerado el fundador de la Filosofía —denominada *Falsafa*— en el Islam, Al-Kindi (ca. 796-873) inició la continuación de la filosofía griega en el ámbito musulmán de habla árabe. Fue el primer gran exponente que se ocupó de enlazar la corriente de pensamiento griego con otras perspectivas y alternativas propias de su entorno cultural sostenido con la sabiduría derivada del *Corán*. (Cfr. Rafael Ramón Guerrero, *Filosofías árabe y judía*, Madrid, Síntesis, 2004, p. 83).

la segunda afirma que el original de la obra habría sido redactado en latín por Ibn David –o Avendauth–, miembro de la escuela de Toledo.[173]

El *Liber de Causis* atrajo la atención de todos los historiadores de la Filosofía Medieval por su notable fusión entre la metafísica aristotélica y el neoplatonismo. Parece innegable atribuirle una proveniencia neoplatónica; de hecho hay una correspondencia evidente de este texto con la *Elementatio Theologica* –ya citada– de Proclo y ciertos pasajes de las *Enéadas* de Plotino,[174] aunque presenta una marcada orientación monoteísta.

Teniendo en cuenta las vacilaciones existentes en torno a los orígenes de este texto, cuyo surgimiento data del siglo XIII, conviene aclarar escuetamente algunas relaciones entre éste y la *Elementatio*. Como se dijo más arriba, el *Liber de Causis* contiene 31 proposiciones, mientras que la *Elementatio* de Proclo contiene 211, a lo cual se suma el hecho de que no presenta las tesis procleanas en el mismo orden que su fuente. La reunión entre las proposiciones procleanas de las cuales se compone el *Liber*, o bien podría ser un hecho totalmente fortuito, o bien dependería de una elección deliberada del autor, lo cual implicaría cierta autonomía de pensamiento y una particular conciencia filosófica. En el primer caso se trataría de un género literario

---

[173] Cfr. C. D'Amico (ed.), "Libro de las causas o de la bondad pura", *Todo y nada de todo. Selección de textos del neoplatonismo latino medieval*, introducción de E. Ludueña, Buenos Aires, Winograd, 2007, pp. 135-136.

[174] Algunas proposiciones del capítulo VIII del *Liber*, no presenta correlato con los *Elementos de Teología* de Proclo, sino con los textos de *Plotiniana Arabica*, lo que ha sido confirmado a partir de un detallado estudio de similitudes, así como de elementos estilísticos y vocabulario paralelo. *Plotiniana Arabica* consiste en una traducción de paráfrasis de secciones de las *Enéadas* IV, V y VI, intercalada con comentarios adicionales y explicaciones. Ver R. C. Taylor, "Aquinas, the 'Plotiniana Arabica', and the Metaphysics of Being and Actuality", 223 y 233. Ver también M. Aouad, "La Théologie d'Aristote et autres textes du Plotinus Arabus", *Dictionnaire des philosophes antiques* 1 (1989), pp. 541-590.

llamado *"excerpta"*, mientras que en el segundo caso podría ser considerado como un verdadero tratado filosófico, tal como lo han calificado sus comentadores latinos. Santo Tomás de Aquino remarca la especial dependencia del *Liber* en relación con la *Elementatio*. Su primer editor moderno en latín y árabe fue O. Bardenhewer, quien tomó las indicaciones de Santo Tomás como la base de su propia descripción de la relación entre dicho texto y su fuente.[175] Anawati considera que el autor del *De Causis* ha conocido solamente 30 de las proposiciones de la *Elementatio*, esto es, sólo las posteriores a las iniciales (sin las iniciales, donde Proclo presenta las leyes metafísicas de la constitución de la jerarquía de principios) ignorando las otras 148 proposiciones.[176] Parece haber en este texto una reorganización de las tesis procleanas, en la cual, sin embargo, la primera parte de la *Elementatio*, aunque está ausente, se nota que no es desconocida para el autor. El espíritu de estas proposiciones omitidas está presente en el *Liber*. Se han recobrado –por razones teológicas–[177] ciertos fragmentos procleanos, que fueron reunidos en proposiciones nuevas.[178]

---

[175] Ver C. D'ancona Costa, *Recherches sur le Liber de Causis*, París, Vrin, 1995, pp. 25-26. Se cita la obra de O. Bardenhewer, *Die pseudo-aristotelische Schrift Ueber das reine Gute Bekannt unter dem Namen Liber de Causis*, Freiburg i. Br. 1882, Hildesheim, 1961.
[176] Ver G. C. Anawati, "Prolégomènes à une nouvelle édition du De Causis arabe", *Mélanges Louis Massignon* (1974), pp. 117-154.
[177] Con motivo de corregir todo aquello que en *Elementa Theologiae* aparezca incompatible con el fondo monoteísta de esta obra.
[178] Cfr. C. D'ancona Costa, *Recherches...*, p. 52.

La comprensión de la realidad en el Liber de Causis

Esse quod est supra aeternitatem y la doctrina de la creación mediante la inteligencia. La posición tomasiana

Lo que es anterior a la eternidad es la Causa Primera: "Esse vero quod est ante aeternitatem est causa prima, quoniam est causa ei".[179] Ella supera toda descripción puesto que no puede ser comprendida de ninguna otra manera más que a partir de las causas segundas; encima de ella no hay causa que pueda dar cuenta de ella. La Primera de las causas ilumina a su causado sin cesar, pero ella no es iluminada por ninguna otra luz, ya que ella misma es irradiación pura por encima de la cual no existe ninguna otra luminosidad.[180]

Lo primero que crea dicha causa es el ser porque no hay después de la causa primera algo más extenso y más primario que él. Ha sido creado así por su proximidad a lo supremo, único y verdadero en el cual no hay multiplicidad: "*Sed esse quod est cum aeternitate est intelligentia quoniam est esse secundum, [secundum habitudinem unam, unde non patitur neque destruitur]*".[181]

El *esse* es la primera creatura, que toma la forma de intelecto, el cual pertenece a la eternidad, por lo que no puede padecer ni ser destruido. Aunque sea uno, el ser recibe la multiplicidad, y por esto, y aunque entre lo creado no haya nada más simple que él, está compuesto de finito e infinito.[182] A partir del ser creado (*esse creatum*) primero aparecen las formas inteligibles,[183] como dice el parágrafo 41, por

---

[179] *Liber de Causis*, II, § 20: "*Esse vero quod est ante aeternitatem est causa prima, quoniam est causa ei*"; II, §21: "*Sed esse quod est cum aeternitate est intelligentia quoniam est esse secundum*".
[180] Ver *Liber de Causis*, V, § 57-58.
[181] *Liber de Causis*, II, § 21.
[182] Ver *Liber de Causis*, IV, § 42.
[183] Cfr. *Liber de Causis*, IV, § 45.

más que sea uno, el ser se multiplica porque él mismo recibe multiplicidad: *"Et esse creatum quamvis sit unum tamen multiplicatur, scilicet quia ipsum recipit multiplicitatem"*.[184]

Esta noción de *esse* permitió posteriormente a Santo Tomás abrir una explicación mucho más completa de la participación en el ser y la existencia en el espectro de lo creado. Para las creaturas la relación con Dios está mediada por el *esse*. En otras palabras, las creaturas participan en Dios por medio del *esse*, porque el *esse*, en cuanto no subsistente, es pura mediación; y sin embargo se puede decir que la relación de Dios con las creaturas es *inmediata*, porque no hay nada, ninguna cosa entre Dios y las creaturas. El *esse* no es algo subsistente. Como aparece en *De Potentia*: *"Esse significat aliquid completum et simplex sed non subsistens"*.[185]

Como Dionisio el Areopagita afirma siguiendo a Plotino, *ser* es la primera de todas las creaturas. En concordancia con el *Liber de Causis*, el Aquinate agrega una cualificación fundamental: *esse* no es lo que es creado, no es el *sujeto* de la creación, sino que el término del acto de la creación es el *ens* concretamente subsistente,[186] aunque no lo es por sí mismo a causa de su finitud. De este modo, la mediación del *esse creatum* en la estructura de la participación permite la total inmediación entre Dios y las creaturas, y lo más perfectamente posible ellas poseen la realidad, reflejando la presencia del Dador de esta realidad. La no subsistencia del *esse* unifica y al mismo tiempo libera y permite la multiplicidad.[187]

---

[184] *Liber de Causis*, IV, §41.
[185] Tomás de Aquino, *De Pot.*, q. 1, a. 1, ad. 1. Ver además D. C. Schindler, "What's the Difference? On the Metaphysics of Participation in a Christian Context", p. 15.
[186] Cfr. Tomás de Aquino, *S. Th.*I, q. 45, a. 4, ad. 1.
[187] Cfr. G. Pöltner, "Pluralismo y unidad: la relevancia práctica de la idea metafísica de participación", *Anuario filosófico* 36/1-2 (2003), pp. 212-213.

La doctrina de la mediación del intelecto

La doctrina de la mediación universal del intelecto entre la Causa Primera y el universo creado se presenta repetidas veces en el *Liber*. Es muy relevante su tratamiento porque por esta doctrina en parte se asemeja a las posturas neoplatónicas precedentes y en parte difiere de ellas. La creación del alma mediante la inteligencia se inspira en *Plotiniana Arabica*[188] y entraña un cambio profundo de perspectiva con respecto a Proclo.[189] En efecto, este último había considerado que la mediación entre el Primer Principio y la multiplicidad eran los dos principios (ἀρχαί) de *límite* e *ilimitación*. En cambio, el *De Causis* presenta como primera realidad posterior al Uno al intelecto.[190]

La Causa Primera crea sin intermediarios una sustancia más noble y más simple que toda otra, a saber, el intelecto. Para la creación de todas las otras cosas, se sirve de la mediación de la primera creatura, que interviene como principio cooperador en la creación del alma. Según el *De Causis*, la mediación del intelecto es considerada una forma especial de causalidad, subordinada a la acción causal del Primer Principio.

La derivación de la multiplicidad a partir del Uno —como se ha mencionado en apartados anteriores— constituyó un problema constante para la escuela filosófica del neoplatonismo, y el *Liber* concedió la posibilidad, en la historia de este problema, de restaurar la posición plotiniana, según la cual el principio mediador entre el Uno y el alma es el intelecto, que Proclo había abandonado a favor de una serie de mediaciones más o menos compleja.

---

[188] Ver la referencia sobre *Plotiniana Arabica* en la nota n° 174.
[189] C. D'Ancona Costa, "La doctrine de la création 'mediante intelligentia' dans le *Liber de Causis* et dans ses sources", *Revue des sciences philosophiques et théologiques* 76 (1992), pp. 209-233.
[190] Lo cual surgió de una adaptación creacionista de la doctrina de Plotino acerca de la génesis del νοῦς.

La doctrina de la mediación universal del intelecto hace su primera aparición en la proposición tercera de la mencionada obra, la cual suscitó numerosos debates posteriores en el siglo XIII; en la cuarta proposición se afirma que el intelecto es lo que Dios produce en primer lugar. Este pensamiento es doblemente discordante con la doctrina procleana: por un lado, en tanto que hace coincidir dos principios que Proclo considera grados distintos: el ὄν y el νοῦς; y además, ubica el lugar del ser-intelecto inmediatamente debajo del primer principio, distintamente al pensamiento de aquél. En el *Liber*, la inteligencia comprende lo generado y contiene todas las cosas porque se halla por encima de la naturaleza; del mismo modo que la naturaleza contiene a la generación, el alma contiene a la naturaleza y la inteligencia contiene al alma, como dicen los siguientes parágrafos:

> *Et intelligentia quidem comprehendit generata et naturam et horizontem naturae scilicet animam, nam ipsa est supra naturam.*
> *Quod est quia natura continet generationem et anima continet naturam et intelligentia continet animam.*
> *Et intelligentia continet omnes res; et non est facta intelligentia.*[191]

Siguiendo el argumento del texto anónimo, al producir una substancia espiritual sin mediación, la Causa Primera tiene el poder de producirla más semejante –que cualquier otra cosa– a sí misma. Se trata de un ente más noble que todos los otros a través del cual se transmite la potencia causal de Dios. La tesis según la cual el intelecto es lo que Dios produce primero, como aquello supremo y más perfecto entre lo creado, se contrapone a la tesis procleana según la cual el ser que proviene del Uno se compone de los dos ἀρχαί: límite e ilimitación.

---

[191] *Liber de Causis*, VIII, §84-86.

La acción causal del Uno sobre el intelecto y del intelecto sobre el alma se desarrolla según las fases siguientes: el Uno crea el ser del intelecto, y el intelecto crea la forma del alma, pero a partir del ser creado por el Uno; el ser del alma es creado por el Uno a través del ser del intelecto. El escritor del *De Causis* tiene el cuidado de marcar claramente las fases, de modo que, luego de haber creado el ser del alma, la Causa Primera hace que el alma sea sumisa a la operación causal del intelecto. El alma es ya creada y es alma en el momento en que el intelecto le comunica su perfección específica, esto es, la facultad intelectual, porque la causa primera ayuda a la causa segunda.[192] Dice el texto:

> *Et causa prima adiuvat secundam causam supero operationem suam, quoniam aomnem operationem quam causa efficit; verumtamen efficit eam per modum alium, altiorem et sublimiorem.*
>
> *Et quando removetur causa secunda a causato suo, non removetur ab eo causa prima, quoniam causa prima est maioris et vehementioris adherentiae cum re quam causa propinqua.*[193]

Esa intensidad profunda que tiene la primera causa con relación a las demás es lo que permite la continuidad de las sucesivas creaciones, en las cuales el Uno se sirve de lo creado para que cada ser pueda dar lugar al siguiente, en un encadenamiento sin fisuras. Se confirma el carácter global de la causalidad en Dios, sin desmentir el rol mediador de la inteligencia; Dios es la causa del ser del alma y el intelecto opera como intermediario. Surge el alma, la cual está ligada a la eternidad inferior porque es más susceptible de impresión que la inteligencia.[194]

---

[192] Cfr. C. D'ancona Costa, *Recherches...*, p. 92.
[193] *Liber de Causis*, I, §14-15.
[194] *Liber de Causis*, II, § 26: "*Et anima annexa est cum aeternitate inferius, quoniam est suceptibilior impressionis quam intelligentia, et est supra tempus, quoniam est causa temporis*".

Toda la eternidad es ser; la inteligencia habita en la eternidad, pues no se altera ni se destruye. En este orden, el alma aparece vinculada con el horizonte inferior de la eternidad y es superior al tiempo porque es la causa del tiempo al ser la causa del movimiento.[195] Aquí se ve la continuidad de la creación desde la primera causa en su descenso causal hasta lo ínfimo, con lo cual se observa el claro antecedente que reviste el *Liber* para la postulación del principio de continuidad ontológica.

Ciertamente, la doctrina de las mediaciones entre el primer principio y el universo genera un problema: cómo conciliar la necesidad de principios de mediación con el carácter único e incomunicable de la capacidad divina de crear. La solución plotiniana al problema de la conciliación entre el Uno como principio de la multiplicidad y su carácter de simplicidad absoluta se manifiesta a partir de la consideración del νοῦς-νοητόν:[196] en este sentido el intelecto es la primera imagen y más perfecta del principio de unidad y significa la contemplación misma del Uno. El Uno engendra a causa de su superabundante potencia y sin ninguna alteración de su naturaleza; como una fuente luminosa se rodea de un halo sin "hacer" nada para engendrar. El Uno, que no es ninguna forma determinada, da nacimiento al mundo de las formas en tanto que es arquetipo de la inmutabilidad. El νοῦς, cuando deviene ser y forma, es la imagen, al nivel de la sustancia de la inteligibilidad –la única imagen accesible a nosotros– de este principio, y a su vez, sus formas se constituyen en modelos eternos de sus participantes. El ser-intelecto se encuentra al principio en un estado de potencialidad por lo cual es indeterminado y consiste en la simple posibilidad lógica de la multiplicidad, y en su etapa

---

[195] *Liber de Causis*, II, § 22: "*Esse vero quod est post aeternitatem et supra tempus est anima, quoniam est in horizonte aeternitatis inferius et supra tempus*".
[196] Ver C. D'ancona Costa, *Recherches...*, p. 86.

incoativa la segunda hipóstasis es producida directamente a partir del Uno pues el mundo de las formas surge del contacto contemplativo con relación al primer principio. Muy diferente ha sido la mirada de Proclo sobre esta cuestión, quien había reprochado a Plotino la excesiva contigüidad que indicara entre el Uno y las formas, considerando que la verdadera procesión de los derivados se lleva a cabo a través de las mediaciones adecuadas, y a cada elemento que se distingue en el análisis de una realidad compleja corresponde siempre un principio suprasensible. Este criterio implica que el universo comprende un gran número de hipóstasis, que subsisten autónomamente desde el punto de vista ontológico.

El *Liber*, en cambio, es una obra que supone la doctrina de la creación y por ello marca una diferencia de cosmovisión con respecto a estos antecedentes. La primera creatura es exactamente el ser, que se identifica con el intelecto, en primera instancia.

El Angélico, por su parte, se ocupó de especificar y precisar la posición del *Liber* que sostiene que la Causa Primera crea *mediante intelligentia*: "*Et similiter etiam aliae bonitates descendunt a causa primo quidem super creatum primum, quod est intelligentia, et deinde super alia mediante intelligentia, sive illa alia accipiantur animae intelectuales, sive res spirituales*".[197] Asimismo, modificó la concepción de que el poder de crear puede simplemente pasar de Dios al intelecto y afirmó que el intelecto actúa *per informationem*, allí donde Dios realiza la donación del ser *per modum creationis*.[198] Por esto es preciso distinguir la acción causal del Uno, de la del Intelecto.

El comentario de Tomás de Aquino expresó una profundización en el análisis de la idea de creación y de la mediación universal. Para Tomás, en efecto, el intelecto no coopera en la creación de la esencia del alma, sino que actúa

---

[197] Tomás de Aquino, *In De causis*, lect. 16.
[198] Cfr. Tomás de Aquino, *In De causis*, lect. 18.

en ella *per modum informationis*.[199] La potencia creadora se comportaría como una propiedad transitiva que, sin alterarse desde el punto de vista cualitativo, se transmite en un valor menor al siguiente grado, y sucesivamente menor de un grado al otro. La posición del Aquinate aparece en el pasaje siguiente:

> *Est enim duplex modus causandi: unus quidem quo aliquid fit praesupposito altero, et hoc modo dicitur fieri aliquid per informationem, quia illud quod posterius advenit se habet ad illud quod praesupponebatur per modum formae; alio modo causatur aliquid nullo praesuppositio, et hoc modo dicitur aliquid fieri per creationem. Quia ergo intelligere praesupponit aliquid aliud prius; inde est quod primum ens dat esse omnibus per modum creationis. [...] Ex quo patet quod, cum supra dixit intelligentiam esse causam animae, non intellexit quod est causa eius per modum creationis, sed solum per modum informationis, ut supra expositum est.*[200]

Los autores que han consagrado sus comentarios al *De Causis* han buscado las diferentes maneras de dar solución al conflicto que se produce al pensar el rol mediador del intelecto y el carácter inmediato y absoluto del acto creador de Dios. La creación es presentada como el don de ser de todas las cosas por parte de un principio omnipresente que produce lo que en ellos es la realidad más intrínseca. Este escrito ofrece a los lectores latinos un instrumento para la resolución de las dificultades provenientes del acuerdo entre una metafísica neoplatónica y una teología creacionista. De algún modo esto es posible a partir de la introducción del tema de la causalidad por información,[201] que se ubica por debajo de la causalidad por creación propia del Principio. Esta interpretación de la realidad supone con evidencia la comprensión de la continuidad, el enlazamiento de los seres según su rango propio.

---

[199] Ver C. D'ancona Costa, *Recherches...*, 75.
[200] Tomás de Aquino, *In De causis*, lect. 18.
[201] Cfr. Tomás de Aquino, *In De causis*, lect. 18.

Por último, se debe referir que el autor del *De Causis* pudo reproducir fielmente la idea de que el primer principio se refleja de modo directo en el ser-intelecto, con lo cual además permitió revivir, en plena mitad del siglo XIII, un fragmento de la concepción plotiniana a la vez que pudo legar a la posterioridad los elementos fundamentales para modelar una ontología más precisa y correcta.

Breve referencia al comentario tomasiano del Liber de Causis sobre el orden de lo real

El aspecto más remarcable de la exégesis de Santo Tomás es el hecho de que está abierto a las modificaciones introducidas por el autor de esta obra a las tesis procleanas.

Tomás observa que el escritor del *De Causis* ha aceptado el criterio de la primacía ontológica del ser que es junto a la eternidad: en efecto, toda la realidad eterna es primeramente ser. En el comentario a la tercera proposición, el Aquinate muestra la tripartición del cosmos supransensible y establece que debajo de la Causa Primera se encuentran el intelecto y el alma. Los dos últimos grados participan del carácter propio de la providencia del primer grado. Subraya, además, que el autor anónimo ha seguido más claramente el pensamiento de Dionisio que el de Proclo, lejos de la introducción de múltiples principios de mediación entre el Uno y la multiplicidad. En efecto, como había afirmado Dionisio, la primera de las participaciones de Dios es el ser. En el comentario al *Liber*, Tomás manifiesta la corrección dionisiana sobre el orden platónico de las realidades separadas: "*Dionysius autem ordinem quidem separatorum abstulit*".[202] El Areopagita perfeccionó la concepción de la existencia de principios formales separados de Dios y consideró una

---

202 Tomás de Aquino, *In De causis*, lect. 4.

jerarquía en que la primera participación es el ser,[203] lo cual fue tomado por el Doctor Angélico en términos de mayor precisión. Dionisio abolió el *ordo separatorum* y Tomás posteriormente observó que el *De Causis* había abandonado la tesis de los dioses procleanos, en la misma medida en que no se hallaba en acuerdo con la posición platónica:

> *Hanc autem positionem corrigit Dionysius quantum ad hoc quod ponebant (platonici) diversas formas separatas quas dicebant deos, et aliud per se bonitos, et aliud per se vita et sic de aliis. Oportet autem dicere quod omnia ista sunt essentialiter ipsa prima omnium causa.*[204]

La obra anónima no habla de *esse separato*, como hacen los platónicos, pero tampoco afirma que el ser es participado por todas las cosas que existen, como destaca Dionisio.[205] Tomás reafirma la concepción del *Liber* según la cual el primer principio es *supra ens* puesto que es *Ipsum esse infinitum*. El *ens*, en efecto, es participante finito del *esse*; este *ens*, o *quod quid est*, resulta el objeto propio del conocimiento humano. A este respecto el Aquinate agrega su doctrina de la coincidencia de la *quidditas* en Dios y su *Esse*, lo cual confirma que, además de estar por encima del *ens* ontológicamente hablando, el Ser supremo se encuentra gnoseológicamente más allá de él, puesto que Su *quidditas* no es un participante finito del *esse*. Por lo tanto

---

[203] Dionisio Areopagita, *Los nombres divinos*, c. V, pp. 292-293: "...digamos que todos los entes y las eternidades tienen el ser de parte del preexistente. (...) y ha proyectado el ser antes que sus otras participaciones, y él mismo existe según el ser mismo más anciano que el hecho de que la vida-en-sí exista y que la sabiduría-en-sí exista y que la divina-similitud-en-sí exista y, en cuanto a las otras cosas de las que participan los entes, antes que (participar) de todas ellas participan del ser, y más aún, todas las cosas en sí mismas, de las que participan los entes, participan del ser mismo en sí mismo, y ningún ente existe cuya esencia y eternidad no sea el mismo ser».
[204] Tomás de Aquino, *In De causis*, lect. 3.
[205] Ver C. D'Ancona Costa, *Recherches...*, p. 245.

es inexpresable e inconcebible, y con ello aprueba nuevamente la autoridad indiscutible de Dionisio en materia de teología negativa.[206]

El Liber de Causis como antecedente del argumento de contigüidad ontológica en Tomás de Aquino

El argumento ontológico en el comentario al Liber de Causis: secuencia y jerarquía óntica

El argumento de contigüidad ontológica exige un análisis del concepto de causalidad que aparece tratado fundamentalmente en el *Liber de Causis*, el cual tuvo repercusiones importantes en el pensamiento neoplatónico del Bajo Medioevo así como en la reformulación de Santo Tomás de la noción de causa. Constituyó una fuente esencial de la metafísica del Medioevo y modificó profundamente aquella de origen greco-latina de la filosofía antigua.

Gilson ha resumido lo esencial del *Liber*, inspirado en el comentario de Santo Tomás al *De Causis*, expresando que las formas causadas por las inteligencias primeras engendran, a su vez, las almas y, entre ellas, el alma humana. Ésta es un ser capaz de intelección de orden inferior pero que retiene todavía el privilegio que tienen las inteligencias de captar directamente su propia esencia por modo de intelección. Es capaz de conocer las cosas eternas porque ella misma es eterna, toda Inteligencia y toda alma inteligente posee en sí naturalmente los sensibles porque está plena de sus formas. Así, todo lo que es depende del Uno como la causa verdaderamente creadora, pero deriva por medio de una jerarquía de Inteligencias y formas inteligibles que no causan sino en virtud de la causalidad del Uno, y cuya eficacia es, pues, menos una creación propiamente dicha que una "información".[207]

---

[206] Tomás de Aquino, *In De causis*, lect. 4.
[207] Cfr. E. Gilson, *La philosophie au Moyen Âge*, París, 1962, pp. 378-379.

La referencia de Gilson marca el carácter causal operante del Uno a lo largo de toda la gradación de seres y evidencia la presencia en el texto neoplatónico de la postura creacionista, que es retomada por el pensamiento tomasiano y que se manifiesta en el pasaje que sigue: "*causa primaria plus influit quam secunda, ut ex 1 propositione patet*".[208] El Doctor Angélico utiliza un argumento neoplatónico tomado tanto del *Liber de Causis*, como de las especulaciones de Dionisio Areopagita. El principio fundamental de este argumento es el siguiente: entre los seres que componen el universo, hay una jerarquía de seres sin ningún hiato intermedio, hay una inmediación sin fisuras entre cada rango de ser. Tomás expone en el *Comentario a las Sentencias*, refiriéndose al *Liber*:

> *Respondeo dicendum quod secundum Dionysium, divina sapientia conjugit prima secundorum ultimis primorum: quia, ut in Libro de Causis ostenditur, in ordinem creatorum oportet quod consequens praecedenti similetur, nec hoc potest esse nisi secundum quod aliquid participat de perfectione eius (...).*[209]

Se plantea la necesidad de que lo causado guarde cierta similitud con su precedente, lo que implica una participación del consecuente en relación con aquél, con lo cual es posible la conformación de un orden: "*Ita enim procedit ordo rerum ut similia se invicem subsequantur; ea vero quae sunt penitus dissimilia non subsequuntur se invicem in gradibus rerum, nisi per aliquod medium*".[210] El universo creado se configura como una diversidad ordenada de acuerdo con distintas categorías de perfección. Diversidad y desigualdad requieren una diferenciación en grados de perfección, que tiene su raíz en la calidad de participación según la proximidad con respecto a la realidad trascendente y absoluta: "*Propter abundantem participationem divinae Bonitatis ex propinquitate*

---

[208] Tomás de Aquino, *In De causis*, lect. 1.
[209] Tomás de Aquino, *In Sent.*II, d. 39, q. 3, a. 1, co.
[210] Tomás de Aquino, *In De causis*, lect. 30.

ad Deum".²¹¹ En la naturaleza –según explica el Angélico–, los rangos de entes tienen contacto en el punto en el que participan de la perfección del orden superior, como sucede con los animales, que participan de un cierto grado de razón, aunque muy limitada. En el caso de las plantas, por ejemplo, hay en ellas una participación en la distinción de sexos, lo cual es propio del reino animal:

> *Ubicumque autem diversi ordines sub invicem coniunguntur, oportet quod id quod est supremum inferiores ordinis propter propinquitatem ad superiorem ordinem aliquid participet de superioris ordinis perfectione. Et hoc manifeste videmus in rebus naturalibus: nam quaedam animalia participant aliquam rationis similitudinem et quaedam plantae participant aliquid de distinctio sexus, quae est propria generis animalium. Unde et Dionysius dicit VII cap. De Divinis Nominibus quod per divinam sapientiam "fines primorum" coniunguntur "principiis secundorum".*²¹²

Según Tomás, la admirable conexión de las cosas se encuentra en la más íntima y suprema perfección de cada ser. Así, encontramos que las plantas, en virtud de su modo de propagación, reflejan en algún sentido la distinción de géneros que está presente en los animales; el poder generativo de las plantas en algún sentido se aproxima a la dignidad de la actividad del alma sensitiva, que se orienta hacia las cosas exteriores.

El escalonamiento jerárquico en la eternidad y el tiempo

Aquello que es anterior a la eternidad es Dios, que difiere de todo lo eterno y temporal. La inteligencia habita en la eternidad pues no padece alteración alguna en su substancia y se extiende a todo lo que es, pero no tiene contacto con el movimiento ni según su substancia ni según su operación. El lugar de la inteligencia implica una participación cercana

---

211 Ver Tomás de Aquino, *In De causis*, lect. 23.
212 Tomás de Aquino, *In De causis*, lect. 19.

a Dios, por eso, según afirma Dionisio, los ángeles del más elevado estrato se encuentran casi en el vestíbulo de la divinidad, que participan mayormente de la divina bondad y de la causalidad universal.[213] El alma es lo más cercano y lo subsiguiente con respecto a la inteligencia pura, y aunque se encuentra más próxima al movimiento que a ella, el alma toca la eternidad en su punto más alto:

> *Huiusmodi enim anima magis appropinquat ad motum quam intelligentia, quia videlicet intelligentia attingitur a motu neque secundum substantiam neque secundum operationem. Anima autem secundum substantiam quidem excedit tempus et motum et attingit aeternitatem.*[214]

El primer principio de movimiento es el alma; es propio de ella moverse a sí misma. Si el movimiento se asienta en el tiempo, entonces el tiempo se conecta con la actividad propia del alma, a lo cual Proclo agrega que está conectada con la eternidad inferior, según refiere el siguiente pasaje:

> *Unde et Proclus dicit CXCI propositione: omnis anima participabilis substantiam quidem aeternalem habet operationem autem secundum tempus. Et ideo hic dicitur quod connexa est cum aeternitate inferius [...] Et propter hoc dicit est in horizonte aeternitatis inferius et supra tempus.*[215]

El alma es el último término de la eternidad y el principio del tiempo, donde se verifica nuevamente la continuidad. Los intelectos inferiores no gozan de tan excelente participación y similitud con la deidad, pero en su superioridad con respecto al orden de las demás almas gozan de mayor nobleza. En la secuencia, continúan las almas

---

[213] Cfr. Tomás de Aquino, *In De causis*, lect. 19: "*Sic igitur illi qui sunt supreme in ordine intellectuum vel intelligentiarum dependent per quamdam perfectiorem participationem propinquius a Deo, et magis participant de bonitatibus eius et de universali causalitate ipsius (...)*".
[214] Tomás de Aquino, *In De causis*, lect. 2.
[215] Tomás de Aquino, *In De causis*, lect. 2.

inferiores, que no están dotadas de intelecto, cuyo principio de vida se relaciona con las funciones nutritivas y sensitivas solamente. Mientras los cuerpos más nobles gozan de la animación que participa en la intelectualidad, los inferiores a éstos solamente son animados y los últimos en la escala carecen de toda animación.[216]

Conclusiones

El principio de los grados o de la continuidad decreciente de la forma del ser según el cual los extremos se tocan encuentra un importante antecedente en el *Liber de Causis*, una obra anónima del siglo XIII que supo reunir los principales elementos del neoplatonismo, al mismo tiempo que engarzó perfectamente con la doctrina creacionista del cristianismo de la Alta Edad Media. Una vez reconocida su verdadera índole neoplatónica, el *De Causis* ha impregnado la filosofía de los que posteriormente pensaron en términos de jerarquía universal y de continuidad en la cadena causal.

La doctrina de la creación mediante el intelecto se presenta en el *Liber* como un punto original en la Edad Media, porque aunque ciertamente retoma el pensamiento de Plotino de la derivación inmediata del νοῦς, se relaciona con la doctrina de la creación, que se evidencia tanto a lo largo del texto del *Liber* como en la *Expositio* de Tomás. Dicha doctrina modifica radicalmente el pensamiento, pues en ambos textos se verifica una nueva concepción del ser, del ente y de la participación, en cuanto que se precisa la relación entre

---

[216] Ver Tomás de Aquino, *In De causis*, lect.19: *"et ideo dicuntur divini intellectus vel divinae intelligentiae, sicut et Dionysius dicit quod supremi angeli sunt quasi in vestibulis deitatis collocate. Inferiores vero intellectus qui non pertingunt ad tam excellentem participationem divinae similitudinis sunt intellectus tantum, non habentes illam divinam dignitatem. Et eadem ratio est de animabus respect intellectum; nam supremae animae sunt intellectuales utpote propinquae ordine intellectuum, alia vero animae inferiores non sunt intellectuals, sed habent solum id quod est animae ut scilicet sint vivificativae, sicut maxime patet de animabus animalium et plantarum. Nam corpora nobiliora quae perfectiori ratione sunt constituta, sunt animate, alia vero corpora sunt inanimate".*

el Creador y lo creado, comprendiendo definitivamente la aparición de la multiplicidad a partir de la unidad. El *esse creatum* tomasiano, que en primera instancia se revela en la pura inteligencia, es la primera realidad creada no subsistente que permite la semejanza entre los distintos rangos de ser y a su vez la participación de cada uno de ellos en la virtud inferior de su inmediato superior.

Con lo dicho se hace manifiesta la resolución que aporta el *De Causis*, en parte, y Tomás de Aquino, en su totalidad –a partir de su *Expositio*–, al problema de la conexión causal en el interior de la jerarquía. Si bien la realidad divina es de tal grandeza e inexpresabilidad que media un abismo entre Ella y la creación, el Aquinate logra definir el punto de unidad de ambos en la noción de *esse creatum*. Este concepto representa la totalidad de la creatura y significa la condición de posibilidad de la diferenciación de todos los entes en sus rangos y, a su vez, la identificación de todos ellos en la estructura común de lo creado.

La doctrina de la creación aparece matizada por las consideraciones acerca del tiempo y lo eterno y no temporal ni eterno. El pensamiento creacionista instituye una nueva concepción del tiempo y la eternidad, que es desarrollado con excelencia por Tomás de Aquino, en la comprensión de los estratos ontológicos y en relación con la operación propia de cada estadío entitativo. Esto es porque eternidad y tiempo no pueden ser conceptos vacíos, sino que guardan necesaria referencia a los entes. Y si bien el tema central de la continuidad no es fundamentalmente el tiempo, el *Liber* y la *Expositio* aportan elementos muy valorables y realistas para una penetración cabal de lo que se estudia en este caso: la continuidad ontológica de los seres y sus relaciones en torno a los elementos que el Creador ha provisto con excelsa sabiduría para la plenificación de su existencia.

2

El pensamiento de Dionisio y su recepción por Tomás de Aquino

Primera parte
El pensamiento de Dionisio: contexto de su surgimiento y caracteres fundamentales

Dionisio Areopagita fue posiblemente una de las figuras más misteriosas e intrigantes que surgieron del mundo antiguo tardío. Sus escritos datan alrededor del 500 de la era cristiana y estuvo posiblemente conectado con el círculo de Severo de Antioquía.[1] Sin embargo, hay textos sirios de Severo que citan el *Corpus*. Proveniente probablemente de Siria, su pensamiento tuvo una aceptación inmediata. Influido por el neoplatonismo, pero a la vez en cierta forma distanciado de él, conoció la doctrina de los neoplatónicos Plotino, Jámblico, Siriano, Proclo y Damascio, así como también la de cristianos como Ignacio de Antioquía, Cirilo de Alejandría y Gregorio de Nisa. Las semejanzas con la filosofía neoplatónica y el uso del lenguaje mistérico generaron dudas sobre su ortodoxia; Juan de Escitópolis, Máximo Confesor y Germán de Constantinopla fueron quienes disiparon finalmente esas dudas. La ortodoxia quedó consolidada cuando el Papa Martín I citó el *corpus* en las Actas del Concilio de Letrán de 649 y cuando Pablo I envió ese texto a Pipino el Breve. En el Occidente latino, el

---

[1] S. Klitenic Wear y J. Dillon, *Dionysius the Areopagita and the Neoplatonist Tradition*, p. 2.

Papa Gregorio Magno fue el primero en citarlo, pero recién fue difundido en 827 cuando la embajada del Emperador Miguel de Constantinopla obsequió un ejemplar a Luis el Piadoso, quien lo envió a la abadía de Saint Denis en París, en la cual Hilduino ordenó una traducción completa, realizada entre 831 y 835; allí Juan Escoto Eriúgena finalmente hizo su traducción.[2]

Dionisio operó con una metafísica platónica para describir el universo fundamentalmente en términos de jerarquía: como con los platonistas helénicos, él concibió el cosmos material y el celestial en una serie de estratos triádicos. Estos estratos emanan desde un ser unificado y contiene seres cuyo rango va de lo superior hasta lo inferior, dependiendo de su proximidad a Dios. No solamente todos los entes de la jerarquía participan de Dios, sino que también todas las cosas están interconectadas, de tal modo que las jerarquías más bajas participan de las más altas. Su obra implica una verdadera renovación de la tradición helénica de pensamiento en un piadoso intento por explicar el misterio cristiano.

En el siglo V irrumpen en el pensamiento helénico los escritos de Dionisio, que luego son reunidos en el *Corpus Dionysiacum*, el cual se nutre del esfuerzo por conciliar las doctrinas y las formulaciones de la escuela neoplatónica de Atenas y la preocupación por brindar una estructura intelectual a la doctrina cristiana. Aparece como un verdadero filósofo neoplatónico, que no sólo tomó y trabajó sobre ciertos términos y temáticas de Plotino y Proclo, sino que supo asumir la profundidad de dicha tradición filosófica en una reflexión propia y personal.

El resultado de los trabajos que forman el *corpus* dionisiano es el que sigue. El principal y más largo tratado es *Los Nombres Divinos*, que contiene trece capítulos, que tratan la naturaleza de Dios como trascendente y creador. Dionisio

---

[2] Véase la introducción realizada por P. A. Cavallero y G. Ritacco del texto: Dionisio Areopagita, *Los nombres divinos*, pp. 9-12.

presenta los nombres de Dios que denotan algunos aspectos particulares, tales como "Bien", "Luz", "Belleza", "Amor", específicamente con respecto a su carácter de principio de todas las cosas, y otros tales como "Vida", "Sabiduría", "Palabra", "Verdad" y "Fe". El capítulo 8 lo denomina "Poder", "Justicia", "Salvación", "Redención", entre otros nombres que se refieren a Él como el poder necesario para la armonía cósmica, delimitación y ordenamiento, por el cual todas las cosas son preservadas. El capítulo 9 trata de Dios como el supremo principio, nombre que parece provenir de *El sofista* de Platón, y expresa las nominaciones según pares de características opuestas entre sí: "Grandeza y Pequeñez", "Igualdad y Diferencia", "Similitud y Desemejanza", "Reposo y Movimiento". Asimismo, el capítulo 10, que llama a "Dios Omnipotente" y "Anciano de los días", es una reflexión sobre el tiempo y eternidad. El capítulo 11 llama a Dios "Paz", "Ser", "Vida" y "Poder", todo lo cual se refiere a la Divinidad como causa monádica. En el capítulo 12, Dionisio llama a Dios "Santo de los santos", "Rey de reyes", "Señor de los señores" y "Dios de Dioses", nombres que reflexionan sobre Dios como el principio de la armonía cósmica y ley. Por último, el Capítulo 13 ofrece los más significantes nombres, "Perfecto" y el "Uno", que Lo consideran como la causa de la multiplicidad.

La *Teología mística* es el trabajo más breve de Dionisio, y consiste en cinco capítulos que describen –en lo que es posible– a Dios como inefable, trascendente y alcanzable sólo a través del absoluto abandono de todas las cosas. Presenta la teología negativa como el único camino para el retorno del alma hacia Dios, comprendiendo que la mente humana debe remover las imágenes antropomórficas inadecuadas al concepto de Dios.[3] *La jerarquía celestial* y *La jerarquía eclesiástica* tratan del reino angélico y del humano respectivamente, divididos en series de rangos triádicos. El

---

[3] Cfr. R. R. Ross, "The non existence of God: Tillich, Aquinas, and the Pseudo Dionysius", *Harvard Theological Review* 68/2 (1975), p 142.

grupo de *Epístolas* que escribió tienen por centro temáticas referentes al conocimiento de Dios, de Cristo, y algunas interpretaciones acerca de pasajes determinados de las Sagradas Escrituras. Proveniente de Oriente y signado mayormente por la ortodoxia, este escritor entabla desde el comienzo un diálogo con los filósofos griegos, especialmente con el platonismo, matizado de un especial misticismo.[4] En este marco histórico-conceptual de la antigüedad tardía, se quiere estudiar los aspectos platónicos y cristianos del pensamiento del Areopagita, específicamente el neoplatonismo de la Escuela Ateniense, culminando con la alusión al argumento de contigüidad ontológica que aparece formulado por primera vez de manera sistemática en la historia del pensamiento cristiano.

La filosofía neoplatónica de Dionisio Areopagita

Dios-Uno, fuente de toda la realidad en el pensamiento cristiano

Dios como unidad en *Los nombres divinos*; los símbolos

Dionisio advierte que la única manera posible de hablar de Dios es mediante las palabras legadas en las Sagradas Escrituras, fuente primera de la verdad. El Dios de Dionisio conforma una unidad de aparentes contradicciones, se muestra como una unidad sin distinciones y trascendente a toda la creación, es absolutamente simple y contiene a la totalidad de la creación; es inefable, incognoscible y se manifiesta a sí mismo en la forma de creación, en un plan de retorno de todas las cosas hacia Él. Esta unidad supraexistente e inescrutable escapa a todo proceso racional. Es

---

[4] Cfr. A. Golitzin, "The Mysticism of Dionysius Areopagita: Platonist or Christian?", *Mystics Quarterly* 19/3 (1993), p. 98.

unidad y causa de toda la creación pero profundamente incognoscible para la creación porque trasciende el lenguaje y el razonamiento discursivo.

El *Parménides* de Platón, comentado por Dionisio, se detiene a extraer todas las consecuencias posibles de sus dos conocidas tesis: *el Uno es*, primera tesis, y *El Uno no es*, segunda tesis. En este sentido, Dionisio indica, en su *Teología mística*,[5] que este ser Uno a la vez es expresable con muchas palabras, y sin embargo no le cabe ninguna de ellas en cuanto no existe discurso ni conocimiento de Él adecuados, puesto que lo trasciende todo de modo supersubstancial.

Dionisio aplica la primera y la segunda hipótesis del *Parménides* de Platón al mismo supremo principio, dividiendo las hipótesis de acuerdo con las funciones apropiadas de lo divino. La primera se refiere a Dios en su aspecto creador, posibilitando la consideración de infinitos atributos. La segunda expresa a Dios en su estado trascendente partiendo de una noción de unidad pura y simple. El autor lo expresa de la siguiente manera:

> porque por una parte es causante de todos los entes, pero por otra no es ella ninguno, porque es supraesencialmente trascendente a todos.[6]
> Por ello se predica de Él todo y simultáneamente, empero no es ninguna cosa de los entes.[7]
> Y propio de Él es intelección y razón y ciencia y tacto y sensibilidad y opinión e imaginación y nombre y todo lo demás, pero ni es inteligido ni es dicho ni es nombrado.[8]

---

[5] Dionisio Areopagita, *La jerarquía celestial. La jerarquía eclesiástica. La teología mística. Epístolas*, Estudio filológico-lingüístico con traducción directa y notas de P. Cavallero, Buenos Aires, Losada, 2008.
[6] Dionisio Areopagita, *Los nombres divinos*, c. I, p. 213.
[7] Dionisio Areopagita, *Los nombres divinos*, c. V, p. 296.
[8] Dionisio Areopagita, c. VII, p. 307.

El Areopagita piensa que es posible, por medio de los símbolos e imágenes, el regreso del pensamiento a su fundamento inteligible: Dios. Esto implica utilizar una dialéctica en la que también el lenguaje hace las veces de puente o de apertura. En particular, en *Los Nombres Divinos* expresa el poder que desempeñan los nombres en cuanto símbolos de la divinidad.[9] Así es como afirma que, en su justicia salvadora, Dios ofrece divinamente su inconmensurabilidad en los seres conmensurables. Pero ¿cómo conciliar la absoluta trascendencia con sus nombres? Una salida dionisiana postula los nombres como "luces teárquicas"[10] que reflejan o son teofanías de la Tearquía. Todo aquello a través de lo cual Dios se muestra acoge una "semejanza desemejante"[11] en que a través del lenguaje se hace posible en cierto modo delimitar lo inexpresable, lo inefable.

Una forma de llegar al *más allá del ser* es a través del símbolo. El simbolismo es aquello de que fundamentalmente se vale Dionisio para exponer sobre la representación de Dios y los ángeles presentes en la Escritura y en la liturgia. Tales símbolos, según él mismo explica, son necesarios para elevar al intelecto desde la percepción sensorial en primera instancia. El sentido y el intelecto no son opuestos, sino que están en continuidad, por lo cual los símbolos sensibles son continuos con los nombres inteligibles y lo que tienen en común es que Dios supera infinitamente a ambos.

Un examen de la teoría dionisiana del símbolo muestra que todas las cosas sensibles son símbolos de Dios; ellas muestran la grandeza de su poder eterno y su divinidad. Así, él expresamente basa el uso bíblico de símbolos sensibles en la metafísica del ser como teofanía. Nombres inteligibles y símbolos sensibles, ambos, son manifestaciones de Dios.

---

9 Dionisio Areopagita, *Los nombres divinos*, c. I, p. 207.
10 Teárquico aquí es lo referente a la obra divina.
11 Dionisio Areopagita, *La jerarquía celestial*, c. II, p. 129; XV, p. 188

Pero los seres, que son finitos, absolutamente no son Dios y así son distintos de Él y, en el caso de los nombres divinos, son también inadecuados.

Todos los símbolos inmediatamente revelan y ocultan esto que ellos simbolizan. Cada ser o símbolo es una expresión diferenciada, una presentación cuyo conocimiento es un conocimiento de Dios como la manifestación en aquella cosa. Sólo a través de símbolos se revela Dios. No puede haber un conocimiento no simbólico de Dios.

El símbolo oculta y revela a la vez; en él la ocultación es la revelación. Así, Dios es escondido por todo lo que es conocido o revelado en todos los seres. Los símbolos se presentan como pantallas manifiestas de las cosas escondidas, protegiéndolas. El sentido del esconder se basa en impedir que lo escondido sea profanado. El orden de todas las cosas es una presentación que protege a Dios y que se muestra a nosotros por medio de las imágenes y semejanzas de su divinidad. La naturaleza simbólica del ser es más perfectamente realizada en los ángeles, pues ellos son anunciantes del silencio divino, ellos revelan lo que está escondido. Ellos interpretan lo inaccesible. Pero en general, todo ser es símbolo, y en cuanto tal su función propia es interpretar lo inaccesible, anunciar el silencio divino.

La Tearquía se muestra, pero Dionisio mantiene la distinción entre la manifestación y el ser mismo de Dios. La procesión de los seres desde Dios se realiza a partir de una semejanza que puede haber entre la criatura y Dios, la cual puede ser de tres modos: a) según imagen y semejanza, b) según el don de la semejanza divina de aquellos que se convierten a Dios por imitación, y c) por la visión de Dios. Dios ofrece divinamente su inconmensurabilidad en los seres conmensurables y por ello son símbolos que reflejan su divinidad o son teofanías de la Tearquía por participación, diversificados en todos los grados de realidad. Todo aquello a través de lo cual Dios se muestra acoge en sí una "semejanza desemejante".[12] La doctrina platónica de la participación, que Dionisio invoca para justificar la adecuación o semejanza de todos los símbolos a Dios, deja ver que lo simbolizado no es extrínseco sino presente en el símbolo, de tal modo que él aparece como una genuina expresión de lo simbolizado. En efecto, todo ser o símbolo no es Dios mismo sino que lo oculta dejándolo "detrás", inaccesible. Dionisio apunta que la oscuridad llega a ser invisible a causa de la luz, y más invisible es cuanto más luz se haga presente. En este sentido la analogía es realizada con referencia a la capacidad de conocer del hombre (como luz), que en cuanto pretende conocer la realidad divina, le resulta aún más incognoscible e invisible. Dice Dionisio en su *Epístola I*:

> La tiniebla se torna inmanifiesta con la luz, y más aún con mucha luz; (...) el inconocimiento según Dios permanece escondido a los que tienen luz-ente y conocimiento de entes, y la tiniebla que supera [a esa luz] no sólo es cubierta por toda luz sino que también oculta todo conocimiento. Y si alguien, tras ver a Dios, comprende lo que vio, no lo ha visto a Él sino algo de las cosas de Él, existentes y conocidas; Él, en cambio, supraasentado por encima de la inteligencia y esencia, por el hecho mismo de no ser conocido enteramente y de no ser, no sólo existe supraesencialmente, sino también se conoce por encima de inteligencia.[13]

La luz es causa y contenido de toda visión porque su presencia oculta la oscuridad haciéndola invisible. Al aprehender el símbolo, como manifestación visible –porque es un ser– se comprende que éste no es Dios mismo.

---

[12] Dionisio Areopagita, *La jerarquía eclesiástica*, c. II, p 130; c. XV, p 188.
[13] Dionisio Areopagita, *Epístola.I*, 1065 a, pp. 397-398.

Ocultar a Dios en este sentido es revelarlo como más allá del ser y del pensamiento, como señala Perl: *"To know any thing is, ipso facto, not to know God"*.[14] De este modo, *no ver es ver oscuridad*. Dejar la oscuridad invisible, ocultarla, es así descubrirla en cuanto oscuridad, y sólo de este modo puede ser revelada ante el hombre. Paradógicamente, sólo por permanecer oculto en los símbolos puede Dios revelarse. De ahí lo fundamental de la existencia del símbolo.

> *Only by symbols is this possible. Hence, as Dionysius here indicates, there can be no non-symbolic knowledge of God, no knowledge of God without the concealment of symbolism. Only a symbol, in that qua symbol it conceals what it reveals, can make God known without objectifying him as a being, enabling us to know God without violating his unknowability, and thus truly to know God. The concealing is the revealing. Dionysius' doctrine of symbols is thus another expression of the principle that God is given to every mode of cognition, including sense perception, and is inaccessible to all cognition whatsoever merely that God is presented to us by means of symbols. What Dionysius actually says here, however, is that God cannot "illumine" us, i.e. be revealed, be known to us, except by being symbolically "veiled," i.e. hidden from us.*[15]

Ocultar es revelar. Según la comprensión de Dionisio, todo ser es teofanía, *ser es ser símbolo*: *"Being as symbol, as theophany, and hence as being, is perfectly realized in Christ, in God incarnate, the finite being which is God-made-manifest"*.[16]

El símbolo, afirma el autor, es perfectamente realizado en Cristo. Dios encarna, siendo el principio y perfección de toda jerarquía. Él es la plenitud de la realidad, Dios manifiesto en la más santa y eminente Persona: el Salvador.

---

[14] E. Perl, *Theophany. The Neoplatonic Philosophy of Dionysius the Areopagite*, New York, New York Press, 2007, p. 104.
[15] E. Perl, *Theophany...*, p. 105.
[16] E. Perl, *Theophany...*, p. 109.

Los nombres de Dios

La contemplación como θεωρία para la elevación a Dios debe comenzar con los σύμβολα[17] materiales, en primer lugar tomados de la interpretación escritural, en especial a partir de los nombres divinos. Estos símbolos son necesariamente expresión de la trascendencia divina, que no puede ser conocida en su naturaleza.[18] Los símbolos sirven como analogía no en el sentido de que ellos asumen una similitud con aquello que simbolizan, sino que ellos son imágenes de Dios, que expresan la naturaleza divina y la hacen presente. Esos símbolos llevan luz divina y se entrecruzan con la sensibilidad, por lo cual deben ser revelados de acuerdo con la capacidad del que participa. Para Dionisio la interpretación escritural, particularmente de los nombres divinos, cumple la definición helénica de teúrgia, con los nombres divinos como símbolos por excelencia. Su interpretación no es meramente analógica y alegórica, aunque ciertamente reúne también esos elementos. Los nombres se refieren a la οὐσία de lo que ellos significan. Esos símbolos han sido puestos por Dios durante la creación del universo y así contienen la δύναμις creadora. Los nombres divinos son eficaces porque ellos contienen el poder de lo divino y han sido adaptados a las limitaciones del entendimiento humano.

Los nombres divinos ocupa un lugar especial en el *corpus* dionisiano y también en la discusión sobre la influencia del Areopagita en el pensamiento posterior porque, según aduce Paul Rorem, los trabajos del pseudo Dionisio ofrecieron una profunda reflexión sobre la doctrina medieval

---

[17] Dionisio Areopagita, *Los nombres divinos*, c. I, p. 214. En la fuente latina: Ps. Dionysius Areopagita Dionisio, Corpus Dionysiacum I, B. R. Suchla (ed.), Berlin, De Gruyter, 1990, 596 a.

[18] Cfr. S. Klitenic Wear y J. Dillon, *Dionysius the Areopagite and the Neoplatonist Tradition*, p. 85.

de Dios y, por consiguiente, constituyeron un gran aporte a la teología sistemática con sus correspondientes consecuencias metafísicas.[19]

Dionisio indica, en su obra *Los nombres divinos*, los nombres que pueden ser atribuidos a Dios y que están presentes en las Sagradas Escrituras, tales como: Ser, Vida, Sabiduría, Bien, Poder, Paz, Grandeza y Pequeñez, Igualdad y Diferencia, Similitud y Disimilitud, Reposo y Movimiento, Identidad y Uno. A partir de ellos el autor trata los aspectos de Dios por los cuales Él es la verdadera esencia de esos nombres y sin embargo está a su vez más allá de ellos.

El autor centra su atención sobre el nombre de Bien y lo relaciona con el sol, tal como Platón lo describe en su alegoría de la *República*,[20] y afirma que el sol por el sólo acto de su existencia da luz a todo aquello que es capaz de tomarla. De la misma manera sucede con el Bien. El Bien es un arquetipo muy superior que extiende los rayos de su indivisa bondad hacia todo aquello que tiene la capacidad para recibirla. Esos rayos son responsables de todo lo inteligible, de todo poder y toda actividad.

El Bien es alabado con el nombre de Luz, como un arquetipo es revelado en su imagen. La bondad de Dios trascendente alcanza desde las más altas y más perfectas formas de ser hasta las más inferiores. Da luz a todo aquello capaz de recibirla, los crea, mantiene en la vida y los preserva y perfecciona.[21]

Desde esta perspectiva surge la identidad como punto central de origen que se diversifica en la multiplicidad de lo diferente. Así, todas las cosas están unidas en Dios. Aquí la iluminación de los rayos del sol es análoga a la unidad que el Uno imparte para la deificación. Dionisio considera que, de todos los nombres de Dios, el más perdurable es aquel de

---

[19] P. Rorem, *Pseudo Dionysius. A Commentary on the Texts and an Introduction to their Influence*, New York, Oxford University Press, 1993, p. 167.
[20] Platón, *República*, VI, 509c., p. 338.
[21] Cfr. Dionisio Areopagita, Los nombres divinos, c. III, p. 253.

"Uno" porque Dios es la absoluta unidad que desarrolla el universo: el nombre "Uno" significa que Dios es únicamente todas las cosas por la trascendencia de su unidad y que él es la causa de todo sin jamás salir de aquella unidad. Nada en el mundo carece de su parte en el Uno. Justo como todo número participa en la unidad, así todo y parte de todo, participa en el Uno. Por ser el Uno, son todas las cosas.[22]

La contracara de esta descripción aparece desde la perspectiva de una teología negativa. En efecto, el mismo Dionisio comienza el tratado de *Los Nombres Divinos* con una consideración realzada con bellas palabras acerca de la posibilidad de hablar y nombrar a la divinidad:

> Así, pues, no hay que osar por entero decir ni tampoco reflexionar algo acerca de la divinidad supraesencial y oculta, más allá de lo manifestado a nosotros por vía divina a partir de los Sagrados Oráculos. Pues sería desconocimiento de su supraesencialidad por encima de razón, inteligencia y esencia. Para ella hay que aplicar la ciencia supraesencial, alzándonos sobre lo escarpado tanto cuanto el rayo de los Oráculos teárquicos lo conceda, dirigiéndonos hacia los esplendores superiores con la prudencia y sacralidad que rodea lo divino. Pues si también de algún modo es necesario creer en la totalmente sabia y veracísima "Teología", según la analogía de las inteligencias de cada uno se descubre y se ve contemplativamente lo divino, al distinguir –en salvadora justicia– la bondad teárquica, divinamente, de lo mensurable la inmensurabilidad, como cosa inconcebible.[23]

El nombre de Dios se encuentra en verdad por encima de todo nombre, lo cual equivale a decir que Dios no posee realmente nombre alguno. Por lo cual surge el interrogante acerca del motivo por el cual se ha escrito un tratado en torno a los nombres divinos.

---

[22] Cfr. Dionisio Areopagita, *Los nombres divinos*, c. XIII, pp. 342-343.
[23] Dionisio Areopagita, *Los nombres divinos*, c. I, pp. 207-208.

Los nombres divinos son valorados porque intentan articular la relación específica que existe entre los sonidos físicos del mundo y lo que los sonidos pretenden representar: la deidad.[24] En el sistema de derivaciones cósmicas, los nombres no son arbitrarios o carentes de significación; de hecho, para Dionisio, la exégesis de los nombres revelados combinada con la imagen cosmológica que desarrolla en otros tratados, aparecen como convenientes para la comprensión del mundo, así como para acercarse a una cierta concepción de Dios.

Dios como Ser, Vida y Sabiduría

La tríada platónica de Ser, Vida e Intelecto son esenciales en el sistema dionisiano y su tratamiento ocupa los capítulos 5, 6 y 7 de los *Nombres Divinos*. Plotino había introducido la tríada Ser, Vida e Intelecto, describiendo el Uno como fuente de Vida, Intelección y Ser. Estos tres elementos se encuadran en la segunda Hipóstasis pues el ser es la primera derivación desde el Uno. De este modo, mientras el Intelecto contiene todas las formas como una totalidad, el Ser diferencia las formas. La función del Ser es diferenciar las Formas y luego volver las divididas Formas al Uno; el proceso por el cual las formas son diferenciadas y luego reunificadas es la Vida. La vida es la fuente de todos los seres vivientes, a los cuales dota de movimiento, desde las plantas hasta las almas.[25]

Distinto a los platónicos atenienses, pero al igual que Porfirio, Dionisio ubica Ser, Vida y Sabiduría dentro del Uno como sus atributos. Ubica al Ser por encima de la Vida y la Sabiduría de tal modo que Vida y Sabiduría participan en el Ser. Dios no es Ser, pero es la fuente del Ser, lo contiene pero a su vez lo sobrepasa por no participar en

---

[24] Cfr. N. Jaowitz, "Theories of divine names in origen and Pseudo-Dionysius", *History of Religions* 30/4 (1991), pp. 366-367.
[25] Cfr.Dionisio Areopagita, *Los nombres divinos*, c. VI, p. 302.

el Ser. Él es simple e indefinible; subyace a las cosas que son y anticipa toda la existencia.[26] Dionisio emplea la tríada Ser, Vida e Intelecto (reemplazando Intelecto por Sabiduría para cristianizar la tríada neoplatónica) al referirse a Dios mismo, y no a un aspecto de la segunda hipóstasis, como se ve en Plotino.

Los neoplatónicos aplican la primera y la segunda hipótesis del *Parménides* para describir la unidad y pluralidad del universo representada respectivamente por el Uno y el Intelecto, y uno de los misterios centrales del universo neoplatónico es cómo el Intelecto, en efecto, deriva desde el Uno. Por su parte, Dionisio usó el lenguaje de *Parménides* para describir cómo un unificado y simple Dios puede dar lugar a un universo complejo, pero de manera diferente. Por atribuir ambas hipótesis a Dios, el Areopagita es capaz de describir a Dios simultáneamente como uno y complejo, como conteniendo la creación y trascendiéndola. Y, en este sentido, considera al Altísimo a la vez como simple unidad y como una compleja pluralidad, envolviendo un proceso cosmogónico de permanencia, procesión y retorno.

Trinidad como unidad y como distinción

Dios es una unificada y trascendente unidad, y es también una unificada "multiplicidad", tanto con respecto a la creación como con respecto a Él mismo. Dionisio retorna a la interpretación neoplatónica del *Parménides* en un estado en que el Uno es no-ser, en la medida en que es más allá del ser, y no-uno, en la medida en que es más allá del uno. A la sombra del *Parménides*, Dionisio da una descripción de Dios como unidad y Trinidad.

---

[26] Cfr. S. Klitenic Wear y J. Dillon, *Dionysius the Areopagite and the Neoplatonist Tradition*, p. 26: "[God] is the being immanent in and underlying the things which are, however they are. For God is not some kind of being. No. In a way that is simple and indefinable, he gathers into himself and anticipates every existence".

Los nombres expresan distinciones, de manera que el nombre manifiesta la actividad propia del Padre, del Hijo y del Espíritu Santo. Aquí los títulos no pueden ser intercambiados; no son ellos aplicables en común. Para explicar cómo los miembros de la Trinidad están igualmente relacionados y unidos, Dionisio reproduce el concepto platónico de la unidad de los inteligibles. En esta dirección recurre a la doctrina de la mezcla de Proclo para retener distintos elementos, cuando él se detiene en la relación entre formas e ideas en el intelecto y las facultades del alma, cuyo análisis aparece en *Elementos de teología*. En el parágrafo 176, Proclo se refiere a la inteligencia como una facultad indivisible, gracias a la cual su contenido múltiple resulta unificado, pues todas las formas están interpenetradas unas con otras, conservando, sin embargo, su diferenciación.[27]

Así ocurre también con las formas intelectuales, que se presentan inconfundidas, aunque ellas son unificadas, por el hecho de que una simple y unitaria existencia las abraza. Como las formas existen sin cuerpos, ellas son capaces de mantener una unidad y una indistinción que los miembros del mundo sensible no conocen.

Para comprender esto, uno de los más importantes ejemplos de unidad y distinción lo muestra un pasaje de Dionisio según el cual en una casa la luz de todas las lámparas es completamente interpenetrada pero distinta.[28] Hay distinción en la unidad y unidad en la distinción. Cuando hay muchas lámparas en una casa, hay sin embargo una simple indiferenciada luz y desde todas ellas viene una indivisa claridad. Esto es, lo inteligible se puede mezclar manteniendo su identidad, al contrario de los objetos sensibles que no pueden ser mezclados sin perder su distinción.

---

[27] Proclus, E. T., §176: "Πάντα τὰ νοερὰ εἴδη καὶ ἐν ἀλλήλοις εἰσὶ καὶ καθ' αὑτὸ ἕκαστον. εἰ γὰρ ἀμέριστος πᾶς νοῦς καὶ ἡνωμένον διὰ τὴν νοερὰν ἀμέρειαν καὶ τὸ ἐν αὐτῷ πλῆθος, ἐν ἑνὶ πάντα ὄντα καὶ ἀμερεῖ ἥνωται ἀλλήλοις, καὶ φοιτᾷ πάντα διὰ πάντων· εἰ δὲ ἀΰλως ἔστι πάντα καὶ ἀσωμάτως, ἀσύγχυτά ἐστι πρὸς ἄλληλα, καὶ χωρὶς ἕκαστον φυλάττον τὴν ἑαυτοῦ καθαρότητα μένει ὅ ἐστι".
[28] Dionisio Areopagita, *Los nombres divinos*, c. II, p. 231.

Acerca de la diferenciación de la Trinidad, Dionisio señala que las tres hipóstasis que la conforman, esto es el Padre, el Hijo y el Espíritu Santo, mantienen un principio de distinción y no son intercambiables. Cada una de las divinas personas continúa teniendo sus propias características, así que aquí tenemos un ejemplo de unión y diferenciación en la inexpresable unidad y subsistencia de Dios.[29]

Actividad divina, procesión y jerarquía

En el concepto dionisiano de creación, Dios se extiende a sí mismo hacia afuera dando forma al universo, motivado por la benevolencia y el amor hacia su propia creación. Entra en el triple movimiento de procesión, permanencia, y reversión, por los cuales cada entidad procede de Dios descendiendo en el ciclo de la creación. Éste irradia la forma a la multiplicidad de seres, mientras simultáneamente los conduce de vuelta hacia él mismo en un proceso de reversión. Él hace todas las cosas, derramando su pacífica fecundidad sin perder jamás su propia identidad. Dios crea de principio a fin emanando amor, y ama a través de un exceso de bondad.

Dionisio contempla la creación como una estructura universal jerárquica y como resultado de la deliberación de Dios. En el capítulo tercero de *La jerarquía celestial,* define el término "jerarquía" como un orden sagrado,[30] un estado de comprensión y una actividad que se aproxima lo más posible a lo divino. Dios extiende su mano creadora para conceder a todos los seres, de acuerdo con su mérito, una parte de luz y luego a través del divino sacramento, en armonía y en paz, otorga a cada uno el ser perfeccionado a su propia forma.

---

[29] Cfr. también J. N. Jones, "The status of the Trinity in Dionysian Thought", *The Journal of Religion* 80/4 (2000), p. 654.
[30] Dionisio Areopagita, *La jerarquía celestial,* c. III, p.132.

Jerarquía indica un orden puesto por Dios como una expresión de la ley y voluntad divinas, en la cual actúa como la medida (μέτρον) de todos los seres para mantener el orden del universo. A través de la interconexión de los niveles, las entidades que lo componen participan en lo divino basadas en la aptitud para recibir el divino poder; una aptitud proporcionadamente dada a ellas en correspondencia con su rango en la jerarquía cósmica y con su deseo de recepción.

La jerarquía dionisiana está dividida en dos universos: el celestial (o inteligible) y el eclesiástico (o sensible). Cada jerarquía es dividida en una serie de tríadas con tres miembros dispuestos verticalmente; el primer miembro de cada tríada contiene más poder que el segundo. Estos rangos están interconectados, así que el primer miembro de la tríada contiene el poder del segundo de más abajo, y así sucesivamente. La jerarquía eclesiástica refleja el ordenamiento de su equivalente celestial. Los rangos más cercanos a Dios reciben el divino poder más intensamente y por eso son más aptos para retornar a la divina contemplación.

La creación como teofanía

Dionisio afirma que aunque Dios no sea ningún ser, Él es la causa de ser de todas las cosas. Hablar de Dios como causa no puede significar asignarle el atributo de causalidad. Según Plotino, asignar al Uno la *causa* haría alusión solamente a la relación de dependencia de los seres, sin hacer una afirmación atributiva de Aquel. "Causa de todas las cosas" significa que todas las cosas son efectos o criaturas; de allí que Dios no es una entre todas las cosas.

Esta noción neoplatónica de causalidad no es la de causalidad horizontal de una cosa por otra dentro del mismo orden ontológico. Aquí se trata de interpretar una causalidad vertical, según la cual se da la causación de un nivel ontológico inferior por uno superior, como cuando se dice que el fuego inteligible es la causa de los fuegos sensibles. Este planteo introduce directamente en el tema de la *participación*. Sólo entendiendo la noción de participación se puede concebir la relación causa-efecto en el neoplatonismo, para el cual Dios es la causa de todas las cosas y del cual todo ser participa.

Platón, en efecto, interpreta la participación como la aparición múltiple de una forma en muchos seres e individuos. En ellos aparecen aspectos diferenciados de una forma. Todo lo que encontramos en las cosas sensibles son imágenes, representaciones, apariencias de formas inteligibles. Como apariencias, las cosas sensibles no son seres adicionales a las formas y, de esta manera, no constituyen otro *mundo*. Un aspecto de un ser, usando una analogía platónica, un reflejo en un espejo, no es otro ser. Cuando un hombre se pone frente a un espejo y observa su reflejo no hay dos hombres sino uno, el mismo. Sin embargo, al decir que lo sensible es la apariencia no quiere decir que ella es meramente una ilusión. En la vista del aspecto o apariencia, vemos efectivamente la verdadera cosa cuando aparece, pero aun no hemos visto la verdadera cosa en sí misma.

Los niveles diferentes de ser en Platón son modos diferentes en los cuales la realidad nos es dada al conocimiento. Cada forma o ser pueden ser aprehendidos por el intelecto, comprendidos en la naturaleza inteligible que posee o ser tomados por los sentidos, y en este caso se considera lo que aparece bajo ciertos aspectos. La diferencia entre formas inteligibles y casos sensibles es la distinción, no entre dos clases de realidad, sino entre realidad y aspecto.[31]

Plotino había adoptado esta idea de la participación y considera que las determinaciones de las cosas son los aspectos de la causa en el efecto. Las formas vistas en el detalle sensible no son otra cosa que la forma superior tomada por la sensación en cuanto multiplicidad y diferen-

---

[31] Platón en efecto interpreta la participación como la múltiple aparición de una forma en muchas instancias: "Cada una [forma] en sí misma es una, pero, al presentarse por doquier en comunión con las acciones, con los cuerpos y unas con otras, cada una aparece como múltiple" (Platón, *República*, V, 476 a5-8, p. 289).

ciación. De esta manera, la causa es común a todos los seres y es superior e inmanente a sus efectos, esto es: superior porque no es identificado con ninguno de los seres e inmanente porque está presente en todos de alguna manera. De esta forma, la causalidad no es la fabricación de una cosa adicional. Los efectos no son más cosas, adicionales a la causa. Todo lo que se encuentra en los efectos es la presencia diferenciada de la causa (o apariencia diferenciada de la forma), de manera que los efectos están contenidos en la causa. Ellos son un despliegue de la causa, su presentación o su aspecto en la multiplicidad diferenciada. Así, como presentaciones finitas, todos los seres son apariencias de Dios. En el pensar de Plotino el ser es como un rastro del Uno, su imagen o expresión. El Uno no podría compararse a un objeto que emite la luz, sino que se asemeja a la misma luz, por la cual todos los seres son visibles. Y, como la luz, ella no puede ser vista por sí misma, como luz pura, sino cuando se define en una cosa iluminada distinta. Por su parte, Proclo insiste igualmente en que la producción de la causa no es nada sumado a la causa, sino que ésta es la producción de su efecto. La causa trae a la existencia los principios secundarios sin el movimiento y sin la pérdida de sí misma.[32]

Dionisio afirma que Dios es causa de todas las cosas en las cuales Él está presente y de ahí que no puede estar sujeto a ningún nombre. El principio neoplatónico en que se apoya esta afirmación señala que los elementos que se encuentran en los efectos preexisten en sus causas.[33] Esta presencia constitutiva de Dios en todas las cosas es lo que Dionisio llama "participaciones, procesiones, manifestaciones de Dios". Dios es no participado Él mismo, sino Aquel de quien todas las cosas participan. Él sería la contención indiferenciada de los efectos, en otras palabras, los efectos

---

[32] Cfr. Proclus, E. T., §26: "Πᾶν τὸ παρακτικὸν αἴτιον ἄλλων μένον αὐτὸ ἐφ' ἑαυτοῦ παράγει τὰ μετ' αὐτὸ καὶ τὰ ἐφεξῆς".
[33] Cfr. Dionisio Areopagita, Los nombres divinos, c. II, p. 235: "lo propio de lo causado está antes, excedente y esencialmente, en los causantes".

son la revelación de la causa en la multiplicidad diferenciada. Así, Dios está en todo, Él es todos los seres y sin embargo ninguno de ellos. Dios no puede ser reducido a un *que*, a un ser, a objeto de pensamiento, pues se negaría todo lo dicho en relación con la trascendencia divina. Dios envuelve y sostiene todas las cosas.

Atendiendo a su desarrollo teofánico, en su obra *Los Nombres Divinos*, Dionisio se refiere a la realidad y la presenta como una secuencia jerárquicamente clasificada que desciende partiendo de los ángeles o intelectos puros hasta los seres inanimados. En dicha jerarquía se presenta el ordenamiento de la realidad.

La comprensión de Dionisio de la jerarquía es un desarrollo de su consideración de las procesiones divinas, de las perfecciones constitutivas de los seres, y de ahí de toda la realidad, como la presencia diferenciada de Dios. Todas las cosas, en cada nivel, participan directamente de Él de manera apropiada a su naturaleza. Ellas participan igualmente de Dios siendo desiguales, ocupando rangos diferentes en el orden jerárquico del todo. La jerarquía entera, desde el serafín más alto hasta la menor partícula, es la presencia inmediata y participación de Dios, su unidad y cualidad, según los modos diferentes y grados que constituyen los niveles diferentes de ser. Cada ser participa directamente de Dios y ocupa su lugar propio dentro del orden cósmico.

Es pertinente aclarar que la metafísica de Dionisio no es una forma de panteísmo. Al contrario, cada ser, justamente porque es un ser, es decir, algo distinto, finito e inteligible, *ipso facto*, no es Dios. Tampoco Dionisio enseña el dualismo a este respecto. Si Dios fuera otro ser además de sus efectos, Él tendría que ser incluido dentro de una totalidad más global, subordinada a un término universal abarcante y distinto de los otros miembros, y por lo tanto finito. Por otra parte, si Dios fuera simplemente además del mundo, sería otra cosa y no realmente superior.

Legado neoplatónico: nociones de jerarquía y participación en Dionisio Areopagita

Participación y jerarquía dionisianos

La originalidad metafísica de Pseudo Dionisio, en particular su concepción del ser, es el fruto de una reelaboración del sistema neoplatónico-procleano, desarrollado en función de las exigencias de la fe cristiana.

En la ontología dionisiana Dios es el Creador, en la cual Él está presente en todo ser como la determinación que hace a cada cosa ser lo que es y existir a su modo. La creación es el despliegue de todas las perfecciones que están unificadas en Dios. En su creativa impartición de sí mismo, las divinas procesiones o poderes, esto es, Dios como participado por y presente en las creaturas, se abre en diferentes formas: desde el Ser, participado por todos los seres, la Vida, de la que participan todos los seres vivientes, hasta la Sabiduría, común a todos los seres vivientes con capacidad cognitiva.[34]

Dios no es ningún miembro existente del cosmos entre otros existentes. Es al mismo tiempo trascendente e inmanente, como dice Perl,[35] más allá de la entera jerarquía de creaturas, permeando la totalidad desde lo más elevado hasta lo más ínfimo y los seres más altos no superan Su excelencia, ni el ser inferior puede permanecer más allá de su divina contención. Esta doctrina de la creación es la base de la dialéctica de los nombres divinos; siendo todo en todas las cosas, no es nada en ninguna de ellas.[36]

---

[34] Cfr. E. Perl, "Hierarchy and Participation in Dionysius the Areopagite and Greek Neoplatonism", *American Catholic Philosophical Quarterly*, 68/1 (1994), p. 17. Es notable que la tríada Ser-Vida-Inteligencia cambia en Dionisio por la tríada Ser-Vida-Sabiduría en función de la consideración cristiana propia del Areopagita, basada en los nombres de Dios de las Sagradas Escrituras.
[35] Cfr. E. Perl, "Hierarchy and participation...", p. 18.
[36] Cfr. Dionisio Areopagita, *Los nombres divinos*, c. VII, p. 307.

A raíz de la estructura jerárquica del cosmos, lejos de separar los más bajos niveles ontológicos de Dios, es Él mismo el verdadero fundamento de la participación directa de todas las cosas en Él. Como es en todas las cosas, mora completa e *inmediatamente* en cada creatura, pero en diferentes maneras, según sea lo propio y constitutivo de cada ser, y en relación con la posición que ocupen en la estructura cósmica. Ordena todas las cosas, las preserva inmezcladas e inconfundidas y le da a cada ser lo que le es más apropiado, preservando a cada uno en su orden y su poder específicos.

Todas las creaturas participan de Dios según su naturaleza, los seres vivientes participan en Dios como ser y vida, los seres inteligentes como ser, vida y sabiduría. El orden de las cosas es tal que las inteligencias puras son superiores a los seres racionales, los racionales superiores a los seres sensibles, los seres sensibles a los meramente vivientes y los vivientes a los seres que simplemente existen; y se presentan concatenados unos con otros, permitiendo la participación mediada de sus perfecciones.

Así, Dionisio afirma que la divina procesión Ser es anterior a Vida y Vida es anterior a Sabiduría, de lo cual se debería seguir que los objetos inanimados son superiores a los seres vivientes y los animales irracionales superiores a los seres inteligentes. Sin embargo debe entenderse que la vida tiene un más específico e intenso modo de ser que el propio de los seres inanimados; la inteligencia tiene un más específico e intenso modo de ser y vida propia en los ángeles que en las últimas creaturas. Si los ángeles están más cerca de Dios que el hombre no es porque los hombres no participan directamente de Dios, sino porque los ángeles, quienes por poseer inteligencia necesariamente también poseen las perfecciones menores de vida y ser, participando en Dios en una multiplicidad de sentidos.[37] Ellos, en

---

[37] Cfr. Dionisio Areopagita, *La jerarquía celestial*, c. IV, p. 138.

efecto, poseen las perfecciones de los niveles más bajos en un eminente sentido, mientras que los inferiores poseen las perfecciones superiores en un menor grado.

> el bien (...) es aquello a partir de lo cual (...) todo revierte como hacia el límite apropiado a cada uno, y a lo cual todo tiende, lo intelectual y lo racional cognoscitivamente, lo sensitivo sensitivamente, lo impartícipe de sensibilidad con el natural movimiento de la tendencia vital, lo invital y solamente existente con la adecuación a la sola y esencial participación.[38]

Tanto para Plotino como para Proclo, como así también para Dionisio, la causación del ser es la multiplicación de sí misma de la causa, sin sufrir ningún cambio o disminución. Por este motivo, la actividad de cada ser es, por participación, aquella de su inmediato superior, de tal modo que toda actividad es finalmente la del Uno. Todas las cosas proceden y reciben sus perfecciones a la vez inmediatamente del Uno y de sus superiores próximos órdenes.[39] Con esta afirmación, matizada con las nociones dionisianas precedentes, se vislumbra la concepción de la contigüidad de los entes, formulada específicamente en el capítulo VII de *Los nombres divinos*, que se tratará en la segunda parte de este capítulo.

Para estos filósofos, en efecto, Dios es el único poder causal de la jerarquía entera y las creaturas operan como intermediarias al punto tal que ellas co-operan con Él realizando su actividad propia. La jerarquía es el verdadero principio del ser, en virtud de la cual todos los seres son lo que son; en este ordenamiento Dios no es aparte de la creación, sino que todas las cosas están contenidas en Él y llenas de Él.[40]

---

[38] Cfr. Dionisio Areopagita, *Los nombres divinos*, c. IV, p. 254.
[39] J. Trouillard, "Procession néoplatonicienne et création judéo-chrétienne", *Néoplatonisme: Mélanges oefferts à Jean Trouillard* (1981), p. 19.
[40] Cfr. E. Perl, "Hierarchy and participation...", p. 29.

Procesión y reversión del ser

La dependencia de todos los seres con respecto a Dios es comprendida en el neoplatonismo no meramente como una relación estática, sino como una relación dinámica, aunque no-temporal, de "movimiento" o "proceso". Éste es el ciclo de procesión, permanencia y reversión (πρόοδος, μονή, ἐπιστροφή) que está continuamente presente en el pensamiento de Plotino, aunque recibe una articulación más sistemática en Proclo al considerar que todo efecto permanece en su causa, procede de ella y revierte sobre ella. Para ambos pensadores, el Uno no solamente es el origen de todas las cosas como su fuente o principio (ἀρχή), sino también su fin (τέλος) hacia el cual todas ellas se dirigen. Dionisio adopta esta doctrina, siguiendo el neoplatonismo, para el cual el Uno es llamado Bien en cuanto principio y fin de todas las cosas.

Siguiendo esta concepción, Plotino alegaba que así como los seres proceden del Uno como el Bien, y despliegan el bien en su ser por causa de aquél, todos los efectos vuelven a su causa, tienden hacia ella como a su fin. A este "movimiento" se lo denomina "reversión". La reversión, no menos que la procesión, es constitutiva del efecto; esto es, la misma existencia de algo consiste no sólo en su procesión, sino también en volver a su causa.

El modo apropiado de ser para cada cosa, su bien, es precisamente lo que marca su modo de reversión. Plotino sostiene que la reversión depende del modo apropiado y constitutivo de cada ser. Esto implica que toda cosa que es efecto, no es simplemente producido por la causa como una receptividad pasiva, sino que es receptividad *activa*, pues el ser es aquello que ha sido hecho para ser. El ser es participación, y la reversión no es nada además de la participación, por lo cual no habría ninguna verdadera diferencia entre procesión y reversión, que caracteriza la cosmovisión del platonismo medio. En el mismo sentido, Proclo revela que todas las cosas hacen un recorrido desde sus causas hacia sus causas, como expone en el parágrafo 30, según el cual todo lo que procede de cualquier principio revierte, respecto de su ser, sobre aquello de que procede; y puesto que todas las cosas desean su bien, revierten hacia él. El objeto primario de su apetito es aquello sobre lo que revierte.[41] De este modo, el τέλος es el bien de la totalidad, es aquello que contiene y unifica la multiplicidad para conducirla hacia su principio. Proclo resumió este pensamiento en la proposición 13 de *Elementos de teología*.[42]

Al Bien corresponde la causa de la conservación en el ser y, por lo tanto, la unidad de todo lo que existe, por lo cual el Bien es idéntico al Uno, y dota de perfección a todas las cosas. Dionisio toma el pensamiento procleano y afirma que todas las cosas están contenidas y provienen de Dios, de modo que todas las cosas son la presencia constitutiva de Dios en ellas. Y así, cada cosa, la piedra, la planta, el ser humano en su estar y ser de modo apropiado desean o tienden hacia Dios: "Lo intelectual y racional cognoscitivamente, lo sensitivo, sensitivamente, lo impartícipe de sensibilidad, con el natural movimiento de la tendencia vital, lo invital y solamente existente con la adecuación a la sola y esencial participación".[43]

La procesión y la reversión son en realidad la misma relación de dependencia: el que una cosa haya sido hecha para ser por Dios no tiene ningún sentido sin el deseo de Él. Para Dionisio Dios ha producido seres que tienen un papel *activamente receptivo*, esto es, la generación del ser consiste

---

[41] Proclus, E. T., §30: "Πᾶν τὸ ἀπό τινος παραγόμενον ἀμέσως μένει τε ἐν τῷ παράγοντι καὶ πρόεισιν ἀπ' αὐτοῦ".
[42] Proclus, E. T., §13, 1-17: "Πᾶν ἀγαθὸν ἑνωτικόν ἐστι τῶν μετεχόντων αὐτοῦ, καὶ πᾶσα ἕνωσις ἀγαθόν, καὶ τἀγαθὸν τῷ ἑνὶ ταὐτόν. εἰ γὰρ τὸ ἀγαθόν ἐστι σωστικὸν τῶν ὄντων ἁπάντων (διὸ καὶ ἐφετὸν ὑπάρχει πᾶσι), τὸ δὲ σωστικὸν καὶ συνεκτικὸν τῆς ἑκάστων οὐσίας ἐστὶ τὸ ἕν (τῷ γὰρ ἑνὶ σώζεται πάντα, καὶ ὁ σκεδασμὸς ἕκαστον ἐξίστησι τῆς οὐσίας), τὸ ἀγαθόν, οἷς ἂν παρῇ, ταῦτα ἓν ἀπεργάζεται καὶ συνέχει κατὰ τὴν ἕνωσιν. καὶ εἰ τὸ ἓν συναγωγόν ἐστι καὶ συνεκτικὸν τῶν ὄντων, ἕκαστον τελειοῖ κατὰ τὴν ἑαυτοῦ παρουσίαν. καὶ ἀγαθὸν ἄρα ταύτῃ ἐστὶ τὸ ἡνῶσθαι πᾶσιν. [...] ἀγαθοῦ στέρεται κατὰ τὸν αὐτὸν τρόπον".
[43] Dionisio Areopagita, *Los nombres divinos*, c. IV, p. 254.

en su tendencia hacia Dios tanto como en su procedencia de Él. Este esquema encarna un supuesto basal para el neoplatonismo, fundamental para la postulación del principio de contigüidad ontológica. Dispuestos en un ordenamiento escalonado según sus perfecciones específicas, cada ser participa de la perfección propia del ente inmediatamente contiguo superior, cumple con su función propia y colabora –en la búsqueda del Bien como fin último– con la armonía universal.

El sentido de la realidad: el ser y la inteligibilidad

En décadas recientes se ha despertado un creciente interés por la *teología negativa* de la cual Dionisio es uno de los principales exponentes, teología que ha dado paso al surgimiento de numerosos estudios acerca del pensamiento dionisiano. En este sentido, Eric Perl desarrolla los principales puntos de dicha teología, comenzando por las nociones de ser y de inteligibilidad.

La doctrina de que Dios o el Uno, primer principio de realidad, está más allá del ser y más allá del pensamiento pertenece al neoplatonismo. Esta noción no es arbitraria sino que surge a partir de una rigurosa secuencia del razonamiento filosófico, y sólo siguiendo esta argumentación se puede entender el sentido que contiene. En esta dirección, Perl sostiene que la *teología negativa* y el *misticismo* se presentan en Dionisio como un aspecto de la metafísica racional y deben ser interpretados y evaluados como tales. Para indicar el marco en que se comprende dicha metafísica, es necesario señalar que el principio fundante del pensamiento neoplatónico es la doctrina de que *ser es ser inteligible*. Ser (τὸ ὄν) es aquello que puede ser aprehendido por la νόησις, esto es: la *intelección*. Según este pensamiento, el *ser* es *forma* o *idea* y el Uno o el Bien, en cuanto fuente de realidad, está más allá del ser. Para llegar a un entendimiento filosófico de los postulados de Dionisio acerca del *ser* y de *Dios*, es necesario examinar el sentido y los fundamentos de este principio.

La idea del ser como inteligible está presente en la filosofía griega desde sus inicios. Es presupuesto que el ser como tal es capaz de ser aprehendido por el pensamiento. Esto fue en primer lugar explicitado por Parménides con su célebre frase: "ya que lo mismo es el ser y lo pensado".[44] Parménides indica que el pensamiento siempre implica la aprehensión de un ser. Cualquier cosa que sea pensada es pensada como algo, esto es, como algún ser. De aquí que lo que no es (τό μὴ ἐόν) no puede ser pensado. Para pensar el no-ser absoluto, éste no debería tener ningún objeto o contenido para el pensamiento; no-ser sería estar pensando nada, o, su equivalente, no estar pensando. Eric Perl comenta: *"Second, Parmenides in this passage affirms that being extends no further than that which can be apprehended by thought, that there cannot be anything beyond the reach of thought"*.[45]

Así, cualquier cosa que sea pensada es pensada, básicamente, como siendo algo, que podría ser especificado bajo varias determinaciones. En este sentido, Parménides afirma que el ser no se puede extender más allá de lo que puede ser aprehendido por el pensamiento. Fuera del pensamiento hay "nada", pues el ser es lo que es pensado. Pensar el ser es pensarlo como *pensable* siempre.

De esto se sigue no solamente que el ser y la inteligibilidad son coextensivos, sino que la inteligibilidad constituye el verdadero sentido del ser. Es decir: *lo que es*, es total y únicamente lo que puede ser aprehendido por el intelecto, y la intelección es total y exclusivamente la aprehensión de *lo que es*.

---

[44] "Τὸ γὰρ αὐτὸ νοεῖν ἔστιν τε καὶ εἶναι". *"For you could not know that which is not, for it is impossible, nor express it; for the same thing is for thinking and for being"*. Parmenides, fr. 2.7–8 and fr. 3, en H. Diels y W. Kranz (eds.), *Die Fragmente der Vorsokratiker*, 7° ed., Berlin, Weidmannsche Verlagsbuchhandlung, 1954, 1, p. 231.
[45] E. Perl., *Theophany*, p. 6.

Por su parte, Platón identificó el ser con la multiplicidad unificada de formas puramente inteligibles. Plotino, siguiendo a Platón identificó el ser no sólo con el objeto del pensamiento sino con el *contenido* del pensamiento y, por lo tanto, el mismo ser *es* pensamiento o intelecto. Asimismo, considera que el ser o el intelecto no constituyen el primer principio, pues éstos son finitos y derivados. Ambos, idénticos, se derivan del Uno o Bien, que está *más allá del ser*. El Uno es aquella fuente por la cual todos los seres son tales, y de él dependen y provienen. El Uno aparece como *más allá del ser*, porque el ser es algo particular y el Uno no es nada particular. Ser es *ser algo*, y esto es algo finito, ya que *ser* tiene alguna forma de ser, mientras el Uno no tiene ninguna, aun cuando resulta muy difícil en la expresión no tratarlo como algo determinado. La dificultad tiene lugar porque el pensamiento y la lengua tratan siempre con seres.

El pensamiento filosófico de Dionisio sólo puede ser comprendido en el contexto de estas ideas. De allí surge la teología negativa de Dionisio, según la cual Dios es más allá del ser y por esto es incognoscible. Dios está más allá del pensamiento, porque el pensar siempre piensa los seres. Pero si el pensamiento humano no puede llegar a Dios, esto no es debido a su debilidad, sino a que ningún ser es Dios. Y todo el ser y sólo el ser es contenido de lo que se piensa y ha pensado. De allí que la teología de Dionisio no es simplemente negativa. Decir "Dios no es esto..." es una expresión que considera a Dios como algo, algo que se distingue de los otros seres por la carencia de algún rasgo que ellos poseen y de esta manera queda Dios nuevamente circunscripto en el pensamiento. Negar cualquier atributo de Dios es tratarle todavía como un objeto conceptual. Así Dionisio explica con cuidado en la *Teología mística* que a la causa de todas las cosas debemos negarle en una etapa todos los atributos, a condición de que esta negación implique no ser opuesta a afirmaciones, sino que signifique el hecho de estar más allá de toda afirmación y negación.

Al afirmar que Dios es *inefable, incomprensible* e *incognoscible*, aún imaginamos algo siendo, que no puede ser conocido. Es inevitable que el lenguaje y el pensamiento, como se sostuvo antes, remitan siempre a algo que es. Aquí aparece nuevamente el inconveniente de pensar de algún modo aquello que decimos que está más allá del alcance del pensar. Por lo cual es necesario tener en cuenta que "inefable", "incomprensible", "incognoscible" son expresiones que implican definiciones conceptuales, que, según el autor, deben ser superadas. Entonces tanto para Dionisio como para Plotino, la legítima teología negativa se da sólo en el silencio absoluto de la mente: la unión de la mente con la luz divina ocurre precisamente en el cese de la actividad intelectual:

> *Ultimately, then, for Dionysius as for Plotinus, negative theology consists not in any words or thoughts whatsoever, however negative or superlative, but in the absolute silence of the mind. We must honor the hidden of the divinity, beyond intellect and reality, with unsearchable and sacred reverence of mind, and ineffable things with a sober silence.* (DN I.4, 592D)[46]

Esta comprensión del ser se trasladó al pensamiento posterior; su justificación a partir del *Parménides* de Platón expresó un valor aceptado por el pensamiento de la Baja Edad Media y no se contrapone a los contenidos del *Corpus Thomisticum*. Sin embargo, Tomás introduce matices fundamentales para la comprensión de la metafísica del ser, que acompañan y contextualizan necesariamente la concepción del principio de la continuidad ontológica.

---

[46] E. Perl, *Theophany...*, p. 14. Se refiere, en la versión española, al texto: Dionisio Areopagita, *Los nombres divinos*, c. I, p. 209.

Segunda parte
Formulación del argumento de contigüidad ontológica en la obra dionisiana

El argumento comienza a vislumbrarse en el desarrollo de los nombres de Dios que aparecen en las Sagradas Escrituras. Y puede reflejarse en la consideración jerárquica del mundo, considerando su Principio desde distintas perspectivas, sin olvidar que en verdad Dios es denominado de diferentes maneras, aunque ninguna puede designarlo en su plenitud. El capítulo IV de *Los nombres divinos* hace referencia a la denominación de Dios como Bien, y compara su acción con la del sol, estableciendo una perspectiva jerárquica al hablar del universo al señalar:

> Pues también como el sol entre nosotros alumbra, sin calcular o preferir sino por su ser mismo, todo lo que puede participar de su luz, de acuerdo con su propia condición, así también el bien supra sol –como el arquetipo, manteniéndose trascendentemente sobre una imagen oscura-, lanza por su subsistencia misma los rayos de la íntegra bondad proporcionalmente a todos los entes.[47]

Por medio de estos rayos se fue constituyendo toda la realidad, a saber: las sustancias espirituales, como inteligencias que intuyen supramundanamente e iluminan apropiadamente las razones de los entes. Y acerca de los órdenes angélicos y sus perfectas obras explicita:

> todo esto existe a partir de la bondad causante de todo y fontanal, desde la cual les fue donada también la conformidad con el bien y revelar en sí mismas la oculta bondad y el ser ángeles anunciantes del divino silencio y proyectados cual claras luces interpretadoras de lo que está en lo impenetrable.[48]

---

[47] Dionisio Areopagita, *Los nombres divinos*, c. IV, p. 250.
[48] Dionisio Areopagita, *Los nombres divinos*, c IV, p. 251.

Gracias a ellos, bondadosos guías, ejercen la providencia recibida y la transmiten hacia los niveles inferiores. La divina luz, más allá de todo, atraviesa desde las supremas esencias hasta las últimas:

> alumbra, empero, todas las cosas (...) y las forja y vitaliza y contiene y lleva a perfección, y es medida de los entes y eternidad y número y orden y entorno y causa y fin (...) alumbra todo cuanto puede participar de él (...) también contribuye al origen de los cuerpos sensibles y los mueve hacia la vida y los nutre y acrecienta y perfecciona y purifica y renueva.[49]

Y se manifiesta como bien descendiendo desde las supremas perfecciones hasta las últimas generando un proceso de salida y retorno de todas las cosas desde el rayo fontanal hacia él mismo:

> es aquello a partir de lo cual todo se establece y existe (...) y en lo cual todo está constituido como preservado y sostenido en un fundamento todopoderoso, y hacia lo cual todo revierte como hacia el límite apropiado a cada uno y a lo cual todo tiende, lo intelectual y lo racional cognoscitivamente, lo sensitivo, sensitivamente, lo impartícipe de sensibilidad con el natural movimiento de la tendencia vital, lo invital y solamente existente con la adecuación a la sola y esencial participación.[50]

La idea de bondad es ampliamente recurrente; hace referencia a la fuente amorosa de la participación divina en el cosmos, que crea y preserva un orden de entidades que ejercen la providencia participada desde los superiores hasta los inferiores. Dios, como la Luz inefable, se despliega iluminando todas las cosas y expande su radiación gradualmente, según los rayos vayan arribando a cada ser, de acuerdo con el lugar que ocupan en la jerarquía. La noción de Bien concierne directamente a la disposición de entes

---

[49] Dionisio Areopagita, *Los nombres divinos*, c. IV, p. 253.
[50] Dionisio Areopagita, *Los nombres divinos*, c. IV, p. 254.

diferenciados que se conectan entre sí, por obra y gracia divina, aunando sus fines para el logro de la armonía universal, que es el bien buscado por las creaturas. A partir de la explicación de Dios como Bien, que luego prosigue con los demás nombres que apoyan esta noción de expansión de amor y providencia, pasamos al capítulo central para el presente estudio. El capítulo VII de *Los Nombres Divinos* es el citado por Tomás de Aquino cada vez que se refiere al argumento de contigüidad ontológica. Es el pasaje en que se expone dicho principio formalmente y el que aparece referido permanentemente por el Aquinate para elaborar y fundamentar distintas tesis en torno a diversidad de cuestiones, y en varias de sus obras.

En este capítulo se hace alusión a los nombres de "Sabiduría", "Palabra", "Razón", "Verdad" y "Fe". Pero se concentra exclusivamente en el nombre "Sabiduría", tomando los *Proverbios* y otros textos relacionados. Desde este punto de vista, Dios es la Sabiduría proverbial entendida concretamente como el mismo Cristo. Pero este tratamiento se presenta más como epistemológico que desde la perspectiva cristológica, pues concierne al conocimiento, a la sabiduría y a lo que no se puede conocer, a lo inefable. Dios trasciende toda razón, toda inteligencia, toda sabiduría. Inefable verdad que está más allá de toda razón y palabra, es incognoscible, porque toda sabiduría o conocimiento implica la distinción entre el que piensa y lo pensado, entre el objeto y el pensamiento. El Uno es indiferenciado en sí mismo, por ser supremamente simple y permanecer fuera de toda distinción, pero al mismo tiempo lo contiene todo.

La divina Sabiduría es la causa de toda sabiduría y entendimiento, y por ello trasciende hasta los diáfanos pensamientos angélicos. Aquí las negaciones no significan privaciones, sino que:

> hay que inteligir lo divino de modo adecuado a Dios. Pues lo ininteligente e insensible tiene que ser ordenado en Dios según supraeminencia, no según defecto, como también asig-

namos lo irracional a lo que está sobre razón, y la imperfección a lo supraperfecto, y la tiniebla intáctil e invisible a la luz inaccesible, según supraeminencia de la luz sensible.[51]

Es a causa de la Divina Sabiduría que las inteligencias angélicas poseen sus pensamientos simples y bienaventurados. Y por ella es que en un escalón inmediatamente inferior, las almas poseen la racionalidad, avanzando discursivamente, estando también dotadas de conocimiento sensible.

Hablando de la incognoscibilidad de Dios —por no ser inteligible ni sensible— afirma que sólo es posible una cierta aproximación a Él a través del "desconocimiento"; esto ocurre cuando la inteligencia, alejándose de todos los entes, se aleja también de sí misma y se une a los rayos esplendentes, y es iluminada por la inescrutable profundidad de la Sabiduría. El principio de continuidad hace su presencia en este contexto de su "descripción indescriptible", diciendo:

> pues él es, según el Oráculo, el creador de todo y el que siempre armoniza todo y es causa de la indisoluble armonización y orden de todo, y el que siempre coliga los fines de las cosas precedentes a los principios de las siguientes, y el que trabaja bellamente la única concordia y armonía de todo.[52]

Es a causa de la Divina Sabiduría que ocurre esta relación de los fines de lo precedente con el principio de las siguientes, para que se cumpla el ordenamiento querido por Dios manifestándose en el acto de causación continua. Comenta René Roques: "*La lumière divine est toujours la même et les intermédiaires peuvent être parfaits dans leur ordre: pour chacun d'eux, en effet, la perfection correspond toujours à une*

---

[51] Dionisio Areopagita, *Los nombres divinos*, c. VII, pp. 305-306.
[52] Dionisio Areopagita, *Los nombres divinos*, c. VII, p. 308.

capacité limitée du divin".⁵³ Todos los seres son intermediarios unos de otros, en una interconexión que permite la participación en las perfecciones específicas. La actividad jerárquica se cumple en asimilación y unión a Dios. Es una actividad que asemeja la totalidad de la creación a la forma divina, porque la meta de este ordenamiento es el amor constante que se opera en la presencia unificante de Dios.⁵⁴ Por el amor se explica esta obra de divinización universal en que las Personas Divinas constituyen la causa y las jerarquías son cooperadoras con su obra. Un principio único, se extiende progresivamente y determina, en momentos diferentes de su expansión, realidades en las que la dignidad ontológica es directamente determinada por la proximidad al Uno y que poseen actividad divinizadora transmitida de unos órdenes a otros por una mediación descendente (καταγωγικῇ διαπρθμεύσει).⁵⁵ El segundo movimiento consiste esencialmente en remontarse desde lo inferior hacia el principio (ἀναγωγή)⁵⁶ que corresponde al movimiento de conversión.

La jerarquía comunica, por medio de las inteligencias, la purificación, la iluminación y la perfección como dones divinos. Dios no se revela jamás sin intermediarios en la jerarquía, a lo largo de cuya gradación va disminuyendo la actividad teárquica en los distintos momentos de su extensión. Esta cercanía o lejanía con lo divino no debe entenderse en términos de espacialidad, sino en relación con la proximidad con la fuente luminosa que es principio de todo:

> este sol grande e íntegramente brillante y siempre luminoso (...) alumbra todo cuanto puede participar de él y tiene supradesplegada la luz, desplegando hacia todo el mundo visible,

---

53 R. Roques, *L'univers dionysien. Structure hiérarchique du monde selon le Pseudo-Denis*, Latour-Maubourg, Les Éditions du Cerf, 1983, p. 110.
54 Dionisio Areopagita, *La jerarquía eclesiástica*, I, p. 225 c.
55 Cfr. Dionisio Areopagita, *La jerarquía celestial*, c. XV, p. 190: "por el traspaso descencional de las sublimes luminosidades hacia lo inferior".
56 Cfr. R. Roques, *L'univers dionysien*, p. 102.

arriba y abajo, los esplendores de sus rayos. Y si de éstos algo no participa, esto no es por la fragilidad o la cortedad de su distribución luminosa, sino por el no desplegarse hacia la participación de luz debido a la impropiedad para la captación. Sin duda, el rayo, traspasando muchas de las cosas que se encuentran en esa situación, alumbra las que están más allá de ellas, y nada visible hay a lo cual no alcance, según la grandeza suprairradiante de su propio brillo.[57]

En la mediación ascendente, como en la mediación descendente, todo viene desde lo superior, cuya razón de ser proviene de una única actividad, la teárquica, que provoca la actividad propia de todos los seres –por ello el mal consistirá en el abandono de las actividades que le ha conferido la Divinidad–. Prosigue en las sustancias superiores y a través de ellas en cuanto se comportan como los mensajeros de Dios. Toda conversión es un don de Dios; afirma Roques: "Il faut donc affirmer que toute l'activité hiérarchique, descendante et ascendante, n'est qu'une participation à la seule activité qui mérite ce nom: l'activité de la Théarchie".[58] Se trata de un doble proceso: descendente y ascendente; una actividad que es participación análoga de la única actividad divina.

La jerarquía no aparece como un simple elemento de la síntesis dionisiana, sino que ella es el universo dionisiano mismo: estructura en órdenes estables, armonía y complementariedad de funciones, conocimiento de realidades espirituales que divinizan a las inteligencias humanas. La jerarquía comprende y hace posible la vida y demarca las inteligencias angélicas y humanas, cuyas diferencias son notables. Aúna las diferencias en la común unidad, según que cada nivel ontológico se toca en lo que tiene de común y semejante –pero no idéntico– con la naturaleza precedente y con la siguiente. Así sucederá con los niveles inferiores de igual modo. Tomás de Aquino será quien

---

[57] Dionisio Areopagita, *Los nombres divinos*, c. IV, p. 253.
[58] R. Roques, *L'univers dionysien*, p. 114.

sintetice detalladamente la existencia de un nexo común entre los entes según su proximidad al Principio Supremo, como se verá en el capítulo siguiente, en las distintas obras del Santo de Aquino.

Conclusiones de la primera y de la segunda parte

El recorrido realizado muestra que la doctrina dionisiana se apoya en numerosos elementos platónicos y neoplatónicos en su intento de ofrecer un soporte teórico explicativo del misterio cristiano. Dionisio ha sabido describir y penetrar en la unión mística con el lenguaje de la teología negativa y del éxtasis. Hay un éxtasis de procesión en el sentido de que Dios amó tanto al mundo que se dispuso a la creación del universo. En el proceso de reversión hacia Dios, en el caso de la creatura humana, según el criterio dionisiano, se pueden contemplar los divinos misterios en las Escrituras a través de los símbolos perceptibles que el sagrado texto proporciona. El hombre debe desnudarlos para ver los misterios. Allí se descubre la cadena del ser, símbolos encarnados en los niveles más bajos de realidad, que contienen una inteligibilidad semejante existente en los niveles más altos. La sustancia de esta inteligibilidad emana de una misma Luz en sus diferentes grados de conformación.

De acuerdo con la revelación judeocristiana, Dionisio afirma la existencia de un Creador único, que es la Bondad, quien causa todo y se extiende hasta los entes y está por encima de ellos y también alcanza a lo no ente.[59] Se ha visto que la característica teofánica y el simbolismo que abraza todo lo que es muestra la omnipresencia de Dios en la creación y la providencia de sus perfecciones en la disposición jerárquica del universo. El dinamismo que

---

59 Cfr. Dionisio Areopagita, *Los nombres divinos*, c. IV, p. 252; c. IV, p. 278 y c. V; p. 290.

Dionisio muestra a lo largo de su obra, entre los grados de ser y de participación de la realidad máximamente perfecta de Dios, justifican la existencia de un todo perfectamente articulado que se ordena como los eslabones de una cadena, cuyo punto de conexión constituye un objeto de estudio fundamental para esta tesis. El principio de contigüidad ontológica se presenta, así, como el fundamento de la unidad del todo; en virtud del coligamiento de los fines de un ser con los principios del otro, se puede deducir, en esta inicial formulación dionisiana del argumento, la cooperación y mediación existente entre todos los grados ontológicos, así como la participación de lo inferior en lo superior. La unidad jerárquica se evidencia también en la luz que derrama sobre las creaturas, las cuales, en la medida en que la reciben –según su cercanía ontológica a Dios–, participan de potencialidades superiores o menores, según su capacidad. Este despliegue inicial del argumento, surgido en el contexto de las nominaciones divinas, en particular, en la exposición del nombre "Sabiduría", será tratado más ampliamente en muchos textos del *Corpus Thomisticum*, con respecto a sus aspectos ontológico, gnoseológico y moral, en el siguiente capítulo.

Tercera parte
Recepción de la doctrina de Dionisio por Santo Tomás

El joven Tomás de Aquino escuchó comentar a orillas del Rhin de la boca del gran maestro Alberto Magno las obras del beato Dionisio Areopagita. Fue notable el clima interior con que realizó el contacto espiritual con el desconocido místico,[60] por el cual se generó el surgimiento del

---

[60] Cfr. I. Andereggen, *La metafísica de Santo Tomás en la exposición sobre el De divinis nominibus de Dionisio Areopagita*, Buenos Aires, Educa, 1989, p. 13.

comentario al *De divinis nominibus*. Fue inmensa la autoridad de Dionisio quien, con su breve y misteriosa obra, supo atraer a los espíritus más profundos. Con respecto a la llegada de los textos dionisianos a Santo Tomás, es preciso tener en cuenta que la exposición tomista fue realizada a partir de la traducción de Juan Sarraceno y no directamente del texto griego. Este trabajo data del año 1167 y se presenta como una versión más precisa que la versión propuesta por Escoto Eriúgena, la cual fue considerada como un trabajo más oscuro desde el punto de vista de la estructura total del texto.

La traducción de Hilduino precedió por pocos años a la de Escoto Eriúgena (s. IX); sin embargo, esta última corrigió a la primera profundamente y se convirtió en un punto fundamental de referencia para la especulación dionisiana medieval. Se impone en ella un respeto por el carácter oriental, misterioso y dinámico del texto griego.[61]

En el siglo XIII aparece en la Universidad de París algo así como una especie de "Suma dionisiana" constituida por traducciones de las obras de Dionisio y los comentarios a éstas. Poseía además una serie de notas explicativas que acompañaban lateralmente al texto de la traducción de Escoto, con una serie de glosas interlineales aclaratorias de algunos términos en particular, procedimiento que en la Edad Media se aplicaba a textos de máxima autoridad.[62]

A San Máximo Confesor se atribuyeron las glosas interlineales,[63] aunque modernamente se estableció que muchas de las glosas o escolios tienen en realidad la autoría de Juan de Scytopolis, entre los cuales aparecen entremezcladas partes de *De Divisione Naturae*[64] de Escoto Eriúgena. Sin embargo en el tiempo en que Tomás de Aquino

---

[61] Cfr. I. Andereggen, *La metafísica de Santo Tomás*..., p. 53.
[62] Cfr. I. Andereggen, *La metafísica de Santo Tomás*..., p. 57.
[63] Cfr. H. F. Dondaine, *Le Corpus Dionysien de l'Úniversité de Paris au XIII siècle*, Roma, Edizioni di Storia e Letteratura, 1953, p. 24.
[64] J. P. Migne (ed.), *Joannis Scoti opera quae supersunt omnia*, en *Patrologia Latina*, vol. 122, coll. 439-1022, Paris, 1853.

redactaba su propia *Expositio*, estos textos gozaban todos de la autoridad de Máximo Confesor, a quien Tomás cita algunas veces –aunque no en la Exposición sobre los Nombres Divinos– como "Maximus" o el "Commentator". La importancia de introducir la recepción de los textos del Areopagita por Tomás de Aquino proviene de la necesidad de contextualizar los desarrollos posteriores de esta tesis acerca del estudio de la temática central: el principio de la contigüidad ontológica.

Conocimiento y nominación divina en Dionisio y Tomás de Aquino

Andereggen expone en su texto *La metafísica de Santo Tomás en la exposición sobre el De Divinis Nominibus de Dionisio Areopagita* el valor de los nombres para el Medioevo, con las siguientes palabras:

> Cuando Dios creó al mundo, dice la Biblia, dio al hombre el poder de dar nombre a las cosas. Pues el nombre era para las culturas antiguas algo mucho más importante que lo que es para nuestra época de inflación de la palabra. El Medioevo, en su continuidad profunda con el pensamiento bíblico, heredó esa sensibilidad no sólo en el desarrollo de las grandes especulaciones teoréticas, sino también en la cultura popular. Y si no debemos despreciar ésta para la comprensión del significado de las grandes síntesis de aquel tiempo, no podemos entonces dejar de ver con ojos interesados un hecho como el de la presencia de temas del *De Divinis Nominibus* de Dionisio en los Cantares de Gesta. [Cfr. R. Louis, *L'invocation des noms de Dieu dans les Chansons de geste, Revue Internationale d'onomastique* VI (1954), pp. 255-256 (...)]. Esto puede indicarnos algo de la importancia de las resonancias afectivas que despertaba un tema como el de los nombres de Dios, y que nosotros hemos perdido. Por otra parte la capacidad incisiva

de la obra del Areopagita en la cultura y en la vida concreta encuentra pruebas no sólo en Occidente, sino que también está atestiguada en Oriente, y en la misma Rusia.[65]

Santo Tomás había encontrado en los textos de Dionisio un sentido significativo –con un matiz místico– de los nombres de Dios, y, además, un tratamiento metafísico inestimable, digno de ser estudiado y citado, aunque también pudo elaborar un pensamiento más abarcador y completo al respecto. Encontró el valor de nombrar a la divinidad según los nombres que aparecen en las Sagradas Escrituras,[66] aunque advirtió que Él trasciende todo lenguaje y todo entendimiento. Sin embargo –sostiene– debe ser alabado en todas las cosas causadas por Él en cuanto divina Providencia que ha participado sus bienes a los seres.[67]

Si bien la teología afirmativa había representado un camino factible para Dionisio, en la posibilidad de nombrar de algún modo a Dios, ponderó casi únicamente la vía negativa. No obstante, había sostenido la posibilidad de conocer a Dios a partir de ambas vías, la afirmativa y la negativa, cuyo fundamento parece ser la *analogía*.[68] Este término no asumió el sentido lógico que adquirió posteriormente en la escolástica, sino que conlleva el sentido de la relación o proporción de todas las cosas creadas a Dios, según la cual Él es alabado, y por las cuales, en cierto modo, puede ser conocido. Como expresa el texto:

---

[65] I. Andereggen, *La metafísica de Santo Tomás*..., pp. 14-15.
[66] Cfr. Dionisio Areopagita, *Los Nombres Divinos*, c. I, p. 208.
[67] Cfr. I. Andereggen, *La metafísica de Santo Tomás*..., p. 15.
[68] Cfr. V. Loosky-C. PH., *La notion des "analogies" chez Denys le Pseudo Aréopagite*, A D H D M A 5, 1930, p. 288 y p. 292: "L'analogie chez le pseudo-Denys signifie la capacité proportionnelle des créatures à participer aux vertus créatrices de Dieu, qui leur confèrent leur être et toutes leurs perfections".

Y es "todo en todo" y nada en nada, y a partir de todo es conocido por todo y a partir de nada por nada. Pues también esto decimos correctamente acerca de Dios y, a partir de los entes, es alabado con himnos según la proporción de todas las cosas de las cuales es causante.[69]

El texto citado remite a una búsqueda que va más allá tanto del conocimiento como del no-conocimiento, es decir, más allá de la vía *katafática* y la vía *apofática*. La posibilidad de nombrar a Dios o de no nombrarlo se relaciona necesariamente con una determinada ontología y con una gnoseología y una concepción de la naturaleza del nombre como tal. La naturaleza de Dios se revela en cuanto Bondad en los dones dados a todas las creaturas y en las revelaciones que aparecen en las Sagradas Escrituras. Todos los dones y revelaciones permiten conocer a Dios, aunque no adecuadamente: "Un alma se mueve helicoidalmente, en tanto que, de modo apropiado a sí misma, se ilumina respecto de los conocimientos divinos, no intelectual y unitariamente sino racional y discursivamente y como con actividades combinatorias y transitivas".[70]

Se da un movimiento continuo (helicoidal) entre el conocimiento y el nombre divino, que permite al hombre entrar en la divinidad de algún modo. Pero este movimiento supone la gracia y su meta es la mística o elevación hacia Dios. Andereggen nota que la vía apofática no constituye la última palabra en el pensamiento areopagítico. La vía de la negación se configura como más elevada que la afirmativa, puesto que de algún modo se adecúa a lo que Dios es en Sí:

y así, según Dionisio las negaciones son verdaderas en el ámbito de las realidades divinas, mientras que las afirmaciones no se adaptan al misterio de las realidades arcanas, de lo

---

[69] Dionisio Areopagita, *Los nombres divinos*, c.VII, pp. 307-308.
[70] Dionisio Areopagita, *Los nombres divinos*, c. IV, p. 258.

cual se sigue que el método de describir por medio de cosas desemejantes (teología simbólica) es el más conveniente a las realidades invisibles.[71]

Hay quienes, al considerar a Dionisio como sosteniendo la superación de la metafísica, tienden a concluir una total discontinuidad entre el pensamiento areopagítico y el de Tomás de Aquino en lo que se refiere a la nominación y conocimiento divinos. Aunque ciertamente Tomás no comprendió los temas tratados por Dionisio de la misma manera que éste, existe una continuidad entre ambos y se puede descubrir en ellos cierta noción de Dios por vía analógica. Tomás de Aquino, en su Exposición sobre el libro *Los Nombres Divinos*, se dedica a mostrar los principios epistemológicos y metodológicos que están a la base de la teología y nominación de Dios expuesta por Dionisio.

> *Est igitur sensus praemissorum quod desistamos a perscrutatione divinorum secundum rationem nostram, sed inhaereamus sacrae Scripturae, in qua traduntur nobis nomina divina, per quae manifestantur nobisdona Dei et donorum Principium. Per divina igitur nomina, quae nobis in sacris Scripturis traduntur, duo cognovimus, scilicet: diffusionem sancti luminis et cuiuscumque bonitatis seu perfectionis, et ipsum principium huius diffusionis, utpote cum dicimus Deum viventem, cognoscimus per divina nomina sicuti est, hoc enim est indicibile et inescrutabile, sed cognoscimus Eum ut principium et ut causam.*[72]

Dios para nosotros se presenta como incognoscible en Su magnífica divinidad, en lo que es en Sí. En esto Tomás acuerda con Dionisio indiscutiblemente y ve en el pensamiento dionisiano una invitación a desistir de la razón para alcanzar un conocimiento más verdadero de Él. Pero se anima a proponer el ejercicio del estudio teológico como prioritario, pues por medio de la Sagrada Escritura se puede

---

[71] Cfr. I. Andereggen, *La metafísica de Santo Tomás...*, pp 16-17.
[72] Tomás de Aquino, *In De Div. Nom.*, c. 1, lect. 2.

conocer a Dios como Principio de la difusión de la luz divina que ilumina todas las perfecciones de la creación, y a Dios como Principio de la expansión de la vida en las criaturas. Pero esta consideración acentúa un conocimiento que comienza a partir del acercamiento a lo creado –siempre es necesario partir de las creaturas–; según esto, llega una instancia en la que se precisa un retorno a la teología negativa en cuanto necesaria y fundamental.

Lo que intenta el Aquinate es avanzar en la comprensión de la Esencia de Dios, según lo que es en Sí, en cuanto Dios, absoluto y perfecto, con una capacidad cognoscitiva proporcionada absoluta y perfecta.[73] Pero nota con evidencia que esto está fuera del alcance de toda creatura y por lo tanto no puede ser expresado por ningún nombre, ni puede ser alcanzado por ninguna inteligencia, sino que lo que definitivamente cuenta es el modo de alcanzar cierta noción –mediante la teología afirmativa–, aunque no implique conocerlo como es verdaderamente. Es decir que a partir de la manifestación de Dios en las creaturas es posible conocer con verdad algo de Él, en un sentido positivo:

> *Ne tamen omnino simus in Dei ignorantia constituti, subiungit: nos, dico, convenit rationen recipientes, per spiritualem contemplationem, ad superius, id est ad id quod supra nos est, scilicet Deum, tendere, quantum radius thearchicorum eloquiorum seipsum immitit, idest se extendit, ad superiores splendores, idest ad veritates intelligibiles divinorum.*[74]

La teología afirmativa entiende adecuadamente las participaciones o procesiones divinas que manifiestan o hacen conocer *de algún modo* a Dios. Parece haber influido por otra parte la *Elementatio theologica* de Proclo, tal como la conoció

---

[73] Tomás de Aquino, *In De Div. Nom.*, c.1, lect. 1: "*Semper enim oportet obiectum cognitivae virtutis, virtuti cognoscente proportionatum esse*".
[74] Tomás de Aquino, *In De Div. Nom.*, c.1, lect. 1.

a partir de la traducción de Guillermo de Moerbeke. Se sabe con certeza que este texto ejerció una gran influencia en la *Exposición sobre el libro de los Nombres Divinos*.[75] El Areopagita considera que el camino de la fe nos conduce mejor a la unión con realidades más altas que aquellas que la razón puede alcanzar o de las que puede hablarse. En forma análoga, el Doctor Angélico afirma que la autoridad de la Escritura es la que puede mostrar la verdad de la Revelación, cuya iluminación es irradiada por la Verdad primordial.

Los nombres divinos en Tomás de Aquino

Entre los nombres que son revelados en las Escrituras, aquellos que nombran a Dios como causa y principio de todo y particularmente de las *perfecciones metafísicas* que proceden de Dios hacia las creaturas, son: Ser, Bien y Vida.

Dionisio había desarrollado en su tratado *Los nombres divinos* todas aquellas perfecciones metafísicas que son atribuidas a Dios a partir de los nombres que aparecen en las Sagradas Escrituras. Si bien todas las distinciones acerca de lo divino sobrepasan la comprensión humana, los nombres que se mencionan en estos textos sagrados guardan cierta semejanza con lo que es comprensible para nosotros. Es importante aclarar que la similitud expresada en los nombres divinos se alcanza en virtud de algo: tiene que haber una perfección derivada de Dios hacia las creaturas en forma de participación.[76]

Cuando Santo Tomás dice que ellas son "perfecciones inteligibles" quiere decir que el hombre las descubre por abstracción intelectual en las creaturas y las conoce a través de conceptos simples que significan perfecciones puras. Su contenido puede ser concebido como tal sin limitación o

---

[75] J. Henle, *Saint Thomas and Platonism*, The Hague, Martinus Nijhoff, 1956, pp. 176-183.
[76] Tomás de Aquino, *In De Div. Nom.*, c. 1, lect. 2: "*Quaecumque est propia rei perfectio, principaliter praeexistet in Deo*".

restricción y puede ser por consiguiente atribuido a Dios. Estas perfecciones son descubiertas como propias en primer lugar de Dios, y por derivación causal, de las creaturas en carácter de dones o participaciones. Estos nombres no están tomados simbólicamente de las cosas sensibles sino que ciertamente proceden desde Dios hacia las creaturas. En el caso de otros nombres, sin embargo, el parecido es transferido desde las creaturas hacia Dios. La cualidad o perfección pertenece primariamente a la creatura, es decir, necesariamente significa algo de la naturaleza creatural y no es, propiamente hablando, compatible con la plenitud divina; por ejemplo la naturaleza de "león", "piedra" o "sol" pueden ser referidas a Él no con una semejanza real, sino secundariamente, en un sentido simbólico o metafórico.[77] Tales nombres expresan en primer lugar determinaciones específicas pertenecientes a individuos de una perfección diferente de aquellas de Bien, Ser y Vida. Ellos significan simultáneamente una limitación inherente a la realidad que ellos expresan. Tomás distingue de este modo entre las perfecciones reveladas en seres como propias primariamente en Dios (perfecciones inteligibles) o como propias de los seres finitos (perfecciones sensibles), y que son por consiguiente atribuidas desigualmente a Dios debido a su dispar semejanza con él. Sin embargo, aclara que aquello que Dios es excede todo lo que puede ser fundado en las criaturas; permanece oculto y desconocido; en palabras de Santo Tomás: *"hoc ipsum quod Deus est remaneat occultum et ignotum"*.[78] De este modo, tanto los nombres de las perfecciones inteligibles como los nombres extraídos de las cosas sensibles resultan insuficientes para nombrar a Dios.

---

[77] Tomás de Aquino, *In De Div. Nom.*, Prooemium: *"In quibusdam vero similitudo attenditur secundum aliquid a creaturis in Deum translatum. Sicut Deus dicitur leo, petra, sol vel aliquid huiusmodi; sic enim Deus symbolice vel metaphorice nominatur"*.

[78] Tomás de Aquino, *In De Div. Nom.*, Prooemium.

La interpretación tomasiana de la triple vía de los nombres divinos

Los dos caminos que había establecido Dionisio para el conocimiento de Dios son: una vía afirmativa, que sigue primariamente el poder del razonamiento causal, y una vía negativa, también fundada en la causalidad pero que conduce a la insondable distancia entre lo finito y lo infinito a través de la negación de los modos de perfección inherente a las creaturas, identificando, en una idea de hipérbole, esas mismas perfecciones en su intensidad trascendente con Dios. En Dionisio este último camino es el que prima.

La función positiva y negativa de la teología de Dionisio aparece interpretada y trasformada por el Aquinate de acuerdo a una estructura de *triplex via*, a saber: *per causalitatem, per remotionem, per eminentiam*. Estos caminos se presentan como una triple variación del tema subyacente y dominante de la causalidad: las variantes revelan cómo se puede lograr una aproximación al conocimiento de Dios que reflejan diferentes momentos de la relación causal entre Dios y las creaturas.

La *via causalitatis* es la afirmación de Dios como causa por el camino de las "procesiones inteligibles" (*per inteligibles processiones*), de modo que la transferencia simbólica de las cualidades sensibles no juega un rol en este tema. Esta vía consiste en la atribución a Dios de las perfecciones metafísicas o inteligibles que primariamente le pertenecen y que comunica a través de la causalidad a las creaturas – camino trazado por Dionisio en *Los Nombres Divinos*–.

La *via negationis o per remotionem* es efectuada a través de la negación de todo modo creatural de perfección en Dios, en cuanto es absolutamente trascendente. Esta vía aparece tratada fundamentalmente en la *Teología Mística* de Dionisio.

Santo Tomás llega a una tercera etapa: el camino de la negación que conduce a la atribución trascendente o eminente, o la vía *per eminentiam*. Esto es, no podemos conocer a Dios por contemplación de su esencia, sino por reflexión sobre el orden del universo entero (*ex ordine totius universi*),[79] es decir, por medio de un ascenso hacia Dios por el camino del orden (*sicut quadam via et ordine*).[80] El conocimiento humano opera en un sentido inverso a la intelección divina: Dios conoce a las creaturas por su naturaleza y esencia, mientras que los hombres conocen a Dios a través de las creaturas.[81] Dios es conocido en primer lugar por su poder y eficacia, características que aparecen en los seres creados. Su eminencia es alabada más perfectamente en la medida en que es conocida como la causa de los más nobles efectos. Así, desde la perfección limitada de los seres conocemos a Dios como causa de todo.

Habiendo considerado los tres caminos, procederemos a investigar un punto de vista metafísico acerca de la esencial relación entre Dios y las creaturas: su similitud.

El principio de similitud o semejanza

La noción de similitud es dependiente del concepto de causalidad. La causalidad de Dios implica ejemplarismo, pues los efectos proceden de sus causas a través de una característica similitud, por lo cual la causa puede ser conocida y nombrada. La similitud está presente de modo diferente dentro de su efecto, dependiendo del tipo de causalidad que los relaciona. Este tema está implicado en la cadena

---

[79] Tomás de Aquino, *In De Div. Nom.*, c. 7, lect. 4.
[80] Tomás de Aquino, *In De Div. Nom.*, c. 7, lect. 4.
[81] Tomás de Aquino, *S.Th.* I, q. 12, a. 12: "*Ex sensibilius autem non potest usque ad hoc noster intellectus pertingere, quod divinam essentiam videat quiae creaturae sensibiles sunt effectus Dei virtutem causae non adaequentes. Unde ex sensibilium cognitione non potest tota Dei virtus cognosci, et per consequens nec eius essential videri. Sed quia sunt effectus a causa dependentes, ex eis in hoc perduci possumus, ut cognoscamus de Deo an est; et ut cognoscamus de ipso ea quae necesse est ei convenire secundum quod est prima omnium causa, excedens omnia sua causata. Unde cognoscimus de ipso habitudinem ipsius ad creaturas, quod scilicet est omnium causa; et differentiam creaturarum ab ipso, quod scilicet ipse non est aliquid eorum quae ab eo causantur: et quod haec non removentur ab eo propter eius defectum, sed quia superexcedit*".

de causas en el universo, y por lo tanto conecta también con la cuestión que nos ocupa, a saber, el argumento de la contigüidad de los seres. Santo Tomás distingue varios tipos de causalidad, entre las que cuenta la generación de las especies naturales y la actividad de la creación artística. Distinta de éstas, la causalidad de Dios genera la existencia de los seres, no por razón de una naturaleza específica (como el hombre genera al hombre) ni a través de una relación de un artesano con su obra, sino por ser *Ipsum Esse*. La creación procede de la plenitud de su esencial bondad. Dios preposee, por consiguiente, dentro de sí mismo el parecido de todos sus efectos. El efecto también sostiene en cada parte de su ser una similitud con su origen divino. Esta relación de causalidad confiere el estatus de seres como creaturas, lo cual constituye su más íntima y fundamental determinación. La presencia de Dios se difunde total y completamente en ellos, y los lleva a la existencia.

Participando su semejanza de alguna manera a los seres, puede ser así nombrada la causa asignándole las denominaciones de las creaturas. Dios es nombrado desde sus efectos puesto que los efectos preexisten eminentemente en él.[82] Esto es lo que Tomás de Aquino mismo llama la *regula magisterialis*, que él adopta de Dionisio cuando dice que todos los nombres designan efectos de la Divina Esencia en las creaturas.[83]

La similitud de las creaturas con el ser divino es necesariamente deficiente y, porque la cognición humana concierne siempre a lo creado, el conocimiento que se puede tener de su causa es válido sólo de acuerdo con una analogía con la realidad finita, es decir, en proporción a su participación

---

[82] Ver Tomás de Aquino, *In De Div. Nom.*, c. 7, lect. 2: "*Deus nominatur a suis effectibus, quia effectus super eminenter praeexistunt in Ipso*".
[83] Cfr. Tomás de Aquino, *In De Div. Nom.*, c. 2, lect. 1.

en el Ser divino. De acuerdo con el principio de analogía, los seres así revelan a Dios en la medida en que cada uno recibe una participación en su divina perfección. Las perfecciones que preexisten en Dios de manera unificada y simple son recibidas en las creaturas –causadas e imitadas– como divididas y múltiples. Este había sido el eje de la teoría de los nombres divinos. Se sigue que Dios debe ser alabado a partir de una pluralidad de nombres. Tomás de Aquino aclara que Dios es nombrado como "Bien", "Vida", "Sabiduría" y otros nombres tales no debido a una multiplicidad o diversidad en su naturaleza –porque Dios es el principio difusivo de todas las perfecciones que están unificadas en Él–. El nombre "Sabiduría" significa entre las cosas creadas una perfección distinta de justicia, relativa a determinado género y especie. Referida a lo divino no significa una realidad restringida a géneros y especies, distinta de otras perfecciones, sino algo infinito y por lo tanto inescrutable. Pero ¿cómo pueden las perfecciones que sobrepasan la realidad, reflexión y lenguaje ser nombradas válidamente en términos que colocarían una restricción a su infinita naturaleza?

La clave de la solución que aporta Santo Tomás de Aquino es la distinción que existe entre la perfección en sí misma (*ipsas perfectiones significatas*) y la manera en que es significada (*modus significandi*),[84] un modo de significar que pertenece a las creaturas. En este modo hay una imperfección implícita en todo nombre que se predica; sin embargo, la realidad significada de Dios *trasciende todo modo de significación*.

Afirmadas son las perfecciones estrictamente propias de Dios; negada es la manera en que esas perfecciones son experimentadas y comprendidas por los hombres –el *modus significandi*– que pertenece sólo a las creaturas. Éste es el punto pivote alrededor del que se resuelve la relación entre teología positiva y negativa, y que funda su progresión en

---

[84] Cfr. Tomás de Aquino, *S.Th.* I, q. 13, a. 3.

una predicación trascendente o eminente. Tomás de Aquino pone así en relación el valor limitado de positiva teología y el positivo valor de la negación.

Los nombres Ser y Bien

Cuando Dionisio buscaba expresar la supremacía de Dios a través de un nombre, comprendió que Dios trasciende tanto el ser como el no-ser. Y entonces afirmaba que el nombre Bien es aquel que manifiesta el sentido de lo que está más allá de toda afirmación y negación.

Si todos los seres provienen desde el Bien y el Bien es más allá de los seres, entonces no-ser tiene su ser en el Bien; esto es, aquello que aún no posee el ser de manera actual tiene ya su ser en el Bien.[85] En este sentido, mientras el ser abraza cosas que tienen ser, el bien tiene dominio sobre las cosas que son y además sobre aquello que aún no existe. El Bien es entendido por Dionisio, por consiguiente, no sólo como la plenitud de ser sino precediendo al ser mismo, trascendiendo ser y no ser.

El nombre de Ser cuando se atribuye a Dios lo alaba como la Causa de ser de todas las cosas que son. El nombre de Bien lo alaba, sin embargo, como abrazando no sólo las cosas que son, sino aquellas que no son; éstas participan en la anticipación de su existencia, por así decirlo, en el Bien.

Dios es más allá de toda distinción de Ser y de No Ser. Pero: ¿Cómo puede aquello que es no-ser participar en el Bien? Dionisio en un sentido entiende No-ser refiriéndose a Dios, que es más allá de los seres, y en otro sentido, no-ser es la materia que, sin forma de ser actual, participa en el Bien, adquiriendo de algún modo forma y por lo tanto ser.[86]

---

[85] Ver Dionisio Areopagita, *Teología mística*, c. IV, p. 190.
[86] Dionisio Areopagita, *Teología mística*, c. IV, p. 190.

Según Santo Tomás de Aquino, el Bien es aquello a que todas las cosas tienden, es aquello que todas las cosas desean. En la cuestión 5 de la *S.T.*,[87] da un fundamento del bien para indicar su identidad con el ser, más exactamente con el ser concebido como actualidad. Tomás establece que mientras *ens* y *bonum* son idénticos, en realidad ellos difieren en lo que significan expresamente al conocimiento. En este sentido, "ser" expresa la realidad de que algo existe y "bien" significa una relación que denotaría al ser como deseable y declara que cada cosa es deseable en la medida en que es perfecta, porque cada cosa desea necesariamente su propia perfección.

Esta definición del bien como lo deseado contrasta con aquella de Platón, para quien el bien es conocido primariamente no a causa de su desiderabilidad sino por su generosidad. Dionisio, en concordancia con la noción platónica, define bien a través de su generosidad y eficiencia. En cambio, Aristóteles lo describe como el término del deseo; el Aquinate logra fundir el punto de vista eficiente y final de Dionisio y Aristóteles, profundizando la noción aristotélica de acto para fundar toda actualidad en la primaria perfección del ser.

En *S.Th.* I, 6, 1 muestra que la bondad pertenece preeminentemente a Dios. Comienza con la definición de Aristóteles de que una cosa es buena ya que es deseable y recuerda que cada cosa desea su propia perfección. Pero la perfección de cada cual consiste en un parecido con su fuente, buscando participar más plenamente en la semejanza con su causa. Santo Tomás declara que como Dios es la Primera Causa Eficiente de todas las cosas, Él es preeminentemente deseable por todos y por lo tanto universalmente bueno. Y concluye que por esta razón Dionisio en *Los nombres divinos* atribuye bondad a Dios como la primera causa porque por él todas las cosas subsisten en su ser. Sin embargo, argumenta que mientras Dios sobrepasa todas las

---

[87] Cfr. Tomás de Aquino, *S.Th.* I, q. 5.

cosas existentes, de él no se puede decir que trasciende el *esse* como tal, como Dionisio sostiene, porque es su naturaleza ser *Esse* por excelencia. El Aquinate encuentra, inclusive conceptualmente, que "ser" es la más universal de todas las nociones, el primer aspecto inteligible bajo el cual un objeto es comprendido. Esta primacía epistemológica refleja la ontológica prioridad de ser en la original constitución de las cosas. Y Dios es el Ser Supremo porque nada puede dar ser excepto en la medida en que es un ser actual.[88] Ser es para Tomás la primera perfección de la realidad y el primer e interior principio de toda actualización. Es la cuna de todo significado desde donde emerge la inteligibilidad de todo objeto de pensamiento.

El *esse* se revela, no meramente como el bien que es lo primero buscado, sino como la actualidad de todos los actos y perfección de todas las perfecciones. En esta dirección, para Santo Tomás "ser" no sólo es la primaria perfección de la realidad finita sino la esencia misma y nombre propio de Dios. Así, lo que toma parte en otras participaciones, toma parte primero en el ser, que es el primer valor participado no solo por los seres individuales, sino que es inmediatamente y más profundamente la fuente de aquellas perfecciones y principios de que, en el lenguaje de los neoplatónicos, cada individuo específico toma parte. Vida y sabiduría son ciertamente caminos de ser, el cual es la absoluta y actual plenitud de toda posible perfección.

La teoría de Dionisio experimentó, de este modo, una metamorfosis en su adopción al sistema tomista, con el cual se produce una reinterpretación fundamental de la relación de conocimiento y realidad, y que transforma el valor del conocimiento de Dios. Esto arraiga en el nuevo significado que Tomás descubre en la noción de *esse* o ser.

---

[88] Cfr. Tomás de Aquino, *C. G.* III, c. 66.

Se ha afirmado antes que el conocimiento de Dionisio tiene como su propio objeto el ser de la realidad finita, y porque Dios es *non-existens* no puede ser conocido. El nombre Ser es limitado y por lo tanto presenta, de acuerdo con Dionisio, una restricción para el conocimiento de Dios. En Tomás la noción de *ser* adquiere un sentido trascendente y valor infinito. Dicha noción es el concepto más apropiado para denotar la infinitud de Dios. Y como una noción análoga revelada en cada realidad, es, además, la clave de nuestra reflexión principal desde los seres hacia Dios. Es precisamente como Ser trascendente e ilimitado, *Ipsum Esse Subsistens*, que Dios es en sí mismo radicalmente desconocido; por esto sólo se puede tener respecto a Él un conocimiento análogo. Para Santo Tomás Ser es el verdadero fundamento de la revelación de Dios.

El Aquinate presenta una reformulación profunda de la relación entre conocimiento y realidad, y establece sobre todo la primacía del Ser y su inteligibilidad, salvaguardando tanto la validación de nuestro conocimiento concerniente a Dios como la trascendencia del misterio divino. Cada cosa, explica Tomás, es inteligible en la medida en que es ser actual o es ser en acto (*ens actu*). *Esse* es el verdadero principio o acto de inteligibilidad al alcance de los seres; el acto ilimitado de *esse* de Dios, idéntico con su verdadera esencia, no puede ser comprendido por el intelecto humano, puede ser recibido sólo proporcionadamente a su capacidad. Nosotros sólo podemos comprender la perfección o inteligibilidad del *esse* como se presenta en los seres a través del medio de la esencia.[89]

---

[89] La composición de esencia y acto de ser, distintos pero inseparables, es un prerrequisito para el conocimiento humano.

Conclusiones

Las visiones afines de Dionisio y Tomás están sostenidas por un asombro sagrado ante el origen divino del mundo. Sus palabras son caracterizadas por una apertura inspirada en el deseo de vislumbrar lo inefable, no para lograr una explicación exhaustiva, sino para contemplar y reflexionar; aceptar y apreciar, y articular lo mejor posible una comprensión en torno a ello. La cuestión del universo en estos autores se encuentra revestida de una dimensión infinita y ambos entienden que se trata de un misterio que no pretende mucha más respuesta.

Cuando descubrimos que Dios no es nada sensible o corporal, el alma debe ascender por el camino de la negación, de acuerdo con Tomás, a través de grados ascendentes de realidad. Frecuentemente repite la afirmación de Dionisio según la cual entiende que las negaciones son la verdad de las realidades divinas, mientras que las afirmaciones son inconsistentes en relación con el secreto natural de los misterios.[90]

Así, el más noble conocimiento alcanzable consiste en saber de Dios que *es*, pero no *qué* es.[91] El misterio silente encubre a Dios. Permanece velado porque para conocerlo necesitamos una virtud cognitiva de capacidad infinita. El obstáculo para entender la supereminente inteligibilidad de Dios es nuestra debilidad de intelecto.

Santo Tomás acuerda con Dionisio en que a través del silencio hacemos mejor honor a los divinos secretos que trascienden la comprensión natural. Pero refiere que Dios es honrado por nuestro silencio, no porque no se diga nada de él ni porque haya ignorancia en torno a Él, sino porque se conoce de él deficientemente.[92]

---

[90] Dionisio Areopagita, *La jerarquía eclesiástica*, c. II, 141a, pp. 125-126.
[91] Cfr. Tomás de Aquino, *In De Trin.*, pars I, q. 1, a. 2 ad 1.
[92] Santo Tomás rechaza un negativismo absoluto o una actitud agnóstica. El objetivo y la intención de su teología negativa es eminentemente positiva y requiere inicialmente una fundación positiva.

De acuerdo con la tradición platónica, Dionisio había afirmado la primacía del Bien. Dios es absolutamente Bien, sobrepasa el ser tanto en dignidad como en poder, y como infinita perfección y amor, el Bien se revela como la fuente difusiva de la creación. Distinto de sus predecesores, Dionisio había reducido todas las perfecciones de la realidad finita a la presencia y el poder de ser, eminente e inmanente, en cuanto primer efecto de la creativa acción de Dios. Ser es así la primaria perfección de la realidad finita, su primera e inmediata participación en el absoluto.

Tomás de Aquino adopta la prioridad del ser profundizando esta noción en cuanto perfección y establece su carácter trascendente aplicado en un preeminente sentido a Dios. Para este pensador, sin embargo, ser no es simplemente la primera participación de la realidad finita en un Bien trascendente, sino que es él mismo perfección ilimitada –la misma esencia de Dios y así su propio nombre, Bondad es un aspecto co-extensivo del Ser–. En efecto, la transformación desarrollada por Tomás se concentra en profundizar la concepción de ser que Dionisio había restringido más bien a la realidad finita.

Con estas precisiones, El Doctor Angélico pudo desplegar una metafísica más adecuada del *esse* y analizarlo en sus manifestaciones y jerarquía. El argumento, sostenido por el edificio de una ontología más precisa, cobró sistematicidad y se convirtió, como veremos, en el fundamento de cuestiones ontológicas, gnoseológicas y morales.

Segunda parte

3

La recepción del argumento de la contigüidad ontológica en Tomás de Aquino

Fuentes neoplatónicas del tomismo

Introducción

El neoplatonismo debe su origen a la intención de conciliar los pensamientos de Platón y Aristóteles, obra que resultaba urgente para la civilización pagana, que debía mostrar su propia suficiencia, en contraste con la idea cristiana que se proclamaba universal y que amenazaba con sustituir todo el pasado. Las contradicciones marcadas entre estos dos pensamientos no fueron, en algún sentido, más que aparentes, como expresa Fabro: *"Aristotele vuol parlare delle cose sensibili, e Platone invece parla del mondo intelligibile; le loro dottrine sono in veritá complementari e abraccciano il reale tutto intero, dalle cose soggette alla generazione e alla corruzione fino all'origine ineffabile degli esseri".*[1]

El neoplatonismo se ubica entre las concepciones del paganismo y la del cristianismo –según señala Fabro en su libro *La nozione metafisica di partecipazione*–.[2] De ambas se impuso, en base a un edicto de Justiniano en el año 529, la victoria del segundo, lo que registró un hecho innegable desde hacía mucho tiempo: el fin del paganismo. Sin

---

[1] C. Fabro, *La nozione metafisica de partecipazione secondo San Tommaso d'Aquino*, 3ª ed., Torino, Società Editrice Internazionale, 1963, p. 76.
[2] C. Fabro, *La nozione metafisica de partecipazione...*, pp. 76-77.

embargo, el cristianismo se vio necesitado de la herencia doctrinal de aquél, y con esos elementos de la antigüedad y de la antigüedad tardía se estructuró en sus bases el neoplatonismo cristiano, que fue la primera forma de filosofía cristiana. Con el carácter ecléctico propio del platonismo medio, fácilmente se pudieron postular soluciones a las aporías platónicas de las escisiones insolubles presentes en la teoría de las ideas, entre otros puntos importantes. De este modo, por ejemplo, las ideas existentes en el τόπος οὐρανός, en la especulación cristiana, aparecen como subsistentes en la mente divina, en la cual todo el universo está comprendido. Los cristianos pensaron que en el contacto con la verdad divina el cuerpo de la especulación puramente humana pudo trocarse en sabiduría verdadera.

Para realizar una exploración del pensamiento de Tomás se debe tener presente la necesidad de remisión, en un primer momento, a Platón y Aristóteles, y posteriormente a la tradición neoplatónica de la línea de Plotino, Proclo, Pseudo Dionisio y el *De Causis*, con el fin de comprender sus fundamentos especulativos. Hay elementos del neoplatonismo que se corresponden ciertamente con el pensamiento del Doctor Angélico, aunque es claro que, como expresa Aersten: "*Thomas was not a Platonist, but above all* himself".[3]

La herencia del neoplatonismo proporcionó elementos básicos para la conformación de la filosofía y la teología occidentales, y repercutió específicamente en algunos autores latinos del Medioevo y de la Modernidad. Desarrollos referentes a la admisión de la multiplicidad de esferas de ser subordinadas entre sí, el surgimiento de una a partir de la otra, el reconocimiento de que todo ser procede de un principio Uno y la explicación de la derivación del Uno a lo múltiple fueron cuestiones fundamentales en la configuración del neoplatonismo, que luego se trasladó a la

---

[3] Cfr. J. A. Aersten, "The platonic tendency of thomism and the foundations of Aquinas philosophy", *Medioevo* 18 (1992), p. 70.

historia del pensamiento posterior.[4] En particular, el objetivo de esta sección es recorrer brevemente algunas ideas de aquellos autores de la antigüedad y de la Edad Media que ejercieron influencia en el pensamiento de Tomás de Aquino, con especial relación a las nociones de causalidad y participación, la jerarquía de los seres y la gestación del argumento de contigüidad ontológica.

Esta sección presenta a grandes rasgos los fundamentos del platonismo medieval que fueron retomados por el Doctor Angélico y desarrollados en una síntesis acabada de la comprensión de la realidad. Se procederá a dar cuenta de algunas de las nociones que esgrimieron y que sirvieron de base, en general, para las reflexiones tomasianas y, en particular, para dar forma al principio de la continuidad metafísica, sobre todo en el ámbito de la actividad humana y su lugar en el ordenamiento de los seres.

Platón y Aristóteles y su legado en la doctrina de la participación y la causalidad

Fabro destaca que las tesis fundamentales del Santo de Aquino tienen por base esta noción platónica,[5] y considera que el Aquinate aborda en todos sus trabajos la idea de creación filosóficamente en términos de participación, y toda su especulación filosófica se ve atravesada por este concepto. Es una noción vertebral para la comprensión del cosmos como una jerarquía ordenada y continua, y que se ve complementada por la concepción de la causalidad, de raíz aristotélica.

La idea de la participación, en sus orígenes platónicos, resulta de una notable trascendencia ya que fue concebida para advertir la relación entre lo sensible, el mundo

---

[4] Cfr. F. García Bazán, *Plotino y la mística de las tres hipóstasis*, Colección Sophia, Buenos Aires, El hilo de Ariadna, 2011, pp. 22-23.
[5] Cfr. C. Fabro, *Participation et causalità secondo Santo Tommaso d'Aquino*, Intr. de L. de Raeymaeker, 1ª ed., Torino, Società Editrice Internazionale, 1960, p.196.

cambiante y lo inmutable, el ámbito de las ideas. La participación tuvo su nacimiento en la necesidad de conectar ambas realidades, que aparecían, en este pensamiento, en una polaridad casi inconciliable. Platón fue el autor de un modelo adecuado para esta doctrina.

Platón por primera vez había definido la relación entre las cosas sensibles y las ideas; las cosas sensibles poseen realidad en cuanto participan de la Idea. De donde surge, además, la noción de imitación, como aparece en el *Parménides*:

> estas Formas, a la manera de modelos, permanecen en la naturaleza; las demás cosas se les parecen y son sus semejanzas, y la participación misma que ellas tienen de las Formas no consiste, sino en estar hechas a imagen de las Formas.[6]

La Idea es la totalidad, una Forma, un todo, que se refleja en el singular como su imagen y que da cuenta de su inteligibilidad. Por eso *participar* es expresado por Platón como μιμέομαι, ἐοικέναι, εἰκασθᾶναι, imitar, parecer. A la aporía de Parménides, de que la participación implica división, Platón responde que la μίμησις significa que la Idea (παράδειγμα), aunque se comunica, permanece en sí íntegra, sin división ni pérdida, porque todo lo que está afuera no es una parte suya sino su imitación. Estas diferencias destacaron la inmutabilidad de la Primera causa en relación con sus procesiones, lo cual permitió marcar una distancia con las teorías emanatistas. Gracias a la imitación, el ejemplar y el ejemplado pueden a un tiempo estar unidos por la semejanza y ser distintos. La imitación se torna el principio ontológico y noético de los seres diferentes y semejantes al mismo tiempo. En algunos diálogos, como el *Timeo*, el *Teeteto*, el *Político*, y el *Filebo*, la μίμησις es debida a la causalidad formal por parte de la Idea:

---

[6] Platón, *Parménides*, 132 d.

> *in questi ultimi Dialoghi l'imitazione, diremmo, è dovuta alla causalità formale da parte delle Idee, efficiente da parte del Demiurgo, materiale da parte del* μὴ ὄν *o materia. La genesi e la struttura intima del sensibile concreto è concepita essere una* κρᾶσις *di* πέρας *e* ἄπειρον.[7]

En este pasaje muestra que la imitación, que se manifiesta en la estructura de lo sensible, contiene en sí el límite y lo ilimitado, ideas que son inmateriales pero que se materializan en las cosas; nociones éstas que más tarde serán retomadas y desarrolladas por Proclo para explicar la procesión de las tríadas.

A la participación platónica, que se resolvía en la imitación del ejemplar y en la trascendencia de la causa, Aristóteles opuso la inmanencia de la forma en las sustancias sensibles y la causalidad del singular en el devenir natural. El Estagirita reivindicó la consistencia de la sustancia sensible; sin embargo, la oposición de ambos pensadores, de la participación platónica y la causalidad aristotélica, hacía difícil dar claramente con el fundamento de lo real. En el neoplatonismo reside el esfuerzo por integrar la armonía de fondo entre Platón y Aristóteles: "*Questo sforzo di operare l'accordo tra la trascendenza platonica e l'immanenza aristotélica diventa decisivo per una concezione metafisica della partecipazione*".[8] De aquí proviene la importancia de revelar en cierto modo la cuestión de la participación como uno de los hilos conductores del pensar en términos de reflexión ontológica desde la antigüedad hasta el siglo XIII.

En el platonismo, el hombre alcanzaba una parte de la realidad suprasensible por medio de la reminiscencia provocada por lo sensible. Aunque no tenía conocimiento directo de lo inteligible puro en esta vida, la experiencia en el mundo le permitía evocarlo a partir de la participación. Lo conocido no es la Idea, sino la participación de

---

7 Cfr. C. Fabro, *La nozione metafisica di partecipazione...*, p. 54.
8 C. Fabro, *Esegesi tomística*, Roma, Pontificia Università Lateranense, 1969, p. 426.

lo sensible en ella. La desproporción entre las dos realidades llevó a concebir un mundo inteligible separado. Sin embargo, Aristóteles resolvió dicha desproporción en *De Anima*, III, 5,[9] a partir de la introducción de la teoría del intelecto agente. Para el Estagirita, el ser de lo sensible, su movimiento y su inteligibilidad no pueden explicarse sino como efectos de realidades suprasensibles. Lo que criticó a los platónicos es que juzgaran que lo suprasensible parecía tener el mismo estatuto ontológico que lo sensible y el tipo de relación que interpretaron entre ambas, esto es, la participación, fue sustituida por la causalidad, en la cual la causa y los efectos siempre son de distinto género. La relación entre estas realidades no consistía en que lo segundo tomara parte en las Ideas, sino que se trata de un vínculo de causalidad agente o final.[10] En la potencia hay movimiento, el propio de lo carente, de lo que busca algo. El movimiento es generado por una causa, en todos los casos, y la causa primera es el Primer Motor Inmóvil, que mueve sin ser movido pues congrega en sí la perfección suprema, aun cuando es la sustancia más simple, y la Causa de las demás causas en sentido descendente.

La diferenciación y la definición de las causas en Aristóteles han jugado un papel fundamental en la historia de la Filosofía. Según el Libro XII de la *Metafísica*, 1072a 25, el Primer Motor inmóvil mueve como lo deseado y lo inteligible, porque lo inteligible afecta a o actúa sobre la inteligencia sin que ésta lo afecte a él; y lo deseable actúa sobre el apetito sin que éste actúe sobre él. Sin embargo, este Primer Motor no opera directamente sobre lo corpóreo. Ejerce de algún modo la agencia sobre los motores inmediatos de las primeras esferas que lo aman. Sobre cómo es esto no dice más el Estagirita. Quizá, así como en el mundo físico la misma forma según la especie es el fin y principio de la virtud

---

9 Aristóteles, *Acerca del alma*, L. III, c. 5, 430 a 10-25.
10 Cfr. C. A. Casanova, "Participación y causalidad en Aristóteles", *Cuadernos de Anuario Filosófico* 54 (1998), pp 25-27.

del agente,[11] en el reino del νοῦς lo inteligible es agente y fin (teniendo en cuenta que el acto de la entidad primera consiste en la eterna actividad intelectual). Dios mueve como fin y como agente; como fin, por ser objeto de intelección y amor, como agente, porque es la causa última de toda formalidad, causa última de toda generación y corrupción.[12]

El concepto de ciencia que Aristóteles legó a la posteridad es de un amplio y reconocido valor, pues sirvió para construir el andamiaje del pensamiento y del conocimiento en general, y su desarrollo se relaciona estrechamente con la teoría de la causalidad. Aristóteles alegó que los principios de toda ciencia se toman de la experiencia. Pero para los hombres no hay otra experiencia que la de lo sensible. No queda más camino que partir del conocimiento de los seres sensibles para llegar a conocer los suprasensibles.[13] Pero es claro que esto no podría hacerse si no hubiera en lo que cae en nuestra experiencia alguna huella de lo que es inmóvil. Puede encontrarse la huella de lo suprasensible –y esto tiene la mayor importancia en libro XII de la *Metafísica*–, en el νοῦς humano, que es, también él, suprasensible, y que el genio griego vio como un símbolo en la propia alma de la realidad trascendente, de lo divino.[14] El νοῦς humano, por contener principios evidentes, da cuenta de los rasgos de perfección que existen en su ser por estar movido causalmente por el Primer Principio o Primer Motor. Estos aportes también enriquecieron las tesis del Aquinate, en la explicación de la noción de ciencia y de la actividad humana intelectual y racional o discursiva. Todos estos elementos permitieron a Tomás, entre otras cosas, explicitar la existencia de aquel ápice semejante a lo divino que hay en el hombre, que lo conecta con la realidad superior.

---

[11] Aristóteles, *Física*, L. II, c. 7, 198 a 24-28.
[12] Cfr. Aristóteles, *Metafísica*, L. XII, c. 10, 1075 b 24-27.
[13] Cfr. Aristóteles, *Metafísica*, L. VII, c. 3, 1029 b 3-12.
[14] En los capítulos 7 y 9 del citado Libro, se habla de la naturaleza de Dios y de su actividad, que llama "νοῦς" o "νόησις".

En resumen, las especulaciones aristotélicas concentraron un valor altísimo para el pensamiento posterior, pues gracias a ellas se pudo desplegar la teoría fundamental de la causalidad, la teoría del conocimiento y de la ética, además de otras tesis cardinales para el tratamiento de una filosofía correcta de la realidad. En efecto, durante muchos siglos, la autoridad intelectual de Aristóteles impregnó las especulaciones filosóficas a raíz de su realista y lograda interpretación del mundo. Para el Filósofo, las creaturas necesariamente están compuestas de potencia y acto, y aquello que es el *primum verum et primum bonum* es el acto puro, mientras que lo imperfecto se encuentra en potencia de algo que está en plenitud en el acto puro.[15] Esta díada de acto y potencia, entre otras especificaciones ontológicas de suma importancia para la posteridad, dieron la posibilidad a Santo Tomás –por su realismo filosófico– de conservar la arquitectura y el espíritu aristotélico, aunque rectificando ciertas nociones en un claro esfuerzo de síntesis.

Finalmente cabe expresar que la noción de participación en Platón guarda ciertas particularidades siempre conectadas con la noción de eternidad y sustancialidad de las ideas, que en Aristóteles tienen su lugar en el intelecto. En el horizonte del pensamiento del Filósofo, la participación como nexo entre las dos realidades es transformada en virtud de la noción de causalidad, la cual se convierte en el nuevo conector de lo sensible y lo suprasensible. Todos los elementos mencionados fueron recibidos favorablemente

---

15 Tomás de Aquino, *De Sub. Sep.*, c. 3, co: "*Id enim quod recipitur ut participatum, oportet esse actum ipsius substantiae participantis, et sic, cum omnes substantiae praeter supremam, quae est per se unum et per se bonum, sint participantes secundum Platonem, necesse est quod omnes sint compositae ex potentia et actu; quod etiam necesse est dicere secundum sententiam Aristotelis. Ponit enim quod ratio veri et boni attribuitur actui: unde illud quod est primum verum et primum bonum, oportet esse actum purum; quaecumque vero ab hoc deficiunt, oportet aliquam permixtion em potentiae habere*".

por Tomás de Aquino, quien supo acoger ambas posturas filosóficas y aprovecharlas para una más clara –y sin contradicciones– exégesis de lo creado.

Neoplatonismo: las figuras de Plotino, Proclo y Dionisio Areopagita

El neoplatonismo nació de la composición de elementos pitagóricos, aristotélicos y académicos, en una síntesis que conforma una unidad estructural que lo diferencian claramente de la tradición platónica precedente. Las novedades con respecto al platonismo se presentan en la comprensión del Uno como el vértice absoluto del cual se deriva la estructura bipolar de lo real, y es, en cuanto Uno-Bien, el principio *diffusivum sui* en cuanto es una infinita fuerza rebosante que hace ser a todo lo que existe.[16]

En Platón, como en los antiguos Académicos, prevalece la explicación de la estructura de lo real en función de dos principios supremos: el "Uno" y la "Díada indefinida", es decir, el Principio de la unidad y el Principio de la multiplicidad, que se explican paso a paso de diferente modo en las distintas esferas en función de parejas de principios opuestos en sentido bipolar. De este modo, la forma polar del pensamiento modela y organiza el mundo como unidad en parejas de contrarios, que están unidos entre sí indisolublemente, como los polos de los ejes de una esfera, en una compleja articulación dinámica; al perderse el polo opuesto ellos perderían su mismo sentido.[17] Y en la acertada interpretación de Aristóteles, para Platón y los platónicos, el Uno y la Díada infinita son dos elementos necesarios para

---

[16] Cfr. G. Reale, "Fundamentos, estructura dinámico-relacional y caracteres esenciales de la metafísica de Plotino", *Anuario Filosófico* 33 (2000), p. 165-168. En adelante se citará como "Fundamentos de la metafísica de Plotino".

[17] Cfr. P. Philippson, *Untersuchungen über den griechischen Mythos*, Zürich, Rhein, 1994, p. 65 y ss.

no caer en el monismo, el principio antitético al Uno es necesario porque existe lo múltiple y las diferenciaciones de los diversos entes en los distintos niveles:

> En efecto, les parecía que todas las cosas que son se reducían a una sola, a "Lo que es" Mismo, si no se resolvía y se salía al paso del dicho de Parménides *"Pues no forzarás en absoluto eso, que sean las cosas que no son"*, y pensaban que, por el contrario, era necesario mostrar que lo que no es, es. Pues de este modo, las cosas que son, si son muchas, podrán provenir de lo que es y de otra cosa.[18]

La novedad de Plotino está en pasar de la concepción bipolarística a la monopolar: el Uno es el vértice absoluto y desde él se deduce la misma estructura bipolar, que surge del Principio que es productivo y autoproductivo en un sentido creacionista. Todos los neoplatónicos seguirán esta misma vía. Proclo, por ejemplo, presenta la primera pareja suprema de los opuestos "Límite" e "Ilimitado" como primera irradiación del Uno.[19] El Uno es concebido de este modo indefinible, indecible e inefable, en esta doctrina.

Merlan Philipp, en su libro *From Platonism to Neoplatonism*,[20] expone una serie de características distintivas del neoplatonismo. Por un lado, plantea la existencia de una estructura jerárquica de la realidad. En este esquema, la derivación de cada esfera inferior desde la superior, surge desde un Primer Principio, que está por encima de

---

[18] Aristóteles, *Metafísica*, L. II, 1089 a 2-6. Aristóteles se refiere al ser para indicar el principio supremo del Uno y de no-ser para indicar el principio antitético de la Díada.
[19] En el artículo de Giovanni Reale, se aclara que en Platón se encontraban aspectos de semicreacionismo, y limitados al mundo físico, o, cuanto más, conectados con el mundo de los entes matemáticos intermedios. Cfr. G. Reale, "Fundamentos de la metafísica de Plotino", p. 168. Sobre el semicreacionismo platónico véase G. Reale, *Per una nuova interpretazione di Platone alla luce delle dottrine non scelte*, colección *Il pensiero Occidentale*, Italia, Bompiani, 2010, pp. 409 ss., 449-453, 672 ss., 710 ss.
[20] Cfr. M. Philipp, *From Platonism to Neoplatonism*, The Hague, Martinus Nijhoff, 1968.

cualquier determinación del ser, llamado Uno, que es la simplicidad absoluta, porque está más allá de toda determinación, de allí su trascendencia. Con respecto al conocimiento adecuado de este Principio, no es posible realizar una descripción de tipo predicativo, por lo tanto requiere una forma especial de conocimiento que exige un tratamiento de la vía negativa, desarrollada óptimamente por el Areopagita. La mayor dificultad del neoplatonismo, en general, parece tener lugar en la explicación del paso de lo Uno a lo múltiple, tema que llevó a estos pensadores largas y minuciosas reflexiones.

La misma dialéctica platónica en Plotino y en el neoplatonismo alcanza dimensiones nuevas, hasta llegar al silencio de la unión mística. En ellos, los nexos que unen las distintas esferas del ser son explicitadas de un nuevo modo: en la contemplación creadora, relacionada con la tríada dialéctica de *permanencia, procesión y retorno*, llegando a desplegarse en el caso de Proclo hasta un nivel extremo de diversificación de entidades.[21]

En la particular especulación plotiniana, el Uno está por encima del ser y de la esencia, en la que se da una autofundación del principio. La hipóstasis del Uno coincide con la misma actividad autoproductora y es absoluta libertad. Todas las cosas son libres en la medida en que quieren el Bien, por lo tanto entonces este Uno-Bien es libertad absoluta en cuanto que no debe moverse hacia algo ulterior que esté fuera de sí; *es* por sí mismo. Y ya que persiste en sí mismo como pensamiento, lo generado surge de él como pensamiento, que piensa su origen, el Uno. Su acto no está sometido a nada, sino que es pura libertad, y su ser consiste en producir −a partir de un acto contemplativo−, que consiste en su generar eterno.[22] La segunda hipóstasis, de este modo, encierra la idea de "alteridad" y, por lo tanto, de cierto no ser, y por eso se encuentra en segundo lugar; el Uno,

---

[21] Cfr. G. Reale, "Fundamentos de la metafísica de Plotino", p. 168.
[22] Cfr. Plotino, *Enéadas*, VI, 8, 29.

en cambio, está más allá de toda multiplicidad, dualidad o composición. Escapa a la inteligencia porque trasciende todas las cosas y es aquello absolutamente perfecto, pero de lo cual participan y toman su perfección todas las cosas. Refiere García Bazán:

> Lo Uno es Posibilidad Universal (*dýnamis pánton o tôn pánton*), Posibilidad Primera (*dýnamis he próte*) o Gran Potencia (*mégales dýnamis*). O sea, es Posibilidad o Capacidad en sí misma, es lo que no puede no ser. Esta noción filosófica examinada en su propio significado indica que la Primera Hipóstasis está por encima de toda actualización, por perfecto que este acto se imagine, que ya recorta o limita la Potencia o Poder sumo. (...) Se refiere a la Ilimitación por propio exceso que rechaza lógicamente toda tentativa de comprensión o circunscripción en los seres o por el intelecto.[23]

El Intelecto resulta una irradiación o proyección luminosa que proviene del Uno y mirando al Bien piensa, surgiendo de la sobreabundancia del Uno, que nada busca ni necesita, y que por ello desborda. El ser es su primera generación.[24] El Intelecto es considerado πᾶσα δύναμις, potencia total, pues no solamente comporta el orden inteligible en sí mismo, sino que es fuerza y capacidad productora del universo sensible con la totalidad de sus contenidos particulares. Pero es diferente de la Posibilidad en sí del Bien, como sería la distinción entre la omnipotencia y la posibilidad estricta. El Intelecto se forma como unidad múltiple, como un reflejo, que es el resultado de su propia autoconstitución.[25] García Bazán concluye:

---

[23] F. García Bazán, *Plotino y la mística de las tres hipóstasis*, p. 53.
[24] Cfr. Plotino, Enéadas, V, 2.
[25] Cfr. F. García Bazán, *Plotino y la mística de las tres hipóstasis*, p. 131.

Con esta teoría del reflejo es posible explicar definitivamente la doctrina de la participación vertical, ya que ella se funda en la capacidad irradiadora de la causa productora, y no, como podría interpretarse erróneamente, en la producción mecánica de una impronta sobre la materia dada.[26]

Y contemplándose a sí mismo, por un exceso de su propia plenitud, el Intelecto produce al Alma: como hipóstasis, contempla al Intelecto a la vez que sostiene y cuida a su cuerpo, que está en ella y es inseparable de ella, del mismo modo que lo hace una red en el agua. Aunque es una, dentro de su unidad tiene diversos aspectos subordinados entre sí, y se reconoce poseyendo una vida física o natural:

> su deseo y su espera de alcanzar el ser, el conocimiento y la vida inteligible, en la medida en que para ello trata de explorarse más intensamente, lo realiza, sin embargo, dada su propia índole, con mayor particularidad manifestándose así como vida más desconcentrada y de esta manera más relajada y débil.[27]

Posee tiempo cósmico y tridimensional corporal, con lo cual se muestra bajo la faz de una rica complejidad, implicando dimensiones cosmológicas, antropológicas, éticas y psicológicas, lo que permite la relación íntima y profunda entre el hombre y el cosmos. Finalmente: "el Alma le otorga a su más remota sombra, la materia, vida y movilidad ordenada, es decir, con disposición para ser entendida. Le confiere, o mejor dicho, le sobrepone de este modo contornos o figuras y formas o identidades".[28] En este entramado, la participación se revela en el descendimiento ontológico, adquiriendo diversas características en la medida en que el ser se hace más menesteroso y ligado a las determinaciones del tiempo y del espacio. El esquema general es retomado

---

[26] F. García Bazán, *Plotino y la mística de las tres hipóstasis*, p. 130.
[27] F. García Bazán, *Plotino y la mística de las tres hipóstasis*, p. 248.
[28] F. García Bazán, *Plotino y la mística de las tres hipóstasis*, p. 249.

por Proclo y Dionisio, aplicando ciertas diferencias fundamentales, pero conservando una síntesis derivativa signada por la participación.

Asimismo, Proclo retoma la idea de participación, pero afirma que ella tiene un doble carácter: por un lado, implica que lo participado debe parecerse a aquello de lo que participa, y por otro, que también debe diferir de ello. El ser es la primera participación del Uno.[29] Proclo sigue la línea de pensamiento de Plotino, pero emplea una terminología más precisa y desarrollada de los aspectos complejos y múltiples de la participación; en particular hace uso de nociones ternarias concatenadas, en la cual el *ser* tiene una prioridad real con relación al *pensamiento* y a la *vida*. Concibe, según un esquema triádico, un triple modo de ser: por esencia, por causalidad y por participación,[30] lo cual se aplica al Ser, pero también al Bien, al Nous y a la Vida, incorporando elementos platónicos, aristotélicos y plotinianos.

De acuerdo con Plotino, Dionisio afirma la identidad real en Dios de ser, pensamiento y vida, pero éste sostiene la prioridad constitutiva del ser, así como considera que las ideas se encuentran todas en Dios y son idénticas con Él. Kremer ha visto una mayor intensidad metafísica del principio de la participación en el autor del *Corpus Areopagiticum*. El ser (traducido posteriormente por *"esse"*) es la primera participación de Dios, la participación más real. En el pensamiento dionisiano, se ve que Dios es todo en todo, y él puede ser conocido a partir de las cosas porque ellas participan de sus perfecciones. Está presente en cada cosa y por ello es inmanente y trascendente a un mismo tiempo.[31]

Se puede ver entonces que el helenismo es el fondo común presente entre paganos y cristianos. Entre Proclo y Dionisio no hay enfrentamiento, sino que más bien se valen

---

[29] Cfr. A. B. Fernández del Valle, "La doctrina metafísica de la participación en Santo Tomás de Aquino", *Giornale di metafisica* 30 (1946-1977).
[30] C. Fabro, *Tomismo e pensiero moderno*, Roma, Librería editrice della Pontificia Università Lateranense, 1969, p. 441.
[31] Cfr. C. Fabro, *Tomismo e pensiero moderno*, p. 442.

de los mismos principios exegéticos pero no los aplican a los mismos textos sagrados, lo cual implica una diferencia en el contenido religioso.[32] Dionisio es un cristiano neoplatónico que ha retenido la filosofía del Uno nacida del diálogo platónico *Parménides*.[33] Este texto marcó una dirección de pensamiento, en la que especialmente los filósofos neoplatónicos insertaron sus profundas reflexiones. La aportación de Corsini, en su libro *Il Trattato De Divinis Nominibus dello Pseudo Dionigi e I commenti neoplatonici al Parmenide*[34] mostró la influencia del *Parménides* en el *Comentario al Parménides* de Proclo[35] sobre el *Corpus dionysiacum*. En efecto, la primera parte del comentario de Proclo sobre el *Parménides* trata de la doctrina de las ideas que existen por sí mismas y de su relación con los seres que existen concretamente (libros I-IV), y la segunda parte está dedicada a la exposición de las diversas negaciones aplicadas al Uno de la primera hipótesis (libros VI-VII). Pero, en resumen, Proclo habla en el *Comentario* acerca de la primera hipótesis parmenídea, mientras que la segunda hipótesis es desarrollada en su *Teología Platónica*.

A partir de las obras procleanas mencionadas, Dionisio, sobre todo en los capítulos IX y X de *Los nombres divinos*, explicita claramente la procesión (πρόοδος) de los seres a partir de Dios bajo el aspecto de los "nombres", estudiando en particular la segunda hipótesis (teología catafática). En la *Teología Mística*, se desarrolla la primera hipótesis relativa al ἕν ὄν, que consiste en remontar por vía de la negación

---

[32] Cfr. G. Madec, "La christianisation de l'hellénisme. Thème de l'"histoire de la philosophie patristique"', *Petites Études Augustiniennes* (1994), p. 15.
[33] Cfr. J. Trouillard, "Le cosmos du Pseudo-Denys", *Revue du theéologie et de philosophie* 5 (1955), p. 51.
[34] Cfr. E. Corsini, *Il Trattato De Divinis Nominibus dello Pseudo Dionigi e I commenti neoplatonici al Parmenide*, Torino, Giappichelli, 1962.
[35] Proclus, *Commentary on Plato's Parmenides*, trad. inglesa de G. R. Morrow y J. Dillon, Princeton, 1987.

(negatio-remotio) eminencia y causalidad hasta la cima de la jerarquía del ser, según una reversión (ἐπιστροφή) del espíritu hacia Dios (teología apofática). Este juego de las hipótesis sobre el Uno y el ser va a permitir pensar en la posibilidad de la ascensión a Dios en la teología apofática, además de abrir a la comprensión de la relación del Uno con la multiplicidad. Pero la originalidad de Dionisio en relación con la tradición neoplatónica es la de haber unificado las dos hipótesis del *Parménides*, refiriéndolas a un Dios único, el Dios de la revelación judeocristiana, y reduciéndolas a dos modos de discursos sobre Dios: la teología afirmativa y la teología negativa. Como expresa Ysabel De Andía en *Neoplatonismo y cristianismo en Pseudo-Dionisio Areopagita*:

> La primera hipótesis corresponde a la teología negativa y al remontar por vía de conversión (ἐπιστροφή) de lo múltiple hacia lo Uno, la segunda, a la teología afirmativa y a la procesión (πρόοδος) de los seres y de los nombres a partir de las Causa trascendente que es Dios, procesión del Uno hacia lo múltiple. El punto central de la interpretación de Dionisio es la identificación de la IIa. Hipótesis con el πρόοδος.[36]

Los nombres divinos, en Dionisio, corresponden a los inteligibles procleanos (νοητά) o hénadas, que son, según Proclo, intermediarios entre el Uno y el cosmos sensible. Dionisio va más allá de todo rasgo emanatista implícito por momentos del sistema neoplatónico, e introduce el concepto bíblico de creación, relacionando toda causalidad con el Dios único, que es trascendente. Pero la trascendencia de la que habla no se debe a una insuficiencia de la capacidad del espíritu humano de conocer y la infinidad y la inmensidad de su objeto, sino a la ausencia de todo lazo analógico entre

---

[36] Y. De Andía, "Neoplatonismo y cristianismo en Pseudo-Dionisio Areopagita", *Anuario Filosófico* 33 (2000), p. 371.

el espíritu humano y la perfección de Dios: la única posibilidad de unión entre ambas realidades es la comprensión del mundo a partir de la noción de participación.

Proyecciones en Tomás de Aquino

Siguiendo a Dionisio, Tomás incorpora la dialéctica especulativa del neoplatonismo en el marco del monoteísmo creacionista cristiano; a diferencia de Plotino y Proclo, el Aquinate pone el ser directamente en Dios y considera al ser como constitutivo propio de su esencia divina. Es abandonada completamente la dualidad plotiniana del Uno (Bien) y el Ser como dos esencias diversas y separadas. Dios no es sólo el *Unum* y *Bonum*, sino también el *Ipsum Esse*; son abandonadas las distinciones entre Dios y el mundo de las ideas, y por eso supera todo rasgo de necesidad en la creación. Sólo con la corrección tomística de la aporía del Uno platónico se puede comprender a Dios como *Esse, primum metaphysicum* y Principio de toda la realidad.[37]

Los principios aparentemente opuestos son superados en la síntesis tomasiana. De modo que la *emanatio* del platonismo confluye con la causalidad y la composición aristotélica para trascender a ambas, pero respetando la verdad del platonismo y del aristotelismo, superando el límite que divide estas concepciones. Santo Tomás ha efectuado una doble transformación: por un lado, ha promovido el *esse* neoplatónico a ser lo primero en el orden metafísico, en cuanto ha colocado al *Esse* como tal antes de concebirlo como Bien o como Uno. Mientras para el neoplatonismo y para Dionisio, Dios es llamado *Superens*, como así también *Superbonum* y *Supervita*, Tomás identifica a Dios con el *Ipsum Esse*. Esto significa la identificación de Dios con el *ipsum esse commune*; con el término de *esse commune* no se entiende ahora un *ens rationis* solamente, esto es, una idea abstracta, sino como la esencia más real. El *ens commune* se identifica

---

[37] Cfr. C. Fabro, *Tomismo e pensiero moderno*, p. 443.

con el Verbo[38] y se constituyen en ejemplares eternos; en conformidad con ellos, se despliega la actividad creadora de Dios y por ellos también se continúa la obra de la conservación y gobierno del universo.

El Aquinate exaltó el acto aristotélico, en cuanto consideró el *esse* como acto que puede y debe ser separado de la forma o esencia, que puede y debe hacer composición real con ella. La trascendencia y la inmanencia, el ejemplarismo y la composición no se contraponen en el tomismo, sino que se integran en un trabajo de síntesis cabalmente logrado. Participar, significa, según el lenguaje tomista, un *"partialiter ese"*, *"partialiter habere"*, que se opone a *"esse, habere, accipere...totaliter"*. La etimología de la palabra se refiere a *"quasi partem capere"*,[39] y ocurre por la comunicación de una parte de un todo; metafísicamente hablando, significa la comunicación de una parte, como se dice, por ejemplo, que el ángel es intelectual por esencia, y el hombre lo es por participación. *"Nam participare nihil aliud est quam ab alio partialiter accipere"*.[40]

La doctrina de la participación constituye el fundamento de la dependencia causal en todos los grados de la realidad –con lo cual queda reafirmada la unión de la causalidad y la participación–. Así, de acuerdo con la tradición del formalismo neoplatónico y la causalidad aristotélica, Dios es la fuente de la participación y la creatura es el efecto y el término final. El influjo decisivo de la dialéctica de la participación incidió directamente en la comprensión de la realidad divina, en la cual *esse* y *essentia* se identifican, lo que no sucede con las creaturas. Y si bien las creaturas tienen

---

[38] K. Kremer, *Die neuplatonische Seinsphilosophie und ihre Wirkung auf Thomas von Aquin*, Leiden, Brill, 1966, p. 310: "*Das bedeutet aber die* Identifizierung Gottes mit dem esse commune *wobei das esse commune wiederum nicht als ens rationis aufgebfasst wird, sondern als das* Wirklichste Wesen überhaupt. *Das ens commune fiele zusammen mit dem ipsum esse per se subsistens, weil es nicht nur das mächtigste Wesen nach Gott, sondern mit Gott identisch ware*".
[39] Tomás de Aquino, *In De Hebd.*, lect. 2, n. 2.
[40] Tomás de Aquino, *In De Caelo*, l. 2, lect. 18.

perfecciones propias, porque le pertenecen esencialmente, todas sus perfecciones son participadas de aquellas que se dicen en absoluto. Quien recibe todo lo que tiene el que dona, no participa de su acto, sino que es consustancial con él, como sucede en el caso de las procesiones de la Santísima Trinidad, en que las Tres Personas son consustanciales.[41] De esto, se sigue la distinción del *esse per essentiam* y del *esse per participationem*.

Una apreciación de Fabro permite visualizar la riqueza de la síntesis tomasiana: "*Se S. Tomasso avesse optato, in modo esclusivo, fra Platonismo, o meglio fra Augustinismo e Aristotelismo, la sua costruzione speculativa avrebbe avuto al più un interesse storico temporale, mai il valore universale che ad essa fu attribuito*".[42]

Se puede considerar que el aporte del Aquinate significó una superación enriquecedora, y no una simple continuación de las doctrinas de la antigüedad y el alto Medioevo.

Tomás de Aquino, receptor del neoplatonismo y transformador original del pensamiento. Consideraciones sobre el ser y el bien

La recepción de Tomás de Aquino

Hankey[43] reafirma que tanto la estructura como el contenido de la doctrina de Tomás acerca de Dios y la realidad son de proveniencia neoplatónica. El pensamiento de que las concepciones neoplatónicas están presentes en el pensamiento de Tomás ha sido aceptado sobre todo en las décadas recientes.[44] Kremer, por su parte, sostiene la tesis de

---

[41] Cfr. C. Fabro, *La nozione metafisica de partecipazione...*, p. 317.
[42] C. Fabro, *La nozione metafisica de partecipazione...*, p. 78.
[43] Cfr. W. J. Hankey, *God in Himself, Aquinas' Doctrine of God as Expounded in the Summa theologiae*, Oxford, Oxford University Press, 1987.
[44] Cfr. J. A. Aersten, "The platonic tendency of thomism and the foundations of Aquinas philosophy", p. 54.

que la concepción tomasiana de *ser* debe ser comprendida no desde la revelación cristiana, sino a partir de sus fuentes neoplatónicas, como señala Fabro:

> *L'indagine del Kremer si svolge (nei tre momento indicati) tratando successivamente di Plotino, Proclo, Pseudo Dionigi e S. Tommaso secondo una traiettoria continua e severa fedeltà de método: l'idea fondamentale è che la concezione plotiniana dell'Essere, che si esprime con la dottrina della Triade (Essere-Intelligenza-Vita) e della partecipazione, si mantiene sostanzialmente immutata in Proclo e nello Pseudo Dionigi è perciò ad essa che si debe riferire a la dottrina tomística della partecipazione.*[45]

Tomás presenta una extensa valoración acerca de la filosofía platónica en su comentario sobre el *De divinis nominibus* de Dionisio. Valora esta obra como una fuente fundamental del pensamiento medieval del siglo XIII; en el prólogo, alega las razones por las cuales la obra del Areopagita resulta de lectura difícil, sosteniendo que emplea un estilo y una forma de lenguaje propio de los platónicos. Sin embargo, tal como se especificó más arriba, Dionisio transformó la central concepción de las formas separadas, declarando que ellas son ideas divinas existentes en el Verbo.

Asimismo, además de Dionisio, una importante fuente para el conocimiento del platonismo en Tomás fue el *Liber de Causis*. El Aquinate fue el primero en haber reconocido en el Medioevo la verdadera autoridad de este libro.[46] En efecto, afirma que éste es una síntesis de *Elementatio theologica* de Proclo y realiza continuas alusiones a las relaciones entre el *Liber* y sus correspondencias con las proposiciones de la *Elementatio*.

---

[45] C. Fabro, *Tomismo e pensiero moderno*, p. 438.
[46] Cfr. W. Beierwaltes, "Der Kommentar zum "Liber de Causis» als neuplatonisches Elementin der Philosophie des Thomas Von Aquin", *Philos. Rundschau* 2 (1963), 192-215.

A partir de su exposición[47] sobre la cuarta proposición del *De Causis*,[48] observa que los platónicos ponen un orden de formas subsistentes de acuerdo con la regla de que cuanto más general (*communius*) algo es, es más separado (*separatum*). Lo más general es lo primero en el orden de las cosas. Los platónicos sostienen que el Uno o el Bien como Idea es lo más elevado y el primer principio de todas las cosas.

Tomás de Aquino entiende que los platónicos conciben lo más general como una consecuencia lógica de su separatismo concerniente a las formas o ideas. Para ellos lo más general es lo trascendente y es idéntico con el primer principio de realidad. Tomás se distancia de esta posición en la medida en que introduce una importante distinción: de acuerdo con la intención de Aristóteles de refutar la concepción platónica de las formas separadas, y por lo tanto de la consideración del Bien separado como esencia de la bondad de la que todo depende, toma la crítica aristotélica de la *Ética Nicomáquea*.[49] Según ésta, se refuta y critica el punto de vista de Platón de que este Bien separado es la *communis idea* de todas las cosas buenas.

Aristóteles respecto de esto considera que la universalidad causal debe ser distinguida de la comunidad en el sentido de una Forma o Idea. Según Tomás[50] lo que es primero en comunidad (*primmum in communitate*) se diferencia de lo que es primero en causalidad (*primmum in causalitate*), esto es, Dios. Esto último es así porque, a causa de su trascendencia, no es directamente accesible al conocimiento

---

[47] Tomás de Aquino, *In De causis*, lect. I, 4: "*In ordine autem eorum quae de rebus dicuntur, communissimum ponebant unum et bonum, et communius etiam quam ens, quia bonum vel unum de aliquo invenitur praedicari de quo non praedicatur ens, secundum eos, scilicet de material prima quam Plato coniungebat cum non ente, non distinguens inter materiam et privationem [...], et tamen materiae attribuebat unitatem et bonitatem in quantum habet ordinem ad formam; bonum enim non solum dicitur de fine sed de eo quod est ad finem*".
[48] Se refiere a la frase "*Prima rerum creatarum est esse et non est ante ipsum creatum aliud*", en *Liber de Causis*, IV, §37.
[49] Tomás de Aquino, *In Ethic.* I, lect. 6.
[50] Tomás de Aquino, *De Ver.*, q. 10, a. 11, ad 10.

humano. Lo primero en comunidad, a causa de su generalidad predicativa, es lo primero que es aprehendido por el intelecto, esto es, el ser.[51]

Así, lo más general, a saber: "ser", "uno", "bien" son los *prima intelligibilia*,[52] es decir, los *maxime communia* son lo primero, no porque ellos sean la causa separada de las cosas, sino porque ellos son lo primero en el conocimiento intelectual de las cosas. Los *maxime communia* no son trascendentes sino *trascendentales*. La doctrina de los trascendentales ocupa un lugar central en la metafísica tomasiana, como se vio en un apartado precedente. Ellos conforman las condiciones generales del ser en cuanto tal.

El orden de los communia: diferencias con el neoplatonismo

W. Beierwaltes ha evidenciado una diferencia entre el Neoplatonismo y Tomás en el sentido de que "ser" en el neoplatonismo no es lo primero, sino que es causado.[53] Esto es lo que aparece expresado en la cuarta proposición del *Liber de Causis*. Tomás observa, como se dijo con anterioridad, que el uno o bien es lo más general; es anterior y más común que el ser. La razón que determina esto es que el uno o bien es predicado de algo, de lo cual el ser no es predicado, a saber, la materia prima. Como se sabe, la materia prima para los platónicos es considerada como no-ser a causa de su privación de toda forma. Aún así, la materia prima participa en el bien, por su deseo o tendencia hacia el bien, esto es, la forma. Todo lo que está ordenado al bien puede ser llamado bueno.

---

51 Cfr. J. A. Aersten, "The platonic tendency of thomism and the foundations of Aquinas philosophy", p. 59.
52 Tomás de Aquino, *In De Hebd.*, lect. 2, 20: "*Ea autem quae in omni intellectu cadunt, sunt maxime communia quae sunt: ens, unum et bonum*".
53 W. Beierwaltes, "Neoplatonica", *Philos. Rundschau* 16 (1969), p. 143.

Para el Areopagita el nombre de Dios que tiene la primacía es el nombre "Bien", antes que el nombre "Ser", porque la causalidad del bien se extiende a las cosas existentes y no existentes también, mientras que la causalidad del ser se extiende solamente a las cosas existentes. Tomás ajusta la concepción neoplatónica de que el bien posee prioridad sobre el ser a partir de la explicación de los *maxime communia*, y en la *Summa Theologiae*, I, q. 5, presenta una explicación metafísica de la convertibilidad de ser y bien. El punto de partida es el concepto de bien, que toma del texto de Aristóteles al comienzo de la Ética: "el bien es aquello a que todas las cosas tienden".[54] Luego de esta frase el Aquinate identifica el deseo con la búsqueda de perfección. La noción de lo "perfecto" entraña completud, de manera que puede identificar "perfecto" con "acto". Todo lo que es perfecto es actual, esto es, algo no es perfecto cuando su potencialidad no está realizada.

En Tomás de Aquino la noción de acto sirve para establecer una conexión entre bien y ser, y esta conexión es intrínseca en la medida en que el bien no viene a las cosas desde afuera, desde algo que esté separado, sino desde lo más íntimo, desde el "acto de ser". Ambos son convertibles porque todo ser, en cuanto ser, es bueno, y entonces ambos términos se refieren a la misma realidad y difieren sólo en concepto. La noción de bien agrega a la de ser el aspecto de la desiderabilidad, que el ser no denota en sí. *Bonum* agrega algo al *ens*, que éste en sí mismo no expresa, pero que está supuesto por ser el objeto inmediato de conocimiento del intelecto.[55]

Una tesis fundamental de la filosofía tomista es que lo primero que es concebido por el intelecto es el ser (*ens*). En *STh*. I, q. 5, a. 2 dice:

---

[54] Aristóteles, *Ética Nicomáquea*, L. I, 1094 a 3-4.
[55] Cfr. J. A. Aersten, "The platonic tendency of thomism and the foundations of Aquinas philosophy", p. 63.

> *Primo autem in conceptione intellectus cadit ens, quia secundum hoc unumquodque cognoscibile est quod est actu [...]. Unde ens est proprium objectum intellectus, et sic est primum intelligibile [...]. Ita ergo secundum rationem prius est ens quam bonum.*

Por lo tanto, se entiende que ser –*ens*– es lo primero inteligible antes que el bien. Esta distinción es propia de Tomás de Aquino, que critica el argumento platónico de que el bien tiene una mayor extensión que el ser porque se extiende hasta el no-ser, la materia prima. Como Aristóteles, Tomás no considera la materia prima como mera privación de ser, sino que entiende que ésta es ser –*esse*– en potencia y, consecuentemente, un bien en potencia. Ser y bien tienen el mismo alcance de predicación pues son convertibles.[56]

Sin embargo, Tomás justifica en cierto modo la explicación de Dionisio del orden de los nombres divinos, en el que Bien es el que posee primacía y precede al nombre Ser porque se extiende hasta lo existente y lo no existente. El orden de Dionisio está determinado por una relación causal que esos nombres implican con respecto a Dios. En este sentido el Bien tiene forma de causa final y por lo tanto es la primera entre las causas, la causa entre las causas. De modo que el Santo de Aquino asiente que el nombre Bien es el principal en la medida en que es causa, pero agrega que no absolutamente. Absolutamente hablando, *Esse* se entiende para nosotros antes que "causa".[57] Porque es lo primero en el orden de los *maxime communia*.

---

[56] Cfr. *STh.* I, q. 5, a. 2, ad. 1 y 2, y cfr. *In Sent.* I, d. 8, q. 1, a. 3, ad. 2: *"Bonum est communius non secundum ambitum praedicationis, quia sic convertitur cum ente"*.
[57] Cfr. J. A. Aersten, "The platonic tendency of thomism and the foundations of Aquinas philosophy", p. 65.

Consideraciones finales y conclusiones

Los elementos mencionados en este apartado, tanto de raigambre platónica como aristotélica, fueron asimilados por la posteridad neoplatónica para explicar el origen, encadenamiento y desarrollo de lo real. La corriente medieval del neoplatonismo cristiano se inició fundamentalmente con la recepción, en el occidente latino, de la obra del Pseudo-Dionisio. Y aunque ya Hilduino, Abad de Saint Denis, había traducido al latín, en el año 827, la obra de Dionisio, fue la traducción de Juan Escoto Eriúgena la que ejerció auténtica influencia en el mundo latino. El núcleo de estas indagaciones metafísicas se refiere a lo que en el aristotelismo se había denominado causalidad primera, y que en el platonismo se centraba en la cuestión del surgimiento dialéctico de lo múltiple a partir de lo Uno.[58]

Se mencionaron dos conceptos elementales: la participación y la causalidad, ambos heredados de la tradición helénica y retomados por el neoplatonismo. Ellos representan el hilo conductor de las explicaciones metafísicas acaecidas en el seno del pensamiento desde la Antigüedad hasta la aparición de la figura de Santo Tomás de Aquino, quien, en torno a estos conceptos, desarrolló una teoría muy lograda en relación con las reflexiones existentes hasta ese momento.

En el contexto mencionado, el concepto de causalidad está asociado al de manifestación, que se desenvuelve en el esquema de la causalidad de las formas en su doble aspecto: por un lado, la producción (emanación procesión) de la multiplicidad del mundo desde la unidad primera y, por otro, el retorno de lo múltiple a lo uno. El clásico problema de la relación entre lo múltiple y lo uno, que ocupó todo el espectro del pensamiento neoplatónico, solamente ha podido recibir luz para su solución desde un adecuado

---

[58] Cfr. M. J. Soto-Bruna, "Presentación. Causalidad y manifestación en el neoplatonismo medieval", *Anuario Filosófico* 44/1 (2011), p. 8.

tratamiento de la causalidad y, a la vez, de la participación. Sin duda, también la recepción del *Liber de Causis* constituyó una etapa constitutiva y capital en la reflexión medieval sobre la naturaleza del actuar divino. La tríada permanencia-procesión-retorno proporcionó a los primeros autores neoplatónicos el eje paradigmático que contiene la procesión causal de la realidad como un todo. El primer elemento de la tríada, el de lo que permanece, concernía a la primera causa, la cual subsistía inalterable a través del proceso causal, como al efecto, cuyo arraigo en la causa constituía la fuerza motriz tras su dinámica de salida y reversión. La reelaboración cristiana del esquema de esta tríada no era emanacionista sino que estaba relacionada con la doctrina del creacionismo. El neoplatonismo creacionista implica una doble exigencia: que toda cosa posee el ser gracias al Ser Primero y que el Ser Primero es imparticipado. En este sentido, la primacía otorgada al bien permitirá entender la manifestación divina en el mundo una vez creado.

En la doctrina neoplatónica, el bien se presenta como principio de inteligibilidad del mundo en su conjunto, a la vez que como la más luminosa manifestación del ser; y en la línea dionisiana, aparece como el nombre más apropiado para la esencia divina. Una posterior noción de bien aparece en la *Summa*: el bien es difusivo y multiplicativo de ser, lo cual significa que el bien, en cuanto es a la vez ser, tiene capacidad para comunicar el ser y este axioma *bonum est diffusivum sui*,[59] tiene su origen en Pseudo Dionisio, lo cual es puesto de relieve a lo largo de la obra tomista.

La síntesis tomista del aristotelismo y del platonismo permite comprender cómo la omnipotencia divina, fuente de todo, puede reconciliarse con la autonomía de la sustancia creada.

---

59 Tomás de Aquino, *In Sent*. I, d. 34, q. 2, a. 1, arg. 4: "*Praeterea, secundum Dionysium, bonum est diffusivum sui ipsius, et est quasi principium fontale omnis emanationis bonitatis*". Esta expresión aparece también en numerosos pasajes de la *Opera omnia*. Algunos de ellos son: *In Sent*. IV, d. 17, q. 1, a. 2, qc. 1, arg. 3; *In Sent*. IV, d. 46, q. 2, a. 1, qc. 2, co.; *S. Th*. I, q. 5, a. 4, arg. 2.

Es notable que, en lo que concierne a las influencias del neoplatonismo en el pensamiento de Tomás, se puede hablar de pensamientos que articulan entre sí una continuidad; hay ciertos temas comunes, aunque cada pensador aporta un matiz particular para su comprensión. De manera que no hay contradicciones entre las distintas concepciones filosóficas, sino una conmovedora complementariedad entre todas ellas. Santo Tomás supo contenerlas y afinarlas, lo que dio por resultado una laboriosa y formidable síntesis.

Con respecto a la concepción platónica de la prioridad del bien en el orden de los *maxime communia*, Tomás expone la tesis de que el ser es lo primero conocido, con un método de reducción o resolución de los conceptos al primero. Lo primero en ser pensado es lo primero concebido por el intelecto, que es el *ens*, argumento que es aducido de manera completa en *De Veritate* q. 1, a. 1, donde se explica la convertibilidad del *ens* con el *bonum* y el concepto de *unum*, que conforman los trascendentales. La evidencia del *ens* –como una idea cardinal en la filosofía del Angélico– es lo que en un primer momento permite fundamentar la intuición sin inquisición en el intelecto humano y por lo tanto manifiesta la comunidad con el rango ontológico superior. Bajo este mismo respecto, se advierte la conexión con otra esfera del ser, en la conformidad con una jerarquía universal, todo lo cual fue expuesto en la explicación del principio de continuidad ontológica.

Obras de Tomás de Aquino y contextos en que aparece el argumento

El argumento de contigüidad ontológica en el *Comentario a las Sentencias de Pedro Lombardo*

Introducción

Las *Sentencias* de Pedro Lombardo inauguraron un nuevo estilo de enseñanza a partir del siglo XII, realizando un trabajo de reunión en un solo volumen de las sentencias (*sententiae*) de los Padres de la Iglesia sobre los diversos temas teológicos para garantizar una mayor facilidad de comprensión de maestros y estudiantes.

Esta obra se utilizó obligatoriamente en las Escuelas durante tres siglos a partir de Alejandro de Hales, y todos los escolásticos volcaron sus enseñanzas en este molde, modificando la base y revelando el pensamiento particular de cada comentarista. Fue considerado uno de los tres libros básicos de estudio, junto con la Biblia y la *Historia scholastica* de Pedro le Mangeur conocido en español como Pedro Coméstor.[60]

El comentario sobre esta obra de Tomás de Aquino constituyó la segunda etapa para llegar a ser Maestro de Teología, y además presentó dicho comentario para convertirse en Maestro de la Facultad de Artes. En el *Comentario al Libro de las Sentencias* demuestra una asimilación desde su juventud de los pensamientos fundamentales del Areopagita, al realizar un recorrido por una gran variedad de temas dionisianos, entre ellos los que encuentra el Aquinate como afirmaciones de autoridad para desarrollar el principio de contigüidad ontológica.

---

[60] Cfr. J. P. Torrel, *Iniciación a Santo Tomás de Aquino: su persona y su obra*, Pamplona, EUNSA, 2002, p. 59.

El Doctor Angélico esgrime en esta obra un argumento neoplatónico tomado de las especulaciones de Dionisio, que constituye la base de la metafísica tomista en torno a la cuestión gnoseológica, ontológica y moral.

Esquema general del Comentario

El Libro I del *Comentario a las Sentencias de Pedro Lombardo* se dedica a esclarecer cuestiones sobre la sabiduría eterna que fue dada de alguna manera a los hombres mediante el Verbo en las Sagradas Escrituras. A causa de la sabiduría de Dios, son revelados los misterios de la divinidad y las obras de las criaturas en relación con su fin. En efecto, mediante la sabiduría de Dios son manifestados los arcanos de la Divinidad y son producidas las obras de las criaturas. También son restauradas y son perfeccionadas, con aquella perfección con la que cada uno se realiza en la medida en que logra su fin.[61]

Santo Tomás organiza su teología, en particular a lo largo de este *Comentario*, tomando el influjo del esquema neoplatónico del *exitus* (manifestación divina, producción de las criaturas) y *reditus* (restauración y perfeccionamiento), en un planteamiento sistemático objetivo que muestra la causalidad ejemplar como tensando todo el anillo creatural de salida y retorno. Siguiendo este orden, conecta la circularidad del orden real, especialmente manifestada en el hombre, y la dinámica de la vida divina. De manera que en la procesión [*exitu*] desde el principio, la Bondad divina se extiende hacia las criaturas en la medida en que cada una puede recibirla. En el hombre, la divinidad está representada en el alma mediante una cierta imagen

---

[61] Tomás de Aquino, *In Sent.* I, Pr.: *"Per sapientiam enim Dei manifestantur divinorum abscondita, producuntur creaturarum opera, nec tantum producuntur, sed etiam restaurantur et perficiuntur: illa, dico, perfectione qua unumquodque perfectum dicitur, prout proprium finem attingit".*

recibida que es modelada ejemplarmente y originada por la misma propiedad de la relación eterna de las divinas Personas.[62]

Teniendo en cuenta este esquema, la primera parte del texto tomasiano del *Comentario* se propone mostrar la unidad de la esencia divina mediante razones naturales, así como revelar si, mediante las creaturas que han sido hechas, puede encontrarse algún vestigio o traza pequeña de la divinidad, que las conduzca a retornar a su fuente. Se introduce una investigación eminentemente gnoseológica con respecto a las posibilidades del conocimiento de Dios a partir de los vestigios, tanto a partir de las enseñanzas de los maestros escriturarios, como de fundamentos mediados por la voz de la autoridad del pensamiento filosófico. Comprender la posibilidad del hombre de acercarse a la divinidad, esto es, ser *capax Dei* en un primer sentido gnoseológico, significa comprender cómo se hace presente en el ser humano la llegada de la luz sobrenatural que lo conduce hacia lo verdadero y eterno. El objetivo de esta reflexión es avistar esta comprensión, a partir de los distintos sentidos que contempla el principio de la contigüidad ontológica recepcionado por Tomás de Aquino.

Sobre la presencia de la imagen en el ángel y en el hombre

Expuesta la unidad de la esencia divina correspondiente a la primera parte de su trabajo, el Aquinate manifiesta cómo aparece en las creaturas el vestigio de la Trinidad, cómo aparece la imagen de la Trinidad en el alma humana y cómo Dios puede ser conocido a través de las creaturas. En la

---

[62] Tomás de Aquino, *In Sent.* I, d. 15, q. 4, a. 1, co.: "*quod sicut in exitu rerum a principio dicitur bonitas divina in creaturas procederé, inquantu, repraesentatur in creatura per similitudinem bonitas divina in ipsa recepta; ita in reductione rationalis creaturae in Deum intelligitur processio divinae personae, quae et missio dicitur, inquantum propia relatio ipsius personae divinae repraesentatur in anima per similitudinem aliquam receptam, quae est exemplata et originata ab ipsa proprietate relationis aeternae*".

primera cuestión de la distinción 3 (*In Sent.* I), se muestra de qué modo se llega al conocimiento de Dios mediante el vestigio de las creaturas.[63] Lo creado procede ejemplarmente de Dios como de su causa, que en cierto modo es semejante según analogía en la medida en que cada ser creado lo imita y participa de Él de acuerdo con la posibilidad de su naturaleza.[64] La Cuestión 3, trata, en un artículo único, del sujeto de la imagen y la enumeración de las partes de la imagen, cuya solución –a las objeciones– expone primeramente una distinción entre la imagen (*imago*) y el vestigio (*vestigio*).[65] Mientras el vestigio representa una semejanza confusa e imperfecta de una realidad, la imagen manifiesta la realidad de modo más preciso (determinado) y perfecto; es por ello que la imagen de la divinidad está en el ángel y está en el hombre. En cuanto al hombre, goza de esta imagen por lo que hay en él de más noble.[66] Luego se examinan las partes de la imagen y se indaga acerca de si la memoria humana pertenece a ella. En primer lugar se afirma que la memoria no pertenece a la imagen, pues la memoria es una facultad que posee el hombre en común con los irracionales. La memoria es una potencia sensible y la imagen no está en las potencias sensibles.[67]

---

[63] Tomás de Aquino, *In Sent*.I, d. 3, q. 1, a. 1.
[64] Cfr. Tomás de Aquino, *In Sent*.I, d. 3, q. 1, a. 3.
[65] Cfr. Tomás de Aquino, *In Sent*.I, d. 3, q. 3, a. un.
[66] Tomás de Aquino, *In Sent*.I, d. 3, q. 3, a. 1, co: "*Respondeo dicendum, quod imago in hoc differt a vestigio: quod vestigium est confusa similitudo alicujus rei et imperfecta; imago autem repraesentat rem magis determinate secundum omnes partes et dispositiones partium, ex quibus etiam aliquid de interioribus rei percipi potest. Et ideo in illis tantum creaturis dicitur esse imago dei quae propter sui nobilitatem ipsum perfectius imitantur et repraesentant; et ideo in Angelo et homine tantum dicitur imago divinitatis, et in homine secundum id quod est in ipso nobilius. Alia autem, quae plus et minus participant de dei bonitate, magis accedunt ad rationem imaginis*".
[67] Cfr. Tomás de Aquino, *In Sent*.I, d. 3, q. 4, a. 1.

Como se dice que la potencia se distingue por sus actos[68] así, pues, toda potencia que es capaz de aprehender las diferencias determinadas de tiempo pertenecería a la parte sensitiva y no al intelecto. Éste trabaja con universales, que hacen abstracción de toda determinación temporal. En particular la memoria se relaciona con el tiempo pasado y de este modo parece no pertenecer a la parte intelectiva en la cual está la imagen, sino a la sensitiva. El texto que se cita a continuación –y que se sigue de estos argumentos– expone parte de la base en que se apoya el argumento de contigüidad ontológica, según Santo Tomás:

> *Item, videtur quod nec intelligentia pertineat ad imaginem. Secundum enim Dionysium, distinguuntur quatuor gradus entium, scilicet intellectualia, rationalia, sensibilia et simpliciter existentia. Homo autem non continetur sub intellectualibus, sed sub rationalibus. Cum igitur hic quaeratur quid sit imago, secundum quod est in homine, videtur quod intelligentia ad imaginem non pertineat*[69].

Según este razonamiento (art. 1), la inteligencia tampoco parece pertenecer a la imagen. Esto es dicho a partir de la afirmación de Dionisio (*De cael. Hier.*, 4) que sostiene que existen cuatro grados de seres: intelectuales, racionales, sensibles y simplemente existentes. Entre ellos, el hombre no pertenece al grupo de los seres intelectuales, sino que estaría dentro del grupo de los racionales. Y entonces, cuando se intenta averiguar qué es la imagen como aquello que está en el hombre, parecería necesario concluir que la inteligencia, por consiguiente, no pertenece a la imagen. Esto sería así porque, según lo expuesto por el Santo Doctor, la inteligencia sigue a la memoria y, como se ha dicho, la memoria no parece pertenecer a la imagen.

---

[68] Cfr. Tomás de Aquino, *In Sent.* I, d. 3, q. 4, a. 1, arg. 5: "*Item, potentiae distinguuntur per actus*".
[69] Tomás de Aquino, *In Sent.* I, d. 3, q. 4, a. 1, arg. 4.

Sin embargo la memoria es capaz de hacer abstracción de cualquier diferencia de tiempo –afirma el Angélico– y en este sentido no nos es común con los irracionales, ya que sólo el alma intelectiva puede retener en sí lo que recibe, y el alma sensitiva lo retiene en el órgano corporal. Así, la propiedad de retener las cosas impresas, como parte de la esencia del alma humana, da lugar a comprender, siguiendo a Avicena,[70] que el alma es el lugar de las especies y más propiamente el intelecto. Esta capacidad de retener recibe el nombre de memoria.

La naturaleza del alma humana es receptiva porque tiene en sí algo de potencialidad y tiene una operación que resulta desligada del cuerpo, que es el conocer. Esa capacidad de conocer supone una capacidad para retener las cosas. Por esto la inteligencia sigue a la memoria. De manera que si aquella sigue a ésta, se puede entender que ambas son partes de la imagen.

La respuesta 4 a la objeción 4 explica que, según Dionisio (*De div. nom.*, VII), lo supremo de la naturaleza inferior toca (*attingit*) lo inferior de la naturaleza superior, por lo cual lo superior de la naturaleza del alma humana toca lo inferior de la naturaleza angélica, esto es, participa en la intelectualidad. Puesto que la imagen corresponde a lo superior de una naturaleza, la intelectualidad del hombre es parte de la imagen, más que la razón, porque la razón es *naturaleza intelectual oscurecida*. Ella necesita la mediación de su discursividad para llegar a lo que el intelecto logra sin mediación; y esto porque el intelecto es la facultad de los primeros principios que aparecen inmediatamente (*statim*) al conocimiento. El término que expresa en este caso la

---

[70] Se refiere a: Avicena, *De anima.*, III, texto 6. Véase: Tomás de Aquino, *In Sent.*I, d. 3, q. 4, a. 1, co.: *"Cum igitur natura animae sit receptibilis inquantum habet aliquid de possibilitate, eo quod omne habens esse ab aliquo est possibile in se, ut probat Avicenna, et non sit impressa órgano corporali, cum habeat operationem absolutam a corpore, scilicet intelligere (...). Unde dicitur, quod anima est locus specierum, praeter quam non tota, sed intellectus".*

contigüidad de los seres está dado por el verbo *attingo*, que tiene el sentido del contacto y la proximidad de los seres, como se ve en el texto:

> *Ad quartum dicendum, quod, sicut dicit Dionysius, natura inferior secundum supremum sui attingit infimum naturae superioris; et ideo natura animae in sui supremo attingit infimum naturae angelicae; et ideo aliquo modo participat intellectualitatem in sui summo.*
>
> *Et quia secundum optimum sui assignatur imago in anima, ideo potius assignatur secundum intelligentiam, quam secundum rationem; ratio enim nihil aliud est nisi natura intellectualis obumbrata: unde inquirendo cognoscit et sub continuo tempore quod intellectui statim et plena luce confertur; et ideo dicitur esse intellectus principiorum primorum, quae statim cognitioni se offerunt.*[71]

Todas las facultades humanas toman parte en la imagen de Dios puesto que cada una de ellas busca a su modo alcanzarlo, ordenadas, a su vez, jerárquicamente entre sí. Dado que en el alma la imagen se asigna a lo óptimo, la imagen se asigna más a la inteligencia que a la razón, pues lo que aparece claramente a la inteligencia, la segunda lo conoce en el horizonte del tiempo mediante una búsqueda constante. Se aclara que la inteligencia o *intellectus* es la parte superior de una misma facultad, que consiste en el intelecto de los primeros principios, que es "sucedida" por la *ratio*, caracterizada por su actividad colativa e inquisitiva.[72] En esta secuencia escalonada, la voluntad tiene por objeto el bien —mostrado por la capacidad cognoscitiva—, que se ordena al supremo Bien. La potencia afectiva por medio del amor ama meritoriamente a Dios y, aun cuando mediante el pecado pierde la semejanza con Dios, no pierde la imagen.

Hasta aquí el argumento de contigüidad ha explicado sucintamente de qué manera la imagen es reflejada en los seres según su parte superior y según su potencialidad para

---

[71] Tomás de Aquino, *In Sent.* I, d. 3, q. 4, a. 1, ad. 4.
[72] J. Peghaire, *Intellectus et ratio selon S. Thomas D'Aquin*, Paris, Vrin, 1936, p. 32.

remitirse y retornar a Dios. En lo que sigue, se aclarará la distinción entre el ángel y el hombre y entre intelecto y razón, citando los textos de las *Sentencias* que exponen el argumento.

La continuidad entre la naturaleza del ángel y la naturaleza humana

Tomás explica que los seres superiores encuentran su perfección al inicio de su existencia, poseyendo una naturaleza espiritual, por la que tienen una clara intuición de las esencias, y por consiguiente se excluye de su acto cognitivo el pasaje de la potencia al acto. No hay en ellos movimiento, sucesión ni progreso en su forma de conocer. Su mayor perfección es considerada tanto en relación con el orden de la esencia como con el orden de las facultades. Puesto que es creatura, y aunque sea el ser creado más noble, el ángel es finito y limitado, aunque realiza de modo perfecto la noción de intelecto.

La idea angélica es infundida por Dios en el momento de su creación; es capaz de retener en sí una gran riqueza noética –objetiva– adecuada a la inteligibilidad de su objeto. Pero en su superioridad, el ángel intelige, no directamente entendiendo las cosas, sino recibiendo primeramente la luz de Dios, que ilumina las cosas para que él las pueda contemplar íntegramente.[73] Las ideas angélicas, por pocas que sean, son siempre múltiples, en tanto que Dios se comprende a Sí mismo y a las cosas en la simplicidad del Verbo.[74]

El ángel, como todo intelecto creado, conoce objetos múltiples y diversos que no pueden ser representados todos en una sola especie intencional. Es metafísicamente contradictorio que la inteligencia angélica sea actualizada en el mismo momento por numerosas especies intencionales

---

[73] Tomás de Aquino, *In De Div. Nom.*, c. IV, lect. 7: "*Angelus intelligit, non quidem accipiendo a rebus, sed accipiendo lumen a primo uno simplici, scilicet Deo*".
[74] Cfr. C. Fabro, *La nozione metafísica de partecipazione...*, pp. 280-281.

específicamente diversas, por lo cual a su vez es imposible que conozca por medio del mismo acto todas y cada una de las cosas que posee luego de su creación. Cuando una de esas especies ocupa el "escenario" del conocimiento se actualiza y se puede decir que las demás están, no en potencia ni en acto sino *in habitu*.[75]

De manera que las ideas angélicas tienen una función puramente objetiva, a diferencia de las ideas divinas, que son principios constitutivos de la cosa. El conocer angélico implica la existencia de una facultad cognoscitiva distinta de la esencia, que requiere la mediación de la *especie impresa*, en cuanto elemento que dispone al sujeto a la *intencionalidad*, esto es, que mueve al sujeto cognoscente a conocer objetivamente. El conocer realiza en la naturaleza el participar propio de los seres creados, esto significa asimilar en cuanto realizar el acto de la forma de una cosa. Este acto está presente en modo real en el objeto conocido, pero en el ángel cognoscente, en cambio, sólo de un modo objetivo e intencional.

La intuición cognoscente del ángel se relaciona con la siguiente naturaleza mediante una continuidad manifestada en la obra de la sabiduría divina, que une lo máximo de un orden inferior con lo ínfimo de un orden superior, según el argumento de contigüidad. Esta afirmación tiene su correlato en *Liber de Causis* (prop. 30), donde se afirma que, en el orden de las cosas creadas, lo siguiente es necesariamente semejante a lo anterior o superior. En el Comentario al *De Causis*, escrito entre 1266 y 1270, el Aquinate manifiesta que el alma humana media entre las sustancias inteligibles y las sustancias corpóreas, y que es creada en el horizonte de la eternidad,[76] como así también lo expone en el Libro IV del *Comentario a las Sentencias*:

---

[75] Cfr. Tomás de Aquino, *In Sent*.II, d. 3, q. 3, a. 4.; *In Sent*. III, d. 14, a. 2.
[76] Cfr. Tomás de Aquino, *In De causis*, lect. 30.

> *Intellectus enim noster est medius inter substantias intelligibiles et res corporales; unde anima intellectiva dicitur esse creata in horizonte aeternitatis, in libro de causis; et hoc ideo quia ipsa per intellectum attingit ad substantias intelligibiles, inquantum vero est actus corporis, contingit res corporales.*[77]

Entre los seres que componen el universo, hay una jerarquía de seres sin ningún hiato intermedio, hay una contigüidad sin fisuras entre cada rango de ser:

> *Secundum Dionysium, divina sapientia conjungit prima secundorum ultimis primorum, quia, ut in Lib. De causis ostenditur, in ordine creatorum oportet quod consequens praecedenti similetur, nec hoc potest esse nisi secundum quod aliquid participat de perfectione ejus; quod quidem inferiori modo est in secundo ordine creaturarum quam in primo; unde hoc quod inferior creatura de similitudine superioris participat, est supremum in inferiori et ultimum in superiori, quia est deficientius receptum quam in superiori sit.*[78]

En la cadena de seres, el alma humana es una naturaleza capaz de llegar a la verdad, perfectible y en potencia, es aquella que necesita de un progreso en el conocimiento. No realiza perfectamente la noción de intelecto, sino que es un ente de razón llamado "alma racional", que es situada por Santo Tomás entre las sustancias espirituales inferiores –o último grado entre las sustancias espirituales–, basado en su teoría del acto y de la potencia. Hay más potencialidad en nuestra alma y, por tanto, en nuestra inteligencia, en comparación con el ángel:

> *Cum ergo substantiarum simplicium, ut dictum est de angelis, sit differentia secundum gradum possibilitatis in eis, ex hoc anima rationalis differt ab angelis quia ultimum gradum in substantiis spiritualibus tenet, sicut materia prima in rebus sensibilibus, ut dixit Commentator in III° de Anima.*[79]

---

[77] Tomás de Aquino, *In Sent.* IV, d. 50, q. 1, a.1, co.
[78] Tomás de Aquino, *In Sent.*II, d. 39, q. 3, a.1, co.
[79] Tomás de Aquino, *In Sent.*II, d. 3, q. 1, a. 6, co.

Por su participación en el intelecto, se "toca" (*attingit*) con las sustancias inmediatamente superiores. Así, el alma del hombre es el acto primero de un cuerpo viviente, y por lo tanto se constituye en *forma sustancial* y participa en la naturaleza intelectiva más defectiva; por eso es llamada "racional". Ésta es la base metafísica a partir de la cual Santo Tomás elabora su teoría de la *ratio*. Ésta es originada en la sombra de la inteligencia, como se ve en el siguiente texto:

> *Anima vero, quia extremum in intellectualibus tenet, participat naturam intellectivam magis defective (scilicet quam angeli) quasi obumbrata, et ideo dicitur rationalis, ut dicit Isaac, in libro Definitionibus, ratio oritur in umbra intelligentiae.*[80]

El alma humana, por lo tanto, presenta una participación disminuida del intelecto propiamente dicho. Tomás afirma que la *ratio* en el hombre es esta misma naturaleza intelectual ensombrecida: "*Ratio nihil enim aliud est nisi natura intellectualis obumbrata*".[81]

La *ratio* en el hombre

A causa de la diferencia ontológica con respecto a los ángeles, no puede la mente humana ser *intellectus* en sentido propio. El intelecto, aunque muy acotado, es parte de la potencia racional, y es el punto de semejanza en que ambas realidades intelectuales se conectan. En este lugar común se manifiesta la continuidad de ambas naturalezas y la participación de una en la otra. Sin embargo, el modo en que nuestro conocimiento avanza propiamente es *discursivo*, esto es, depende de un movimiento determinado principalmente por la argumentación; por lo cual a esa mínima participación en el intelecto le sigue una actividad racional de deducción e inducción del conocimiento.

---

[80] Tomás de Aquino, *In Sent*.I, d. 3, q. 1, a. 6.
[81] Tomás de Aquino, *In Sent*.I, d. 3, q. 4, a. 1, ad. 4.

Al comenzar el conocimiento en la esfera sensible, como hubiera afirmado Aristóteles, la conquista de la verdad exige el proceso discursivo de la *ratio*. Su actividad es *cognoscere cum continuo et tempore*, pero también es posible reconocer en ella una modalidad de intelecto que conoce habitualmente el contenido inicial y final de la argumentación, sin los cuales el razonamiento carecería de dirección. Santo Tomás dice respecto del hombre: "*Raciocinatur homo discurrendo vel inquerendo lumine intellectuali per continuum et tempus obumbrato*".[82]

El acto de la *ratio* exige esencialmente cierto período temporal para desarrollar las diferentes fases del conocimiento: el trabajo de los sentidos externos e internos, la iluminación de los fantasmas por el intelecto agente, la emanación del verbo, luego la composición y la división, y el discurso propiamente dicho de la *ratio*. Todo lo cual demanda tiempo, aun cuando en ciertos casos estas etapas puedan suceder sólo en un instante. Y todo aquello que está sujeto al tiempo, también lo está al movimiento continuo, y por lo tanto depende del espacio.[83]

En efecto, nuestras facultades toman su objeto de conocimiento de los fantasmas, que tienen su origen en un tiempo y lugar determinado, que a su vez dependen de una facultad cognoscente que usa los órganos corporales inicialmente. Multiplicidad y sucesión juegan un papel fundamental en la simple aprehensión y en el juicio humano, y sobre todo en el razonamiento, que es el acto más propio de la *ratio*. Este procedimiento está manifiestamente muy lejos de la simple mirada deiforme del intelecto puro.

En cuanto a la naturaleza de la razón, a ella corresponde *cogitare*, es decir, considerar las cosas según sus partes y sus propiedades: "*Cogitare autem est considerare rem secundum partes et propietates suas*",[84] que implica un proceso, un

---

[82] Tomás de Aquino, *In Sent.* II, d. 3, q. 1, a. 2.
[83] Cfr. Tomás de Aquino, *Quodl.*, q. 9, a. 9.
[84] Tomás de Aquino, *In Sent.* I, d. 3, q. 4, a. 5, co.

movimiento que transita de la potencia al acto, que trabaja desde la multiplicidad para hacer llegar al espíritu hacia la verdad por medio de una búsqueda larga y penosa.[85] Así, la *ratio* espiritual puede recibir el nombre de *cogitatio*.

En otros pasajes explica otras propiedades de la ratio: "*Ratio quae collativa est*", con lo cual quiere indicar, de un modo general, el proceso del espíritu que poco a poco arriba a la verdad luego de una búsqueda más o menos larga y difícil, sirviéndose de un elemento conocido para luego alcanzar uno desconocido. En este caso *collatio* se identifica con *discursus*. Tomás escribe:

> *Ex hoc ipso quod intellectus noster accipit phantasmatibus, sequitur in ipso quod scientiam habeat collativam, in quantum ex multis sensibus fit una memoria et ex multis memoriis unum experimentum et ex multis experimentis unum universale principium ex quo alia concludit et sic acquirit scientiam; unde secundum quod se habet intellectus ad phantasmata, secundum hoc se habet ad collationem.*[86]

Ratio designa este proceso de llegar a una verdad a partir del recogimiento de lo múltiple, lo cual es necesario para hacer ciencia; se ha visto en el término *collatio* una semejanza con el término *collectio*, que significa congregar, recoger, como ha señalado Marie. D. Chenu,[87] y como se expresa en el comentario sobre el *De Trinitate* de Boecio: "*Sic igitur patet quod rationalis consideratio ad intellectualem terminatur secundum viam resolutionis, in quantum ex multis ratio colligit unam et simplicem veritatem*".[88] *Colligit* aquí tiene el sentido de "colegir", recoger, reflexionar sobre, deducir, lo cual atiende a una reunión de lo múltiple en el trabajo del conocimiento para lograr la unidad de la verdad. También

---

[85] Cfr. Peghaire, *Intellectus et ratio...*, p.87.
[86] Tomás de Aquino, *In Sent.* III, d. 14, q. 1, a. 3, qc. 3, co.
[87] M. D. Chenu, "Note de lexicographie philosophique médieval", *Revue. Des sciences philosophiques théologiques* 17 (1927), p. 445 y ss.
[88] Tomás de Aquino, *In De Trin*, q. 6, a. 1, ad. 3.

señala: "*Rationis actus est inquirere et conferre*", y afirma también: "*conferre autem rationis est*", donde "*inquirere*" expresa el acto de investigar los elementos de un juicio o de un razonamiento, en tanto que "*conferre*" representa el mismo acto, en el cual esos elementos son recogidos y comparados, para permitir al espíritu pasar de unos a otros y de este modo alcanzar la verdad buscada.[89] En cuanto a la actividad del razonamiento en general, dice Tomás: "*Ratio autem proprie, ut Isaac dicit, est faciens currere causam in causatum; unde proprie actus rationis est deducere principium in conclusionem*",[90] esto es, propio de la razón es el deducir de los principios las conclusiones. Los principios primeros son el objeto conocido y punto de partida de la operación de la *ratio* y, en este sentido, Tomás reconoce que la operación de la *ratio* es un procedimiento deductivo, cuyo prototipo más acabado será el silogismo. Las conclusiones no descubiertas aún son el objeto desconocido hacia donde se dirige su trabajo. Asimismo, entre las modalidades de discurso lógico también habla de la inducción como uno de los procedimientos convenientes de los que se sirve el espíritu para adquirir la ciencia. La inducción, como sabemos, avanza desde el particular para llegar al universal. Sin embargo, teniendo en cuenta que Santo Tomás no es un científico en sentido moderno sino un teólogo y un metafísico, se ha notado que en ciertos casos ha usado "*inducere*" como razonar en general, sin distinguir entre razonamiento deductivo o inductivo.[91] Pero en lo que concierne a la inducción propiamente dicha, se trata de un procedimiento que, por medio de la abstracción, forma los conceptos universales y puede reconocer a partir de lo particular los principios tales como *el todo es mayor que la parte*. De manera que puede verse cómo la deducción parte del principio y la inducción puede volver a él.

---

[89] Cfr. Peghaire, *Intellectus et ratio*..., p. 91.
[90] Tomás de Aquino, *In Sent* II., d. 24, q. 1, a. 3.
[91] Cfr Tomás de Aquino, *S.Th.* I-IIae., q. 92, a.2: "*Rationis autem proprium est ut ex aliquot ad aliquid inducat. Unde sicut in demonstrativis scientiis ratio inducit ut assentiatur conclusion per quaedam principia*".

Así, en la doctrina gnoseológica tomista, el principio intelectivo angélico conforma una única facultad contemplante que tiene como objeto la idea *infusa*, la cual, aunque constituya una participación degradada respecto de la idea divina, siempre es una "totalidad" inteligible. En el hombre, en cambio, en lo que se refiere a la formación de la idea por la simple aprehensión, ella se constituye indirectamente por abstracción, es decir, primeramente por la iluminación de Dios, que es como el sol inteligible del espíritu y la causa primera de toda verdad. Del mismo modo como el hombre no puede ver el sol en sí, y solamente puede ver la luz derivada del sol, así también, en el orden del conocimiento, el alma humana es capaz de participar de esa luz y contemplarla por medio de un proceso que implica un complejo trabajo de abstracción.[92]

Es así como en el hombre se da una participación de tipo subjetiva, y no objetiva, como sucede en el ángel. Esta participación incide en la objetividad de la recepción de las cosas. El contenido indeterminado de la idea humana está sujeto siempre al desarrollo de una mayor penetración de la realidad del objeto. Pero por grande que sea el progreso en el acercamiento a la cosa, el hombre nunca podrá escudriñar íntegramente el fondo de la inteligibilidad de su objeto en comparación con los espíritus puros. La materia, que en el ser concreto es principio de determinación ontológica de la forma, resulta ser para la mente abstrayente cierto obstáculo para la inteligibilidad, puesto que la materia que está en el ser real, se escapa siempre al proceso humano de asimilación cognoscitiva. La abstracción se realiza a partir de los accidentes y las propiedades de las cosas, que son efectos de la forma, y es justo la forma y la esencia en general, y no

---

[92] Cfr. Tomás de Aquino, *S.Th.* I, q. 84, a. 4, ad 1: "*Species intelligibiles quas participat noster intellectus, reducuntur, sicut in primam causam, in aliquod principium per suam essentiam intelligibile, scilicet in Deum. Sed ab illo principio procedunt mediantibus formis rerum sensibilium et materialium a quibus scientiam colligimus, ut Dionysius dicit*".

la materia, la que es conocida.[93] El conocimiento abstractivo culmina en la idea universal y, aunque no se realiza de un modo perfecto, puesto que no alcanza acabadamente ni el *esse* real ni el *esse* formal, es de índole espiritual y lleva en sí una participación en el mundo inteligible superior. Por medio de ella, el hombre tiene la posibilidad de reconstruir en lo profundo de su espíritu la totalidad ontológica de la forma, que estaba perdida en la fragmentación del conocimiento sensible.[94]

El *Intellectus* en el hombre

Naturaleza y objeto del intellectus

El *intellectus* en sentido puro es un conocimiento simple, inmediato, extra-espacial e intemporal –*sine tempore et continuo*–, inmóvil, súbito, infalible, sin discurso. El intelecto tiene en sí la posesión de la verdad. Santo Tomás encuentra necesario admitir que hay cierto intelecto en el hombre porque existen conocimientos intelectuales evidentes. En el segundo Libro de las *Sentencias*, expone que de la misma manera como en el movimiento de las cosas naturales procede de un motor inmóvil y todo lo que se comporta de distintos modos procede de algo que permanece de un mismo modo, lo propio ocurre con el procedimiento de la razón. Ella efectúa cierto movimiento cuando desciende desde los principios inmutables hasta las conclusiones, de lo cual se deduce que es necesario que toda razón proceda de algún conocimiento que tenga uniformidad y quietud, lo cual no se alcanza sólo por el discurso de la investigación. Este conocimiento inmóvil e impasible se ofrece súbitamente a la razón y la conduce a partir de principios conocidos de suyo.[95]

---

[93] Cfr. Tomás de Aquino, *In Sent*.I, d. 15, q. 5, a. 3, ad. 3.
[94] Cfr. C. Fabro, *La nozione metafisica de partecipazione...*, pp.287-288.
[95] Cfr. Tomás de Aquino, *In Sent*.II, d. 24, q. 2, a. 3.

Del mismo modo que la razón, la actividad de la simple aprehensión y del razonamiento, el objeto principal del *intellectus* son los juicios: *"Judicare non est proprium rationis per quam intellectu distingui potest, quia etiam intellectus judicat hoc verum esse, illud falsum"*.[96] El intelecto contiene los juicios que son los principios primeros desde los que avanza el pensamiento, *per se notae*, por lo cual goza de una superioridad real con respecto a la razón. Pero esta superioridad se ve inferior en relación con el intelecto angélico, puesto que el ángel puede juzgar inmediatamente toda la verdad –podríamos decir "de un golpe"– que contiene tal o cual especie inteligible y que posee desde su creación, sin necesidad de la composición y la división que necesariamente implica el juicio humano, que siempre realiza una comparación entre sujeto y predicado. Pero el lugar del intelecto excluye los juicios de opinión o probabilidad, puesto que los juicios primeros reposan en la evidencia.

Sin embargo, nuestro intelecto no puede llegar directamente a las realidades más que mediante una idea abstracta, en tanto que el ángel conoce actualmente la realidad concreta. En virtud de tal insolvencia, la *ratio* debe descender desde los principios a través de una cascada de conclusiones y, para certificar su veracidad, debe retornar nuevamente, de conclusión en conclusión, hacia los primeros principios, puesto que no basta que la razón sola considere la conveniencia o no conveniencia de los conceptos entre ellos. Por eso nuestra participación en el intelecto es tenue, es débil, como dice el texto: *"Sicut scintilla est modicum ex igne evolans, ita haec virtus (intellectus scilicet prout rationi opponitur) est quaedam modica participatio intellectualitatis respectu ejus quod de intellectualitate in angelo est"*.[97]

Con estas afirmaciones, se puede examinar cómo el *intellectus*, además de ser un hábito excelente de la *ratio*, también es su término. Así como nuestra vista está por

---

[96] Tomás de Aquino, *De Ver*, q. 15, a. 1, ad. 4 et 5.
[97] Tomás de Aquino, *In Sent*.II, d. 39, q. 3, a. 1, c.

su constitución preparada para ver la luz, así el intelecto humano es proporcionado al conocimiento natural de algo sólo a través inicialmente de las realidades sensibles; y por eso sólo es posible llegar a las realidades puras mediante la argumentación.[98] Se conocen los principios cuando se conocen los términos,[99] por lo cual los juicios en cuestión serán fruto de un proceso de razonamiento. En su característica inmediatez, se salvaguarda la simplicidad esencial en todo acto intelectual, aunque esta simplicidad presupone la complejidad de un proceso que requiere de un conocimiento previo de los conceptos a comparar.

El *intellectus* es un hábito de juicios inmediatos. Así, por ejemplo, es posible nombrar ciertos principios, tales como el principio de identidad comparada, según el cual si dos seres o dos cantidades son idénticas a una tercera, entonces ellos son idénticos entre sí. Entre los juicios de este tipo también se puede mencionar el principio de geometría que dice: dado un punto sobre una recta, se puede trazar una recta perpendicular y sólo una.[100] Estos principios, que tienen aplicación en la experiencia, son *per se notae*, porque son inmediatamente conocidos los términos que los componen y son accesibles a todo hombre; se percibe con evidencia la conveniencia de su sujeto y su predicado. Se acepta sin mediaciones, por ejemplo, el principio de no contradicción, o también un juicio de evidencia experimental como el afirmar la existencia de la luz solar al mediodía. Más allá de referirse a entidades materiales o inmateriales, para que existan tales juicios ha sido necesario pasar por un proceso que permite obtener las quididades abtractas. Por supuesto, habrá una mayor agudeza de inteligencia en

---

[98] Tomás de Aquino, *In Sent*.I, d. 3, q. 1, a. 2, ad. 2.: "*Ad secundum dicendum, quod visus noster est proporcionatus ad vicendum lucem corporalem per seipsam; sed intellectus noster non est proporcionatus ad cognoscendum naturali cognition aliquid nisi per sensibilia; et ideo in intelligibilia pura devenire non potest nisi arguendo*".
[99] Cfr. Tomás de Aquino, *In Sent*.I, d. 3, a. 2, co.
[100] Tomás de Aquino, *In Metaphys*. IV, lect. 5, n. 595.

los sabios, quienes han ejercitado prolongadamente el pensamiento metafísico y también, por supuesto, el científico, quienes sin mediación (*statim*) perciben la conveniencia o no de ciertos conceptos. Por su hábito intelectual, hay una diferencia de perfección a causa de la seguridad y la nitidez en los juicios.[101]

La *ratio*, como potencia distintiva en el hombre, en su parte suprema se denomina intelecto y, más propiamente, *intelecto de los primeros principios*. Ésta es la condición necesaria para que la razón –en cuanto discursiva– trabaje en orden según los principios evidentes sin los cuales no es posible el razonamiento. Estos principios son participados por la intuición cognoscitiva angélica, que por pertenecer a una naturaleza superior en algo se asemejan pero en algo difieren. Por eso, la potencia raciocinativa parte de la estabilidad de lo evidente que le brinda el intelecto para efectuar su trabajo y desprender sus razonamientos de lo indudable. A ello volverá como en un movimiento de *reditus* o retorno.

Así, se confirma que no solamente en el interior del ser humano se concentra un movimiento de *exitus-reditus* desde y hacia los principios, concerniente al esquema neoplatónico, sino que, además, se verifica la existencia del principio de contigüidad entre sus propias capacidades.

Modalidades de intelecto

El alma racional se asemeja al ángel en cuanto que hay en él una participación en la virtud intelectual, según la cual puede aprender algunas verdades sin mediación. Estas verdades son los primeros principios conocidos naturalmente, referidos a lo *especulativo* y a lo operativo o *práctico*.

Respecto de los primeros principios especulativos, la virtud accesible al hombre es el llamado *intelecto* en cuanto se refiere a lo especulativo; y es llamada *sindéresis* en la medida en que se refiere a lo operativo. Santo Tomás

---

[101] Ver Tomás de Aquino, *In Sent.*I, d. 3, q. 1, a. 2, co.

dice explícitamente: *"unde et talis virtus intellectus vocatur, secundum quod est in speculativis, quae etiam secundum quod in operativis est synderesis dicitur"*.[102] *Virtus* designa un hábito, como declara formalmente: *"Virtus potest dici dupliciter; uno modo habitus perficiens ad actum bonum potentiae humanae sive sit bonus materialiter et sic habitus intelectuales et speculativi virtutes dici possunt quibus intellectus et ratio ad verum determinantur, cujus consideratio bonus actus ipsorum est"*.[103]

Este *habitus principiorum* es una luz superior, como una chispa (*scintilla*), pues así como una chispa es una porción pequeña de fuego; del mismo modo, esta virtud es una pequeña participación en la intelectualidad en comparación con lo que hay de intelectualidad en el ángel; es lo supremo de la naturaleza racional. El intelecto angélico conforma una potencia, mientras que en el hombre es un hábito, una mínima porción luminosa participada, que, sin embargo, en el orden natural, se hace imprescindible para la *ratio*, para conocer sin discurso, para encontrar una dirección y no perderse en lo arbitrario. Es un hábito, y no una potencia, pero un hábito propio de la razón, y no de la voluntad, como quiso San Buenaventura.[104] Ella es a la razón práctica lo que el intelecto a la razón especulativa.

El artículo primero de la Cuestión 3 de la distinción 39 (*In. Sent.* II) busca examinar si la luz superior de la razón puede extinguirse, y esto, con motivo de averiguar si esta parte del hombre puede errar en sus principios y juicios. La luz superior de la razón (*superior scintilla*) conformaría su parte superior –pues estamos hablando de la

---

[102] Cfr. Tomás de Aquino, *In Sent.*II, d. 39, q.3, a. 1: *"Oportet ergo quod in anima rationali, quae Angelo in ordine creaturarum configuratur, sit aliqua participation intellectualis virtutis, secundum quam aliquam veritatem sine inquisition apprehendat, sicut apprehenduntur prima principia naturaliter cognita tam in speculativis quam etiam in operativis"*.
[103] Tomás de Aquino, *In Sent.*III, d. 23, q. 1, a. 4, qc. 1, co.
[104] Tomás de Aquino, *In Sent.*II, d. 24, q. 2, a. 3.

misma facultad, aun cuando es posible establecer una clara distinción entre *intellectus* y *ratio*–, respecto de lo cual Santo Tomás afirma:

> *Sed contra, scintilla rationis extingui non potest, lumine intellectus remanente. Sed lumen intellectus nunquam per peccatum tollitur, quia lumen illud ad imaginem pertinet, ut patet ex eo quod dicitur in psalm. 4, 6: signatum est super nos lumen vultus tui Domine; ubi Glossa exponit de consignatione imaginis. Ergo scintilla rationis per peccatum non extinguitur.*[105]

Así como el intelecto no se equivoca acerca de los principios considerados en sí mismos, del mismo modo la luz de la sindéresis en sí misma nunca se extingue,[106] no mientras dure la luz del hábito del intelecto; no puede ser suprimida por el pecado puesto que dicha luz pertenece a la imagen. Ha sido dada a la naturaleza del hombre y lo natural no puede ser suprimido por el pecado.[107] La sindéresis, como aclara en el Segundo libro del *Comentario*, es un hábito, y no una potencia, pero un hábito propio de la razón, y no de la voluntad, como quiso San Buenaventura.[108] Ella es a la razón práctica lo que el intelecto a la razón especulativa, y es la luz superior que indica al hombre que debe buscar el bien y evitar el mal, por lo cual se constituye en intuición de los principios básicos de moralidad.

Consideraciones finales

Existe una semejanza que gobierna la jerarquía de los seres creados, y es la esencia divina que esplende en todos ellos a su modo –participado– y según las perfecciones de cada

---

[105] Tomás de Aquino, *In Sent*. II, d. 39, q. 3, a. 1, s.c. 1.
[106] Cfr. Tomás de Aquino, *In Sent*. II, d. 39, q. 3, a. 1.
[107] Tomás de Aquino, *In Sent*.II, d. 39, q. 3, a.1, s.c. 2.
[108] Tomás de Aquino, *In Sent*.II, d. 24, q. 2, a. 3.

naturaleza. La afinidad entre ellos proviene de la imitación del mismo modelo según las propias posibilidades ontológicas.

Según Dionisio –expone Santo Tomás– la jerarquía terrenal es un signo de la jerarquía celeste. La jerarquía del mundo se orienta camino a la jerarquía celeste, y de este modo queda conformada una sola jerarquía. No sería diferente la jerarquía de los hombres y de los ángeles, sino que sería la misma, en la cual, la unidad entre el reino celestial y el terrestre se da precisamente en la articulación entre la serie de hombres y la serie de ángeles. Dicha articulación se da en el punto de unión entre ambos rangos de ser, en la intelectualidad.[109]

En el hombre, la mente no es solamente una *ratio discursiva*, sino que constituye una misma facultad con el intelecto. Éste contiene habitualmente los principios en sí mismos inmutables que participan de la ley eterna, el camino directivo desde el cual comienza y hacia el cual avanza el trabajo propio de la razón.

A raíz de que en el hombre hay cierta participación en la luz divina de la inteligencia, aunque defectivamente, la mente humana es capaz de aprehender inmediatamente y sin argumentaciones intermediarias ciertas verdades.[110] Es capaz de retener algunos principios de valor de carácter absoluto y general que se manifiestan como *hábito de los primeros principios*, que no representa una facultad en sí, sino un hábito inherente a la mente misma. Ésta se manifiesta como un *intellectus aprehensivus*, y constituye nuestra tenue

---

[109] Tomás de Aquino, *In Sent.* II, d. 9, q. 1, a. 8, ad. 4: "*Ad quartum dicendum, quod secundum Dionysium, sicut se habet nostra hierarchia vel Ecclesia ad caelestem, ita hierarchia veteris legis ad nostram; unde sicut vetus hierarchia erat via in nostram et significabat eam, et propter hoc, veniente nova, vetus assumpta est in illam et ad ordines ejus, ita etiam nostra hierarchia est via in caelestem, et signum ejus; unde in patria non erit alia hierarchia hominum et Angelorum, sed una et eadem et homines in ordines Angelorum distribuentur*".

[110] Tomás de Aquino, *De Ver.* q. 8, a. 15, co. y ad. 2: "*Intellectus noster participans defective lumen intellectuale non est completus, respectu omnium cognoscibilium quae naturaliter potest cognoscere, sed est perfectibilis*".

participación en el modo de conocer de las inteligencias puras, que, según Tomás de Aquino tiene una doble virtualidad: el *hábito de los primeros principios especulativos* (*speculabilia*) y el *hábito de los primeros principios prácticos* (*operabilia*); este último pertenece al conocer práctico y es fundamento de la vida moral, denominado *synderesis*.[111] Estos dos hábitos se manifiestan como el principio de toda la ciencia y de todo arte y virtud que se pueda dar en el hombre. La sindéresis en particular es comprendida como un hábito especial del intelecto práctico, con el cual el hombre conoce los principios básicos de moralidad; el primer principio de la ley natural aparece en el segundo libro de las *Sentencias*, d. 24, q. 2, a.4, c: "*Omne malum est vitandum*". Ella representa la luz divina que hay en el hombre, que permite participar operativamente de la ley eterna. A lo cual Tomás agrega que a este principio se analogan todos aquellos preceptos que busquen naturalmente el bien humano.[112]

Es en los primeros principios donde se ve el ápice del ser humano que se "toca" con los seres superiores, como la *scintilla* que Dios ha puesto en el alma a fin de que pueda iluminar las demás facultades humanas, y realizar óptimamente sus funciones. Esta realidad confirma la existencia del principio de contigüidad, según el cual lo supremo de lo inferior se toca con lo inferior de lo superior. El punto de unidad entre las sustancias espirituales y el hombre –los entes que se mencionan en este apartado– aparece como la perfección existente en la luz de los principios evidentes en el intelecto que conocemos –el humano–, tanto referido a lo teórico, como en lo concerniente al ámbito práctico. Se trata de la presencia de la luz divina en nuestro ser, que no solamente nos bendice, sino que nos coloca una

---

[111] Tomás de Aquino, *De Ver.*, q. 15, a. 1; q. 16, a. I; q. 25, a. 2; *In Sent.* III, d. 25, q. 1, a. 2.

[112] Tomás de Aquino, *S.Th.* I-IIae, q. 94, a. 2, co: "*Bonum est faciendum et prosequendum et malum vitandum. Et super hoc fundantur omnia alia praecepta legis naturae, ut scilicet omnia illa facienda vel vitanda pertineant ad praecepta legis naturae, quae ratio practica naturaliter apprehendit esse bona humana*".

responsabilidad, pues a partir de los primeros principios teóricos y prácticos que habitan en lo superior del hombre, éste es llamado al desarrollo de la ciencia teórica y moral con el objeto de que su vida entera se dirija hacia la verdad y hacia el bien, en la participación en la ley eterna. Se ha visto cómo el pensamiento neoplatónico del *exitus-reditus* presente en las *Sentencias* se despliega no sólo en el esquema general de los seres, sino también en el interior del mismo hombre, cuyo camino de perfección consiste en un *exitus* desde los principios verdaderos, continuado y plenificado de contenido por el trabajo de la razón, coronado finalmente por su regreso hacia la luz de la verdad originaria.

El argumento en Quaestiones disputatae De Veritate

Introducción

El género del texto *De Veritate* pertenece a lo que entendían los medievales por una *quaestio disputata*, que se presentaba como uno de los ejercicios más complejos y exigentes, cuya introducción en las escuelas tuvo lugar en los comienzos del siglo XIII. Este texto en particular aparece como un modelo o paradigma entre las demás cuestiones disputadas, donde mejor se muestra el genio del teólogo de Aquino, y desde el punto de vista científico, se presenta como una obra profunda y fundamental.

La cuestión acerca de la verdad se torna ineludible, pues es el fin de la inteligencia, es lo que busca el filósofo y nada menos que el fin del universo; porque Verdad es uno de los nombres de Dios, como aparece en las Sagradas Escrituras: "Yo soy la Verdad" (*Jn* 14, 6). El tratado *De Veritate* es de 1256, un año antes de que Tomás fuera admitido en el *consortium magistrorum*. Pertenece a los primeros años de enseñanza como *Magister* en la Universidad de París –entre 1256 y 1259–. Posee un amplio dominio de la controversia y una justa solidez, aun cuando se trata de la redacción de un joven maestro de teología. Se constituye de un grupo de 29 cuestiones y 253 extensos artículos, y trata acerca de la verdad y el bien en Dios, los ángeles y en el hombre. La primera cuestión habla sobre la verdad, pero luego se extiende hacia otros temas afines, de modo que la verdad en Dios se extiende a cuestiones sobre la ciencia de Dios, las ideas divinas, el Verbo, la Providencia, la predestinación. En los ángeles se considera su conocimiento y la comunicación de su ciencia. El conocimiento del hombre ocupa un lugar central: la fe, la razón superior e inferior, la sindéresis, la conciencia y el conocimiento, tanto en el estado de naturaleza como el posterior a la muerte, y en particular el conocimiento del alma de Cristo.

En este apartado consignaremos los puntos más importantes relacionados con los pasajes del *De Veritate* en los cuales se halla presente la argumentación correspondiente al principio de continuidad ontológica. Para ello inicialmente se intentará una comprensión gnoseológica de los trascendentales en Tomás de Aquino, quien ofrece en este tratado sobre la Verdad una base significativa, a los fines de explicar los fundamentos de dicho principio. Posteriormente, se procederá al análisis de las facultades humanas y su rol en relación con el argumento de continuidad.

El principio de contigüidad ontológica

La afinidad ontológica entre los seres se consigna en este texto del siguiente modo: "*Naturae enim ordinatae ad invicem sic se habent sicut corpora contiguata quorum inferius in sui supremo tangit superius in sui infimo*".[113] Según este principio, el grado inferior de ser tiene su origen en la atenuación del grado superior y la realidad es comprendida jerárquicamente como una analogía de seres, que se ordenan en cascadas descendentes hasta el último grado.

---

[113] Tomás de Aquino, *De Ver.*, q. 16, a. 1.

En el caso del hombre, el término de convergencia con el superior está dado en aquella facultad que tiene en común con el ángel: el intelecto. La necesidad de un conocimiento pre-existente está implícita en la noción de *scientia*, cuando Aristóteles la había descripto en los *Analíticos Posteriores*, cuya carga semántica designa no tanto un sistema de proposiciones, como un estado mental o *habitus*, característico de lo que es producido por demostración. Pero se trata de un conocimiento fundado en proposiciones previamente conocidas. Aristóteles piensa que no puede haber *scientia* de todo. No todo conocimiento humano es demostrativo; el conocimiento de un principio es de naturaleza diferente al conocimiento de una conclusión, es un *habitus* diferente que el del conocimiento basado en la demostración; es el *intellectus*,[114] el cual contiene en sí la plenitud de lo verdadero.

El razonamiento de Tomás en *De Veritate*, q. 1, a. 1, representa un ceñido resumen de la teoría aristotélica de la ciencia, en el cual se reconoce la imposibilidad de un proceso al infinito, el cual la haría perecer. La reducción debe llegar a un fin, debe llegar a algo que sea realmente primero, que no es conocido a través de otra cosa, sino *per se*, en virtud de sí mismo, inmediatamente. El intelecto especifica la naturaleza del hombre, y en él, la primera concepción posible es la noción de ente: ente es lo primero conocido. Comenzaremos entonces por comprender y fundamentar la naturaleza del ente como contenido de esta facultad, porque cualquier naturaleza cognoscible por ella es esencialmente ente.[115]

Similiter etiam dicendum est de scientiae acquisitione; quod praeexistunt in nobis quaedam scientiarum semina, scilicet primae conceptions intellectus, quae statim lumine intellectus agentis cognoscuntur per species a sensibilibus abstractas, sive sint complexa, sicut dignitates, sive incomplexa, sicut ratio entis, et unius, et huiusmodi,

---

[114] Cfr. Tomás de Aquino, *In Post. Anal.* I, lect. 7.
[115] Cfr. Tomás de Aquino, *De Ver.*, q. 1, a. 1, co.

quae statim lumine intellectus apprehendit. In istis autem principiis universalibus omnia sequentia includuntur, sicut in quibusdam rationibus seminalibus.[116]

Las razones seminales de las ciencias preexisten en el alma, y ellas son las primeras nociones del intelecto. El ente es la noción universal primera que permite la aproximación cognoscitiva a la realidad, la noción de *ente* tiene una extensión máxima, que Tomás de Aquino ha denominado "trascendental" por ir más allá de toda concepción genérica. La primacía del ente es el fundamento en que se apoya Tomás para derivar los demás trascendentales y poder comprender los principios más complejos que el intelecto posee sin mediación ni discurso.

La naturaleza de los trascendentales: el ente como lo primero conocido

La cuestión primera del *De Veritate* se ocupa de disputar sobre la verdad (*quid sit veritas?*). El primer argumento que aparece es el de San Agustín,[117] quien en los *Soliloquios* afirma que *verdadero es lo que es*. Sin embargo, es necesario investigar qué es cada cosa para comprender cómo es posible la ciencia y el conocimiento de las cosas. Tomás estudia las condiciones de toda investigación teniendo en cuenta qué es algo, por lo tanto hace una auténtica ontología partiendo de su teoría de los trascendentales, específicamente a partir de la noción de *ente*.[118]

En primer lugar, se dice que aquello que el intelecto concibe como lo primero es el ente, en el cual se resuelven todas las concepciones, como dice Avicena al principio de

---

[116] Tomás de Aquino, *De Ver.*, q. 11, a.1, co.
[117] San Agustín, *Soliloquios*, L. II, c.5. Cfr. Tomás de Aquino, *Opúsculos y cuestiones selectas*, Madrid, Biblioteca de Autores Cristianos, 2001, p. 200, nota n°5.
[118] Se entiende que si Tomás hubiera estado interesado en dar una explicación estrictamente lógica de la verdad, no hubiera expuesto su teoría de los trascendentales en este texto.

su *Metafísica*.[119] Es el *primum intelligibile*, del mismo modo que el sonido es *primum audibile*.[120] Así como el sonido es el aspecto con el que el sentido del oído capta todo lo que conoce, el ente es el objeto propio del intelecto. El ente es condición previa para todo objeto inteligible, es el aspecto bajo el cual la inteligencia como tal alcanza todo lo que entiende; el conocimiento humano implica necesariamente una referencia al ente.

El ente mismo no es un género, no puede ser definido y no forma parte de la definición de algo. Es lo primero y más conocido, la primera concepción del intelecto a la que todas las definiciones deben reducirse. Se denomina "trascendental" porque trasciende o sobrepasa el orden genérico. Sin embargo, nos es tan familiar que normalmente no se toma conciencia de que el conocimiento humano es fundamentalmente siempre una concepción del ente. Sólo en un análisis reflexivo, en la *resolutio*,[121] queda claro que sin el ente como "aquello que es" nada puede ser aprehendido por el intelecto, "todas las demás concepciones están incluidas, de alguna manera, en el ente, unitaria e indistintamente".[122]

A partir de la tesis mencionada, Tomás afirma en *De Veritate*, q. 1, a. 1, que consecuentemente todas las demás concepciones del intelecto deben adquirirse por una adición al ente. Con lo cual se plantea un problema: ¿cómo sería posible una adición al ente?

La dificultad que plantea la adición al ente es la misma que plantea una pregunta tal como: ¿cómo puede diferenciarse el ente? Un factor diferenciador tendría que residir

---

[119] Cfr. Tomás de Aquino, *De Ver.*, q. 1, a. 1, co: "*Illud autem quod primo intellectus concipit quasi notissimum et in quod conceptiones omnes resolvit est ens, ut Avicenna dicit in principio suae Metaphysicae*".
[120] Cfr. Tomás de Aquino, *S. Th.* I, q. 5, a. 2: "*primo autem in conceptione intellectus cadit ens (...). Unde ens est proprium obiectum intellectus: et sic est primum intelligibile, sicut sonus est primum audibile*".
[121] La *resolutio* en Tomás es una vuelta a aquel principio que está presupuesto en todo conocimiento.
[122] Tomás de Aquino, *In Sent.*I, d. 8, q. 1, a. 3

fuera del ente, pero fuera del ente no hay nada.[123] Para Santo Tomás, el ente no puede tener ni una naturaleza ni una *ratio*, como si fuera un género, porque no se le puede añadir ninguna diferencia, como dice en *In Methaphys*.I, lect. 9, n 139: "*sed in hoc decipiebantur, quia utebantur ente quasi una ratione et una natura sicut est natura alicuius generis; hoc enim est impossibile. Ens enim non est genus, sed multipliciter dicitur de diversis*". El ente incluye todas las diferencias, puesto que toda naturaleza es esencialmente ente.[124]

> *sed enti non potest addi aliquid quasi extranea, per modum quo differentia additur generi, vel accidens subiecto, quia quaelibet natura essentialiter est ens, unde probat etiam Philosophus in III Metaphys. quod ens non potest esse genus.*[125]

Nada se le puede añadir al ente que sea extrínseco a él, como una diferencia se añade a un género o como un accidente al sujeto. Toda la naturaleza es esencialmente ente. Tomás llama a veces al ente *género* en un sentido amplio, porque guarda cierto parecido con un género por su comunidad (*communitas*), pero en sentido estricto no es un género sino que pertenece a los llamados "trascendentales" (*trascendentia*).[126] Los trascendentales, desde la perspectiva de la resolución del conocimiento, son los *prima*, o primeras concepciones del intelecto. Considerados desde su extensión, son los *maxime communia*, porque son comunes a todas las cosas. Tomás usó el término *trascendentia* para referirse a ellos y realizó una derivación en torno a estos primeros conceptos determinando las similitudes y diferencias entre

---

[123] Cfr. J. Aersten, *La filosofía medieval y los trascendentales. Un estudio sobre Tomás de Aquino*, trad. M. Aguerri y Ma. I. Zorroza, Pamplona, EUNSA, 2003, p.92.
[124] P. Aubenque, *Le probléme de l'être chez Aristote. Essai sur la problématique aristotélicienne*, Paris, Presses Universitaires de France, 1962, pp. 229-232.
[125] Tomás de Aquino, *De Ver.*, q. 1, a. 1.
[126] Tomás de Aquino, *In. Metaphys.* X, lect. 8, n. 18: "*Sed est quasi genus, quia habet aliquid de ratione generis, inquantum est communis*".

sí. Ellos constituyen modos generales que siguen a cada ente, cuya exposición aparece cuidadosamente estructurada en la primera cuestión del *De Veritate* (q. 1, a. 1). La aparición del término *trascendens* en el siglo XIII muestra que la reflexión filosófica quiere ir más allá de la teoría aristotélica de las categorías del ente, es decir, los trascendentales trascienden las categorías en la dirección del ente en general.[127] Pero esto, no en el sentido de que posean una realidad "más allá" del ente, sino que, al no estar restringidos a ninguna de las categorías, son comunes a ellas. Los trascendentales no contraen al ente, no le adicionan nada limitándolo, sino que son coextensivos con él.

El tema de la adición genera un dilema: o bien se añade algo al ente contrayéndolo o determinándolo (en cuyo caso pierde su carácter trascendental y deja de ser coextensivo con el ente), o bien no añade nada *real* al ente. Tomás busca una solución en una adición puramente conceptual o de razón: lo que se puede agregar al ente es *rationis tantum*.[128] Junto con el ente –*ens*–, considera los trascendentales *unum*, *verum*, *bonum*, y afirma que éstos expresan un modo del ente que no está referido por el nombre *ens*, pero su diferenciación es sólo de razón. Unidad, verdad y bien no difieren *in re* del ente. La única adición al ente es sólo *secundum rationem*, como puede verse en el argumento presentado en el artículo 1° de la cuestión 21 (*De Veritate*).[129]

---

[127] Los trascendentales superan las categorías porque pasan por todas ellas. No están restringidos a una de las categorías, sino que son comunes a ellas.
[128] Tomás de Aquino, *De Ver.*, q. 21, a. 1: *"et ideo oportet vel nihil addat super ens vel addat aliquid quod sit in ratione tantum; si nim adderet aliquid reale oporteret quod per rationem boni contraheretur ens speciale genus. Cum autem ens sit id quod primo cadit in conception intellectus, ut Avicenna dicit, oportet quod omne aliud nomen vel sit synonymum enti, quod de bono dici non potest cum non nugatorie dicatur ens bonum, vel addat aliquid ad minus secundum rationem; et sic oportet quod bonum ex quo non contrahit ens addat aliquid super ens quod sit rationis tantum".*
[129] Cfr. J. Aertsen, *La filosofía medieval y los trascendentales*, p.92.

El ente es el *maxime primum*, la primera concepción del intelecto, y como tal, tiene la primacía; los otros trascendentales son posteriores, en el sentido de que son modos generales del ente. Son una explicación del ente con respecto a su indivisibilidad (*unum*), cognoscibilidad (*verum*), y a su apetibilidad (*bonum*). El orden de la *nomina trascendentia* aparece en *de Veritate* q.21, a.3. Después de *ente*, viene *unidad* –la unidad es lo más próximo al ente–. Tras la *unidad* viene la *verdad*; el *bien* es el último de la serie.[130]

El alma tiene una apertura a todo lo que es, que se expresa en una conformidad entre el espíritu y el ente que ya estaba implícita en la tesis de que el ente es lo primero conocido. Ya que en el alma hay facultad cognoscitiva y apetitiva, por lo que esta conformidad es doble: la conformidad del ente con el intelecto se expresa con el nombre "verdad" y su conformidad con el apetito se llama "bien".[131] Considerándose según sus nociones propias, hay una diferencia entre los nombres trascendentales, puesto que unidad, verdad y bien añaden algo conceptualmente al ente.

En definitiva, el ente es lo más universal que está implícito en todo concepto, es indefinible y *evidente* por sí mismo. Hay una circularidad en el entendimiento humano, el ente es tanto su principio como su fin, como expresa Jan Aersten: "Sin embargo, en el mismo movimiento hay progreso. El conocimiento humano es desde el principio una concepción de ente".[132] Y es aquello en lo cual el intelecto resuelve todos sus contenidos.

---

[130] Tomás de Aquino, *De Ver.* q.21, a.3: *"unde istorum nominum trascendentalium talis est ordo, si secundum se considerentur, quod post ens est unum, deinde verum post unum, deinde post verum bonum"*.
[131] Cfr. J. Aersten, *La filosofía medieval y los trascendentales*, p. 105.
[132] Cfr. J. Aersten, *La filosofía medieval y los trascendentales*, p. 113.

El Intelecto como principio y fin de la actividad humana

Así como el ente es lo primero y lo último en ser considerado por el intelecto, así, en una proyección macroscópica se puede advertir que este último también parece ser el principio y el fin de las operaciones humanas. El intelecto es el lugar donde el ente en cuanto ente reside, y por lo tanto, conviene ver su despliegue en la continuidad de los seres.

Para abordar este tema, se cita inicialmente la cuestión 14 de *De Veritate* (ad. 9), cuyo primer artículo indaga acerca de qué es creer. Tomás investiga acerca del estatuto epistemológico de la fe. Al inicio, considera que el creer es distinto de la luz de los primeros principios y de la ciencia. Sin embargo, la fe, aunque distinta de la ciencia, reside también en el intelecto especulativo, puesto que su objeto es la verdad *simpliciter*.[133] Además, la firmeza de ese conocimiento es absoluta, aun mayor que la de la ciencia, pues sabemos que la fe se funda en la verdad no por demostración o por su evidencia intrínseca, sino por tener su fundamento en la autoridad de Dios. La fe habita en la verdad y subsiste en ella, manteniéndose impasible.

Ahora bien, hay que distinguir la verdad de la fe de todo otro conocimiento. Para explicar esto es necesario comprender que el intelecto posible puede ser movido por dos cosas: o bien por su propio objeto, que es la forma inteligible o lo que algo es (*quod quid est*), o también lo puede ser por la voluntad que mueve a todas las otras potencias.[134] Hay veces en que el intelecto es determinado por la voluntad, eligiendo asentir, con determinación y precisión a causa de algo que se presenta como suficiente para moverla: ésta es, propiamente, la disposición del creyente:

> *Et sic etiam movemur ad credendum dictis Dei, inquantum nobis repromittitur, si crediderimus, praemium aeternae vitae: et hoc praemio movetur voluntas ad assentiendum his quae dicuntur,*

---

[133] Tomás de Aquino, *De Ver.*, q. 14, a. 1, ad. 7.
[134] Tomás de Aquino, *De Ver.*, q. 14, a. 1, co.

> *quamvis intellectus non moveatur per aliquid intellectum. Et ideo dicit Augustinus, quod cetera potest homo nolens, credere non nisi volens.*[135]

Somos movidos a creer las cosas dichas por Dios y nuestra voluntad es movida a asentir las cosas reveladas. Pero además de la fe, en este artículo se muestra cómo en el intelecto humano habita cierta verdad, que manifiesta la imagen de Dios presente en el hombre. La fe cristiana sostiene la creación del mundo por Dios, con lo cual la concepción de la verdad y de la realidad no puede quedarse en el plano humano, ya que conocer la verdad significa ver el reflejo mismo de Dios. Así, la criatura ha sido dotada de verdadera realidad y de actividad propia,[136] poseyendo en su misma inteligencia el principio de su entender y de su obrar, es decir, la divina iluminación es acompañada por los primeros principios acerca del conocimiento teórico y del conocimiento que se extiende a lo operable. Éstos existen específicamente en el intelecto naturalmente (*naturaliter*), y son las semillas (*semina*) de la ciencia y de la virtud: "*praeexistunt enim naturaliter in ipso principia demonstrationum per se nota, quae sunt semina quaedam contemplationis sapientiae; et principia iuris naturalis quae sunt semina virtutum moralium*".[137]

Como dice en el pasaje *De Veritate* q. 5, a. 1, ad. 5: "*Intellectus simplex est sine discursu*", la facultad intelectual es aquella que eleva la mente del hombre, conforme intelige las sustancias separadas y los principios y conclusiones que puede conocer con certeza, los cuales, en los ángeles

---

[135] Ibidem.
[136] Cfr. Tomás de Aquino, *C.G* III, c. 21 y c. 69; Tomás de Aquino, *S. Th.* I, q. 105, a. 5.
[137] Tomás de Aquino, *De Ver.*, q. 14, a. 2

se manifiestan en el modo simple de la verdad pura.[138] El Intelecto se caracteriza por la ausencia de complejidad en el acto de conocimiento, y su síntesis, esto es, el fin de su acto, es lograr la perfección espiritual, y constituye el punto de partida y el término de toda actividad racional.

El intelecto es principio, por cuanto no podría la mente humana discurrir de una cosa a la otra si no comenzara por la acepción simple de una verdad, en la que consiste el intelecto de los principios; del mismo modo, tampoco llegaría la razón a algo cierto si no hiciera el examen de lo que ella encuentra a la luz de los primeros principios por medio del discurso.[139] Así, el intelecto como término se encuentra por la vía de la elaboración del juicio, luego del trabajo de la razón: *"Ut sic intellectus inveniatur rationis principium quantum ad viam inveniendi, terminus vero quantum ad viam iudicandi".*[140]

El intelecto es el lugar propio de la verdad; la verdad tiene una prioridad incuestionable en la vida humana, así como en la vida cristiana. La facultad racional y la fe coinciden en ser las dos alas para el vuelo del hombre hacia la verdad.

Unidad y distinción entre razón e intelecto

La cuestión 15 consta de cinco artículos que tratan acerca de la razón y el intelecto, en un esfuerzo por dilucidar su naturaleza, que deriva además en un estudio de índole moral. Como se dijo anteriormente, la diferencia entre intelecto y razón remite a la distinción entre dos tipos de

---

[138] Cfr.Tomás de Aquino, *De Ver.*, q. 15, a. 1, co.: *"Per prophertiam etiam utramque elevatur mens hominism ut quodammodo conformiter substantiis separatis intelligat quae sicut principia ita et conclusiones simplici intuitu...certissime vident"*; ver también q. 24, a. 3, co.: *"In Deo et in angelis suo modo est simplex notitia veritatis".*

[139] Ver P. Rousselot, *L'intellectualisme de saint Thomas*, 2°ed., Beauchesne, Paris 1928, p. 56: "On ne saurait exagérer, en philosophie thomiste, l'importance de cette distinction».

[140] Cfr.Tomás de Aquino, *De Ver.*, q.15, a. 1, co.

actos: por un lado, al acto de aprehender inmediatamente la verdad, y por otro, el acto de circular de una verdad a otra. Sin embargo, esta diversidad de actos surge de un mismo principio. El conocimiento de la verdad es lo que constituye la perfección de las sustancias espirituales, que no precisan el movimiento del discurso, sino que sin mediaciones, *subito*, y *statim* poseen la verdad: *"Perfectio autem spiritualis naturae in cognitione veritate consistit. Unde sunt quaedam substantiae spirituales superiores quae sine aliquo motu vel discursu statim in prima et subita sive simplici acceptione cognitionem obtinent veritatis; sicut est in Angelis, ratione cuius deiformem intellectum dicuntur".*[141]

Propio del alma humana es, por su natural imperfección, la actividad de la *ratio*, esto es, discurrir de un conocimiento a otro para poder ir alcanzando, fragmentariamente, la verdad:

> *Quaedam vero sunt inferiores, quae ad cognitionem veritatis perfectam pervenire non possunt nisi per quemdam motum, quo abuno in aliud discurrunt, ut ex cognitis in incognitorum notitiam perveniant; (...) Ratio vero discursum quemdam designat, quo ex uno in aliud cognoscendum anima humana pertingit vel pervenit.*[142]

Se afirma que la ratio es comparada con el intelecto como es comparado el movimiento con lo que reposa en la quietud, que constituye el principio y término del movimiento, y se lo compara con la generación en relación con el ser. En efecto, no podría la mente humana discurrir si no hubiera una verdad aceptada primeramente y que, además, permite que arribe a algo cierto que la razón resuelve a la luz de los principios primeros.[143] De lo que se sigue que

---

[141] Tomás de Aquino, *De Ver.*, q. 15, a. 1, co.
[142] Ibidem.
[143] Tomás de Aquino, *De Ver.*, q. 15, a. 1, co: *"Et sic motus comparatur ad quietem et ut ad principium et ut ad terminum, ita etiam et ratio comparatur ad intellectum ut motus ad quietem, et ut generatio ad esse; ut patet ex auctoritate Boetii supra induc-*

si bien el conocimiento del alma humana se realiza propiamente por la vía de la razón, sin embargo, requiere de cierta participación del conocimiento inmediato propio de las sustancias superiores, y, así como expresa Dionisio en el Capítulo VII de *Los nombres divinos*, la sabiduría divina conjuga lo último de lo primero con lo primero de lo segundo, o los fines de los primeros con los principios de los segundos, como se ve en el texto:

> *et hoc secundum illum modum quem Dionysius, VII cap. de Divin. Nomin., assignat dicens, quod divina sapientia semper fines primorum coniungit principiis secundorum; hoc est dictu: quod inferior natura in sui summo attingit ad aliquid infimum superioris naturae.*[144]

La naturaleza inferior en su punto más alto de ser, toca a lo inferior de la naturaleza superior. Esta participación respecto de los seres superiores, se da en el alma humana, propiamente en la intelectualidad. Aquí el principio está claramente planteado desde una perspectiva ontológica, con lo cual considera la diferencia entre la naturaleza angélica y la humana, citando el mismo capítulo del *De divinis nominibus*.

Los ángeles participan de la eternidad de Dios, por lo cual se llaman intelectos puros en virtud de que ellos realizan un acto perfecto que es mensurado a partir de su ser mismo, que es el *aevum*, una duración ilimitada, eterna.[145]

---

ta. *Comparatur ad intellectum ut ad principium et ut ad terminum. Ut ad principium quidem, quia non posset mens humana ex uno in aliud discurrere, nisi eius discursus ab aliqua simplici acceptione veritatis inciperet, quae quidem acceptio est intellectus principiorum. Similiter etiam nec rationis discursus ad aliquid certum perveniret, nisi fieret examinatio eius quod per discursum invenitur, ad principia prima, in quae ratio resolvit".*

[144] Tomás de Aquino, *De Ver.*, q. 15, a. 1, co.
[145] Véase Tomás de Aquino, *De Pot.*, q. 4, a. 2, ad 19: *"Et quamvis illae operationes sint realiter distinctae, cum operatio qua videt Deum Semper maneat et mensuretur aeternitate participata, operatio etiam qua intelligit se Semper maneat et mensuretur aevo, operatio vero qua intelligit per species innatas non Semper maneat, sed alteri succedat, tamen".*

Opera por un conocimiento sucesivo obtenido gracias a la multiplicidad de especies infundidas en ellos en su creación; la intelección angélica se constituye en este "tiempo" propio del intelecto puro, *sui temporis*, de manera que conoce *sine continuo et tempore*: "*Unde secundum (scilicet, formare propositiones) invenitur in angelis, cum per plures species cognoscant*".[146] Porque el espíritu puro no compone ni divide, pues su acto cognoscitivo no implica el paso de la potencia al acto. Sin embargo, ellos viven en un tiempo análogo al del ser humano, pues, aunque el ángel es una sustancia simple en el orden de la esencia, admite cierta complejidad en cuanto que es posible distinguir en ellos la esencia como diferente de la existencia. A causa de su composición, ocurre una verdadera sucesión en sus actos de conocimiento; los actos sucesivos se encuentran determinados por las distintas especies intencionales, con lo cual pueden formar sus juicios, entendiendo éste en un sentido análogo al humano, pero considerando su superioridad y la ausencia de complejidad en su intuición.[147] De la posibilidad de contar con un limitado número de nociones y juicios evidentes, participa el hombre, y es en ese punto donde se verifica una vez más la conexión existente entre dos formas de entidades, a saber, ángeles y hombres. Dos naturalezas contiguas se presentan enlazadas para conferir desde Dios, intermediada por las sustancias intelectuales, la máxima perfección acorde a su posibilidad, a las creaturas humanas.

> *Ex ipsa, scilicet divina sapientia, intellectuales angelicarum mentium virtutes, simplices et bonos habent intellectus, non a divisibilibus aut sensibus, aut sermonibus diffusis congregantes divinam cognitionem; sed uniformiter intelligibilia divinorum intelligunt.*[148]

---

[146] Cfr. Tomás de Aquino, *De Ver.*, q. 15, a. 1, ad. 5.
[147] Cfr. J. Peghaire, *Intellectus et Ratio...*, p. 46.
[148] Ibidem.

Las virtudes intelectuales de las mentes angélicas gozan de intelecciones simples que no cuentan con la intervención de los sentidos, por lo que entienden uniformemente, sin necesidad del discurso, los inteligibles divinos, a diferencia de las almas racionales, que participan débilmente del intelecto divino a causa de su conocer fragmentario. Y esto porque lo que es de una naturaleza superior no puede darse perfectamente en una naturaleza inferior, sino en un grado menor.[149] Por esto es que en la naturaleza sensible no se da la razón, sino alguna participación suya, de manera que también los brutos poseen una tenue participación en la prudencia, que inhiere en ellos según cierta estimación natural. Así, en el hombre, la adquisición de la verdad adviene por un hábito natural que es el hábito intelectual de los primeros principios. Y como es propio de la razón la actividad de la simple aprehensión y del razonamiento, así se entiende que el objeto principal del *intellectus* son los juicios: *"Judicare non est proprium rationis per quam intellectu distingui potest, quia etiam intellectus judicat hoc verum esse, illud falsum"*.[150] El intelecto contiene los juicios que son los principios primeros desde los que avanza el pensamiento, *per se notae*, por lo cual goza de una superioridad real con respecto a la razón.

Pero no hay en el hombre una separación entre razón e intelecto, sino que la razón misma se llama "intelecto" en cuanto participa de la simplicidad intelectual, la cual se presenta como inicio y término de su operación.[151] Como dice Avicena en *VI De Naturalibus*, actos diversos corresponden a diferentes potencias cuando no pueden ser referidas al

---

[149] Tomás de Aquino, *De Ver.*, q. 15, a. 1, co: *"quia illud quod est superioris naturae, non potest esse in inferiori natura perfecte, sed secundum quamdam tenuem participationem"*.
[150] Tomás de Aquino, *De Ver.*, q. 15, a. 1, ad. 4 et 5.
[151] Tomás de Aquino, *De Ver.*, q. 15, a. 1, co.: *"non est igitur in homine aliqua potentia a ratione separata, quae intellectus dicatur; sed ipsa ratio intellectus dicitur ratione eius quod participat de intellectuali simplicitate, ex quo est principium et terminus in eius propria operatione"*.

mismo principio, pero en el caso de la razón y el intelecto sólo se distinguen en cuanto se comparan entre sí como la generación y el ser, o como el movimiento y el reposo; pues a la razón corresponde el discurrir y al intelecto aprehender la verdad *statim*, simplemente, por lo tanto se trata de la misma potencia. Como dice, además, el libro *De spiritu et anima*: "*ratio est animi aspectus, quo per seipsum verum intuetur; ratiocinatio autem est rationis inquisitio*"[152] y Tomás agrega posteriormente: "*Unde et potentia discurrens et veritatem accipiens non erunt diversae, sed una*".[153] Reposo y movimiento se relacionan como lo perfecto con lo imperfecto: en cuanto perfecta, esta potencia reposa en la contemplación de la verdad y, en cuanto imperfecta, se mueve mediante el discurso hacia ella.

Razón e intelecto no son dos facultades distintas, sino actos diferentes de la misma facultad. Como la multiplicidad presupone la unidad, e igualmente como todo movimiento natural procede de algo inmutable y termina en algo en reposo, el proceso de la razón se reduce tanto en su comienzo como en su fin al acto intelectual.[154]

La sindéresis como hábito del intelecto

La cuestión 16, anterior en el tiempo a la elaboración de la *Summa Theologiae*, constituye un paso para su preparación; y su tema principal, la sindéresis, fue posteriormente incorporado mediante una labor de síntesis a la *Summa*, en la *Prima Pars*, q. 79 (arts. 12 y 13), aunque en general las referencias a este tema en la totalidad de la obra de Santo

---

[152] *De spiritu et anima*, cap. 1 (PL 40, 781). Este texto, erróneamente atribuido a San Agustín, es un tratado que Tomás de Aquino atribuyó a un monje cisterciense que podría ser el llamado Alcher de Claraval. (Ver M. de Wulf, *History of Medieval Philosophy*, London, Longman and Co., 1909, p. 185).
[153] Tomás de Aquino, *De Ver.*, q. 15, a. 1, co.
[154] Cfr. Tomás de Aquino, *De Ver*, q. 15, a. 1; q. 16, a. 1.

Tomás son más bien escasas. A pesar de su discreta presencia, la noción de sindéresis desempeña un papel clave en el pensamiento moral de Santo Tomás.

Todo lo que se encuentra en el alma son o sólo hábitos o sólo potencias o sólo pasiones.[155] Al ser un conocimiento natural, que es como un semillero de las operaciones y efectos que se han de llevar a cabo, conviene que la sindéresis sea habitual, de modo tal que pueda emplearse cuando sea necesario (*ut in promptu existat ea uti cum fuerit necesse*).[156] Y así como hay en el alma cierto hábito natural, que se llama "intelecto de los principios", por el cual se conocen los principios de la ciencia especulativa, así también existe en ella cierto hábito natural que contiene los principios de lo operable, que son los principios universales del derecho natural. Y este hábito existe en la razón.

La primera y más indicada referencia a la función de la sindéresis en la vida moral es su ser un hábito natural. Esto significa que no es un hábito adquirido como consecuencia de una repetición de actos, como ocurre con las virtudes morales, sino que regula radicalmente la vida práctica y se constituye en un conocimiento habitual de los principios que guían las buenas acciones. Es importante comprender que la sindéresis como guía hacia la acción buena no se ve amenazada en su integridad por los actos posteriores, sino que, por ser un principio, cabe siempre la rectificación moral en vistas de ella, porque no depende de nuestros actos libres. En esta dirección, la condición de ser hábito preserva una nota esencial de la norma moral, a saber, se puede cumplir o no cumplir, pero no por ello desaparece.

Un asunto que Tomás considera relevante es distinguir la sindéresis de las potencias: ella no es una potencia que tiende naturalmente a un objeto ni tampoco es un hábito moral que se inclina a una determinada acción. Más bien los fines de la virtud moral son prescriptos naturalmente

---

[155] Referencia a Aristóteles, *Ética Nicomáquea*, Libro II, c. 5, 1105 b.
[156] Cfr. Tomás de Aquino, *De Ver.*, q. 16, co.

por la sindéresis, aun cuando ella necesita en la práctica de las virtudes morales como su complemento, para cumplir eficazmente su misión directiva de la conducta. Ella, como tal, no se inclina a nada, sólo conoce y prescribe, por ser un hábito intelectual práctico. En la introducción a las cuestiones *De Veritate*, Ana Marta González comenta con relación a la naturaleza de la sindéresis:

> En cuanto principio práctico, la sindéresis presupone el carácter radicalmente tendencial de nuestra naturaleza, pero no se identifica con él. Propiamente hablando la sindéresis no tiende sino que preceptúa (o, en su caso, prohíbe). Prescribir, en efecto, es un acto racional que presupone algún tipo de querer, pero que no se confunde con él.[157]

La sindéresis es un hábito moral por el que tenemos conocimiento de los primeros principios morales; es un conocimiento práctico de tipo prescriptivo, cuyo objeto libra de la completa indeterminación a la potencia racional, pero su modo de tener el objeto no es inclinando hacia él. La posición más verdadera acerca de la sindéresis es la de Dionisio, que considera que está en la misma potencia de la razón como un hábito natural, siguiendo el argumento de continuidad ontológica presentado en el capítulo VII de *Los nombres divinos*:

> *Sicut enim dicit Dionysius in VII cap. de Divin. Nomin., divina sapientia coniungit fines primorum principiis secundorum; naturae enim ordinatae ad invicem sic se habent sicut corpora contiguata, quorum inferius in sui supremo tangit superius in sui infimo: unde et natura inferior attingit in sui supremo ad aliquid quod est proprium superioris naturae, imperfecte illud participans.*[158]

---

[157] Tomás de Aquino, *De Veritate, Cuestiones 16 y 17*, Introducción, traducción y notas de A. M. González, Pamplona, *Cuadernos de Anuario Filosófico* (1998), p. 14-16.
[158] Tomás de Aquino, *De Ver.*, q. 16, a. 1, co.

La sindéresis es la expresión de la existencia de los principios evidentes a nuestra inteligencia, que específicamente se orientan hacia el obrar y que permiten la actividad propiamente humana, que es razonar con una base firme e indudable, en este caso en el marco de la ciencia práctica. Representa la cúspide del pensamiento humano práctico y también el punto de encuentro con la naturaleza angélica, punto al que se refiere el principio de continuidad, según dice que lo superior de lo inferior (intelecto teórico y práctico humano) se toca con lo inferior de lo superior (facultad intelectual de los espíritus puros).

> *Unde et anima humana, quantum ad id quod in ipsa supremum est, aliquid attingit de eo quod proprium est angelicae naturae; scilicet ut aliquorum cognitionem habeat subito et sine inquisition quamvis etiam quantum ad hoc inveniatur Angelo inferior, in quantum in his etiam veritatem cognoscere non potest nisi a sensu accipiendo [...] Unde et in natura humana, in quantum attingit angelicam, oportet esse cognitionem veritatis sine inquisitione et in speculativis et in practices; et hanc quidem cognitionem oportet esse principium totius cognitionis sequentis, sive practicae sive speculative, cum principia oporteat esse certiora et stabiliora.*[159]

El conocimiento práctico que proporciona la sindéresis es universal y prescribe hacer el bien y evitar el mal. Es un hábito que no se extingue, como de ningún modo puede extinguirse en el hombre la luz del intelecto agente, por el cual se hallan en él los primeros principios teóricos y prácticos. Esta luz pertenece a la naturaleza misma del alma. Como dice el salmo: "sellada está sobre nosotros la luz de tu rostro, Señor".[160] Para que pueda haber alguna rectitud (*aliqua rectitudo*), es conveniente hallar algún principio

---

[159] Tomás de Aquino, *De Ver.*, q. 16, a. 1, co.
[160] *Psal.* IV, 7: "Signatum est super nos lumen vultus tui, Domine". Cfr. Tomás de Aquino, *De Ver.*, q. 16, a. 3, co.

permanente que tenga rectitud inmutable, para que todas las obras humanas sean examinadas; este principio es la sindéresis, por eso en ella no puede haber pecado.

> Unde et in operibus humanis, ad hoc quod aliqua rectitude in eis esse posit, oportet esse aliquod principium permanens, quod rectitudinem immutabilem habeat, ad quod omnia humana opera examinentur; ita quod illud principium permanens omni malo resistat, et omni bono assentiat. Et haec est synderesis, cuius officium est remurmurare malo, et inclinare ad bonum; et ideo concedimus quod in ea peccatum esse non potest. [161]

Sin embargo, por su carácter universal, no podría la sindéresis por sí sola promover la integración práctica de los bienes propios de cada una de nuestras tendencias; de ello se encarga la prudencia, que trata de ajustar la ley universal a la realidad particular. Es por ello que la prudencia es necesaria a la sindéresis, así como la razón lo es al intelecto.

Con todo lo dicho se resuelve la cuestión de la distinción entre *intellectus* y ratio. Se trata de la misma potencia, que goza de un *habitus principiorum*, el *intellectus*, propiamente dicho y la *synderesis*, como hábitos de lo teórico y de lo práctico respectivamente.

La afinidad ontológica de las facultades humanas y su continuación en la cadena de los seres

Es posible hallar la misma estructura de participación entre los seres –en la jerarquía de seres en general– que en el interior de la persona, de modo que la razón llega a ser luz y fuente de verdad y moralidad. Las facultades del alma no se presentan como elementos separados, sino que guardan entre sí una conexión en la unidad funcional del sujeto operante. La razón se encuentra en contacto con las demás facultades, que dependen de ella; pero debe encontrarse en contacto con las facultades inferiores, no de una

---

[161] Tomás de Aquino, *De Ver.*, q. 16, a. 2, co.

manera exterior, sino por una afinidad ontológica permanente, según una conexión natural de subordinación jerárquica. La voluntad, por su parte, no se mueve si primero no es iluminada por la facultad racional, que le muestra su objeto. En el orden de la actividad y la eficiencia, la voluntad es el primer principio propulsor de la vida, que hace entrar en acción no solamente a los apetitos inferiores y, por medio de ellos, a los miembros del cuerpo, sino también a los sentidos internos y externos.

La cuestión de la libertad humana y de la moralidad se basa en la participación de la voluntad en el intelecto, por lo cual la voluntad es llamada "racional" por participación. La potencia volitiva, como viene a estar bajo el imperio de la razón, puede dirigir el apetito sensitivo, que también es llamado "racional" por participación. De este modo, la autoridad que la razón ejercita sobre el apetito es indirecta y libre, no despótica, a causa de que el alma humana se encuentra en los confines de lo corpóreo y lo incorpóreo: "*Appetitus respectu alicuius est rectus naturaliter, sicut respectu finis ultimi prout quilibet naturaliter vult esse felix, sed respectu aliorum rectitudo appetitus a ratione causatur secundum quod appetitus aliqualiter rationem participat*".[162] Esta participación corresponde a la obediencia que presta la voluntad al imperio de la razón.

Siguiendo este orden, se puede colegir que las virtudes morales son establecidas por participación de las virtudes intelectuales. Pero la posibilidad gnoseológica no se queda en el hombre solamente, sino que desciende hacia los animales. Así como el hombre toma parte en el ápice de su mente racional y se toca con la intelectualidad angélica por medio del hábito de los primeros principios del intelecto, así también la parte inferior del hombre se toca con la superior de los animales. De éstos, los más elevados en la escala zoológica participan del aspecto más imperfecto de la voluntad y conocimiento humanos. El punto en que

---

[162] Tomás de Aquino, *In Sent.* III, d. 35, q. 1, a. 1.

acontece esta comunicación entre hombre y animal es el centro de coordinación y especificación llamado "estimativa"; ella preside la vida entera de los animales: *"Dicit (Aristóteles) quod sapere inest paucis animalium, et non quod insit solis hominibus, quia etiam quaedam animalia participant aliquid prudentiae et aliquid sapientae, scilicet quod recte iudicant de agendis per aestimationem naturalem"*.[163] Los animales, bajo este principio, son capaces de una prudencia en algún modo semejante a la humana, degradada según su naturaleza.

En el hombre esta capacidad estimativa se denomina propiamente "cogitativa" y es la continuación de nuestra inteligencia –que es *ratio* en cuanto discurre–; por ella es posible la preparación del fantasma para realizar la abstracción a partir del conocimiento del singular concreto. La cogitativa es una *ratio* particular que se inserta en la dimensión temporal.

La potencia cogitativa[164] ha sido considerada por los filósofos como perteneciente a la parte sensitiva. En realidad, para Santo Tomás es mediante el *experimentum* en que se ejercita la cogitativa –que equivale a la *empeiría* aristotélica–, que la facultad racional asciende desde la experiencia singular al conocimiento del universal, y por éste a la formulación de los primeros principios.[165] En efecto, es mediante la cogitativa que el intelecto humano se relaciona con la realidad concreta, dispone y percibe indirectamente las cosas particulares y puede ejercitar el juicio moral.[166] La cogitativa aquí opera en la función ascendente de la inducción y en el trayecto descendente de la deducción, así como en la voluntad y en el apetito concupiscible e irascible:

---

163 Tomás de Aquino, *In De An.* III., lect.4, n. 15.
164 Tomás de Aquino, *De Veritate*, Cuestión 14. *La Fe*, Introducción, traducción y notas de Santiago Gelonch y Santiago Argüello, *Cuadernos de Anuario Filosófico* 147 (2001), N. del T. n° 12, p. 33.: "Téngase presente que 'pensar' vierte 'cogitare'; la objeción surge del parentesco de este término con 'cogitativa potentia'".
165 Cfr. Tomás de Aquino, *In Post. Anal.* II, lect. 20.
166 Cfr. también Tomás de Aquino, *De Ver.*, q. 10, a. 5, ad. 2.

por ella se va produciendo la preparación para los actos superiores del espíritu, la ciencia y la virtud. La respuesta novena a esta objeción explica:

Potentia cogitativa est quod est altissimum in parte sensitiva, unde attingit quodam modo ad partem intellectivam ut aliquid participet eius quod est in intellectiva parte infimum, scilicet rationis discursum secundum regulam Dionysii quam dicit VII cap. De divin. nomin. quod "principia secundorum coniunguntur finibus primorum. Unde etiam vis cogitativa vocatur particularis ratio, ut patet a commentatore in III De anima, nec est nisi in homine.[167]

En este caso, el principio de continuidad se visualiza en la potencia cogitativa, que se conjuga con la *ratio*, entendida como una particular forma de ella. En la originalidad de la doctrina tomista del conocimiento, es preciso advertir que la cogitativa es quien recoge la experiencia de lo percibido justamente porque participa de la inteligencia, de la misma inteligencia que participa de la verdad absoluta de los principios, y garantiza su certeza por la presencia de la verdad divina. Cada acto, forma y actividad inferior se encuentra ligado en continuidad y fundado en los actos superiores por ser sus participaciones.

La cadena de los seres continúa en la vida vegetativa, que en lo superior se toca con el reino animal y en lo inferior es contiguo con el grado de ser inerte bajo el pleno dominio de la materia. Ambos participan también en cierto grado de la divinidad y conforman los últimos eslabones de lo creado. Aun cuando en estos estratos la similitud con lo divino está completamente afectada y atenuada, se da en el ámbito vegetal una delicada estructura análoga al sistema nervioso, con un modo preciso y vivo de responder a los estímulos. En fin, en todo lo creado se manifiesta la infinita perfección de Dios en sus diferentes modos de tender hacia el fin propio. Aun cuando existe una diferencia ontológica

---

[167] Tomás de Aquino, *De Ver.*, q. 14, a. 1, ad. 9.

de grados, el conjunto de los seres conforma una perfección armónica universal que en mayor o menor medida tienden a Dios como a su fin último.

Conclusiones

En la exposición de los trascendentales del texto *De Veritate* q. 1, a. 1, Tomás busca una resolución del conocimiento, en la que los conceptos del intelecto se reduzcan al ente como su primera concepción. La comprensión del ente es el comienzo y base de la actividad racional humana. La tesis de que el ente es lo primero conocido implica que el ente es el objeto propio del intelecto y, como el ente no excluye nada, aquél tiene el objeto más común (*obiectum communissimum*); sin el ente, nada puede ser aprehendido por el intelecto.[168] Por esto, el primer principio indemostrable que sostiene que es imposible afirmar y negar simultáneamente, está basado (fundatur) en las nociones de ente y no ente.[169]

Entonces no sólo hay un paralelismo entre el orden del conocimiento conceptual y el de la demostración, sino que lo que es principio en el orden de las concepciones es el fundamento de aquello que es primero en el orden de la ciencia y por lo tanto de la demostración. Así, la prioridad cognoscitiva del ente ilustra la correlación entre el ente y el intelecto, quien goza de una prioridad ontológica en la esfera de las potencias humanas. El acto propio del intelecto es la intuición inmediata de la verdad, que es contemplada a partir de los primeros principios teóricos y prácticos, como aparece en *De Ver.* q. 11, a. 1: *"prima autem principia speculabilium nobis naturaliter indita, non pertinent ad aliquam specialem potentiam; sed ad quendam specialem habitum, qui dicitur intellectus principiorum, ut patet in* VI Ethic". Dichos principios constituyen el ápice del ser humano, su parte superior, que limita hacia arriba con la capacidad intelectual

---

[168] Tomás de Aquino, *In Sent.* I, d. 8, q. 1, a. 3.
[169] Tomás de Aquino, *S.Th.* I-IIae., q. 94, a. 2.

pura de los ángeles, como dice Dionisio en el capítulo VII de *Los nombres divinos*: "*quod divina sapientia semper fines primorum coniungit principiis secundorum*",[170] manifestando un orden ontológico continuo. El proceso racional sólo es posible cuando el discurso comienza con una intuición inmediata, en la que el intelecto comprehende en unidad la multiplicidad, en la medida en que la razón alcanza una verdad simple a partir de muchas cosas. Así, la superioridad humana reside en la intuición habitual de los primeros principios teóricos y prácticos, que no sólo conectan con el rango angélico, sino que constituyen aquello que eleva al hombre por encima del horizonte sensitivo y lo engrandecen al poder vivir en sí una ínfima parte de la verdad, para tender hacia su fin último. Esta perfección, aunque limitada, permite colaborar en el orden de la creación hacia los estratos inferiores, cooperando en la obra divina.

Tomás de Aquino muestra cómo en el mismo hombre es posible encontrar las huellas de toda la creación, esto es, el horizonte de lo infinito, de lo finito y lo temporal, lo cual viene a confirmar lo que dice el argumento de continuidad. El género humano en lo inferior de sus potencias se conecta con lo superior de los animales en la cogitativa, que en los animales se denomina "estimativa"; en su parte superior, que es el intelecto de los primeros principios, limita con el orden angélico, en cuanto que éstos son inteligencias puras:

> *Potentia cogitativa est quod est altissimum in parte sensitiva, unde attingit quodam modo ad partem intellectivam ut aliquid participet eius quod est in intellectiva parte infimum, scilicet rationis discursum secundum regulam Dionysii quam dicit VII cap. De Divin. Nomin. quod principia secundorum coniunguntur finibus primorum unde etiam vis cogitativa vocatur particularis ratio, ut patet a commentatore in III De anima, nec est nisi in homine.*[171]

---

170 Tomás de Aquino, *De Ver.*, q. 15, a. 1, co.
171 Tomás de Aquino, *De Ver*, q. 14, a.1, ad. 9.

Finalmente, cabe destacar en este estudio sobre la presencia del argumento de contigüidad en *De Veritate* que Dios ha asignado un gran tesoro a la humanidad, esto es, el poder de vivir en su interior la existencia de la verdad, aunque el conocimiento relativamente pleno de ella implique necesariamente el esfuerzo de la razón.

El argumento en la *Summa contra Gentiles*

Introducción

La *Suma Contra Gentiles* es una obra que Santo Tomás leyó, releyó y modificó en varias ocasiones, como dice el P. Gils.[172] Y Gauthier afirma que escribió en París en 1259 la redacción primitiva de los 53 primeros capítulos del libro I; en Italia, en 1260 revisó estos primeros capítulos y terminó de escribir el resto del libro I. Los libros II, III, y IV fueron escritos entre el 1261 y el 1265.[173]

Tomás escribió esta Suma a instancia de Raimundo de Peñafort, quien, muy cercano por ese entonces a España, con la intención de convertir el Islam, habría pedido a su joven hermano equipar a los misioneros con las debidas armas intelectuales para llegar a los "gentiles".[174] Considerada como el segundo discurso teológico de Santo Tomás,[175] su primera síntesis expresa que el sabio debe emplear su esfuerzo en una doble verdad: la de las realidades divinas y, al mismo tiempo, la refutación de los errores contrarios. Para uno de estos dos cometidos puede ser suficiente la investigación de la razón; el otro sobrepasa todo intento de

---

[172] P. M. Gils en: Ed. Leonina, Vol. L (*In De Trin.*).
[173] Cfr. Gauthier, *Introduction historique à S. Thomas d'Aquin. Contra Gentiles*, introducción de A. Gauthier, trad. R. Bernier y M. Corvez, t. I, París, 1961, p. 59.
[174] Cfr. M. D. Chenu, *Introduction à l'étude de saint Thomas d'Aquin*, 4° ed., Paris, Vrin, 1984, pp. 247-248.
[175] Cfr. M. Corbin, *Le chemin de la théologie chez Thomas d'Aquin*, Bibl. des Archives de Phil., N. S. 16, París, 1974, pp. 475-691.

la razón. La doble verdad de la que hablo debe ser considerada no desde el lado de Dios, que es la verdad una y simple, sino desde el lado de nuestro conocimiento que ante las cosas de Dios reviste ciertas modalidades.[176]

El propósito de esta obra es exponer la verdad profesada por la fe católica y rechazar los errores contrarios.[177] La manifestación de la verdad primero necesita valerse de razón demostrativa, capaz de convencer al adversario, porque la razón natural no puede ir contra la verdad de la fe. La obra procede aportando argumentos verificables y probables, a partir de las distintas voces de las autoridades del pensamiento. La substancia divina, en efecto, sobrepasa por su inmensidad todas las formas que puede alcanzar nuestra inteligencia, y nosotros no podemos captarla para conocer lo que es. Tenemos cierto conocimiento de ella estudiando lo que no es (*quid non est*) y nos aproximamos más a este conocimiento cuando podemos, gracias a nuestra inteligencia, descartar más cosas de Dios.[178]

Teniendo en cuenta las características de este escrito, el argumento de la continuidad se ve manifiesto desde el punto de vista ontológico y gnoseológico, con el objeto de comprender no sólo el ordenamiento escalonado del cosmos, sino la continuidad reflejada del universo en la totalidad de la realidad humana. Asimismo, el texto propone un estudio parcial de este principio.

Aproximaciones gnoseológicas

La ciencia de Dios

Se procede al análisis del conocimiento de Dios para comparar seguidamente con método analógico la capacidad humana de alcanzar conocimientos, con el objeto de

---

[176] Cfr. Tomás de Aquino, *C.G.* I, c. 9.
[177] Cfr. Tomás de Aquino, *C.G.* I, c. 2.
[178] Cfr. Tomás de Aquino, *C. G.* I, c. 14, n. 2 y n. 3.

contemplar su relación con el miembro directamente inferior a Dios en la jerarquía y su punto en común con éste, siguiendo el desarrollo del principio de continuidad. Luego de trabajar los capítulos correspondientes a la demostración de la existencia de Dios, sobre su simplicidad y atributos, Tomás procede, en el Libro I, a explicar el modo en que Dios conoce. La primera afirmación de la cuestión 57 señala que la ciencia divina no es raciocinante, puesto que toda labor de este tipo implica algo de potencia y algo de acto, y las conclusiones se hallan en potencia en los principios. De manera que su entendimiento no puede poseer ningún sesgo de discurso, de paso de un principio a una conclusión. Además en todo saber discursivo hay necesariamente algo causado, como ocurre, por ejemplo, con los principios, que son causas de la conclusión; en Dios no hay posibilidad de que haya algo causado porque el mismo Dios no es causado. En Él no puede haber otra ciencia que la esencial y natural, porque su conocimiento, la operación intelectual, es su esencia.[179]

Aquel que es la fuente primera de todo movimiento, afirma el Aquinate, es un motor completamente inmóvil, por no contener en sí nada de potencialidad. La presencia del argumento en el pasaje de *C.G.* aparece en un contexto comparativo entre la imperfección del conocimiento humano y el excelso conocimiento divino. Lo más elevado en nosotros es aquello que participa del ser superior y está dado en el conocimiento intelectual, que es el origen de la razón:

> *Quod est supremum in nobis est inferius eo quod in Deo est: nam inferius non attingit superius nisi in sui summo. Supremum autem in nostra cognitio est, non ratio, sed intellectus, qui est rationis origo. Dei igitur cognitio non est ratiocinative, sed intellectualis tantum.*[180]

---

[179] Cfr. Tomás de Aquino, *C. G.* I, c. 57, n.1.
[180] Tomás de Aquino, *C. G.* I, c.57, n. 7.

Esto es, lo más elevado en nosotros es inferior a lo que hay en Dios, de modo que lo inferior no toca lo superior sino con su parte más alta, que en caso del hombre, es el intelecto. El conocimiento discursivo tiene su origen en la imperfección de la naturaleza intelectual.

Quod autem intellectualiter cognoscitur per se est notum, et ad ipsum cognoscendum natura cognoscentis sufficit absque exterior medio. Unde manifestum est quod defectives quidam intellectus est ratio. Divina igitur scientia non est raciocinativa.[181]

Como el texto señala, la razón es un intelecto defectuoso. Es decir, es la misma facultad quien primeramente posee la visión directa de los principios, de los cuales precisa para iniciar su movimiento cognoscitivo, luego del cual puede concluir ciertas verdades. Dios, contrariamente, puede conocer las cosas viendo su esencia sin la necesidad de dividir y componer. Si Dios considerara las cosas por composición y división, no consideraría todos los seres en un solo acto intuitivo, sino a cada uno por separado, lo cual implicaría una capacidad compuesta, y no simple, como corresponde a Él.[182] Además, sólo a raíz de ambos actos de componer y dividir tienen lugar las equivocaciones en cuanto a la quididad, que es el objeto propio del intelecto: *"Proprium objectum intellectus est 'quod quid est': unde circa hoc non decipitur intellectus nisi per accidens, circa compositionem autem et divisionem decipitur".*[183]

Semejanzas, diferencias y la continuidad entre el intelecto angélico y el humano

El capítulo 47 del segundo libro afirma que la capacidad cognoscitiva de las sustancias separadas intelige siempre en acto. Esto es posible porque el ángel recibe junto con

---

[181] Cfr. Tomás de Aquino, *C.G.* I, 57 n. 9.
[182] Cfr. Tomás de Aquino, *C.G.* I, 58.
[183] Ibidem.

su existencia las especies inteligibles necesarias para poder conocer todos los seres que entran en la extensión de su objeto natural de conocimiento. Los espíritus puros se encuentran continuamente en acto de intelección, pues inteligir es su operación vital: *"operatio propia, quae est intelligere, est in eis continua et non intercisa"*.[184] En otro texto de *Contra Gentiles* aparece otra formulación referente a esta operación: *"Angelorum autem cognitio (...) est etiam immobilis, quia non discurrendo ab effectibus in causas aut e converso, sed simplici intuitu puram veritatem de rebus intuentur"*.[185] Esta inmutabilidad evidencia una ausencia del pasaje del acto a la potencia: *"in intellectu substantiae separatae quaedam (...) non succedat actus potentiae, sed actus actui"*.[186] Un acto sucede a otro acto en su facultad de conocer, y son capaces de alcanzar la quididad o esencia de las cosas. Su facultad llega a todo aquello que existe en realidad, a saber, no solamente la esencia abstracta de los seres corporales con sus condiciones materiales, sino también la esencia en su singularidad concreta e individual, cosa que no es asequible en su plenitud a los seres humanos. Peghaire resume esta idea en las siguientes palabras: *"tandis que pour l'homme, 'omne individuum est ineffabile', parce que, pour nous, son essence exclut les principes individuants et que nous n'atteignons que l'essence spécifique, pour l'ange, il serait juste de dire: 'Omne individuum est effabile', car il atteint l'individu dans son essence d'individu"*.[187]

En la tesis de Peghaire, que fundamenta el pensamiento tomista, el conocimiento angélico de las cosas y de Dios se revela como "especular", en el sentido de que Dios infunde en el momento de su creación las especies inteligibles en su propia esencia, la cual produce el efecto del espejo, desde el cual puede contemplar las especies. Es la sede de su misma esencia donde el ángel puede ver a las quididades y puede

---

[184] Cfr. Tomás de Aquino, *C.G.*II, c. 97, n.6.
[185] Ver Tomás de Aquino, *C.G.*II, c. 91, n.4.
[186] Ver Tomás de Aquino, *C.G.*II, c. 101, n.2.
[187] J. Peghaire, *Intellectus et Ratio*..., p. 53.

acceder también al conocimiento de Dios del mismo modo. Para el hombre, por su parte, son las creaturas las que le sirven de espejo tanto con respecto a su esencia, como en la medida en que conducen a cierto conocimiento de Dios. En efecto, Dios se refleja en las creaturas corporales; y su imagen produce en nuestro intelecto posible las especies inteligibles en las que se manifiesta, además, su fuente, el Creador. Según los estudios teológicos, sólo nos es dado conocer a Dios de dos maneras: o bien *in speculo*, naturalmente, o bien *facie ad faciem*, esto es, sobrenaturalmente: "*Quand il s'agit de connaissance naturelle, comme dans notre cas, il faut nécessairement exclure la seconde qui est essentiellement surnaturelle. Il reste donc la première qui primo et per se se réalise dans notre connaissance humaine, et improprement dans celle des anges*".[188] Se deduce una diferencia entre ambos conocimientos, considerando que el hombre conoce naturalmente a partir de lo existente –el universo– mientras que el Ángel conoce desde lo que ve en su propia esencia, desde las especies infundidas por Dios en ella.

Las entidades espirituales puras conocen lo singular, pero a través de un proceso inverso al del intelecto humano. En éste, las especies inteligibles llegan a las sustancias separadas por vía de composición, pues las tienen a partir de una semejanza con la primera especie inteligible del intelecto divino, y que no ha precisado del trabajo de la abstracción. Diversamente, las especies inteligibles llegan a nuestro intelecto por vía de resolución, es decir, por la abstracción de las condiciones materiales e individuantes.[189]

En relación con el conocimiento sobre Dios, Tomás explica que las substancias separadas lo pueden conocer a través de sus propias substancias, pero en el modo en que las causas se conocen por sus efectos, por lo cual no pueden acceder directamente a la esencia divina. La naturaleza de la substancia separada no es la misma que la divina y por lo

---

[188] J. Peghaire, *Intellectus et Ratio...*, p. 55.
[189] Cfr. Tomás de Aquino, *C.G.*II, c. 101.

tanto no es posible que entienda la naturaleza de Dios. La substancia de Dios es su mismo ser[190] y, como la naturaleza inferior sólo llega con su parte más alta a lo ínfimo de la superior, es necesario que el conocimiento alcanzado por las substancias separadas sea más elevado que en nosotros: *"Quia vero natura inferior in sui summo non nisi ad infimum superioris naturae attingit, oportet quod haec ipsa cognitio sit eminentior in substantiis separatis quam in nobis".*[191] Esta formulación del principio de contigüidad apunta directamente a las posibilidades de conocimiento de las sustancias separadas en relación con la capacidad humana y muestra un punto de proximidad entre las dos realidades en cuanto al plano gnoseológico marcando, empero, su diferenciación. Sin embargo, aun en la distinción, se ve la continuidad o semejanza, esto es, el ser de naturaleza intelectual, permite tanto a almas humanas como a mentes angélicas tener el deseo natural de saber, pero el deseo natural busca extenderse más allá, puesto que nada finito puede aquietar el deseo del entendimiento.[192] Por eso se dice, ya en el *Liber de Causis*, que la facultad intelectual se ubica en la eternidad.[193]

La operación propia de una cosa se conoce por su especie, porque la operación muestra la potencia, y ésta indica la esencia. De modo que la operación propia de la substancia separada y la del alma intelectual es entender, pero el modo es muy distinto en ambas: el alma entiende abstrayendo a partir de los fantasmas y las mentes angélicas no, pues no tienen órganos corpóreos, y no pueden tomar su conocimiento de lo sensible. Esta afirmación evidencia que la sustancia separada y el alma no son de la misma especie.[194] La diferencia entre ambos está dada por la diversidad de acciones naturales, pues el modo en que

---

[190] Cfr. Tomás de Aquino, *C.G.* I, c. 22: *"Quod in Deo idem est esse et essentia".*
[191] Tomás de Aquino, *C.G.* III, c. 49, n.9.
[192] Cfr. Tomás de Aquino, *C.G.* III, c. 50.
[193] Cfr. *Liber de Causis*, 6, §67: *"intelligentia quidem non est in tempore, immo est cum aeternitate".*
[194] Cfr. Tomás de Aquino, *C.G.* II, c. 94.

entiende el intelecto humano necesita del sentido y la fantasía (*phantasia*), y el modo del intelecto angélico entiende intuitivamente toda la realidad.[195] Aquí se hace evidente una de las leyes más importantes de la jerarquía de los seres. No solamente hay, desde arriba hacia debajo de la escala, un orden y una sucesión sin hiato en la línea de perfección decreciente, sino también una conexión profunda entre cada rango de entes. Cada nivel posee, en su punto más alto, la perfección inferior del ser superior que le sigue, y transmite, a su vez, al inferior aquella perfección propia que puede recibir el grado subsiguiente: "*Natura superior in sui infimo contingit naturam inferiorem in eius supremuo. Natura autem intellectualis est superior corporali. Attingit autem eam secundum aliquam partem sui, quae est anima intelectiva*".[196]

De este modo, el cuerpo que es perfeccionado por el alma intelectiva es el más supremo en el género de los cuerpos; pero a su vez, el alma intelectiva que se une al cuerpo es ínfima en el ámbito de las substancias intelectuales: "*Oportet igitur quod, sicut corporis perfectum per animam intelectivam est supremum in genere corporum, ita anima intellective, quae unitur corpora, sit infima in genere substantiarum intellectualium*".[197] La continuidad ontológica se hace presente aquí para identificar el centro de unidad en que convergen dos naturalezas, a saber, una misma y a la vez diferente facultad: el intelecto. Gilson apunta:

> La jerarquía de los seres es continua. Toda naturaleza de un grado superior toca, por lo que tiene de menos noble, a lo que hay de más noble en las criaturas del orden inmediatamente inferior. La naturaleza intelectual es superior a la naturaleza corporal y sin embargo el orden de las naturalezas intelectuales toca al orden de las naturalezas corporales por la naturaleza intelectual menos noble, que es el alma racional

---

[195] Cfr. Tomás de Aquino, *C.G.* II, c. 44.
[196] Tomás de Aquino, *C.G.* II, c. 91, n. 4.
[197] Ibidem.

del hombre. Por otra parte, el cuerpo al que el alma racional está unida, está elevado, por el hecho mismo de esta unión, al grado supremo de la jerarquía de los cuerpos; conviene, pues, para que la proporción quede a salvo, que el orden de la naturaleza reserve un lugar a las criaturas intelectuales superiores al alma humana, es decir a los ángeles, que no están unidos a un cuerpo.[198]

La inteligencia humana posee, en cierto grado, la facultad de la intuición. Pero la substancia está proporcionada a su operación porque la operación es el acto y el bien de la substancia que opera.[199] Como el acto de inteligir no es ejercido por los órganos corpóreos, sólo precisa del cuerpo cuando lo inteligible toma de lo sensible lo necesario para ejercer su acto. En los entes en los que esto ocurre, se produce un modo imperfecto de conocer, ya que el entender puro consiste en inteligir las cosas que son por naturaleza inteligibles.[200] Y esto prueba también que, si en un género determinado, a saber, la capacidad de inteligir, lo perfecto es anterior a lo imperfecto, es preciso que antes de las almas humanas, que entienden a través de los fantasmas, haya sustancias intelectuales que conozcan en sí las cosas que son inteligibles, no recibiendo el conocimiento a través de lo sensible, sino completamente separadas de los cuerpos materiales por naturaleza:

> *Natura superior in suo infimo contingit naturam inferiorem in eius supremo. Natura autem intellectualis est superior corporali. Attingit autem eam secundu aliquam partem sui, quae est anima intellective. Oportet igitur quod, sicut corpus perfectum per animam intellectivam est supremum in genere corporum, ita anima intellective,*

---

198 E. Gilson, *El Tomismo*, 5ta. ed., trad. A. Oteiza Quirno, Buenos Aires, Ediciones Desclée, 1943, p. 231.
199 Cfr. Tomás de Aquino, *C.G.* II, 91, n. 8.
200 Ibidem: *"perfectus enim modus intelligendi est ut intelligantur nisi ea quae sunt secundum naturam intelligibilia".*

quae unitur corpora, sit infima in genere substanciarum intellectualium. Sunt igitur aliquae substantiae intellectuales non unitae corporibus, superiores secundum naturae ordinem anima.[201]

Y los animales continúan –en el ápice de su ser– con una especie de razón muy rudimentaria, la estimativa, que es una forma de razonamiento aplicada a lo concreto e individual. De este modo, se comprende que la naturaleza no posee saltos y ésta es una idea que proviene inicialmente de Plotino, y más palmariamente de las tríadas sucesivas de Proclo, por aquello, que es característico del neoplatonismo, de que existe "una multiplicidad de esferas de ser que están estrechamente relacionadas y subordinadas entre sí"[202] y "cada esfera ontológica inferior deriva de la que le es superior".[203]

Un solo y único poder creador produce y sostiene la creación entera, en la cual los efectos de la potencia divina se hallan naturalmente ordenados según una serie ligada de perfección decreciente, y el orden de las cosas creadas es tal que para recorrerla de un extremo al otro es necesario pasar por todos los grados intermedios.

Jerarquía e integración en interior del ser humano

Uno de los rasgos que caracterizan al mundo es su riqueza de variedad y diversidad; por ello fue conveniente, y para que hubiese una perfecta imitación de Dios, que se diesen diversos grados en las creaturas.[204] Pero la diversidad es acompañada por la comunidad de los seres, que no permanecen en un nivel horizontal de común pluralidad, sino que se escalonan según todas las creaturas están preordenadas

---

[201] Véase Tomás de Aquino, *C.G.* II, 91, n. 4.
[202] Francisco García Bazán, *Plotino y la mística de las tres hipóstasis*, p. 22.
[203] Ibídem
[204] Cfr. Tomás de Aquino, *C.G.* II, c. 45, n. 4: *"Oportuit igitur, ad hoc quod in creaturis esset perfecta Dei imitation, quod diversi gradus in creaturis invenirentur".*

y preorientadas por Dios, y que reciben la luz de su creador de acuerdo con su mayor o menor profundidad en las dimensiones de la existencia. Acerca de la sucesión de los seres, Torrel comenta que se distinguen en tres categorías principales, y las marca a grandes rasgos: "*On distingue ici successivement trois grandes catégories d'être sortis des mains de Dieu: les anges, créatures purement spirituelles; le monde, créature purement corporelle; et finalement l'homme, créature à la fois spirituelle et corporelle*".[205] El hombre está en los confines de la materia y el espíritu, cuya naturaleza se realiza en el retorno a sí a partir del mundo exterior, es decir, por reflexión, que constituye la interiorización; para Santo Tomás, la estructura de todo acto verdaderamente humano comporta este retorno a sí, a su sede espiritual. En *De Anima*, Tomás de Aquino se expresa con respecto a este tema –por eso se incluye en esta sección–, tratado en gran medida en *Contra Gentiles*, y hace una clara alusión al principio de contigüidad heredado de Dionisio:

> *Praeterea, esse comparatur ad substantiam animae ut actus eius, et sic oportet quod sit supremum in anima. Inferius autem non contingit id quod est superius secundum supremum in eo, sed magis secundum infimum; dicit enim Dionysius, quod divina sapientia coniungit fines primorum principiis secundorum. Corpus igitur, quod est inferius anima, non pertingit ad esse quod est supremum in ipsa.*[206]

Esta explicación en *De Anima* muestra la superioridad del alma con respecto al cuerpo, pero revelando su límite común. De este modo, parecen conjugados cuerpo y alma en una misma realidad, según lo que enseña el principio de contigüidad ontológica. La respuesta a este argumento 17 se completa de la siguiente manera: "*Ad decimumseptimum*

---

[205] J. P. Torrel, *Saint Thomas d'Aquin, maître spirituelle*, 3° ed., Fribourg, Academie Press Fribourg, 2008., p. 336.
[206] Tomás de Aquino, *De anima*, a. 1, arg. 17.

dicendum quod licet esse sit formalissimum inter omnia, tamen est etiam maxime communicabile, licet non eodem modo inferioribus et superioribus communicetur. Sic ergo corpus esse animae participat, sed non ita nobiliter sicut anima".[207] El cuerpo participa de la superioridad del alma y en este sentido comunica el *esse* y puede actualizar su materia. El *esse* es la sustancia del alma como su acto; es lo más elevado del alma, pero al mismo tiempo el *esse* en cuanto tal trasciende las determinaciones de las esencias, pues no está en el orden de las esencias, sino que las domina, ya que por el *esse* debe un ente el ser en su existencia real. Precisamente porque no es una esencia, puede actualizarlas a todas. Por lo tanto, el ser del alma puede comunicarse al cuerpo del cual ella es su forma.

La continuidad y la armonía de los distintos niveles de poder y perfección se observan de la manera más maravillosa en la unidad del hombre: "*Hoc autem modo mirabilis rerum connexio considerari potest. Semper enim invenitur infimum supremi generis contingeren supremum inferioris generis (...) unde et beatus Dionysius dicit, in VII cap. de Div. Nom., quod divina sapientia coniungit fines superiorum principiis inferiorum*".[208] Su cuerpo pertenece al reino material y su alma comporta el último grado del género de las sustancias intelectuales. Más exactamente, el alma humana puede comunicar el *esse* al cuerpo humano, que es el más digno del mundo de la materia. Esta comunicación del simple acto de ser es el que otorga unidad a la persona.[209]

---

[207] Tomás de Aquino, *De Anima*., a. 1, ad. 17.
[208] Cfr. Tomás de Aquino, *C.G.* II, 68, n. 6.
[209] Cfr. E. Gilson, "Elementos de una metafísica tomista del ser", *Espíritu* 41 (1992), pp. 30-31: "Como todo compuesto físico, el hombre consiste en una materia actualizada por su forma sustancial, que es el alma intelectiva. Esta es la doctrina común a todos los discípulos de Aristóteles, pero Tomás de Aquino le añade su doctrina propia: que así como el alma es la forma del cuerpo, el ser (*esse*) del hombre es el acto del alma. La consecuencia de esto es que el alma es una sustancia, es decir, una forma subsistente o que puede llegar a serlo cuando, separada de su cuerpo, permanece como una esencia que compone con su ser como con su acto". Cfr. también Tomás de Aquino, *De Anima*, a. 1, ad. 17.

El hombre es en sí un microcosmos (*minor mundus*), contiene en sí todas las naturalezas integradas.[210] Constituye la frontera entre el mundo espiritual y la realidad corpórea, es el medio entre dos mundos, participa de las perfecciones espirituales y las corporales:[211] "*Anima intellectualis dicitur esse quidam horizon et confinium corporeorum et incorporeorum, inquantum est substancia incorporea, corporis tamen forma*".[212] Reside entre lo temporal y lo eterno, combinando toda la realidad en sí, porque el alma es de algún modo todas las cosas.[213] El pasaje de *Contra Gentiles*, IV, c. 55, n. 5, se expresa similarmente: "*Homo enim, cum sit constitutus ex spirituali et corporali natura, quasi quoddam confinium tenens utriusque naturae, ad totam creaturam pertinere videtur quod fit pro hominis salute*". Pero a fin de que no parezca que por su semejanza con el cosmos el hombre es el fin del universo, Tomás explica que el hombre tiene una similitud al mundo en ciertas cosas, a saber, en cuanto consta de naturaleza corporal y espiritual. Pero no se asemeja en todo: en efecto, el orden de las partes en el hombre no es según lo que exige su naturaleza, sino en cuanto lo exige la razón del fin.[214] La situación del hombre en el universo es que no es totalmente corporal, ni totalmente espiritual, sino que participa a la vez en la inmaterialidad y en la materia en su corruptibilidad, resumiendo el universo, y muestra en su ser propio una admirable perspectiva sobre el encadenamiento de las cosas.

---

210 Cfr. Tomás de Aquino, *In Sent*. II, d. 1, q. 2, a. 3, s.c. 2: "*Praeterea, ordo universo est finis totius creaturae. Sed in homine est quaedam similitudo ordinis universi; unde et minor mundus dicitur: quia omnes naturae quasi in homine confluunt. Ergo videtur quod ipse sit quodammodo finis omnium*".
211 Cfr. G. Verbeke, "Man as 'Frontier' according to Aquinas", *Aquinas and problems of his Time* (1976), pp.197-199.
212 Tomás de Aquino, *C.G.* II, 68, n. 6.
213 Cfr. Aristóteles, *De Anima* III, 8, 431b, 21: "ἡ ψυχὴ τὰ ὄντα πώς ἐστιν πάντα καὶ ἔστιν ὁ μὲν τοιοῦτος νοῦς τῷ πάντα γίγνησθα".
214 Cfr. M. Beuchot, *Microcosmos. El hombre como compendio del ser*, México, Universidad Autónoma de Coahuila, 2009, pp. 13-14, donde se cita: Tomás de Aquino, *Quodl*. IV, a. 3, ad. 3.

En la actividad cognoscitiva humana, los sentidos reciben las especies sensibles de todas las cosas sensibles, el intelecto recibe las especies inteligibles; así a través del sentido y del intelecto, el alma es en cierta manera todas las cosas, y de este modo todo lo que está dotado de conocimiento se parece a Dios, en quien, como dice Dionisio, todas las cosas preexisten.[215] El intelecto tiene una ilimitada capacidad, que no puede ser satisfecha por ninguna cosa finita; nada limitado puede satisfacer su deseo: *"Nihil finitum desiderium intellectus quietare potest"*.[216] El intelecto se extiende hacia el infinito en su intelección: *"Intellectus noster ad infinitum in intelligendo extenditur"*.[217] El hombre tiene una infinita capacidad para la verdad y el bien, y esta capacidad infinita resulta tanto del intelecto como de la voluntad. Sólo en la completa unión de la mente y la voluntad con la divina bondad y verdad puede el hombre plenificar su corazón y, de acuerdo con Dionisio y Tomás, encontrar paz y armonía. En Dios, halla la completud de los deseos.[218]

A partir de la apertura de conciencia hacia toda la realidad, se produce un isomorfismo entre la interioridad del hombre y el universo externo de los seres creados. Las perfecciones de todas las cosas se reflejan en el ser humano, pero no de manera sólo intencional, sino existencialmente presente dentro de su naturaleza. Es decir que en él mismo se puede descubrir la escala de los seres: material, biológica, animal y espiritual. Inmerso en el mundo material, él siente el peso de su naturaleza sensible, pero por su naturaleza espiritual, puede asumir una cierta libertad dentro

---

[215] Cfr. Tomás de Aquino, *S.Th.* I, 80.
[216] Tomás de Aquino, *C.G.* III, 50, n. 5.
[217] Tomás de Aquino, *C.G.* I, 43, n.10.
[218] Cfr. Tomás de Aquino, *Op. Theol.*, Preces, Te Deum totius Consolationis: *"Ubi est amoenitas vernalis, luciditas aestivalis, ubertas autumnalis, et requies hiemalis"*.

del universo. El hombre ha sido creado para completar el universo, y al mismo tiempo, toda la naturaleza tiende hacia la perfección del hombre:[219]

> *Quod processus generationis ostendit: primo enim in generatione est fetus vivens vita plantae, postmodum vero vita animalis, demum vero vita hominis. Post hanc autem formam non invenitur in generabilibus et corruptibilibus posterior forma et dignior. Ultimus igitur finis generationis totius est anima humana, et hanc tendit materia sicut in ultimam formam. Sicut ergo elementa propter viventia; in quibus plantae sunt propter animalia; animalia vero propter hominen. Homo igitur est finis totius generationis.*[220]

En un pasaje siguiente reafirma la idea de que el género humano parece ser aquel al cual se ordenan los demás grupos ontológicos del mundo, pues es el último fin de lo generado −en cuanto a que es lo más elevado entre lo que existe−: "*Sic igitur motio ipsius caeli ordinatur ad generationem; generatio autem tota ordinatur ad hominem sicut in ultimum finem huius generis: manifestum est quod finis motionis caeli ordinatur ad hominem sicut in ultimum finem en genere generabilium et mobilium*"[221]. La presencia del hombre da una visibilidad inteligible, siendo, por decir de algún modo, el ojo del universo, que da al mundo un significado. La persona es el lugar donde mejor puede leerse la semejanza con el Creador[222] y, asimismo, en el que más plenamente puede manifestarse el principio de la continuidad a causa de su coligamiento e integración interior.

---

[219] Ver también Tomás de Aquino, *In Sent.* II, d. 1, q. 2, a. 3, s.c. 2: "*Praeterea, ordo universo est finis totius creaturae. Sed in homine est quaedam similitude ordinis universi; unde et minor mundus dicitur: quia omnes naturae quasi in homine confluunt. Ergo quod ipse sit quodammodo finis ómnium*".
[220] Tomás de Aquino, *C.G.* III, c. 22, n. 7.
[221] Tomás de Aquino, *C.G.* III, c. 22, n. 9.
[222] Cfr. F. O'Rourke, *Pseudo-Dionysius and the metaphysics of Aquinas*, Leiden, Brill, 1992, p. 269.

El orden descendente de las creaturas constituye la belleza del universo. Dios causa un despliegue de armonía y consonancia entre las cosas, conformando una solidaridad universal en vistas a su orientación hacia lo Supremo,[223] que constituye la última fuente de la unidad de los seres. A él se ordenan todas las cosas y en segundo lugar introduce la armonía de todas las creaturas entre sí. Pero además de este ordenamiento, señala Jean Pierre Torrel la continuidad en la naturaleza humana –sin rupturas– en la unidad de sus potencias, remarcando la originalidad de Santo Tomás entre sus contemporáneos a este respecto:

> Dans la pensée de Thomas, cette continuité n'est pas seulement celle d'une contiguïté purement matérielle; elle se double d'une participation par la realité inférieure de la perfection de la réalité supérieure. À son niveau le plus élevé, l'inférieur atteint au supérieur en participant à la dignité de celui-ci par una ressemblance imparfaite. Ce principe se révèle décisif en anthropologie pour exclure tout dualisme de la vision de l'homme, car il n'y a pas rupture mais continuité entre les activités biologiques, sensorielles et spirituelles de la créature humaine, car c'est la même âme qui en est le sujet. C'est donc là que l'originalité de Thomas par rapport à ses contemporains apparaît en pleine lumière.[224]

No se trata de una contigüidad meramente material, sino que ella se ve en las diversas participaciones. El Angélico comenta: "*tenet [anima humana] ultimum gradum in genere intellectualium substantiarum, ut ex modo intelligendi percipi potest*".[225] Y en el pasaje siguiente, expone semejantemente, aplicado al hombre entero: "*Homo enim cum sit constitutus ex*

---

[223] Cfr. Tomás de Aquino, *C.G.* III, c. 64, n. 10: "*Unumquodque intendens aliquem finem, magis curat de eo quod est propinquius fini ultimo: quia hoc etiam est finis aliorum. Ultimus autem finis divinae voluntatis est bonitos ipsius, cui propinquissimum in rebus creatis est bonum ordinis totius universi; cum ad ipsum ordinetur, sicut ad finem, omne particulare bonumhuius vel illius rei, sicut minus perfectum ordinatur ad id quod est perfectius; unde et quaelibet pars invenitur esse propter suum totum. Id igitur quod maxime curat Deus in rebus creates, est ordo universi*".
[224] J. P. Torrel, *Saint Thomas d'Aquin, maître spirituel*, pp. 338-339.
[225] Cfr. Tomás de Aquino, *C.G.* II, 68, n. 6.

spirituali et corporali natura, quasi quoddam confinium tenens utriusque naturae".²²⁶ El alma intelectiva, al tener relación con las cosas inferiores que están en el tiempo, se vuelve temporal; pero en la acción con la que se relaciona con las superiores que están sobre el tiempo, puede participar de la eternidad, como ocurre en la visión beatífica:

> *Anima intellectiva est creata "in confinio aeternitatis et temporis", ut in libro "De causis" (2, 8) dicitur, et ex praemissis (1. 2, c. 68) potest ese manifestum: quia est ultima in ordine intellectuum, et tamen eius substantia est elevata supra materiam corporalem, non dependens ab ipsa. Sed actio eius secundum quam coniunguntur superioribus, quae sunt supra tempus, aeternitatem participat. Talis autem est maxime visio qua substantiam divinam videt. Ergo per huiusmodi visionem fit in participation aeternitatis: et, eadem ratione, quicumque alius intellectus creates Deum videt.*
> *Hinc est quod Dominus dici, Io. 17, 3: "Haec est vita aeterna, ut cognoscant te, verum Deum unum".*²²⁷

El alma es capaz de elevarse por encima del tiempo cuando se aproxima a la visión de la substancia de Dios, que la hace partícipe de la eternidad. Por eso, las palabras de San Juan afirman que la vida eterna será el conocimiento del único Dios verdadero.²²⁸

Las causas del orden universal

El principio de contigüidad ha sido considerado por Santo Tomás como una consecuencia necesaria de la finalidad de todo lo que es, es decir, su retorno a Dios.²²⁹ La finalidad significa orden, y el orden expresa jerarquía y unidad. Todos los rangos entitativos difieren entre sí, pero revelan una semejanza más o menos próxima a la Divinidad.

---

²²⁶ Cfr. Tomás de Aquino, *C.G.* IV, c. 55, n. 3. Ver también: Tomás de Aquino, *C.G.* III, c. 61, n. 4, aplicado a la visión beatífica.
²²⁷ Tomás de Aquino, *C.G* III, c. 61, n. 5.
²²⁸ Cfr. *Jn* 17,3
²²⁹ Cfr. Peghaire, *Intellectus et ratio*..., p. 182.

Cuanto más cercano está un ser a Dios, tanto más perfecto es. Así, dentro de la totalidad, el hombre encuentra su lugar en cierta comunidad con el ángel (en su perfección suprema), a saber, en su capacidad intelectual y en la cercanía con los animales irracionales (en su ínfima perfección):

> *Similitudo autem, ad unum simplex considerata, diversificari non potest, nisi secundum quod magis et minus similitudo est propinqua vel remota. Quanto autem aliquid propinquius ad divinam similitudinem accedit, tanto perfectius est; inveniet enim, si quis diligenter consideret gradatim rerum diversitatem compleri, nam supra inanimata corpora inveniet plantas, et super irrationabilia animalia, et super haec intelectuales substantias; et in singulis horum inveniet diversitatem, sed quod quaedam sunt aliis perfectiora, in tantum quod ea sunt suprema inferioris generis videntur propinqua superiori generi, et e converso, sicut animalia immobilia sunt similia plantis.*[230]

Todos los entes son imágenes más o menos difusas del Creador de algún modo porque imitan el mismo modelo. El ser humano es la sede de una perfección intelectual que es la más noble de sus cualidades. Estando el hombre constituido por una naturaleza espiritual y corporal, como cierto "confín" entre las naturalezas creadas, según expone en el pasaje del cap. 55 del libro IV, todo lo que sea hecho para la salvación del hombre le concierne a todo lo creado. Las criaturas corporales inferiores deben ceder en provecho del hombre, ya que en cierto modo están sujetas a él, y las criaturas superiores, esto es, los ángeles, tienen en común con el hombre que ambas naturalezas comparten la consecución del último fin, esto es, la bienaventuranza eterna:

> *Homo enim, cum sit constitutes ex spirituali et corporali natura, quasi quoddam confinium tenens utriusque naturae, ad totam creaturam pertinere videtur quod fit pro hominis salute. Nam inferiores creaturae corporales in usum hominis cedere videntur, et ei*

---

[230] Tomás de Aquino, *C.G.* III, c. 97, n. 3.

> *quodammodo esse subiectae. Superior autem creatura spiritualis, scilicet angelica, commune habet cum homine ultimi finis consecutionem, ut ex superioribus patet. Et sic conveniens videtur ut universalis omnium causa illam creaturam in unitatem personae assumeret in qua magis communicat cum omnibus creaturis.*[231]

La causa de la disposición creada por la Divina Providencia es imprimir su Bondad en las cosas. Para que su semejanza se comunicara más perfectamente, estableció la diversidad de las cosas. El Aquinate coloca un ejemplo para comprender mejor: cuando el hombre no puede expresar con una sola palabra una idea, multiplica diversamente las palabras para manifestar con ellas su concepto mental. La Bondad perfecta, que en Dios es única y total, en las criaturas sólo puede ser diversa y parcial. Luego la diversidad existente en las cosas se toma del fin, por lo que se exige que no todo sea igual y que en los seres haya orden y grados:

> *Et hoc evidenter apparet naturae rerum speculanti. Inveniet enim, si quis diligenter consideret, gradatim rerum diversitatem compleri: nam supra inanimata corpora inveniet plantas; et super has irrationalia animalia; et super has intellectuales substantias; et in singulis horum inveniet diversitatem secundum quod quaedam sunt aliis perfectiora, in tantum quod ea quae sunt suprema inferioris generis, videntur propinqua superiori generi...*[232]

Esta concatenación y mutua cercanía; "*Unde et Dionysius dicit VII cap. De Div. Nom., quod divina sapientia coniungit fines primorum principiis secundorum*",[233] por lo cual se hace evidente la diversidad de las cosas según grados, y de la diversificación de las formas surge la diferencia de operaciones que les sirven para alcanzar sus fines propios, aunque el último fin sea común para todos.

---

[231] Tomás de Aquino, *C.G.* IV, c. 55, n. 5.
[232] Tomás de Aquino, *C.G.* III, c. 97, n. 3.
[233] Ibidem.

Conclusiones

El principio de continuidad sólo encuentra su realización a partir del *esse creatum*, pues no hay punto en común entre Dios y lo creado, más bien hay un abismo inconmensurable entre ambas realidades. En el presente desarrollo, se han analizado ciertas cuestiones gnoseológicas para comprender la raíz de la formulación del argumento. Su comprensión ha partido de postulación necesaria de existentes superiores al humano. Como la naturaleza inferior sólo llega con su parte más alta a lo ínfimo de la superior, es necesario que el conocimiento alcanzado por las substancias separadas sea más elevado que en nosotros. También Dionisio afirmó la existencia de dichos seres del modo siguiente:

> *Dionysius etiam, in IV cap. De Div. Nom., dicitur propter divinae bonitatis radios subsisterunt inteligibiles et intelectuales substantiae, et sunt et vivunt, et habent vitam indeficientem et imminorabilem, ab universa corruptione et generatione et norte mundae existentes, et elevatae ab instabili et fluxa variatione.*[234]

Inmediatamente después de este rango, se encuentra el hombre, a quien también dotó de una infinita capacidad para la verdad y el bien, y esta potencialidad resulta tanto del intelecto como de la voluntad, capacidades que comparte con los espíritus puros, por lo que, además, tienen ambos la posibilidad de alcanzar la bienaventuranza eterna. Conteniendo en sí todas las naturalezas integradas,[235] el hombre conforma la frontera entre el mundo espiritual y la realidad corpórea. La continuidad y la armonía de los distintos niveles de poder y perfección pueden verse manifiestas en la unidad de su misma constitución, la cual en sí misma conforma un verdadero microcosmos. Su razón es un intelecto defectuoso, por eso debe recurrir a múltiples elementos para arribar a la verdad, por ello el alma

---

[234] Tomás de Aquino, *C.G.* II, c. 55, n. 16.
[235] Cfr. Tomás de Aquino, *In Sent.* II, d. 1, q. 2, a. 3, s. c.

intelectiva que se une al cuerpo es inferior en el orden de las substancias intelectuales. Del mismo modo, por poseer un cuerpo perfeccionado por un alma de esta especie, es supremo en el género de los cuerpos. Santo Tomás ha verificado en el principio de contigüidad una consecuencia necesaria de la finalidad de todo lo que es, es decir, su retorno a Dios, como su fuente primera y su fin último. De allí que el orden impreso en la creación tiene un amplio sentido de *reditus*. En este escenario universal, el hombre es quien, como cierto "ojo del universo", da al mundo un significado; la persona es el lugar donde mejor puede leerse la semejanza con el Creador.[236]

El argumento en la Summa Theologiae

Introducción

En esta sección, el argumento se despliega en diversas temáticas, en las que el Aquinate, en una obra emblemática como es la *Suma Teológica*, no duda en citar en varias ocasiones las palabras de Dionisio Areopagita, y en este caso haciendo referencia a la existencia de un principio que se encuentra en las entrañas de la realidad humana, en la totalidad de lo creado, y también en el seno de la vida religiosa.

Acerca de las fechas de redacción de la Suma todavía hoy es un tema debatido entre los eruditos, pero es seguro que Tomás redactó la *Prima Pars* en su primera estancia en Roma, que duró hasta septiembre de 1268. Esta parte tuvo su circulación por Italia antes de su regreso a París. Según Glorieux y Eschmann, la realización de la *Prima Secundae* estaría situada durante el verano de 1270, mientras que la *Secunda Secundae* fue concluida antes de diciembre de

---

[236] Cfr. F. O'Rourke, *Pseudo-Dionysius and the metaphysics of Aquinas*, p. 269.

1271. Probablemente haya comenzado en París la *Tertia Pars* entre 1271 y 1272, continuándola en Nápoles hasta el 6 de diciembre de 1273, fecha en que la terminó de escribir.[237] La *Suma Teológica* es todavía una de las obras más utilizadas y la más conocida entre todas, que no deja de suscitar numerosos estudios y traducciones. Existe unanimidad en cuanto al hecho de que Tomás ha subdividido la obra en tres partes. La *Prima Pars* trata acerca de Dios en cuanto principio y fin, y sobre la creación y la distinción de las creaturas, complementada por la *Secunda Pars*, que se ocupa del movimiento racional hacia Dios. En una obra de M. D. Chenu acerca del plan de la *Suma*, escrita en 1939, afirma que es posible leer dicha obra tomasiana, particularmente las dos primeras partes, a la luz del esquema del *exitus-reditus*,[238] a causa de la estrecha conexión que las une. La *Tertia Pars* completa este esquema, pues se trata de un *reditus per Christum*,[239] puesto que Cristo es nuestro camino para tender hacia Dios.

El argumento se presenta en la *Suma Teológica* en diversas temáticas, temáticas y secciones, como se verá, en el tema de las facultades humanas, en la felicidad del hombre y también en aspectos de la jerarquía religiosa, tomando la autoridad de Dionisio en todos los casos.

---

[237] J. P. Torrel, *Iniciación a Santo Tomás de Aquino: su persona y su obra*, p. 166.
[238] Cfr. M. D. Chenu, *Introduction à l'étude de saint Thomas d'Aquin*, pp. 255-273.
[239] Cfr. A. M. Patfoort, "La unité de la Ia. Pars et le mouvement interne de la Somme de S. Thomas d'Aquin", *RSPT* 47 (1963), pp. 513-544. (reimpreso en *Les clés*, pp. 49-70).

El argumento en la comprensión de la configuración del hombre como unión de alma y cuerpo y en el estudio de las facultades

De la unión del alma intelectiva con un cuerpo

La cuestion 76 considera la unión del alma con el cuerpo. En particular, se examina acerca de cuál debe ser el cuerpo respecto del cual el principio intelectivo constituye la forma. En primer lugar se dice que la materia informada debe ser proporcionada a la forma, y parece ser que el cuerpo como materia no sería adecuado a esta última porque el alma intelectiva es forma incorruptible mientras que el cuerpo completamente corruptible. Sin embargo, en la respuesta a esta cuestión, el Aquinate especifica que el alma intelectiva humana ocupa en el orden natural el ínfimo grado entre las sustancias intelectuales, y no puede acceder innatamente al conocimiento de la verdad tal como sucede en la condición angélica. Es preciso, más bien, que la recoja de las cosas divisibles por la vía sensorial, como dice Dionisio en el cap. 7 de *Los nombres divinos*. Y ya que la forma no es por causa de la materia, sino la materia por causa de la forma, la forma racional es recibida por la materia humana, como explica el texto:

> *Anima autem intellective, sicut supra habitum est, secundum naturae ordinem, infimum gradum in substantiis intellectualibusn tenet; intantum quod non habet naturaliter sibi inditam notitiam veritatis, sicut Angeli, sed oportet quod eam colliat ex rebus divisibilibus per viam sensu, ut Dionysius dicit, VII cap. De Div, Nom.*[240]

Así, pues, como la naturaleza no falla en lo que es necesario para cada ente, hizo conveniente que el alma intelectiva en el hombre no tuviese sólo la facultad de entender sino también la capacidad de sentir. Por este motivo, el alma intelectiva se une a un cuerpo capaz de ser órgano de lo

---

[240] Tomás de Aquino, *S.Th.* I, 76, a. 5, co.

sensorial, que le permite iniciar el proceso de conocimiento; el fragmento que sigue afirma que la corporalidad humana es superior y más completa en el orden de los cuerpos, por lo tanto es la materia más digna de entrar en contacto con el alma racional: "*Anima autem intellectiva habet completissime virtutem sensitivam, quia quod est inferioris praeexistit perfectius in superiori ut dicit Dionysius in libro de Div. Nom*".[241] La ley del despliegue natural del ser precisa que las virtudes de lo inferior tengan su correlato óptimo en las del ser superior, que sean como el puente de derivación y conexión de unas potencias con las de otros entes.

Ya que el ser humano posee corporalidad, es preciso que su cuerpo goce de un equilibrio superior a todos los demás, ya que debe hacerse apto para recibir la capacidad de entendimiento, que unifica todas sus potencialidades y las proyecta en torno a un horizonte superior, permitiéndole, a su vez, abrirse a una infinidad de posibilidades. En lugar de los medios defensivos de que han sido dotados los demás animales, el hombre posee por naturaleza la razón, en cuanto alma intelectiva poseedora de los universales, y también las manos; ambos constituyen los mejores instrumentos, puesto que puede por ellos proporcionarse instrumentos de infinitas clases y usarlos para un sinfín de efectos.[242]

La necesidad de unirse a un cuerpo proviene de la imperfección de la capacidad racional, la cual, ciertamente, tiene un punto de semejanza con el intelecto puro, pero implica necesariamente una falencia en la virtud intelectual

---

[241] Ibidem.
[242] Tomás de Aquino, *S.Th.* I, 76, a. 5, ad. 4.: "*Anima intellective, quia est universalium comprehensive, habet virtutem ad infinita. Et ideo non potuerunt sibi determinari a natura vel determinatae existimationes naturals, vel etiam determinata auxilia vel defensionum vel tegumentorum; sicut aliis animalibus, quorum animae habent apprehensionem ad aliqua particularia determinate. Sed loco horum omnium, homo habet naturaliter rationem, et manus, quae sunt organa organorum, quia per eas homo potest sibi praeparare instrumenta infinitorum modorum, et ad infinitos effectus*".

que alcanza, ya que depende de la corporalidad para el desarrollo del conocimiento, como se ve en el pasaje del segundo libro de *Contra Gentiles*:

> *Intelligere autem, cum sit operatio per organum corporeum non exercita, non indigent corpora, nisi in quantum intelligibilia sumuntur a sensibilibus. Hic autem est imperfectus modus intelligendi; perfectus enim modus intelligendi est ut intelligantur ea quae sunt secundum naturam suam intelligibilia; quod autem non intelligantur nisi ea quae sunt secundum se intelligibilia, sed fiunt intelligibilia per intellectum, est imperfectus modus intelligendi.*[243]

Este texto se puede complementar con el siguiente, apoyando la tesis de que la capacidad racional no es simple, sino que conlleva composición y división, y por lo tanto, actividad discursiva: "*Sicut in intellectu ratiocinante comparator conclusio ad principium, ita in intellectu componente et dividente comparator praedicatum ad subiectum*".[244] Como fue expresado con anterioridad, el intelecto humano es un intelecto debilitado, que, si desde el inicio e inmediatamente, pudiera contemplar las conclusiones, nunca tendría que recurrir al raciocinio: "*Si enim intellectus statim in ipso principio videret conclusionis veritatem, nunquam intelligeret discurrendo vel ratiocinando*".[245] Debe avanzar necesariamente a través de silogismos, partiendo de los mínimos –aunque evidentes y eficaces– conocimientos de la luz tenue de su intelecto, para arribar a conclusiones propias del conocimiento intelectual, pero intermediado por el esfuerzo.

La actividad discursiva encuentra su principio en la luz del intelecto teórico y práctico, a saber, en la noción fundamental de *ente* y en los primeros principios propios del acto intelectual. Sin embargo, el tránsito que realiza la

---

[243] Tomás de Aquino, *C. G.* II, c. 91, n.8.
[244] Tomás de Aquino, *S.Th.* I, 58, a. 4, co.
[245] Tomás de Aquino, *S.Th.* I, 58, a. 4, co. El texto que sigue explicita: "*Quod contingit ex debilitate luminis intellectualis in nobis, sicut dictum est. Unde cum in Angelo sit lumen intellectuale perfectum, cum sit speculum purum et clarissimum, ut dicit Dionysius, IV cap. De Div. Nom*".

potencia racional comienza en dichos principios y continúa su trabajo a partir de los elementos existentes en el mundo y percibidos inicialmente a través de la potencia sensitiva. Sin los datos obtenidos a nivel corporal, el alma no puede elaborar ni completar las nociones fundamentales de su saber. La posibilidad de la ciencia, por ejemplo, implica necesariamente el camino mencionado desde los primeros principios, con dirección hacia ellos mismos, pero pasando por la labor racional, y enriqueciendo de contenido lo inicial.

De las facultades y relación de naturalezas diversas

La cuestión 78 trata acerca de las facultades del alma humana. Es necesario especificar todos los géneros de potencias que hay en el alma, hasta las facultades inferiores, puesto que *a partir* de ellas es posible la conexión entre las distintas partes para el logro de funciones superiores. Los géneros de las potencias se distinguen según su objeto: cuanto más noble sea una potencia, mira hacia un objeto más universal. Así, la potencia del alma que tiene por objeto sólo el cuerpo unido al alma se llama "vegetativa"; hay también un género de potencia que atiende a algo más universal, es decir, a todo lo sensible y no sólo a un cuerpo unido a un alma: es la sensitiva. El tercer género de potencias del alma tiene por objeto algo más universal aún que las demás, es decir que abarca no sólo lo sensible, sino también todo ente sin excepción, y se llama "intelectiva".[246]

Las potencias anímicas son principio de las operaciones vitales, que son diversas según que trasciendan de diferentes modos la operación de la naturaleza corpórea, pues

---

[246] Cfr. Tomás de Aquino, *S.Th.* I, q. 78, a. 1: "*Alicuius enim potentiae animae obiectum est solum corpus animae unitum. Et hoc genus potentiarum animae dicitur vegetativum, non enim vegetative potential agit nisi in corpus cui anima unitur. Est autem aliud genus potentiarum animae, quod respicit universalius obiectum, scilicet omne corpus sensibile; et non solum corpus animae unitum. Est autem aliud genus potentiarum animae, quod respicit adhuc universalius obiectum, scilicet non solum corpus sensibile, sed universaliter omne ens*".

toda la naturaleza corpórea está subordinada al alma. Hay cierta operación del alma que excede la realidad corpórea de modo que se refiere a ella como instrumento y materia, y ésta es la operación del alma racional. Dentro de la naturaleza humana, hay otra operación inferior a la mencionada, que si bien se realiza a partir del órgano corporal, trasciende en cierto modo las cualidades corpóreas. Ésta es la operación del alma sensitiva, aunque requiera cualidades corpóreas análogas para el ejercicio de los sentidos, las que solamente son requisitos necesarios para la debida disposición del órgano.

En particular, el artículo segundo de esta cuestión (q. 78) se detiene en la distinción entre las partes de lo vegetativo en el ser humano: acerca de si lo vegetativo consta de una parte nutritiva, una aumentativa y otra generativa. Se responde afirmativamente, porque lo vegetativo tiene por objeto el cuerpo vivificado por el alma, del cual se desprenden tres operaciones: una por la que se adquiere el ser, es decir, la generativa, otra por la cual adquiere sus proporciones, que es la aumentativa; y la tercera es la nutritiva, por la cual se puede conservar en su ser y magnitud.

Con respecto a estas tres partes, hay diferencias entre ellas, a saber, la nutritiva y la aumentativa tienen su efecto directo en el cuerpo en que están, ya que el cuerpo que se une al alma se desarrolla y conserva a causa de estas dos potencias. Pero la parte generativa tiene su efecto no en el mismo cuerpo sino en otro, ya que ningún ser es generador de sí mismo.[247] Por esto, el poder de generar actúa sobre las cosas exteriores aunque −aclara Tomás− de manera más excelente y universal, de acuerdo con el principio de continuidad, que encuentra en la fuerza generativa el punto de contacto que limita con la potencia superior, esto es, la parte sensitiva del alma: "*Et ideo vis generativa quodammodo appropinquat ad dignitatem anima sensitivae, quae habet operationem*

---

[247] Cfr. Tomás de Aquino, *S.Th.* I, q. 78, a. 2, co.

in res exteriores, licet excellentiori modo universaliori, supremum enim inferioris naturae attingit id quod est infimum superioris, ut patet per Dionysium, in VII cap. De Div. Nom".[248]

Según el argumento, en este caso, de las tres potencias mencionadas, la más perfecta y principal es la generativa, porque es propio de una cosa perfecta producir otra que sea como ella. Esta parte se constituye en lo supremo de la parte vegetativa del hombre, con lo cual a la generativa sirven las potencias aumentativa y nutritiva; del mismo modo, a la potencia aumentativa sirve la nutritiva, y se "tocan" entre sí, en cuanto se conectan escalonadamente. Desde este punto de vista se confirma nuevamente la existencia de la jerarquía continua que conforman todas las partes del hombre.

Facultad humana y facultad angélica

Luego del análisis de las facultades humanas desde lo superior hasta lo inferior y del tratamiento del divino gobierno del mundo y sus creaturas, el autor se concentra en la ordenación de los ángeles según las jerarquías y coros (q. 108), y luego se ocupa de la ordenación de los ángeles malos, para luego examinar, en la cuestión 110, la presidencia de los ángeles en relación con la criatura corporal, es decir, qué tipo de influencia les compete en relación con las creaturas inferiores a ellos. Dentro de esta consideración, el artículo tercero se dedica a esclarecer si los cuerpos obedecen a los ángeles en cuanto al movimiento local. A lo cual se responde en primer lugar con carácter afirmativo, aduciendo:

> *Respondeo dicendum quod, sicut Dionysius dicit VII cap. de Div. Nom., divina sapientia coniugit fines primorum principiis secundorum, ex quo patet quod natura inferior in sui supremo attingitur a natura superiori.*[249]

---

[248] Tomás de Aquino, *S.Th.* I, q. 78, a. 2, co.
[249] Tomás de Aquino, *S.Th.* I, q. 110, a. 3, co.

Se observa en este pasaje una formulación del principio de continuidad ontológica en la cual puede advertirse la referencia directa al sitio límite en que se encuentran una naturaleza inferior con su inmediata superior. En este preciso límite confluyen las facultades comunes y semejantes de dos naturalezas, en que las facultades de una y otra naturaleza no pueden ser idénticas en su totalidad, por insertarse dentro de dos realidades naturalmente diferentes. Sin embargo, mantienen cierta semejanza y comunidad en cuanto a la potencia que se encuentra en el linde entre ambas.

Para responder concretamente al interrogante arriba planteado, el Angélico argumenta que entre todos los movimientos corporales, el más perfecto es el local, tal como lo afirmara el Filósofo en el octavo libro de la *Física*. Y puesto que la naturaleza corporal ha sido hecha para ser movida inmediatamente por la espiritual de un lugar a otro, entonces será factible que, por causa de la proximidad entre el hombre y el ángel, la naturaleza espiritual pura pueda mover a los cuerpos más dignos en la escala de los existentes con desplazamiento local. Esto aparece especificado en el texto siguiente:

> *Natura autem corporalis est infra naturam spiritualem. Inter omnes autem motus corporeos perfectior est motus localis, ut probatur in VIII Physic., cuius ratio est, quia mobile secundum locum non est in potentia ad aliquid intrinsecum, inquantum huiusmodi, sed solum ad aliquid extrinsecum, scilicet ad locum. Et ideo natura corporalis nata est moveri immediate a natura spirituali secundum locum. Unde et philosophi posuerunt suprema corpora moveri localiter a spiritualibus substantiis. Unde videmus quod anima movet corpus primo et principaliter locali motu.*[250]

Ya que los ángeles tienen una potencia menos restringida que la de las almas, por no hallarse ceñida por ningún cuerpo, tienen la capacidad de mover localmente

---

250 Tomás de Aquino, *S.Th.* I, q. 110, a. 3, co.

los cuerpos no unidos a ellos. La potencia motora de estas sustancias espirituales se extiende hacia la naturaleza corporal. La sustancia espiritual pura, que limita con la capacidad intelectual humana, está relacionada con el hombre, es decir, también directamente con un cuerpo de rango superior. Para comprender este punto se debe tener presente la reflexión que propone la cuestión 111,[251] en la que se especifica la acción de los ángeles en los hombres. Primeramente se inquiere acerca de si pueden alterarlos en algún sentido. La respuesta reafirma lo que se dijo anteriormente, a saber, que la Providencia manda que los inferiores sean iluminados por los superiores, de modo que los hombres sean iluminados a través de los ángeles: *"sicut inferiores Angeli illuminantur per superiores, ita homines qui sunt Angelis inferiores, per eos illuminantur. Sed modus utriusque illuminationis quodammodo est similis, et quodammodo diversus"*.[252]

La iluminación, que manifiesta la verdad divina, se puede considerar desde dos aspectos: por un lado, en cuanto el intelecto inferior resulta confortado por la acción del superior, y en cuanto éste propone al intelecto inferior las especies inteligibles que tiene en sí, para que puedan ser asimiladas. Pero los hombres no pueden comprender la verdad inteligible pura, porque le es connatural entender primeramente por medio de imágenes; de modo que los ángeles proponen a los hombres la verdad inteligible mediante la semejanza con elementos sensibles, de acuerdo con las palabras de Dionisio: *"Secundum illud quod dicit Dionysius, I cap. Cael. Hier., quod impossibile est aliter nobis lucere divinum radium, nisi veritate sacrorum velaminum circumvelatum"*.[253] De este modo, la capacidad intelectual humana en cuanto inferior, resultaría fortalecida por la acción de la facultad angélica.

---

[251] Cfr. Tomás de Aquino, *S.Th.* I, q. 111.
[252] Tomás de Aquino, *S.Th.* I, q. 111, a. 1, co.
[253] Tomás de Aquino, *S.Th.* I, q. 111, a. 1, co.

El argumento en la explicación de la felicidad del hombre y en la orientación a Dios como fin último

Cuando Tomás de Aquino, en el artículo 8 (q. 2) de la *Prima Secundae*, se refiere a la bienaventuranza y su sentido en el hombre, comienza planteando una dificultad: si la beatitud del hombre consiste en algún ser creado. La cuestión primera de esta *Pars* abría una indagación acerca del fin del hombre, que, según afirma, es sólo uno. Y se determinó que obrar por un fin es propio de la naturaleza racional. El fin debe corresponder al principio, y así, como el principio de todas las cosas es Dios, luego el fin humano debe ser el gozo de Dios: "*Praeterea, Dionysius dicit, in libro de Div. Nom., quod Deus convertit omnia ad seipsum, tanquam ad ultimum finem. Sed ipse est etiam ultimus finis hominis: quia solo ipso fruendum est, ut Augustinus dicit [De doctr. Christ. 1.I c.5.22]*".[254] Dios es el último fin del hombre, puesto que sólo Él es digno de ser gozado.

Dios es en cierto sentido más íntimo a cada creatura que ellas a sí mismas. Cada creatura permanece de algún modo exterior a sí misma y lo que le es más profundo e interior es su ser, en el cual Dios está presente a través de su causalidad. Dios es más interior a las cosas que ellas a sí mismas, no como un principio intrínseco que está enteramente dentro de su constitución, sino como la fuente de su *esse*. Dios es causalmente "todo en todo" en la medida en que él es causalmente la total perfección de todas las cosas: "*Cum ergo Deus sit prima causa efectiva rerum oportet omnium rerum perfectiones praexistere in Deo secundum eminentiorem modum. Et hanc rationem tangit Dionysius dicens de Deo quod non hoc quidem est hoc autem non est, sed omnia est ut omnium causa*".[255]

---

[254] Tomás de Aquino, *S.Th.* I-IIae, q. 1, a. 8, 2. La citación entre corchetes no aparece en el texto original.
[255] Tomás de Aquino, *S.Th.* I, q. 4, a. 2.

Y no solamente es causa de los seres en su origen, sino en la continuidad de su existencia. Tomás desarrolla la imagen del sol que utiliza Dionisio para ilustrar la presencia perenne y penetrante de Dios, en su eminente trascendencia. Del modo como el aire es iluminado por el sol y se desvanece la luz en la oscuridad cuando los rayos de la luz del sol retroceden, las creaturas son preservadas en el ser por la difusión de la bondad divina: *"Hunc autem effectum causat Deus in rebus non solum quando esse incipiunt sed quamdiu in esse conservantur, sicut lumen causatur in aere a sole quamdiu aer illuminatius manet"*.[256]

Así como el sol es naturalmente luminoso, el aire es iluminado por participar de la luz del sol, sin tomar parte en su naturaleza. Por esto, Dios es el Ser por esencia, mientras que todas las creaturas tienen el ser por participación y su esencia no es idéntica al *esse*. Es decir, los seres no participan de la esencia divina sino de la efusión del ser divino que emana de él:

> *Sic autem se habet omnis creatura ad Deum sicut aer ad solem illuminantem. Sicut enim sol est lucens per suam naturam, aer autem fit luminosus participando lumen a sole, non tamen participando naturam solis, ita solus Deus est ens per essentiam suam, quia eius esse; omnis autem creatura est ens participative, non quod sua essential sit eius esse.*[257]

La presencia de Dios en todos los seres como su fundamento y fin permite al santo de Aquino presentar el tema de la felicidad en el hombre, en cuanto ella es la finalidad específica que Dios le ha destinado y se encuentra directamente relacionada con la divinidad.

Luego de la cuestión primera de la *Prima Secundae*, en la que está encerrada toda la filosofía del fin del hombre, Tomás vuelve a tratar el destino último humano bajo la forma más concreta de la *felicidad* o *beatitud*. La consideración

---

[256] Tomás de Aquino, *S.Th.* I, q. 8, a. 1.
[257] Tomás de Aquino, *S.Th.* I, q. 104, a. 1.

del fin último se desplegaba como el aspecto genérico y abstracto de la beatitud, de modo que la *bienaventuranza* es la especulación del fin último humano en su concreción; así se identifican ambas nociones de *fin* y *felicidad*. Si bien es cierto que Santo Tomás no creó la noción de felicidad como fin último y suprema aspiración del hombre, puesto que es la idea más clara y racional dentro de las nociones de orden práctico y moral, la εὐδαιμονία terrestre de la filosofía antigua aparece en las páginas reveladas en términos de vida eterna, salud eterna, gozo, gloria sempiterna, reino de los cielos, descanso eterno, entre otros nombres. La cuestión segunda, dividida en dos artículos, se dedica a esclarecer el objeto, es decir, en qué consiste la bienaventuranza del hombre.

La beatitud del hombre consiste en un bien del alma, pues como se dijo, los bienes del cuerpo, las riquezas, los honores y la fama o gloria mundana no son suficientes en sí para ser fines en sí mismos a causa de su perentoriedad. Tomás desarrolla los argumentos adecuados para explicar que la bienaventuranza del hombre no consiste en algún bien creado, a causa de la potencialidad de la propia naturaleza humana, esto es, su capacidad de alcanzar bienes superiores por su cercanía a lo puro y divino. Esta cercanía se aprecia en los confines de lo humano y lo celestial, que ocurre en el encadenamiento entre lo superior del hombre y lo inferior del ser angélico:

> *Dicit enim Dionysium, 7 cap. De div. nom., quod divina sapientia coniungit fines primorum principiis secundorum: ex quo potest accipi quod summum hominis bonum est beatitudo. Cum ergo angelus naturae ordine sit supra hominem, ut in Primo habitum est; videtur quod beatitudo hominis consistat in hoc quod aliquo modo attingit ad angelum.*[258]

---

[258] Tomás de Aquino, *S.Th.* I-IIae, q. 2, a. 8, arg. 1.

Parece que la bienaventuranza del hombre reside en alcanzar de algún modo la naturaleza angélica; pero como el fin último consiste en su perfección, es imposible, aunque haya una conexión sin fisuras con la naturaleza superior, que su fin sea un bien creado. La beatitud es el bien perfecto porque el objeto último de la voluntad humana es el bien universal, que sólo se puede encontrar en Dios. Nada puede aquietar la voluntad humana sino Dios, porque su bondad es absoluta y no participada. Como solución a esta cuestión se cita el texto:

> Ad primum ergo dicendum quod superiorius hominis attingit quidem infimum angelicae naturae per quandam similitudinem; non tamen ibi sistit sicut in ultimo fine, sed procedit usque ad ipsum universalem fontem boni, qui est universale obiectum beatitudinis omnium beatorum, tanquam infinitum et perfectum bonum hominis consistit.[259]

Esto es, si bien ocurre cierta elevación del ser humano en su semejanza con la naturaleza angélica, no puede detenerse allí su búsqueda del fin último, sino que debe proseguir hasta llegar a la fuente misma universal del bien, en cuanto Bien infinito y subsistente.

El argumento en la jerarquía eclesiástica: sobre las órdenes religiosas y sus actividades

Así como existe una jerarquía celestial y una jerarquía general de seres, también en la Iglesia militante se aplica un ordenamiento de rangos eclesiásticos diferentes. El primer grado, al que le siguen los demás, es el episcopal. Es el más perfecto por ejercer la perfección ya adquirida. Efectúa el gobierno de los demás grados al tiempo que debe suministrarles los bienes espirituales y materiales correspondientes. A este primer nivel lo secunda la vida religiosa, que se ordena a la perfección y a la caridad, que se extiende a

---

[259] Tomás de Aquino, *S.Th.* I-IIae., q. 2, a. 8, ad. 1.a

Dios y al prójimo, por ello es conveniente que haya órdenes dedicadas a la vida activa, que es el servicio del prójimo y de Dios, y a la vida contemplativa, que se cumple en el servicio directo del Altísimo. En la cuestión 188,[260] Tomás de Aquino se pregunta qué es lo que determina la superioridad o inferioridad de una orden religiosa dentro de la jerarquía eclesiástica. Parecería que las que se dedican a la vida contemplativa serían superiores a las que están entregadas a las obras de la vida activa. Lo cierto es que la diferencia entre las órdenes religiosas se pueden analizar a partir de los fines a los que se ordenan, primeramente, y luego de los ejercicios que emplean para alcanzarlos. La vida activa tiene dos clases de obras: unas que proceden de la contemplación, tales como la enseñanza y la predicación, y por ello se trata de una *vida mixta* y son preferibles a la simple contemplación pues es más noble iluminar comunicando a los demás lo contemplado, que ver la luz solamente. La vida activa que se concreta en la obra exterior se aplica en relación con las necesidades humanas, que significan la ayuda al prójimo.

Dice Tomás de Aquino que lo que se realiza en favor del espíritu humano tiene una condición superior a aquel que se especifica en lo meramente necesario. Por consiguiente, entre las órdenes religiosas son superiores aquellas que se dedican a la enseñanza y la predicación, que son las actividades más próximas al estado episcopal, como dice el pasaje siguiente, introduciendo el principio de contigüidad para este caso particular:

> Sic ergo summum gradum in religionibus tenent quae ordinantur ad docendum et praedicandum. Quae et propinquissimae sunt perfectioni episcoporum, sicut et in aliis rebus fines primorum coniunguntur principiis secundorum, ut Dionysius dicit, VII cap. de Div.

---

260 Tomás de Aquino, *S. Th.* II-IIae., q. 188, a. 6.

*Nom. Secundum autem gradum tenent illae quae ordinantur ad contemplationem. Tertius est earum quae occupantur circa exteriores actiones.*²⁶¹

Lo ínfimo de un orden superior se continúa con lo que es supremo del orden inferior, de modo que entre las órdenes religiosas también se da esta concatenación según jerarquía pero teniendo en cuenta el fin que persiguen. Así, la superioridad dentro de estos grados se debe buscar en el fin hacia el cual se ordenan. Puede haber preeminencia de una orden por estar orientada a más actos o por tener medios más aptos para conseguir su fin.

En definitiva, Tomás concede la preeminencia a aquellas órdenes que lleven una vida mixta, es decir, aquellas cuyas actividades proceden de la plenitud desbordada de la contemplación, esto es, las que se dedican a la predicación y enseñanza de la Verdad Divina. Luego, le siguen las órdenes de la vida contemplativa, porque es mejor la contemplación que la acción, ya que la primera se refiere directamente a Dios y la segunda, al prójimo por Dios. El tercer lugar corresponde a las órdenes de la vida activa que se entregan preferentemente a las ocupaciones exteriores del servicio al prójimo.

Conclusiones

La última fuente de unidad entre las criaturas es su común orientación hacia Dios. El orden del universo no es, por consiguiente, una estática estructura, sino un orden de vivientes con la misma aspiración. Esta unidad intrínseca y dinámica es el bien más alto del universo, que se mueve hacia la unidad de Dios, que es *"tota ratio existendi et bonitatis"*.²⁶² Y la última fuente de unidad entre los seres es su existencia, su *esse*: *"Omnes partes universo conveniunt in ratione*

---

[261] Tomás de Aquino, *S. Th.* II-IIae., q. 188, a. 6, co.
[262] Tomás de Aquino, *S. Th.* I, q. 60, a. 5, ad 1.

existendi".²⁶³ El amor se funda naturalmente en una unidad que hace a una cosa tender hacia otra. Cada cosa, por su impulso natural de preservación del ser, es transportada hacia la unión con la totalidad, de modo que sólo en el contexto universal y en la unión con el Bien puede encontrar su bien, su fin. Cada ser está incompleto sin esa natural afinidad y necesidad del ser universal. Es así como puede verse la gran estructura armónica universal, ordenada según una escala de seres diferenciados, en la que el hombre tiende a su bien en la felicidad, que implica la común integración de los fines de los seres inferiores y el suyo.

Este apartado se detiene brevemente, además, en los diversos géneros de las potencias humanas, las cuales se distinguen según su objeto: como se dijo, cuanto más noble sea una potencia, se dirige hacia un objeto más universal. Entre ellas están la vegetativa, la sensitiva y la intelectiva, que se conectan entre sí necesariamente para cumplir con la actividad humana total, cuya manifestación específica es la racionalidad, la cual le permite abarcar en cierto modo todas las cosas e ir más allá de ellas.²⁶⁴ El principio de contigüidad se verifica en el interior del ser humano, que precisa de los mismos elementos que poseen los seres naturales y vivientes, pero que es dueño de un potencial superior, reuniendo en una unidad sustancial todos los niveles de ser, superándolos por su capacidad racional. Gracias a esta virtualidad, puede elevarse a un orden superior y aspirar a la felicidad, que es la actualización de su ser y nada menos que la posibilidad del retorno al Creador.

---

²⁶³ Tomás de Aquino, *In De Div. Nom.*, c. 4, lect. 6.
²⁶⁴ Cfr. Tomás de Aquino, *S.Th.* I, q. 78, a. 1: "*Alicuius einm potentiae animae obiectum est solum corpus animae unitum. Et hoc genus potentiarum animae dicitur vegetativum, non enim vegetative potential agit nisi in corpus cui anima unitur. Est autem aliud genus potentiarum animae, quod respicit universalius obiectum, scilicet omne corpus sensibile; et non solum corpus animae unitum. Est autem aliud genus potentiarum animae, quod respicit adhuc universalius obiectum, scilicet non solum corpus sensibile, sed universaliter omne ens*".

Así como en la disposición universal se da un orden concatenado de entidades, en el interior de la Iglesia militante también se aprecia un orden, cuyo ápice es el estado episcopal. Es el nivel más alto dentro de la vida eclesiástica. Luego del estado episcopal, Tomás examina otro estado de perfección, que es el de la vida religiosa. Éste constituye un verdadero estado de perfección, por el cual los religiosos se entregan totalmente al divino servicio y se ofrecen a Dios por una especie de holocausto, de olvido y donación de sí para servir a los demás en función del Bien último. Para la mayor belleza y esplendor de la Iglesia, ha sido conveniente, al igual que en la multiplicidad de la naturaleza, que haya diversidad de órdenes religiosas. Esta variedad se toma de las diferentes obras o a los distintos ejercicios u observancias que puedan practicarse con vistas a la perfección de la caridad, que es el fin común de todas ellas. El hilo conductor de la vida religiosa es efectivamente la caridad, la cual requiere diferentes actividades, conformando un rango ordenado según la superioridad de los fines y medios de cada orden religiosa. La secuencia de niveles conforme a fines tiene su fundamento último en Dios.

El argumento en otras obras de Tomás de Aquino: *De spiritualibus creaturis* y *De malo*

El argumento en la *Quaestio disputata De spiritualibus creaturis*

Introducción

La obra *De spiritualibus creaturis* es una cuestión disputada que se presentó en Italia probablemente entre los años 1267 y 1268. Es un escrito evidentemente surgido en círculos académicos y no pudo ser originado en los primeros años de su docencia en París, entre los años 1256 y 1259, pues en su art. 3 se cita el comentario de Simplicio a las *Categorías* de Aristóteles, que fue traducido por Moerbecke en marzo de 1266, y en el art. 10 el comentario al *De anima* de Temistio, terminado de traducir por el mismo Guillermo en noviembre de 1267.[265]

El conjunto de la obra parece un paso previo a la angelología y antropología que se desarrollan en la primera parte de la *Suma de Teología*. Se divide en 11 cuestiones o artículos estructurados con el modo establecido para las *disputatio* universitarias. El artículo primero trata de un problema fundamental para comprender la obra en su totalidad: cómo se relacionan la materia y la forma con las sustancias espirituales, sobre la base de la consideración tomasiana de que en toda criatura hay una composición de potencia y acto, de esencia y existencia, y de que en las espirituales no se da materia alguna.

Luego prosigue con el estudio del alma humana como sustancia espiritual unida a un cuerpo, aunque separable de éste, y rechaza la teoría de la pluralidad de formas sustanciales. A partir del art. 5 al 8 se estudian diversos aspectos de las sustancias espirituales carentes de cuerpo, esto es, los ángeles.

Los capítulos finales vuelven a centrarse en la antropología, comenzando con un tema muy debatido entonces[266] acerca de la unidad de los entendimientos. Tomás afirma en contra de esta postura que es imposible que aquello que proporciona la especie a los individuos sea numéricamente uno para muchos, pues en ese caso no habría más que un solo individuo. Si fuera único, no necesitaría imágenes

---

[265] Los datos propuestos pertenecen al estudio introductorio de Á. M. Casado, en el texto: Tomás de Aquino, *Opúsculos y cuestiones selectas*, p. 671.
[266] En los años 60 del siglo XIII había surgido en la Universidad de París el llamado averroísmo latino, que defendía que la potencia intelectiva en cuanto intelecto posible era única para toda la especie humana, a lo cual tanto el Doctor Angélico como San Alberto se opusieron por considerar que esta postura es contraria a la fe, pues suprimiría los premios y los castigos de la otra vida.

sensibles para adquirir los conceptos, puesto que ya que como inteligencia separada llevaría siglos entendiendo, sin la necesidad del concurso de entes de naturaleza inferior. El último artículo (a. 11) desarrolla un problema propiamente escolástico: si las potencias del alma se distinguieran realmente de su esencia, aduciendo finalmente que si todas las potencias se identificaran con la esencia del alma, constituirían una unidad tan perfecta que la interacción entre todas ellas estaría en contradicción con el principio de causalidad aristotélico.

De spiritualibus creaturis es un trabajo que dilucida cuestiones controversiales en la Edad Media. En este texto, se presentan las refutaciones a las teorías averroístas de la unidad del entendimiento posible, así como ciertas aclaraciones acerca del principio de individuación en relación con la materia, y las características y posibilidades de la unión de las sustancias espirituales con los cuerpos, entre otros puntos relacionados con estas criaturas. A continuación se detalla la aparición del principio buscado, particularmente en tres de los artículos de este tratado.

El argumento en la unidad del hombre

El artículo segundo comienza planteando si la sustancia espiritual puede unirse a un cuerpo. Como Dionisio había apuntado en el cap.1 de *De divinis nominibus*, las cosas incorpóreas son incomprensibles para las corpóreas, y la principal dificultad de esta cuestión es que la característica de la sustancia espiritual sea algo subsistente por sí.

Considerando con atención, afirma el Aquinate, se presenta la evidencia de que es necesario que una sustancia espiritual sea la forma del cuerpo, en el caso del ser humano, ya que algo está en acto como tal mediante una forma sustancial; a cada hombre singular le es propio el entender y en ello consiste su acto: "*Nulla autem operatio convenit alicui nisi per aliquam formam in ipso existentem, vel substantialem vel accidentalem, quia nihil agita ut operatur nisi secundum quod est* *actu".*²⁶⁷ Cualquier operación por parte de un agente sólo es posible mediante una forma –ya sustancial, ya accidental– que esté en acto; y puesto que el principio de la operación es el entender, se eleva sobre la materia corporal y no depende de ella. El alma humana tiene una operación que supera completamente la materia y no se realiza por medio de un órgano corpóreo; entonces es capaz de subsistir por sí y de obrar: *"anima humana est substantia spiritualis; in quantum vero attingitur a materia, et esse suum communicat illi, est corporis forma".*²⁶⁸ El alma humana, que es alcanzada por la materia y le comunica su ser –*esse*–, es forma del cuerpo en razón del principio de continuidad, como se cita a continuación:

> *Attingitur autem a materia corporali ea ratione quod semper supremum infimi ordinis attingit infimum supremi, ut patet per Dionysium VII cap. De Div. Nomin.; et ideo anima humana quae est infima in ordine substantiarum spiritualium, esse suum communicare potest corpora humano, quod est dignissimum ut fiat ex anima et corpora unum sicut ex forma et materia.*²⁶⁹

Al ser la última de las sustancias espirituales en cuanto a su rango, el alma puede comunicar su ser al cuerpo humano, que es la entidad que le sigue en dignidad al alma. El cuerpo deviene muy digno para formar una unión de animación y elemento corporal, semejante a la unidad de la materia y forma; el hombre se configura como el único ser en el cual lo espiritual y lo material convienen en una unidad. El alma, de este modo, es la forma del cuerpo por esencia y no puede ser ella misma un compuesto. Con estos argumentos, se advierte que aunque la sustancia espiritual no está comprendida en el cuerpo, éste de alguna forma lo alcanza por conformar una única entidad con ella de manera que ninguna parte separada de su todo tiene

---

267 Tomás de Aquino, *De Spir. Creat.*, q. un., a. 2, co.
268 Ibidem.
269 Ibidem.

la perfección de su naturaleza sino en la integración. La perfección del hombre en cuanto hombre sólo es posible a partir de esta unidad.

Expresa el Santo de Aquino que todas las naturalezas creadas tienen algo que debilita su naturaleza, de lo cual se sigue su defecto. De este modo, es natural al alma necesitar fantasmas para entender, y esto produce una comprensión inferior a la de las sustancias superiores. Cuando se dice que el cuerpo sobrecarga al alma, esto se debe a su corrupción propia, *"secundum illud Sapient. IX: Corpus quod corrumpitur aggravat animam"*.[270] Pero si para entender el hombre necesita abstraer de las ligaduras corporales, no quiere decir que se desligue de ellas en cuanto al ser, puesto que el alma humana no puede entender ninguna cosa directamente, ni siquiera a sí misma cuando se lesionan los órganos corporales, como por ejemplo en el caso de la atrofia del cerebro. Por esto el alma humana es la última en el orden de las sustancias espirituales.

En el siguiente artículo (a. 3) se traza un nuevo interrogante, a saber, acerca de si la sustancia espiritual que es el alma humana se une al cuerpo con algo intermedio. El primer argumento por el cual parecería ser posible, expresa lo siguiente:

Et videtur quod sic. Dionysius enim dicit, XIII cap. Cael. hierar., quod suprema coniunguntur infimis per media. Sed inter substantiam spiritualem et corpus sunt media anima vegetabilis et sensibilis. Ergo substantia spiritualis, quae est anima rationalis, unitur corpori mediante vegetabili et sensibili.[271]

En este caso, se apela a la autoridad de Dionisio y a su argumento considerando su incorrecta interpretación. Si bien el Areopagita afirma que en la secuencia entre elementos deben ser intermediarios unos de otros para que la

---

[270] Tomás de Aquino, *De Spir. Creat.*, q. un., a. 2, ad. 7.
[271] Tomás de Aquino, *De Spir. Creat.*, q. un., a. 3, arg. 1.

continuidad sea perfecta, no se puede deducir que la sustancia espiritual se una al cuerpo mediante la parte vegetativa y la sensitiva. Con respecto a este primer razonamiento, Tomás observa que el principio dionisiano es ontológicamente correcto, pero no se aplica a la situación del alma y del cuerpo colocando los intermediarios mencionados. Asegura que es preciso entender el principio dionisiano por referencia a las causas agentes y no a las causas formales,[272] y, en cuanto que una es la forma y la otra, la materia, se une el alma sin mediaciones a la realidad corpórea.

La unidad la proporciona en el hombre el alma racional, pues mediante ella el hombre no sólo es hombre, sino también animal, viviente, cuerpo, sustancia y ente. Una sola es la forma que contiene todas las demás determinaciones, y no son diversas formas sustanciales que van conformando cada cosa en su integridad. De allí que no hay en el mismo individuo muchas formas sustanciales, cada una de las cuales esté subordinada a la otra; ninguna forma sustancial precede en el hombre al alma humana, y tampoco ninguna forma accidental, porque entonces se debería decir que la materia se perfecciona primero con la forma accidental que con la sustancial. Lo cual no sería posible, puesto que es necesario que el accidente se asiente sobre la sustancia.[273]

La forma es parecida a un agente en la materia, es la que le imprime el ser. Todas las determinaciones, como son la sensitiva y la vegetativa, por ejemplo, no son elementos en una composición, sino una unidad:

> *Unde etiam Aristoteles in II de Anima dicit, quod vegetativum est in sensitivo, et sensitivum in intellectivo, sicut trigonum in tetragono, et tetragonum in pentagono; pentagonum enim virtute continent tetragonum: habet enim hoc et adhuc amplius; non autem quod seorsum in pentagono sit id quod est tetragoni, et id quod*

---

[272] Cfr. Tomás de Aquino, *De Spir. Creat.*, q. un., a. 3, ad. 1.
[273] Cfr. Tomás de Aquino, *De Spir. Creat.*, q. un., a. 3, co.

> *est pentagoni proprium, tanquam duae figurae. Sic etiam anima intellective virtute continet sensitivam, quia habet hoc et adhuc amplius; non tamen ita quod sint duae animae.*[274]

Lo vegetativo está en lo sensitivo, como el triángulo en el cuadrilátero; es decir, tiene lo mismo que el cuadrilátero y aún más. La forma más perfecta logra de una vez lo que consiguen las formas inferiores en muchas, y algo más. Así, si la forma del cuerpo inanimado da a la materia el ser y ser cuerpo, la forma de la planta le dará eso y además el ser viviente, el alma sensitiva, todo eso y además el ser sensible, el alma racional, eso y además el ser racional. Si se dijera que el alma intelectiva difiere de la sensitiva en el hombre, no se le podría asignar unidad al alma intelectiva con el cuerpo, ya que ninguna operación propia del alma intelectiva se realiza mediante el órgano corporal, sino solamente *a partir* de él y en un trabajo unitario y conjunto.

La unión acaece inmediatamente, pues no hay algo medio con lo cual la materia tenga el ser a través de su forma:

> *Secundum igitur quod anima est forma corporis, non potest esse aliquid medium inter animam et corpus. Secundum vero quod est motor, sic nihil prohibet ponere ibi multa media, manifeste enim anima per cor movet alia membra, et etiam per spiritum movet corpus.*[275]

La continuidad en el cosmos

Uno de los asuntos que recibió tratamiento especial en la Edad Media, y que tuvo repercusiones desde la antigüedad, es la valoración de los cuerpos y su lugar en la sucesión de lo creado. Teniendo en cuenta que el hombre, desde el punto de vista de la perfección, ocupa un lugar que sigue inmediatamente al propio de los ángeles, aparece, según el

---

[274] Tomás de Aquino, *De Spir.Creat.*, q. un., a. 3, co.
[275] Tomás de Aquino, *De Spir. Creat.*, q. un., a. 3, co.

Génesis, al final de la creación, un dato no menor. Tomás, acerca de esta cuestión, pretende conservar intacta la letra de la Escritura, y asignar y descubrir el valor correspondiente a los cuerpos celestes, que forman parte fundamental de la armonía universal, desvelando también la relación con el valor del ser humano.

Dada la comprensión de la secuencia inmediata entre cada rango de ser, desarrollado con anterioridad, el autor procede a determinar la relación que une a Dios con el ser y la eficacia de las causas segundas que están en juego. El art. 6, también en la primera objeción, toma el principio de continuidad para dilucidar la cuestión de si hay una sustancia espiritual que esté unida a los cuerpos celestes para generar el movimiento que les es propio en el cosmos. El primer argumento señala que la respuesta sería positiva por lo siguiente:

> *Et videtur quo sic. Dicit enim Dionysius cap. VII de divinis nominibus, quod divina sapientia coniungit fines primorum principiis secundorum. Ex quo potest accipi quod natura inferior in sui summo attingat superiorem in sui infimo. Supremum autem in natura corporea est corpus caeleste, infimum autem in natura spirituali est anima. Ergo corpus caeleste est animatum.*[276]

Del principio se seguiría que lo más alto en la naturaleza corpórea sería el cuerpo celeste y más bajo en la naturaleza espiritual, el alma. Se plantea la ratificación de este argumento y su consecuencia a raíz de la segunda objeción:

> *Praeterea, nobilioris corporis nobilior est forma. Corpus autem caeleste est nobilissimum corporum, et anima est nobilissima formarum. Si ergo aliqua inferiora corpora sunt animata, multo magis corpus caeleste animatum erit.*[277]

---

[276] Tomás de Aquino, *De Spir. Creat.*, q. un., a. 6, arg. 1.
[277] Tomás de Aquino, *De Spir. Creat.*, q. un., a. 6, arg. 2.

Según esta proposición, los cuerpos celestes son los más nobles de todos los cuerpos, y si hay cuerpos inferiores que tienen alma, entonces los superiores deberían poseerla, en razón de la continuidad y la graduación. Esta explicación surgió tanto de las opiniones de los pensadores antiguos como de los doctores eclesiásticos. En efecto, la consideración de la movilidad de los cuerpos celestes indujo a muchos a pensar que ellos son animados, lo cual es negado por el Aquinate; en la realidad de las cosas, los vivientes son superiores a los no vivientes, y los astros carecen de vida y animación propias, aun cuando su cuerpo aparece como muy noble.

Pero, dado que el alma es la más noble de las formas, entonces el cuerpo humano será más alto en valor que los cuerpos celestes carentes de alma. En cuanto a la estructura del universo, el Santo de Aquino concibe similarmente el universo visible de Aristóteles, a saber: un cosmos constituido por una serie de siete esferas planetarias concéntricas, contenidas en una octava esfera, la de las estrellas fijas, que a su vez contienen a la Tierra, que es el centro de todas ellas.[278] Aunque la consideración de la movilidad de los cuerpos celestes indujo a pensar que sean animados, por el juego de fuerzas que intervienen en ellos, se torna evidente, según lo dicho, que el movimiento del cielo procede de una substancia inteligente[279] porque el fin de su movimiento sólo puede ser un bien inteligible abstracto por el cual se ponga en movimiento la sustancia inteligente que mueve al cielo. Apunta Ángel Martínez Casado en la introducción del texto *Las criaturas espirituales:*

---

[278] En el apartado III: "El mundo de los cuerpos y la eficacia de las causas segundas", de la obra de E. Gilson, *El Tomismo*, se detiene en la explicación de la estructura cósmica y comenta, a partir de STh. I, q. 68, a. 4, co, que por encima de la esfera de los Fijos, comenzaría el mundo invisible cuya estructura no es aristotélica: el cielo de las aguas, o Cristalino, y el cielo de la luz, o Empíreo.
[279] Cfr. Tomás de Aquino, *De Spir. Creat.*, q. un., a. 6, co.

El artículo 7 es muy breve y niega que los ángeles puedan tomar cuerpos aéreos, como sugería una tradición que se remontaba a San Agustín. Para Santo Tomás, no tiene mucho sentido que los espíritus lleguen a animar un cuerpo de estas características, pues no aportaría nada a los espíritus un cuerpo de un único elemento, que no puede ser orgánico.[280]

Tomás defiende la radical espiritualidad de los ángeles, por lo que no podrían estar mezclados con estas sustancias corpóreas.[281] La inteligencia pura, cuyo objeto es lo inmaterial como tal, debe estar libre de toda materia; la inmaterialidad total de los ángeles es exigida por el mismo lugar que ocupan en el orden de la creación.[282]

Todos los movimientos provienen de una sustancia ordenadora, y por ello repugna a la incorruptibilidad de los cuerpos celestes que estén animados como los cuerpos que tienen vida vegetativa y vida sensitiva mediante un alma.[283] Sin embargo no se puede negar que los cuerpos celestes están en cierto modo animados, pero lo están porque indefectiblemente los mueve un motor. Dice Agustín en el III *De Trinitate*,[284] todos los cuerpos son regidos por Dios mediante un espíritu racional de vida. El artículo 7 termina de dilucidar la cuestión y resuelve que la sustancia espiritual no puede de ninguna manera unirse a un cuerpo aéreo, a menos que sea para causar su movimiento. La sustancia espiritual sólo puede moverlo, y únicamente puede unirse a un cuerpo para ser ayudada por el cuerpo a entender, como el alma humana se une al cuerpo para adquirir la ciencia mediante el empleo de los sentidos:

---

[280] Tomás de Aquino, *Opúsculos y cuestiones selectas*, p. 672.
[281] Cfr. Tomás de Aquino, *De Spir. Creat.*, q. un., a. 5, s.c. 1.
[282] Cfr. Tomás de Aquino, *De Spir. Creat*, q. un., a. 1, co.; *S.Th.* I, q. 50, a. 2, co.
[283] Tomás de Aquino, *De Spir. Creat.*, q. Un, a. 6, co.: "*Dicere autem ulterius, quod corpora caelestia hoc modo sint animata sicut inferiora corpora quaeper animam vegetantur et sensificantur, repugnat incorruptibilitati caelestium corporum. Sic igitur negandum est corpora caelestia esse animata eo modo quo ista inferiora corpora animantur*".
[284] San Agustín, *De Trinitate*, c. 4 n.9 (ML 42, 873).

Tertia ratio est, quia substantia spiritualis dupliciter alicui corpori invenitur uniri. Uno modo ad exhibendum corpori motum; sicut dictum est, quod corporibus caelestibus spirituales substantiae uniuntur. Alio modo ut substantia spiritualis per corpus iuvetur ad propriam suam operationem, quae est intelligere; sicut anima humana unitur corpora, ut per sensus corporeos scientias acquirat.[285]

La consideración de la nobleza de las sustancias espirituales sirve de base para completar la comprensión del orden óntico en la escala de los seres que conforman el universo y dar lugar correspondiente a los cuerpos celestes, a los ángeles y al ser humano.

El argumento en la Quaestiones Disputatae De malo

Introducción

Las cuestiones disputadas sobre el mal se centran específicamente en el mal moral, esto es, el pecado, luego de abordar el mal común o en general y cuestiones referentes a los demonios. Muchos historiadores dan crédito a la posición de Ptolomeo de Lucca,[286] que sitúa esta obra en tiempos de Clemente IV (1265-1268). La disputación propiamente dicha coincide con el momento en que el Aquinate permanece en París por segunda vez, bajo el papado del mencionado Pontífice.

La presencia del mal en el mundo es un hecho; no es algo que requiera demostración. La dolorosa experiencia de la humanidad ha generado un interrogante universal, constituyendo una de las pruebas más decisivas de la validez de todo conocimiento metafísico y teológico "no sólo por la

---

[285] Tomás de Aquino, *De Spir. Creat.*, q. un., a. 7, co.
[286] Ptolomeo fue un escritor, teólogo y obispo católico italiano, nacido en Lucca, en 1236, y muerto en Venecia, en 1327.

corrosiva incidencia que tiene lugar en la existencia real y cotidiana del hombre singular, sino también por la dificultad teorética que su negatividad misma le confiere".[287]

Tiene sentido referir la parte en que en *De Malo* expone cierta relación con el principio de continuidad ontológica, pues el mal ocupa un papel fundamental en la ordenación jerárquica universal. Nos remitimos a un corto pasaje donde se hace referencia de la recepción de la especulación dionisiana por Tomás de Aquino. Para ello procederemos a revisar algunos conceptos incluidos en este breve desarrollo del argumento.

La presencia del mal en el universo y la presencia del argumento de continuidad

En relación con el mal en general, primeramente el Aquinate considera si es algo en sí mismo o no, y finalmente declara que no puede ser nada positivo.[288] El mal aparece como carencia de un bien que se debería tener, o de la debida perfección, que no se da sino en el ente en potencia, porque se dice que hay privación en aquello que por naturaleza debe tener algo que no tiene. Siguiendo a Aristóteles, el bien es lo que todos apetecen y el mal es lo que todos rehúyen; todo lo que existe tiene razón de apetecible porque se encuentra en la esfera de las cosas que son, y por lo tanto son buenas. El mal no puede darse sino en el bien y por el bien, y en ese sentido se dice que el bien es causa del mal porque en realidad el mal no puede tener ninguna causa: no es apetecible ni le corresponde una intención. Lo que siempre se intenta es el bien, y el mal ocurre por accidente en el propósito de lograr algún bien.[289]

---

[287] C. Cardona, "Introducción a la *Quaestio Disputata De Malo*", *Scripta Theologica* 7 (1974), p. 111.
[288] Cfr. Tomás de Aquino, *De malo*, q. 1, a. 1.
[289] Cfr. Tomás de Aquino, *De malo*, q. 1, a. 2.

Las indagaciones acerca del mal son muy amplias en su contenido, y el autor ha procurado ofrecer uno de los esfuerzos más admirables y fecundos por desentrañar la raíz de todos los males y bienes, con el objeto de hallar la fuente de todos los vicios, virtudes, de las dichas y las miserias humanas.

La cuestión decimosexta, que hace una breve mención del principio de contigüidad ontológica, investiga diversas cosas acerca de los demonios, que representan el mal manifiesto en ciertas criaturas espirituales. En primer lugar, establece que los demonios carecen de cuerpo, son espíritus que no eran malos inicialmente, sino que lo fueron por decisión de su voluntad; no lo fueron ni siquiera por inclinación natural al mal porque no tenían apetitos corpóreos. El mal sólo pudo venirles por la voluntad al rechazar una regla superior, que es la Sabiduría o Ley divina. Trasgredieron esa regla y pecaron al apetecer la igualdad con Dios. El pecado del diablo tuvo que ser el pretender un bien sobrenatural que no podía alcanzar por sí mismo, ambicionando la bienaventuranza final por su propia naturaleza.[290] El maligno tiene defecto respecto de aquello para lo que estaba en potencia, que es lo que excede su naturaleza y para lo que requiere asistencia sobrenatural.

El artículo primero de esta cuestión (q. 16) se centra en determinar si los demonios tienen cuerpos naturalmente unidos a ellos. Se apela a la autoridad de Dionisio, quien afirma en el cap. IV de *Los nombres divinos* que el mal se manifiesta en ellos como ira irracional, concupiscencia

---

[290] Cfr. V. Zubizarreta, *Theologia dogmatico-scholastica ad mentem S. thomae Aquinatis*, Bilbao, 3ra. ed., Ed. Eléxpuru Hnos., 1937, p. 611, y A. Royo Marín, *Dios y su obra*, Madrid, B.A.C., 1963, pp. 415-416, quien expresa que el bien que apetecieron era constituirse en el objeto de la bienaventuranza plena o final, lo cual sólo corresponde a Dios.

demente y fantasía indecente,[291] lo cual induce a pensar que los demonios tendrían cuerpos naturalmente unidos a ellos, por ser esas características derivadas de la parte sensitiva de un alma –relacionada con un cuerpo–, en la que tienen lugar la imaginación, el apetito irascible y el concupiscible. A este argumento se responde (q. 16, a. 1, ad 5) que el espíritu celeste es de otra naturaleza diferente a la del alma unida al cuerpo terrestre y se va desprendiendo posteriormente la idea de que manifiestamente sus operaciones no se relacionan con la de un ente corpóreo, sino con las operaciones propias del intelecto y su correspondiente facultad volitiva. Tomás agrega en la respuesta 7:

> *Damascenum quantum ad hoc secutum esse Origenem, ut crederet et Angelos et Daemones naturaliter sibi unita habere corpora; ratione quorum, in comparatione ad nos, spiritus dicantur; in comparatione autem ad Deum, corporei. Potest tamen dici, quod corporeum accipitur et ab eo et a Gregorio pro composito, ut ex eorum verbis nihil aliud intelligatur quam quod Angeli et Daemones in comparatione ad nos sunt simplices, in comparatione autem ad Deum sunt composite.*[292]

Según lo dicho, los ángeles y demonios están unidos a un cuerpo que, por sus características, en comparación con el cuerpo humano, es de una naturaleza máximamente etérea, mientras que en comparación con Dios –aunque poseemos un mínimo conocimiento revelado de la relación de los ángeles con Dios y sus naturalezas– son formas espirituales con un tipo de corporalidad. Entonces puede admitirse un argumento relacionado con el aspecto jerárquico del universo: la corporalidad diversa de los ángeles se reconoce como superior a la humana, pues es de tal forma que no

---

[291] Cfr. Tomás de Aquino, *De malo*, q. 16, a. 1, arg. 3: "*Praeterea, Dionysius dicit IV cap. de Divin. Nomin., quod malum in Daemonibus est furor irrationalis, demens concupiscentis, et phantasia proterva. Sed haec tria pertinent ad parte, animae sensitivam, in qua est phantasia, irascibilis et concupiscibilis; pars autem sensitiva non est sine corpora. Ergo Daemones habent corpora naturaliter sibi unita*".

[292] Cfr. Tomás de Aquino, *De malo*, q. 16, a. 1, ad. 7.

posee impedimentos de tipo material para el conocimiento del universo, por lo tanto también su capacidad volitiva es más perfecta. Y esto porque conocer intuitivamente y obrar de acuerdo con sus características espirituales constituyen su obra propia. En esta dirección y siguiendo la argumentación tomasiana, se puede pensar, además, que lo que pertenece a un orden inferior es tanto más superior en cuanto se encuentra unido con un orden superior: *"Praeterea, quanto aliquid quod est ordinis, est superius, tanto maiorem coniunctionem habet cum superiori ordine"*.[293] Esto es lo que sucede en cada grado entitativo en relación con sus respectivos niveles superiores. Cada uno toma lo mejor del superior, como en el caso del hombre, que logra desarrollar su aspecto espiritual en el intelecto participado de los primeros principios; y es allí donde se conjugan las capacidades más elevadas.

Seguidamente se alude, citando al *Liber de causis*, a las relaciones entre entidades superiores e inferiores, y se considera que cada ente en su determinación tiene su manifestación superior de la misma manera que ocurre con la inferior, de modo que, por ejemplo, entre los intelectos, el superior es el divino, desligado de toda corporalidad, y el inferior es el humano, unido a un cuerpo; entre los cuerpos, es inferior el que no está animado y superior el que lo está, como es el caso del alma intelectual del hombre.

> *Unde in Lib. De causis, dicitur, quod ex inteligentiis est quae est intelligentia tantum, scilicet inferior, et ex eis est quae est intelligentia divina, scilicet superior, et ex animabus est quae est anima tantum, sicut brutorum, et ex eis anima intellectualis, sicut hominum; et ex corporibus quod est corpus tantum; et ex eis quod est corpus animatum.*[294]

---

[293] Tomás de Aquino, *De malo*, q. 16, a. 1, arg. 4.
[294] Ibidem.

A continuación se citan las palabras de Dionisio, en las que aparece la formulación del argumento de contigüidad para ratificar que en la cadena de los seres, si el aire es más noble que la tierra y ciertos cuerpos terrestres son animados, con mayor razón también deberían serlo ciertos cuerpos sutiles, como es el caso de los demonios. Continúa el argumento citando a Dionisio:

> *Unde Dionysius dicit VII cap. de Divin. Nomin. quod divina sapientia fines primorum coniungit principiis secundorum. Sed aer est nobilius corpus quam terra. Cum ergo sint corpora terrestia animata, multo magis erunt corpora quaedam aérea animata; et huiusmodi Daemones dicimus.*[295]

Como respuesta a este cuarto argumento, señala el Santo de Aquino que es probable que Dionisio, quien en muchas cosas fuera seguidor de las opiniones de los platónicos, haya considerado que los demonios son ciertos animales dotados de apetito y aprehensión sensitiva.[296] Sin embargo, la ira y la concupiscencia se les atribuyen a los demonios metafóricamente por la semejanza de su operación. Pero en el ángel y en el demonio no existe ninguna otra potencia que la inteligencia y la voluntad –si se consideran incorpóreos–, como asiente en la respuesta al argumento decimocuarto del mismo artículo.[297] En cambio, el alma humana posee naturalmente unida a sí órganos físicos para realizar sus operaciones naturales. De manera que el cuerpo aéreo (*corpus aereum, id est spiritus*),[298] aquí considerado el espíritu, goza también de cierta composición:

> *Ad septimum dicendum, quod possibile est, Damascenum quantum ad hoc secutum esse Origenem, ut crederet et Angelos et Daemones naturaliter sibi unita habere corpora; ratione quorum, in*

---

[295] Tomás de Aquino, *De malo*, q.16, a.1, arg. 4.
[296] Tomás de Aquino, *De malo*, q.16, a.1, arg. 3.
[297] Tomás de Aquino, *De malo*, q.16, a.1, s.c. 12.
[298] Tomás de Aquino, *De malo*, q.16, a.1, s.c. 5.

comparatione ad nos, spiritus dicantur; in comparatione autem ad Deum, corporei. Potest tamen dici, quod corporeum accipitur et ab eo et a Gregorio pro composito, ut ex eorum verbis nihil aliud intelligatur quam quod Angeli el Daemones in comparatione ad nos sunt simplices, in comparatione autem ad Deum sunt compositi.[299]

Ángeles y demonios son compuestos, en relación con Dios, y son más simples en relación con el hombre; son incorpóreos, en comparación con los cuerpos materiales o animados de los entes del mundo. Por lo que dice Dionisio en el capítulo IV de *Los nombres divinos*, que todas las sustancias, facultades y operaciones de ellos son intelectuales, porque se determinan según su naturaleza. No puede haber ninguna capacidad o potencia en el ángel, sino la aprehensión y el apetito intelectual.

El *sed contra* 14 de este primer artículo, declara que aunque las sustancias intelectuales sean incorpóreas –en el sentido de que no poseen algo semejante al cuerpo humano–, ello no impide que puedan mover algunos cuerpos con el imperio de su voluntad, al menos con un movimiento local. El alma humana, que es inferior, puede mover al cuerpo unido a ella por su intelecto y voluntad, de manera que un ser superior en capacidad debería poder hacerlo.

Este tema se amplía en el artículo noveno (q. 16) al plantear la pregunta de si los demonios, además, pueden cambiar la forma de los cuerpos. Para responder, afirma el Aquinate que aquello que posee una forma más etérea se corresponde con una operación más elevada, como es el caso de los espíritus puros. Ésta es la razón por la que cita a Dionisio en *La Jerarquía Celeste*, donde se explica que las cosas inferiores son movidas por los entes superiores a través de las intermedias: "*Et inde est quod secundum Dionysium, in Lib. II de Cael. Hierarch., infima a supremis moventur per media*".[300] Este breve pasaje confirma, por un lado, la

---

[299] Tomás de Aquino, *De malo*, q.16, a.1, s.c. 7.
[300] Tomás de Aquino, *De malo*, q. 16, a. 9, co.

existencia de una jerarquía, según la cual los entes operan de acuerdo con su capacidad y puesto en el orden de lo real, y por otro corrobora la mediación necesaria y continua manifiesta en la secuenciación gradual de la cadena jerárquica. La respuesta final está dada en el texto que sigue:

> *Substantiae autem spirituales sunt superiores ordine naturae etiam ipsis caelestibus corporibus. Unde propria virtute non possunt formaliter transmutare inferiora corpora, nisi adhibendo aliqua corporalia activa proportionata effectibus quos intendunt; sicut homo potest calefacere per ignem.*[301]

Las sustancias espirituales son superiores en el orden natural, pero por su propia virtud no pueden cambiar las formas de los cuerpos inferiores, a no ser que lo realicen a través de ciertos agentes corporales, de la misma manera que el hombre puede calentar por medio del fuego. Los efectos inferiores no pueden ser producidos sino mediante causas inferiores, antes que por causas superiores. Esta idea se ejemplifica en el undécimo *sed contra*, que expone que los signos que los magos realizan mediante actos privados con los demonios se producen por virtud de ciertos agentes naturales, que están por encima de la comprensión y capacidad de los hombres. Y esto por tres motivos: primero, porque los demonios conocen la virtud de los agentes naturales mejor que los hombres; segundo, porque pueden reunirlos más rápidamente; y tercero, porque los agentes naturales que utilizan como instrumentos se pueden extender a mayores efectos, a diferencia de las posibilidades del ser humano.[302]

---

[301] Ibidem.
[302] Cfr. Tomás de Aquino, *De malo* q. 16, a. 9, ad. 11: "*Ad undecimum dicendum, quod signa sive miracula quae magi faciunt per privatos contractus Daemonum, non sunt supra ordinem universalium causarum, sicut illa quae virtute divina fiunt, sed fiunt virtute activorum naturalium supra hominum comprehensionem et facultatem, propter tria: primo quidem, quia Daemones magis cognoscunt naturalium activorum virtutem quam homines; secundo, quia celerius possunt ea congregare; tertio, quia activa naturalia, quae assumunt ut instrumenta, se possunt extenderé ad*

Evidentemente, para manifestarse generando algún movimiento, requieren medios que les sirven instrumentalmente y proporcionados a sus fines. Con lo cual queda confirmada la necesaria mediación existente entre los diferentes componentes del orden universal, con el objeto de lograr que cada uno pueda ejercer su operación propia.

Conclusiones

El principio de continuidad aparece en estas dos obras sustentado en la autoridad de Dionisio con el fin de aclarar y responder a ciertas afirmaciones relacionadas con las criaturas espirituales y también con la existencia del mal, temas que han suscitado innumerables controversias desde la antigüedad clásica.

Entre todas las creaturas, las que más se acercan a Dios son las sustancias espirituales, como advierte Dionisio en el capítulo IV de *La jerarquía Celeste* (3, 177d), porque se acercan más a la perfección del acto primero, ya que se relacionan con las criaturas inferiores como lo perfecto con lo imperfecto.[303] Su existencia se confirma con el argumento que señala que es necesario que, antes del ser imperfecto en un género, se debe dar lo que es perfecto en ese género, porque lo perfecto es por naturaleza anterior a lo imperfecto, como el acto a la potencia. Entonces es necesario postular la existencia de unas sustancias incorpóreas no unidas a un cuerpo que no precisen de éste para la operación intelectual,[304] y éste es el caso de los espíritus puros. El interrogante acerca de si una sustancia espiritual puede unirse a un cuerpo cobra forma y manifestación en el ser humano, quien conforma una unidad a partir de la integración total del alma con el cuerpo. En efecto, el alma está

---

maiores effectus ex virtute vel arte Daemonum, quam ex virtute vel arte hominum; et sic hominibus miracula videntur quae per Daemones fiunt; sicut etiam hominibus inexpertis videntur miracula quae per aliquos artifices fiunt".
[303] Cfr. Tomás de Aquino, *De Spir. Creat.*, q. un., a. 1, co.
[304] Cfr. Tomás de Aquino, *De Spir. Creat.* q. un., a. 5, co.

toda en cada parte del cuerpo: *"Praeterea, anima eodem modo se habet ad totum et partes; quia est tota in toto, et tota in qualibet parte"*.[305] Y dicha unión acaece inmediatamente porque: *"medium oportet participare cum utroque extremorum. Sed non potest esse aliquid quod partim sit corporale et partim spiritual. Ergo non potest aliquid cadere medium inter animam et corpus"*.[306] Es decir, la unión entre alma y cuerpo es inmediata; no hay necesidad de intermediarios entre ambos elementos, aunque se cite al Areopagita en el primer argumento del art. 3, diciendo que las cosas supremas se unen a las ínfimas a través de las intermedias. El principio de continuidad debe aplicarse a la relación de las diversas naturalezas, y no en el interior de ellas como si alma y cuerpo en el hombre fueran dos géneros diferentes que deben ser unidos por algún elemento intermedio. Hay una sola naturaleza que es el compuesto, la persona.

De los seres creados, el hombre es el que más se acerca a la naturaleza angélica y se toca con ella en el ápice de su naturaleza, por aquello de que la sabiduría divina une los fines de los entes primeros con los principios de los segundos, tal como expresa Dionisio en el capítulo VII de *Los nombres divinos*.

En el caso de los cuerpos celestes, entiéndase, los astros –tratado en el artículo 6–, el Doctor Angélico declara que no son cuerpos animados, como sucede en la unidad del hombre, sino que su movimiento es generado por una inteligencia ordenadora: *"nihil quod movetur a motore totaliter extrinseco, habet motum naturalem. Cum ergo motus caeli sit a substancia spirituali"*.[307] El principio de continuidad ontológica es mencionado en el primer argumento de este artículo con la formulación siguiente: si la naturaleza inferior, en su nivel más alto, alcanza a lo superior en su nivel más bajo, entonces podría pensarse que si lo más alto en la

---

[305] Tomás de Aquino, *De Spir. Creat.* q. un., a. 2, arg. 13.
[306] Tomás de Aquino, *De Spir. Creat.* q. un., a. 3, s.c. 3.
[307] Tomás de Aquino, *De Spir. Creat.* q. un., a. 6, arg. 7.

naturaleza corpórea es el cuerpo celeste y el más bajo en la naturaleza espiritual es el alma, entonces el cuerpo celeste tendría alma. Lo cual no es posible. La consideración de la nobleza de estos cuerpos y sus movimientos ha inducido a pensar que tienen vida propia. Pero en ellos acontece la unión del motor al móvil que genera el movimiento. No hay alma para estos cuerpos, de manera que el más noble es el cuerpo humano, quien se toca en su primera perfección con la última del ángel. El pasaje que sigue confirma lo dicho: *"corpus caeli habet naturalem aptitudinem ut tali motu moveatur. Et per hoc motus caeli est naturalis, licet sit a substantia intelligente"*.[308]

En los artículos citados del *De malo*, se analiza la constitución de los demonios en cuanto seres espirituales. En primer lugar es preciso comprender que la presencia del mal en el universo es un hecho palmario y que forma parte de la totalidad. Hay que reconocer que el mal, en cuanto deficiencia de los seres, aunque no es nada ónticamente hablando, ocupa un lugar fundamental en el encadenamiento de los rangos de ser. Así, pues, en cuanto privación, permite la gradación de las perfecciones en dicha jerarquía. Por eso, hablar del mal significa corroborar la diferencia ontológica que recubre a cada nivel de ser.

Se puede vislumbrar la existencia del mal en los demonios, quienes inicialmente realizaron un uso nefasto de la libertad que el Señor les había conferido, es decir, el mal sólo pudo venirles por la voluntad al rechazar una regla superior, que es la sabiduría o ley divina. En el primer artículo, Tomás examina si los demonios tienen un estatuto ontológico superior al humano, aludiendo a la autoridad del Areopagita, quien expone que en la cadena de los seres se unen los fines de los entes superiores con los principios de los inferiores. Considerado esto, si el aire es más noble que la tierra y ciertos cuerpos terrestres son animados, con mayor razón también deberían serlo ciertos cuerpos aéreos,

---

[308] Tomás de Aquino, *De Spir. Creat.* q. un., a. 6, co.

como es el caso de los demonios. Tanto en el ángel como en el demonio no existe ninguna otra potencia que la inteligencia y la voluntad, de manera que el mal de los demonios no tiene relación alguna con la corporalidad o materialidad. Sin embargo, la incidencia de ellos en los movimientos del mundo es posible por lo que el pasaje ofrece: *"Et inde est quod secundum Dionysium, in Lib. II de Cael. Hierarch., infima a supremis moventur per media"*.[309] Se entiende que las cosas inferiores son movidas por las cosas superiores a través de las intermedias, lo cual expresa de una manera alternativa el argumento de contigüidad.

---

[309] Tomás de Aquino, *De malo* q.16, a.9, co.

4

El argumento de la contigüidad ontológica en aspectos específicos de la doctrina de Tomás de Aquino

El argumento en la explicación de la jerarquía de los seres

Introducción

Tomás de Aquino se niega a fragmentar la actividad creadora como lo habían hecho los filósofos árabes y sus discípulos occidentales. Un poder único creador produce y sostiene el universo; y si bien no brota como una nueva fuente en cada una de las etapas, no deja de recorrerlas a todas. Los efectos de la omnipotencia divina están naturalmente ordenados según una serie continua de posiciones decrecientes.

Las especulaciones metafísicas sobre los grados jerárquicos del ser tienen origen en las doctrinas neoplatónicas que se encuentran en Plotino y sus discípulos Jámblico y Porfirio, en Proclo, y posteriormente con especial énfasis en Dionisio Areopagita. A Proclo se le debe el ajuste definitivo de la doctrina de las inteligencias: su absoluta incorporeidad y simplicidad, su subsistencia ajena al tiempo, la naturaleza de su conocimiento, etc.

Desde la antigüedad se nota una marcada tendencia a aproximar a las inteligencias puras, intermediarias entre el Uno y el resto de la creación. Ya Filón había hablado de los espíritus puros que pueblan el aire, a los cuales los filósofos dan el nombre de "demonios" y Moisés el de "ángeles".[1] El Pseudo Dionisio es quien finalmente reúne estos antecedentes y efectúa, entre la concepción bíblica de los ángeles y la especulación neoplatónica, una síntesis definitiva. El orden de las creaturas en que se encuentra realizado el más alto grado de perfección creada es el de los espíritus puros.[2] El plan general de la creación presentaría una laguna manifiesta si los ángeles no existieran, pues la perfección del universo exige la presencia de criaturas intelectuales. En la jerarquía continua de seres, toda naturaleza de grado superior toca, por lo que tiene de menos noble, a lo que hay de más noble en las criaturas del orden inmediatamente inferior, y en esto consiste el mentado principio de la contigüidad, que da forma a esta concepción jerárquica. La naturaleza intelectual es superior a la naturaleza corporal y sin embargo el orden de las naturalezas intelectuales toca al orden de las naturalezas corporales por la naturaleza intelectual menos noble, que es el alma racional del hombre. Y el cuerpo al que el alma racional está unida, por el hecho mismo de esta unión, es elevado al grado supremo de la jerarquía de los cuerpos. La ausencia de discontinuidad en la jerarquía de las perfecciones creadas constituye la ley profunda de la procesión de los seres fuera de Dios.

El ordenamiento jerárquico

Semejanza, finalidad, necesidad y contingencia

Todos los entes se hallan escalonados por una disposición de nobleza y sutilidad decrecientes.[3] No es posible situar inmediatamente debajo de Dios la sustancia corporal, la

---

[1] Cfr. E. Bréhier, *Les idées philosophiques et religieuses de Philon d'Alexandrie*, Paris, J. Vrin, 1925, pp. 126-133.
[2] Para una comprensión más detallada de este tema cfr. A. Schmid, "Die peripatetisch-scholastische Lehre von den Gestirngeistern", *Athenaeum* 1 (1862), pp. 549-589.
[3] Cfr. É. Gilson, *El tomismo*, p. 232.

cual es compuesta y divisible. Es necesario colocar una multiplicidad de términos medios por los cuales se pueda descender desde la inefable simplicidad de Dios hasta la complejidad de los cuerpos. Algunos de estos grados estarán constituidos por sustancias intelectuales unidas a cuerpos y otros, por sustancias espirituales libres de toda unión con la materia, los cuales se llaman "ángeles".[4] Esta consideración metafísica abarca todo lo que merezca el nombre de *ser*, en referencia tanto al mundo de los cuerpos como al resto de los entes: la materia existe en razón de la forma, las formas inferiores en razón de las formas superiores, y las formas superiores, en razón de Dios. Todo lo que existe es bueno y por ello todo tiene a Dios por causa.

Sólo Dios es acto puro, por lo cual las sustancias espirituales creadas no lo son, siempre comportan una composición de materia y forma, aún cuando la materia no sea corporal. Pero la materia se entiende como grado de potencialidad. Todo lo que existe es o acto puro o potencia pura o la combinación de ambos. Nada obra sino por su forma y nada padece sino a causa de su materia. El ángel está necesariamente también compuesto de materia y forma.[5] Afirma Etienne Gilson: "Pero la sustancia espiritual creada, que es el ángel obra iluminando al ángel inmediatamente inferior y padece porque es iluminado por el ángel inmediatamente superior".[6] De modo que ellos tienen necesidad de cierta actualización o iluminación por sus superiores, lo cual indica un cierto grado de potencialidad.

Afirmar la existencia de criaturas incorpóreas responde, en el sistema tomista, a la necesidad de un orden de inteligencias puras que estén inmediatamente debajo de Dios, que se distinguen de Él como lo finito de lo infinito. Situado de este modo, el espíritu puro se diferencia de Él en que la esencia del ángel no es igual a su existencia; esta

---

[4] Cfr. Tomás de Aquino, *De spirit. Creat.*, q. un., a. 5, co.
[5] Cfr. Tomás de Aquino, *De Spir. Creat.*, q. un., a. 1, arg. 17.
[6] Cfr. É. Gilson, *El tomismo*, p. 233.

mínima complejidad –que sin embargo comporta un abismo en relación con el Creador–, característica de toda criatura, se encuentra también en su modo de conocimiento. La naturaleza de esta sustancia intelectual como su operación propia es el acto de conocer intuitivamente. Las modificaciones de que pueden ser sujetos no afectan en nada a su mismo ser, sino solamente a las potencias de la inteligencia y voluntad, que pueden pasar de la potencia al acto, pero no existe la posibilidad de actividad y pasividad simultáneas: la iluminación que el ángel recibe y la que transmite suponen un intelecto que está tan pronto en potencia como en acto.[7] Si la sustancia espiritual fuera en acto, se confundiría con Dios.

En efecto, el orden de la Divina Providencia manda que los inferiores estén bajo la acción de los superiores; del mismo modo como los ángeles inferiores son iluminados por los superiores, así también los hombres, inferiores a los ángeles, son por éstos iluminados. Pero el modo de ambas iluminaciones es diverso; en algo se asemejan y en algo difieren.

Se observa que cada rango de la jerarquía total posee una creciente intensidad y concentración de la existencia en cuanto que se va adquiriendo –en la medida en que el rango es mayor– una acumulación de perfección entitativa. Cada naturaleza tiene diferente grado de riqueza y de indigencia, de pobreza y plenitud. Tanto para Tomás de Aquino como para Dionisio, la manifestación variada de la creación es una clara prueba de la inconmensurable riqueza del ser de Dios. La razón por la que hay una profusa diversidad en lo creado es, de acuerdo con Tomás, que una creatura solitaria no sería suficiente para expresar y mostrar el esplendor de la divina bondad, como expone el texto:

---

[7] Cfr. Tomás de Aquino, *De Spir. Creat.*, q. un., a. 1, ad. 3.

> *Ostensum enim est quod Deus per suam providentiam omnia ordinat in divinam bonitatem sicut in finem: non autem hoc modo quod suae bonitati aliquid per ea quae fiunt accrescat, sed ut similitudo suae bonitatis, quantum possible est, imprimatur in rebus. Quia vero omnem creatam substantiam a perfection divinae bonitatis deficere necesse est, ut perfectius divinae bonitatis similitude rebus communicaretur, oportuit esse diversitatem in rebus, ut quod perfecte ab uno aliquot raepresentari non potest, per diversa diversimode perfectiori modo repraesentaretur.*[8]

Para que la semejanza de la divina Bondad se comunicara más acabadamente, fue preciso establecer la diferenciación de los entes a fin de que lo que uno no pudiera representar a la perfección, lo significaran varios a la vez en el conjunto armonioso de lo creado. Y por eso resultaron concatenados en gradación según dignidad todos los existentes, de modo que por la divina Sabiduría se unieran los entes de a dos, pero conformando una cadena en que el límite inferior del ente superior se contacte, por su semejanza, con el límite superior del ente inferior.[9] Y éste, a su vez, se uniera con el inmediato inferior del mismo modo.

Por lo cual resulta que el argumento de continuidad tiene un valor ontológico de semejanza con la Divinidad, pues su Sabiduría eterna dispuso este orden, para que se cumpliera adecuadamente la asimilación del universo a su perfección, en la relación solidaria de los distintos elementos que componen esta gran correspondencia universal.

Y ya que todo cuanto ha sido dispuesto por la Divina Providencia obedece a alguna causa, consta que ha ordenado todas las cosas hacia su fin y luego todas las cosas hacia un fin último. Cada cosa alcanza su fin mediante su acción propia y por lo tanto se hace necesario que los fines propios sean diversos para cada especie, aunque el último sea común para todas.[10]

---

[8] Cfr. Tomás de Aquino, *C.G.* III, q. 97, n. 2.
[9] Tomás de Aquino, *C.G.* III, q. 97, n. 3.
[10] Cfr. Tomás de Aquino, *C.G.* III, q. 97, n. 5.

Entonces la *semejanza* con el Creador y la *finalidad* que Éste dispuso fundamentan el ordenamiento continuo en la variedad. El fin principal que Dios se propone en la creación es el bien supremo que se constituye en la asimilación a Dios.[11] Ahora bien, no se sigue de su Bondad que ésta sea representada por las creaturas porque la divina Bondad es ya perfecta sin esta manifestación. De allí que la producción de las creaturas en el ser, aunque tiene su origen en la Bondad de Dios, depende de su Santa Voluntad: *"Manifestum igitur fit quod providentia secundum rationem quamdam res dispensat: et tamen haec ratio sumitur ex supositione voluntatis divinae"*.[12] Así, el primer Principio es la Voluntad de Dios, que ha querido que se cumpla el principio de la continuidad ontológica: *"Quae non dicuntur ad hoc ut ratio tollatur a providentiae dispensatione, sed ut omnium primum principium Dei voluntas ostendatur, sicut iam supra dictum est. Sicut est illud Psalmi (134, 6), omnia quaecumque voluit Dominus, fecit"*.[13]

Aunque el orden impuesto a las cosas por la Providencia refleja su Bondad, no la representa perfectamente porque la bondad de la criatura no puede llegar a igualarse con la divina. El orden de las cosas fluye desde Dios hacia ellas según lo ha preconcebido el Entendimiento divino, con lo cual cabe comprender que el ordenamiento jerárquico tiene como principio la preexistencia en la Mente de Dios y la manifestación en la disposición de su Querer, de su Santa Voluntad.[14]

De este modo, el orden establecido de las cosas consiste en que lo inferior sea movido por lo superior, aun cuando Dios puede obrar fuera de este orden y generar un efecto en entes inferiores, sin que intervenga para nada un agente superior. Para Él todo es posible, según el principio

---

[11] Cfr. E. Gilson, *El tomismo*, p. 231.
[12] Tomás de Aquino, *C.G.* III, q. 97, n. 14.
[13] Tomás de Aquino, *C.G.* III, q. 97, n. 16.
[14] Cfr. Tomás de Aquino, *C.G.* III, q. 99, n. 2.

de la Voluntad divina, como se dijo anteriormente.¹⁵ Pero en lo creado, naturalmente el orden implica que un agente de mayor virtud produzca un efecto proporcionado a su potencia, aunque de menor rango, originando una virtud menos digna que la de su causa, pero no tan pequeña, pues surge en razón de su proximidad con su superior inmediato. Así se da un pasaje de virtudes desde las causas más elevadas, a través de una serie de mediaciones causales que producen sucesivamente un encadenamiento de efectos cada vez menos estimables, aunque indispensables para la armonía cósmica.¹⁶

En esta cadena continua, no hay fatalidad, sino un orden que está bajo el gobierno de la Providencia. Siguiendo la lógica, si el antecedente de un razonamiento condicional es necesario, el consecuente debería serlo también, porque el consiguiente se desprende como la conclusión del antecedente. Pero, como ocurre con los designios divinos, si cabe una lógica, ésta es excedida por la inconmensurabilidad de su Autor, quien dispone que no es necesario que todo lo que es provisto por Él tenga que acontecer necesariamente.¹⁷

La jerarquía se verifica entonces también a partir de la distinción que se revela en el universo entre lo *necesario* y lo *contingente*. Los entes superiores se consideran necesarios, incorruptibles e inmutables, y van decayendo en las condiciones de necesidad en la medida en que están colocados en menor grado, y por lo tanto van adquiriendo un mayor estado de contingencia. Las entidades inferiores se van corrompiendo en cuanto a su ser –*esse*– y producen

---

15 Ya que Dios supera insondablemente la proporción de las criaturas, puede la Voluntad divina ocasionar en ellas un efecto sin contar con las causas que están naturalmente destinadas a producirlo. De modo que no es contra la naturaleza del instrumento que éste sea movido por el Agente primero, puesto que todo lo creado ha sido dispuesto para su servicio. Cfr. Tomás de Aquino, *C.G.* III, q. 99, n. 3 y q. 100, n. 3.
16 Cfr. Tomás de Aquino, *C.G.* III, q. 99, n. 2.
17 Cfr. Tomás de Aquino, *C.G.* III, q. 94, n. 7.

efectos no necesaria, sino contingentemente.[18] Y en consecuencia, afirma el Angélico: "*Et secundum hoc, quaedam eorum quae divinae providentia subduntur sunt necessaria, quaedam vero contingentia, non autem omnia necessaria*".[19]

Dios, que es el Gobernador universal, supo adaptar distintas causas a diferentes entes, a unos cediendo las causas necesarias y a otros las que llevan el sello de la contingencia. Luego, bajo el orden establecido, algunas cosas de las que están sujetas a la Divina Providencia son necesarias, y otras contingentes –de manera que no todas serán necesarias–. Y así lo quiso Dios, por haber permitido que unas veces puedan fallar o virar su recorrido las causas defectibles, y preservar a otras de fallar.[20]

Por eso, como afirma la cuestión 95 del tercer libro en *Contra Gentiles*, la inmutabilidad de la Providencia Divina no excluye la utilidad de la oración, que se presenta como un instrumento imprescindible al hombre para extender sus posibilidades en la medida en que el divino Amor lo apruebe, porque: "*Non enim ad hoc oratio ad Deum funditur ut aeterna providentiae dispositio immutetur, hoc enim impossibile est: sed ut aliquis illud quod desiderat, assequatur a Deo*".[21]

La eternidad de la Providencia no impone la necesidad de las cosas previstas y por eso atiende los deseos de la criatura racional, no como si ésta pudiera modificar la inmutabilidad de Dios, sino porque de su Bondad se sigue que realice convenientemente lo deseado, "*ad supereminentiam autem divinae bonitatis pertinet quod esse, et bene esse, omnibus ordine quodam distribuat: consequens est ut, secundum pia, quae per orationem explicantur, adimpleat*".[22]

Así, cuanto más próximas están las criaturas al que las funda y mantiene en el ser, tanto más eficazmente reciben su influencia, así como lo que está más cerca del fuego

---

[18] Cfr. Tomás de Aquino, *C.G.* III, q. 94, n. 11.
[19] Cfr. Tomás de Aquino, *C.G.* III, q. 94, n. 11.
[20] Cfr. Tomás de Aquino, *C.G.* III, q. 94, n. 11 a 16.
[21] Tomás de Aquino, *C.G.* III, q. 95 y 96, n. 1.
[22] Tomás de Aquino, *C.G.* III, q. 95 y 96, n. 2.

recibe más calor. Las sustancias intelectuales están más cerca de Dios que las sustancias naturales inanimadas, por lo cual recibirán mayor impresión de la moción divina que las segundas, quienes participan Ella en cuanto reciben de Dios la tendencia natural hacia su propio fin.

Causalidad, causas segundas y participación gradual del ser

Todo efecto depende de su causa; el término "causa" designa algo distinto a "una relación constante entre fenómenos", a lo que se lo ha reducido en los últimos tiempos, según cierta concepción científica. Gilson afirma que obrar y causar también son *ser* ya que significa la procesión del ser a partir de la causa. No hay razón para introducir una nueva noción para pasar del ser a la causalidad: más bien, el hecho de causar, implica la posibilidad de la participación en el ser: "Si se concibe al existir como un acto, se verá en este acto primero, por el cual cada ser es lo que es, la raíz del acto segundo, por el cual el ser, que se afirma primero en sí mismo, se afirma igualmente fuera de sí, en sus efectos".[23] La causalidad divina, por abarcar el existir de todos los seres, alcanza a todas sus operaciones. Dios es causa no solamente de la forma que revisten las cosas, sino también del *esse* en virtud del cual existen, de modo que si dejaran por un momento de depender de su causa, dejarían de existir. Así, el primer efecto de la providencia ejercida por Dios sobre las cosas es la influencia inmediata y permanente, la cual les asegura su conservación. Esta influencia es la continuación creadora por la cual Dios sostiene todas las cosas en su ser:

---

[23] Cfr. E. Gilson, *El tomismo*, p. 254. Donde se cita: Tomás de Aquino, *In Metaphys.* V, lect. 1: *"Hoc vero nomen Causa, importat influxum quemdam ad esse causati".*

> *Nec aliter res in esse conservat, nisi inquantum eis continue influit esse. Ut dictum est. Sicut ergo antequam res essent, potuit eis non communicare esse, et sic eas non facere; ita postquam iam factae sunt, potest eis non influere esse, et sic esse desisterent, quod est eas in nihilum redigere.*[24]

Si un ser cualquiera causa de cierto modo la existencia de otro ser, esto no lo hace sino en función del poder que Dios le ha concedido para hacerlo, lo cual se evidencia si se considera que el *esse* es el efecto propio de Dios, y que su creación es el acto de producir el *esse*.[25] Dios es causa universal de todo ser, por ello la existencia de las leyes de la naturaleza nos impide suponer que el Altísimo haya creado seres desprovistos de causalidad.

Así como el hacha sólo hiende la madera en virtud de la eficacia que le confiere el carpintero, una análoga relación se da entre Dios y lo creado, aunque la influencia divina penetra la causa segunda mucho más completamente que lo que la del obrero penetra su herramienta. Al conferir a todas las cosas su existir, les confiere simultáneamente su forma, movimiento y eficacia; eficacia que ya poseen y por la cual cumplen sus operaciones. El más ínfimo de los seres produce su efecto, aun cuando lo produzca en virtud de todas las causas superiores. En el origen de la serie se halla Dios, causa total e *inmediata* de todos los efectos que se producen y toda la actividad que se despliega. En el extremo inferior se halla el cuerpo natural, cuya acción propia la realiza pasivamente, y por mor de la eficacia que le ha sido dada por Dios.

Dios, que puede producir por sí mismo todos los efectos naturales, sin embargo ha querido que existan causas segundas, no por defecto de su potencia, sino por la inmensidad de su bondad:

---

[24] Tomás de Aquino, *S. Th.* I, q. 104, a. 3, co.
[25] Cfr. Tomás de Aquino *C.G.* III, n. 66.

> *Neque est superfluum, si Deus per seipsum potest omnes effectus naturales producere, quod per alias causas producantur. Non enim hoc est ex insufficientia divinae virtutis, sed ex immensitate bonitatis ipsius, per quam similitudinem rebus communicare voluit non solum quantum ad hoc quod essent, sed etiam quantum ad hoc quod aliorum causae essent...*[26]

De este modo, el universo no es una masa de cuerpos pasivos movidos por una fuerza que los atraviesa, sino un todo armónico y concatenado, unido como los eslabones de una cadena ensamblados por la semejanza en algún punto con los entes superiores y en algún punto en relación con los inferiores. En este entramado, el Amor es la fuente de la unidad y de la continuidad presente en la causalidad de uno seres con respecto a otros. Así, se verifica nuevamente la contigüidad de los entes en el universo, unidos por la Providencia divina, mediante la semejanza de unos órdenes con otros, entrelazando los fines de cada creatura, desde la inferior de todas hasta la superior creada, en vistas a los fines superiores del todo del universo, el sumo Bien.

La perspectiva ontológica de la jerarquía, constata que, en el acto creador, la expansividad infinita del Bien es la razón de la participación de unos seres en relación con otros para otorgar a todos sus perfecciones específicas.

La participación como gradación del ser: grados de autonomía

Todos los entes creados quedan ordenados según su grado de posesión del ser, constitutivo común y fundamental de todos ellos, por el cual quedan coligados, formando un vínculo. Los neoplatónicos consideraron que el ser era lo primero creado y la disposición de los entes estaba planteada con arreglo a los grados de perfección.

---

[26] Cfr. Tomás de Aquino *C.G.* III, n. 70.

Tomás de Aquino asumió ese ordenamiento, pero la gradación de las perfecciones, colocadas en orden creciente, lo trazó de acuerdo con los grados de participación, como leemos en el texto de Eudaldo Forment:

> Pudo hacerlo así porque el ser es la perfección suprema y básica, pero con la ventaja de que las perfecciones, de este nuevo modo, no se conciben como concreciones o determinaciones categoriales, como determinaciones de la sustancia, sino como grados en la más y más perfecta participación del ser.[27]

La gradación en el ser permite no sólo establecer la escala de los entes, sino también la sucesión de los vivientes según la dimensión de todos aquellos que participan de la vida, esto es, según la calidad de *autonomía* de que gozan. Situar los grados de vida según su actividad autónoma significa examinar las inclinaciones que siguen a la adquisición de la forma de cada ente. El viviente es la entidad que tiene el poder activo de moverse a sí mismo para llevar a cabo sus operaciones. Vivir es una perfección del ser o, lo que es lo mismo, el nivel de ser que poseen los vivientes. Vida no implica una categoría que pertenezca a alguna determinada entidad, sino que significa esencialmente el grado de la participación en el ser. La vida del espíritu, por consiguiente, debe ser concebida como la perfección del ser que tiene espíritu.

Conforme al grado de autonomía en el obrar aparecen diversos tipos de vida. Los grados de autonomía pueden establecerse examinando el fin de las operaciones de los distintos vivientes, la forma por la que obran y la ejecución de la acción. Los entes sin vida ocupan el lugar inferior en la escala porque no poseen una unidad interior activa;

---

[27] E. Forment, *Tomás de Aquino esencial*, España, Montesinos/Esencial, 2008, p. 28.

sólo emana algo de ellos por la acción transitiva de otros entes y en el modo de su actividad manifiestan una extraversión completa.

El primer grado de vida es el vegetal, en que se da un primer indicio de interioridad: la planta genera la semilla, emanación que surge de su propia savia, y que asegura la permanencia de su especie. La generación vegetativa es imperfecta porque el fruto de la planta se exterioriza y su origen es también exterior porque se nutre de la tierra a través de sus raíces –le exteriorización de la actividad vegetativa se da en su inicio y en su fin–. Este primer grado es mero ejecutor, sin concebir por sí mismo el fin de sus acciones sino que lo ha fijado de antemano la naturaleza, hacia el cual se mueve según tendencia natural. Los vegetales se mueven a sí mismos en relación con la ejecución de su movimiento, que sigue el plan de la especie.

El segundo grado de la vida es la animalidad, en la cual hay ya una mayor autonomía de acción y por lo tanto una menor dependencia de lo exterior. Gracias a los sentidos, los animales poseen una forma activa, aun cuando ella les viene dada. A mayor número de sentidos y a mayor perfección de los mismos, más plena es su autonomía. El ámbito vital se amplía: no queda limitado a un espacio invariable. Gracias al conocimiento sensible, en la vida animal se da una mayor interioridad, en el sentido de que es capaz de almacenar imágenes sensibles provenientes de estímulos exteriores, pero que le sirven para poseer un grado de interioridad superior a la vegetativa. Sin embargo, en la vida puramente animal el fin no es concebido, sino que está determinado por la naturaleza. Por lo tanto, no conoce ni juzga acerca de las cosas, sino solamente se orienta en función de lo conveniente para su supervivencia.

El tercer grado de vida es el del espíritu, que supone un mayor enriquecimiento en la actividad autónoma. En las sustancias espirituales, el fin está determinado por la inteligencia que coordina los medios y los fines, y, mediante la reflexión, adquiere el poder de ser dueño de su propio juicio y de sus decisiones. Tanto la actividad como su perfección son interiores, y por lo tanto hay una mayor plenitud que en la vida meramente sensitiva. La operación no está *alienada*, como sucede en todos los demás entes que carecen de perfección intelectual.

En la vida superior hay diversos grados. En el alma humana, hay una disposición para conocerse conscientemente y poseer intelectualmente su ser, que no se refiere al concepto del alma, sino que se refiere a la certeza de su existencia y particularidad. Esta disposición se actualiza en el acto de pensar, pues en todo pensamiento en acto está implicada la percepción intelectual inmediata –vuelve sobre sí mismo y puede entenderse– de la existencia propia. El alma intelectiva es la forma del cuerpo humano y principio de todas las operaciones porque obra en cuanto que está en acto: *"necesse est dicere quod intellectus, qui est intellectualis operationis principium, sit humanis corporis forma"*.[28] Ella ocupa un lugar muy importante en la jerarquía de los seres creados; por una parte se encuentra en el grado más bajo del orden de los intelectos: *"humanus intellectus est infimus in ordine intellectuum et maxime remotus a perfectiones divina intellectus"*;[29] *"Anima enim nostra in genere intellectualium tenet ultimum locum, sicut materia prima in genere sensibilium"*.[30] Y por otra parte, se encuentra en estrecha dependencia de la materia, y es la primera y más elevada en el orden de lo material, del cual el hombre necesita para ejercer las operaciones propias de su naturaleza. Cuanto más noble es una forma, tanto más domina a su materia corporal, menos se sumerge en ella y logra superarla, e ir más allá de ella.[31] En el alma humana confluyen: intelecto, razón, sentido, movimiento, vida, y materia, siendo todos estos componentes el reflejo del universo en una sola naturaleza.

---

[28] Tomás de Aquino, *S. Th.*, I, q. 76, co.
[29] Tomás de Aquino, *S. Th.*, I, q. 79, ad. 2.
[30] Tomás de Aquino, *De Ver.*, q. 10, a. 8, co.
[31] Cfr. E. Gilson, *El Tomismo*, p. 281.

El segundo grado de vida intelectual es el de las inteligencias puras o ángeles, en los que hay una mayor interioridad, y la autonomía es superior en el espectro de lo creado. El ángel goza de la plenitud de su sabiduría debido a que en su propia naturaleza encuentra las especies inteligibles infundidas por Dios. No obstante, su entender no alcanza la perfección total, ya que lo entendido, a pesar de su objetividad pura, se diferencia de su misma substancia. No se identifican conocer y su objeto,[32] como sucede en Dios, en Quien se identifican el ser y lo concebido.[33] Expresa Gilson, confirmando la presencia del argumento de continuidad:

> Así verificamos una vez más la continuidad de orden que liga la actividad creadora del universo que produce: *si anima humana, inquantum unitur corpori ut forma, habet esse elevatum supra corpus, non dependens ab eo, manifestum est quod ipsa est in confinio corporalium et separatarum substantiarum constituta* (Tomás de Aquino, *Q. de Anima*, q. ún., a. 1, co). La transición que las inteligencias separadas establecen entre Dios y el hombre, las almas humanas la establecen, a su vez, entre las inteligencias puras y los seres desprovistos de inteligencia. O sea que siempre vamos de un extremo a otro pasando por algún medio.[34]

Conclusiones

En esta especie de inmenso organismo que es el universo cada parte vela por su propio fin. Pero además, cada una de las partes menos noble está para las más nobles, como las criaturas inferiores al hombre están en razón del hombre; asimismo, todas estas criaturas, tomadas una por una, tienen su existencia en función de la perfección y compleción

---

[32] Este tema aparece desarrollado en: Tomás de Aquino, *S. Th.* I, q. 18, a. 2, co.
[33] Cfr. Tomás de Aquino, *C. G.* IV, n. 11.
[34] E. Gilson, *El Tomismo*, p. 282.

de todo el universo. De este modo, véase que la perfección de las cosas en su conjunto es una imitación y representación de la gloria de Dios.[35] La continuidad se va comprobando en torno a diversas nociones que hacen presentes, tales como la semejanza, la causalidad sucesiva y la decreciente autonomía desde el primer principio hasta el último de los seres. Podría decirse, en cierto sentido, que la identidad y la diferencia gobiernan la unidad de los grados de ser; cada ente aparece ligado a otro según un punto de semejanza y un punto de diferencia, según la escala de posibilidades que Dios ha producido. Lo que con tanta convicción apuntaba Dionisio en el libro VII de *Los Nombres Divinos* es reafirmado por Tomás en diversos pasajes de su gran obra: efectivamente la Sabiduría Divina ha ordenado el universo según un encadenamiento continuo en el que lo inferior de los seres superiores se toca con lo superior de los inferiores.[36] Este principio permite ver el acto de la providencia desde arriba hacia abajo –inmediatamente desde Dios y gracias a las causas segundas que Él dispuso– y el grado de servicio que prestan los fines de las entidades inferiores a las superiores en función del Bien último. Se puede apreciar que esta correspondencia y unidad sólo puede darse gracias al Amor que gobierna y ha sido derramado en el funcionamiento total de la creación.

En el caso del rango de los espíritus puros encuentra su proximidad hacia arriba con la luz inefable de Dios Creador, con respecto a quien todas las creaturas se hallan intermediadas por un abismo de perfección insondable. Pero, hacia abajo, los coros angélicos se vinculan con el ser humano en el punto en que para los intelectos puros

---

[35] Cfr. Tomás de Aquino, *S. Th.* I, q. 65, a. 2, co.
[36] Cfr Tomás de Aquino, *In Sent.* I, d. 3, q. 4, a. 1, ad. 4; *In Sent.* II, d. 39, q. 3, a. 1; *De Ver.* q. 5, a. 8, co; q. 8, a. 15, co.; q. 14, a. 1, ad 9; q. 15, a. 1, c; q. 16, a.1, co;. *C. G.* I, c. 57, n. 7; *C. G.* II, c. 68, n. 6; c. 91, n. 4; *C. G.* III, c. 49, n. 8; c. 97, n. 3; *S. Th.* I, q. 76, a. 5, c; q. 78, a. 2, co; q. 108, a. 6, co; q. 110, a. 3, co; *S. Th.* I-IIae, q. 2, a. 8, ad. 1; *S. Th.* II-IIae, q. 188, a. 6, co.; *De malo* q. 16, a. 9, circa medium; *De Spir. Creat.*, q. un., a. 2, co; a. 3 y a. 6.

resulta connatural permanecer en acto de intelección continuo, mientras que para los hombres la intelección pura es accesible mínimamente y acompañada necesariamente de la actividad de la razón discursiva. La categoría cercana al hombre es la vida animal, que comparte con el humano cierta capacidad de estimar lo conveniente para su especie, algo aproximado a lo que ocurre en el hombre con los primeros principios del saber práctico. En el reino vegetativo, la continuidad con el animal se confirma en la tendencia de estos seres hacia su bien propio, que es la realización del acto de nutrición, crecimiento y reproducción. El último grado lo constituye la materia, que se toca con el reino vegetal en el punto en que generan reacciones y efectos, siempre dependientes de las condiciones externas.

El argumento en la posibilidad de la intuición en el conocimiento humano

Introducción

El argumento de contigüidad ontológica en el contexto del conocimiento humano está presente en las especulaciones que lleva a cabo Tomás de Aquino acerca de las facultades humanas y sus implicancias, y de sus elementos y objetos propios. Este particular estudio, además del análisis específico, requiere la comparación entre las posibilidades de conocimiento de los entes que componen la cadena jerárquica. En esta tarea, como se vio con anterioridad, fue preciso encontrar aquellos puntos de unión que enlazan cada nivel de ser con el contiguo anterior y con el subsiguiente.

Inicialmente, este apartado se introduce en el análisis breve de las posibilidades cognitivas del ángel, para luego alcanzar cierta comprensión de la participación humana en la capacidad de los intelectos puros. Dicha participación cumple un rol fundamental en la conexión de ambos rangos, cuyo tratamiento requiere la reflexión acerca de la ciencia metafísica, cuyo objeto es el ente en cuanto tal o, lo que es lo mismo, el primer objeto de conocimiento y condición de posibilidad del conocimiento en general. A esto se suma una alusión a los primeros principios del saber teórico y práctico, que forman parte del conocimiento intelectual que habita en la mente del hombre y que guía los pasos del trabajo racional.

La operación del intelecto

Referencias históricas sobre el intelecto: las fuentes acerca del conocimiento intelectual

En primer lugar, es necesario decir que la facultad humana de conocer ha suscitado numerosas investigaciones a causa de su complejidad puesto que, como ya se ha afirmado, la razón se encuentra en el horizonte de la eternidad, con lo cual implica elementos temporales y elementos que exceden el dominio del tiempo.

En el segundo libro de *Acerca del alma* (412 a-3 a),[37] Aristóteles había empleado la teoría de la materia y la forma para definir el alma, a la que considera como la forma de un cuerpo que potencialmente tiene vida. En la naturaleza existe algo que es materia para todos los géneros de ente, pero existe además otro principio, el causal y activo al que corresponde hacer todas las cosas. De este modo, encuentra en el alma humana dos elementos, uno activo y otro pasivo, y expone la existencia de

> un intelecto que es capaz de llegar a ser todas las cosas y otro capaz de hacerlas todas; este último es a la manera de una disposición habitual como, por ejemplo, la luz: también la luz hace en cierto modo de todos los colores en potencia colores en acto.[38]

---

[37] Aristóteles, *Acerca del Alma*, 412a-3a.
[38] Aristóteles, *Acerca del alma*, 430 a, 15-19.

El intelecto activo es la actualidad de las cosas de la misma manera que la luz es actualidad de las cosas que se ven; mientras que el intelecto pasivo se manifiesta como una actualidad imperfecta.[39] Según el filósofo, el acto propio del intelecto agente sería extraer la esencia de los fantasmas que él ha iluminado y el del intelecto posible, recibir las especies abstraídas.

El pensamiento prevalente de la doctrina de la iluminación del intelecto tuvo un desarrollo posterior en la tradición heredada de San Agustín, que apareció matizada considerablemente en los pensadores árabes, para quienes el auténtico maestro fue Aristóteles[40] y al cual reinterpretaron a partir de su arduo trabajo de traducción del *corpus aristotelicum*. Sin embargo, el pensamiento árabe tuvo su punto de partida en el neoplatonismo, mezclado con doctrinas aristotélicas. Avicena, por ejemplo, afirmaba la existencia de un intelecto separado que actualizaba las ideas que el alma tiene en potencia con respecto a lo que no conoce. Esta inteligencia, que posee en sí todas las formas inteligibles, se constituye en la causa de las ideas en el intelecto pasivo del hombre, por lo tanto se lo llama intelecto agente. Éste no es propio del hombre, sino que la especie humana se encontraría bajo la influencia de un intelecto agente único. En este sistema, las especies inteligibles no pueden ser retenidas en el alma por lo que el alma debe volverse al intelecto agente cada vez que desee recibirlas y apartarse de ellas cada vez que las olvida.[41]

---

[39] Cfr. J. T. Martin, "Causalidad y entendimiento agente", *Anuario Filosófico* 26/3 (2008), pp. 682-683. El autor de este artículo demuestra que la interpretación de Aristóteles presenta al intelecto agente no simplemente como una causa eficiente, sino como una causalidad, puesto que considera que el intelecto pasivo depende de una actualidad perfecta en el orden de la causalidad final.
[40] Cfr. R. R. Guerrero, *Filosofías Árabe y Judía*, p. 44.
[41] R. Peretó Rivas, "Santo Tomás de Aquino y la iluminación *sub quo*", *Doctor Angelicus. Internationales Thomistisches Jahrbuch* 3 (2003), p. 112.

Guillermo de Auvergne fue el pensador que más se planteó la relación o compatibilidad de la doctrina de Avicena con el cristianismo. Negó que el hombre pudiera poseer dos intelectos, puesto que el alma es simple e indivisible, por lo que el intelecto agente quedaría totalmente eliminado de su doctrina y no sería posible un intelecto agente separado dentro del alma. En pos de solucionar este problema, recurrió a la teoría de la iluminación agustiniana. El hombre se encontraría en el medio de dos mundos, con respecto al cual Dios asumiría una función iluminativa análoga a la función del intelecto agente separado.[42]

Alejandro de Hales, por su parte, vino a apartarse de la posición de Guillermo de Auvergne y admitió la composición hilemórfica del alma; basado en ella, explicó la diferencia entre ambos intelectos y atribuyó el intelecto posible a la materia y el intelecto agente a la forma. La inteligencia agente no puede estar separada, sino que es una parte del alma.

Roberto Grosseteste estableció como principio que las ideas de las cosas o principios están en Dios, al modo de modelos arquetípicos que son causas formales de todos los seres. Estas ideas son creadoras, causa de la existencia de las especies. También existen intelectos puros separados, capaces de contemplar la luz de Dios y las ideas divinas, y que son los llamados "ángeles".[43] Roberto Grosseteste y Alejandro de Hales consideraron que el intelecto activo es Dios; el intelecto humano no puede adquirir conocimiento simplemente porque necesita de las percepciones de los sentidos: requiere de la iluminación del intelecto agente

---

[42] Cfr Rubén Peretó Rivas, "Santo Tomás de Aquino y la iluminación *sub quo*", pp. 112-114.
[43] Sobre Roberto Grosseteste consultar: E. Gilson, "Pourquoi Saint Thomas a critiqué Saint Augustin", *Archives d'Histoire Doctrinale et Litteraire du Moyen Âge* 1 (1926-27), pp. 92-96.

(que es la iluminación divina) en orden a abstraer de las imágenes sensibles que ellos llaman "especies inteligibles", las formas por las que el intelecto es informado.[44] San Alberto Magno también consideró necesaria la intervención de la iluminación de un ser superior en el proceso de conocimiento, ya que la luz del intelecto agente no es suficiente para alcanzar el conocimiento, del mismo modo como las estrellas precisan la luz del sol para poder brillar.[45]

No obstante esta multiplicidad de influencias, Tomás de Aquino tomó su posición gnoseológica en base a la afirmación de la existencia de un intelecto agente para cada hombre. Esta tesis se desprende de la concepción del hombre como una unidad sustancial de cuerpo y alma y que no necesariamente divide la simplicidad del alma. La herencia bíblica le hizo afirmar una visión unitaria del hombre. Tomás plantea una nueva posición antropológica según la cual no existe contradicción entre la unidad sustancial de cuerpo y alma y la posibilidad de la inmortalidad del alma –problema que San Agustín no había resuelto por no poder concebir la comunicación de las dos sustancias en una misma persona–. En la tercera distinción del Primer libro del *Comentario a las Sentencias de Pedro Lombardo*, estudia el alma humana –en que se realiza la imagen divina– y explica la imagen de la Trinidad citando a San Agustín: "*Ecce ergo mens meminit sui, intelligit se, diligit se; hoc si cernimus, cernimus Trinitatem, non quidem Deum, sed imaginem sui*". Memoria, inteligencia y voluntad son las tres partes que considera el Obispo de Hipona y que cita Santo Tomás para luego explicar –modificando la concepción agustiniana– que en el hombre no prima la inteligencia sino la racionalidad. El hombre no es naturalmente un ser intelectual sino un

---

[44] J. Marenbon, *Later Medieval Philosophy*, London and New York, Routledge, 1991, p. 116.
[45] Cfr R. Peretó Rivas, "Santo Tomás de Aquino y la iluminación *sub quo*", p. 115. Véase también Alberto Magno, *In Sent*. I, d. 2, a. 5, sol.

ser racional, lo cual es, en esencia, diferente. La distinción entre intelecto y razón tiene su raíz en el neoplatonismo de Dionisio, cuyo argumento, a saber, el principio de continuidad ontológica, comenta Tomás con el fin de explicar esta diferenciación:

> *Ad quartum dicendum, quod, sicut dicit Dionysius, c. VII, de Div. Nom., natura inferior secundum sui attingit infimum naturae superioris; et ideo natura animae in sui supremo attingit infimum naturae angelicae et ideo aliquomodo participat intellectualitatem in sui summo. Et quia secundum optimum sui assignatur imago in anima, ideo potius assignatur secundum intelligentiam quam secundum rationem; ratio enim nihil aliud est nisi natura intellectualis obumbrata; unde inquirendo cognoscit et sub continuo tempore quod intellectui statim et plena luce offertur; et ideo dicitur esse intellectus principiorum primorum quea statim cognitioni se offerunt.*[46]

El principio de la jerarquía de los seres por contigüidad conlleva la aceptación implícita de la distinción entre la naturaleza intelectual y la racional: *"natura inferior secundum sui supremum attingit infimum naturae superioris"*.[47] Ya desde Aristóteles se había expuesto la diferencia entre ambos (*intellectus-ratio*): la razón se mueve en la búsqueda de la verdad, mientras que el intelecto ya la posee en el conocimiento intuitivo de los primeros principios. En Tomás son naturaleza intelectual oscurecida (*ratio*) y conocimiento a plena luz (*intellectus*), que deriva de la teoría dionisiana de la iluminación.

En el artículo 5 de la misma cuestión (*In Sent.* I, d. 3, q. 4, a. 5), se ocupa de delimitar el conocimiento intelectual en su naturaleza: *"Intelligere nihil aliud dicit quam simplicem intuitum intellectus in id quod sibi est praesens intelligibile"*. Inteligir es aprehender por intuición simple y sin dilación aquello que se conoce por evidencia manifiesta en el presente sin

---

[46] Tomás de Aquino, *In Sent.* I, d. 3, q. 4, a. 1, ad. 4.
[47] Ibidem.

tiempo de la inteligencia. *Intelligere* es el acto por el cual el alma es ella misma su propio objeto y gracias a quien ella toma posesión de sí misma y en cierta manera de Dios también porque Dios está más presente al alma que ella misma. Para reencontrarse a sí y a Dios, ella no precisa pasar por los sentidos sino que se mueve en la inmutabilidad y simplicidad de lo puramente inteligible. *Intus-legere*: conocer lo más íntimo de las cosas.[48]

Pero conocer lo íntimo de algo es característico del intelecto en cuanto tal, del intelecto puro, residente en las sustancias separadas. Por eso para el hombre, conocer en esencia alguna cosa significa un esfuerzo, por el cual la cosa por conocer se va haciendo objeto del intelecto a través de sus diversas connotaciones, propiedades o accidentes.[49]

Entre los numerosos textos en que Santo Tomás habla de la abstracción del intelecto agente, se puede aludir a un pasaje de la *Summa Theologica*, en el que se dice que nada pasa de la potencia al acto si no es mediante algún ser en acto, del mismo modo que lo sensible es puesto en acto por lo sensible en acto. Así, en el plano intelectual debe haber una facultad que haga las cosas inteligibles en acto, abstrayendo las especies inteligibles de sus condiciones materiales particulares. De allí la necesidad de admitir la existencia del intelecto agente.[50]

---

[48] Cfr.J. Peghaire, *Intellectus et ratio...*, p. 37.
[49] Cfr. Tomás de Aquino, *S. Th.* I, q. 18. a. 2, co.: "*Intellectus noster, qui proprie est cognoscitivus quidditatis rei ut proprii obiecti, accipit a sensu, cuius proria obiecta sunt accidentia exterior. Et inde est quod ex his quae exterius apparent de re, devenimus ad cognoscendam essentiam rei*".
[50] Tomás de Aquino, *S. Th.* I, q. 79, a. 3, co.: "*Nihil autem reducitur de potentiam in actum, nisi per aliquod ens actu, sicut sensus fit in actu per sensibile in actu. Oportebat igitur ponere aliquam virtutem ex parte intellectus, quae faceret intelligibilia in actu, per abstractionem specierum a conditionibus materialibus. Et haec est necessitas ponendi intellectum agentem*".

El proceso de conocimiento en Santo Tomás

En la doctrina del conocimiento de Tomás de Aquino, del mismo modo como el hombre no puede ver el sol en sí y solamente puede ver la luz derivada del sol, así también en el orden del conocimiento el alma humana es capaz de participar de esa luz y contemplarla por medio de la facultad humana activa del intelecto agente. Éste es el principio activo del inteligible, el cual no viene a nosotros por participación directa de Dios, sino que resulta de un complejo trabajo de abstracción:

> *Species intelligibiles quas participat noster intellectus, reducuntur, sicut in primam causam, in aliquod principium per suam essentiam intelligibile, scilicet in Deum. Sed ab illo principio procedunt mediantibus formis rerum sensibilium et materialium a quibus scientiam colligimus, ut Dionysius dicit.*[51]

El conocimiento intelectual es, en sentido estricto, un conocer inmediato (*statim*), sin discurso mental e infalible. Los ángeles –piensa Tomás siguiendo a Dionisio– obtienen el conocimiento de la verdad *statim in prima et subita sive simplici acceptione*,[52] sin ningún tipo de movimiento mental. Podría compararse con el mirar la propia imagen en el espejo, lo cual sucede instantáneamente o, mejor dicho, atemporalmente; en la visión de la imagen, se contempla todo junto.[53] El intelecto puro no está sumido al tiempo, ni *per se* ni *per accidens*; excluye el tiempo –el que conocemos, el considerado desde el hombre– propiamente dicho en su actividad. Esto se explica porque el ángel, cuando considera el objeto, no pasa de la potencia total al acto, sino que pasa del conocimiento habitual al conocimiento actual, como dice en *Contra Gentiles*: "*Non tamen motus, proprie loquendo:*

---

[51] Tomás de Aquino, *S.Th.* I, q. 84, a. 4, ad. 1.
[52] Tomás de Aquino, *De Ver.*, q. 15, a. 1, co.
[53] Tomás de Aquino, *S.Th.* I, q. 58, a. 3, ad. 1: "*Si autem in uno inspecto simul aliud inspiciatur, sicut in speculo inspicitur simul imago rei et res; non est propter hoc cognitio discursive. Et hoc modo cognoscunt Angeli res in verbo*".

*cum non succedat actus potentiae, sed actus actui".*⁵⁴ No sucede el acto a la potencia, sino el acto a cierto acto, en este caso, el conocimiento habitual. Las creaturas poseen su operación propia en función de un principio formal. Esto es, todo ser obra solamente en virtud de las facultades que le han sido dadas. Esta reflexión se relaciona directamente con la consideración del orden de las criaturas en una jerarquía en virtud de las facultades recibidas, en la medida en que la Causa Suprema actúa sobre ellas.

La influencia divina en el seno de las cosas permite su existir y ser según su naturaleza, ya que nada puede hacer nada sino en virtud de la eficacia divina. Si un ser cualquiera causa la existencia de otro ser, esto no lo hace sino porque Dios le confiere el poder de hacerlo y con ello se crea la cadena de las causas, que tiene un solo Principio. Dios es, para todos los seres que operan, causa y razón de obrar. Dios es la causa principal y universal de todas las acciones producidas por las creaturas;⁵⁵ ellas están en sus manos, como herramientas en manos de su obrero. Dios se halla presente en todas partes y obrando por su eficacia.

En este ordenamiento, la operación propia del hombre es la actividad racional, lo que implica abandonar la idea de la existencia de un intelecto agente separado, debido a las posibilidades intrínsecas que la razón posee –el conocimiento autónomo– y que superan las funciones vegetativas y puramente animales. Y esto porque el hombre conforma una unidad sustancial, en la que el alma es la forma del cuerpo, por lo cual posee una operación propia que excede la materia corporal, pero que, por estar unida a ella –no de un modo accidental, como fuera para Platón– es inferior al intelecto puro. Sin embargo el alma no es absorbida por el cuerpo; es una sustancia espiritual que "toca" a la materia y le comunica su ser y se constituye en su forma: "*anima*

---

⁵⁴ Cfr. Tomás de Aquíno, *C.G.* II, c. 101.
⁵⁵ Cfr. Tomás de Aquíno, *C.G.* III, c. 66.

secundum suam essentiam est forma corporis, et non secundum aliquid additum. Tamen in quantum attingitur a corpora, est forma; in quantum vero superexedit corporis proportionem, dicitur spiritus, vel spiritualis substantia".[56] En cuanto excede la materia corporal, el alma humana es una sustancia espiritual.[57]

A causa de la divina sabiduría, también las almas racionales tienen intelecto, aunque debilitado a causa de su conocer fragmentario. Esto sucede porque aquello que es de una naturaleza superior no puede darse en toda su plenitud a una naturaleza inferior, "*sed secundum quamdam tenuem participationem*".[58]

Continúa la descripción de la facultad de conocer del hombre para explicar que el intelecto no conforma ninguna facultad especial en el hombre apartada de lo que es la facultad racional, e introduce una comparación:

> *sicut bruta non dicuntur habere rationem aliquam, quamvis aliquid prudentiae participant: sed hoc inest eis secundum quamdam aestimationem naturalem. Similiter etiam nec in homine est una specialis potential per quam simpliciter et absolute sine discursu cognitionem veritatis obtineat; sed talis veritatis acceptio inest sibi secundum quemdam habitum naturalem, qui dicitur intellectus principiorum. Non est igitur in homine aliqua potential a ratione separate, quae intellectus dicatur.*[59]

Los animales tienen en común con el hombre cierta prudencia, es decir, toman parte en la prudencia, entendida como una perfección racional orientada al obrar, y que en el animal se traduce en una cierta capacidad para buscar el bien o lo conveniente para la especie y evitar el mal o lo inconveniente. No se dice que los animales tengan cierta razón sino que no se trata de una participación en la razón humana, porque no está en ellos como una potencia,

---

[56] Tomás de Aquino, *De Spir. Creat.*, q. un., a. 2, ad. 4.
[57] Ver también Tomás de Aquino, *De Spir. Creat.*, q. un., a. 2, co.
[58] Ibidem.
[59] Ibidem.

sino como una participación –también tenue– de la prudencia humana, como "prudencia" natural. Pero aquello que participa de tal modo se tiene como algo subyacente a la capacidad de la potencia de que participa. De este mismo modo subyacente participa la razón de la simplicidad intelectual, que viene siendo el principio y el término de toda su operación racional (*"principium et terminus in eius propia operatione"*).[60] La razón misma es intelecto en cuanto conoce lo verdadero por sí misma, difiriendo del raciocinio, que es la inquisición de la razón.

Rubén Peretó Rivas, en su trabajo "Santo Tomás de Aquino y la iluminación *sub quo*", explica cómo se produce el proceso de conocimiento en el hombre. Por un lado, aclara que no es posible que el conocimiento se realice a partir de una causa exterior (*ab extrínseco*). La doctrina del intelecto agente soluciona efectivamente las divergencias en cuanto al proceso de conocimiento y del origen de la iluminación del intelecto; y cita: "*in visione intellectiva triplex modo contingit esse. Unum sub quo intellectus videt, quod disponit eum ad videndum; et hoc est in nobis lumen intellectus agentis, quod se habet ad intellectum possibilem nostrum sicut lumen solis ad oculum*".[61]

Así como la luz permite la visión del ojo, del mismo modo hay en nosotros un intelecto agente que ilumina, de un modo que Tomás denomina *sub quo*, en el cual el intelecto agente actúa como un principio activo por el cual se logra la actualización de los inteligibles en la potencia cognitiva:

> nada pasa de la potencia al acto si no es por algún ente en acto. Es preciso entonces poner alguna virtud de parte del intelecto, que haga los inteligibles en acto, por la abstracción de las especies de sus condiciones materiales. Y esta es la virtud del intelecto agente.[62]

---

[60] Ibidem.
[61] Tomás de Aquino, *Quodl.*, VII, q. 1, a. 1.
[62] R. Peretó Rivas, "Santo Tomás de Aquino y la iluminación *sub quo*", p. 124.

La explicación admite primeramente la existencia de un intelecto que está siempre en acto, y que proporciona la concepción de los inteligibles, de cuya luz participa el intelecto agente humano. En este plano, se rechazan las concepciones que atribuyen la tarea iluminadora a un ser de tipo demiúrgico, ya que esta acción corresponde sólo a Dios: "*proprium est Dei illuminare hominis, imprimendo eis lumen naturale intellectus agentis, et super hoc lumen gratiae et gloriae*".[63]

En primer lugar hay que decir que los inteligibles en acto no se producen directamente en la facultad de conocimiento, sino que su conocimiento se realiza a partir de una participación en la visión perfecta e inmediata de ellos. Su manifestación en la facultad intelectiva se da en la evidencia de la noción de ente, por un lado, y en los primeros principios del saber teórico y práctico, que se revelan como axiomas del pensamiento. Esta tenue participación, aunque pequeña, permite mantener firme el edificio del conocimiento, otorgando solidez y una dirección determinada de *exitus-reditus*, si es posible expresarlo así.

En el orden de lo concreto y de las realidades individuales, la habilidad de la facultad humana para conocer, opera indirectamente: luego de partir de lo evidente, depende de la *conversio ad phantasmata*. Conocer los individuos determinados para el hombre de manera directa es imposible; necesita de la actualización del inteligible realizada por el intelecto agente, que comienza por el proceso de abstracción de los caracteres individuantes. Alcanzar una quididad, por definición, no es conocer una cosa individual en su particular y determinada materia,[64] sino trascenderla.

De allí que, como afirma el Aquinate, no se puede pensar sin el acompañamiento del *phantasma*, y en este proceso, la potencia cognitiva se convierte a sí misma en *phantasmata*

---

[63] Tomás de Aquino, *De Spir. Creat.*, q. un, a. 10, ad 1.
[64] Cfr. Tomás de Aquino, *S.Th.* I, q. 86, a. 1.

(*convertendo se ad phantasmata*),⁶⁵ y con ello el alma se hace en cierto modo todas las cosas: "*In homine quodammodo sunt omnia*".⁶⁶ Hay un argumento de tipo fisiológico que Tomás aduce para probar la necesidad de dicha conversión al fantasma: el daño de alguna o algunas de las partes del cerebro puede impedir, no solamente la adquisición de un nuevo conocimiento intelectual, sino también el uso del conocimiento que ya ha sido adquirido. El intelecto no utiliza órgano corpóreo para su actividad intelectiva: su funcionamiento no podría ser afectado por alguna avería del cerebro en cuanto órgano corporal.

El ente, los primeros principios del conocimiento y la metafísica como su ciencia propia

Según expuso Santo Tomás en *De Veritate*, el principio radical de la verdad y, por lo tanto, de todas las ciencias, es el *ente*; es lo primero conocido. Las ciencias recogen y comienzan por unos previos conocimientos espontáneos que las demostraciones suponen, por lo cual las definiciones y las demostraciones deben tomar su inicio de algún conocimiento precedente.⁶⁷

El conocimiento precedente se encuentra en el *esse entis*, que es tan imprescindible como carente de profundidad para llegar a la comprensión de la esencia. Esto es, la débil intelección humana hace que del conocimiento de algo como ente no lleguemos a su esencia sino por inducción e investigación de sus propiedades. Podemos agregar una cita explicativa de Juan José Sanguinetti:

---

65 Cfr. Tomás de Aquino, *S.Th.* I, q. 86, a. 1, co.: "*Unde intellectus noster directe non est cognoscitivus nisi universlium. Indirecte autem, et quasi per quandam reflexionem, potest cognoscere singulare, quia, sicut supra dictum est, etiam postquam species intelligibiles abstraxit, non potest secundum eas actu intelligere nisi convertendo se ad phantasmata, in quibus species intelligibiles intellgit, ut dicitur in III de anima. Sic igitur ipsum universale per speciem intelligibilem directe intelligit; indirecte autem singularia, quorum sunt phantasmata*".
66 Tomás de Aquino, *S.Th.* I, q. 96, a. 2.
67 Tomás de Aquino, *In De Trin.*, q. 6, a. 3.

> El ser y la esencia se implican recíprocamente en el conocimiento; sin embargo, la consideración del ser de las cosas (metafísica) no se confunde con la consideración de su esencia (ciencias particulares), porque es diverso el *quod quid est homo* y el *esse hominem*: sólo en el primer Principio del ser, que es ente esencialmente, el mismo *esse* y su *quidditas* son uno y lo mismo; en todos los demás, que son entes por participación, son distintos el *esse* y la *quidditas* del ente. No es posible, por tanto, que con la misma demostración alguien demuestre el *quid est* y el *quia est*.[68]

La *resolutio ad ens* significa que todas las verdades del mundo creado se resuelven en el ente, porque todo lo que es, es por su ser ente. Se puede producir una *resolutio* en el ente tanto en el orden de la definición (*in via definitionis*) como en el de la demostración (*in via demostrationis*).[69] En la definición, desde el conocimiento del género se llega compositivamente al conocimiento de la especie; e inversamente, se realiza la reducción de todas las definiciones a la primera noción del intelecto. En la demostración, desde ciertas premisas conocidas se llega a numerosas conclusiones (*via compositionis*) y éstas, en la resolución, llegan a los juicios primeros, conocidos inmediatamente.

El *habitus principiorum* es un modo de aprehensión que pertenece a la constitución misma de la facultad intelectiva. Es un hábito entitativo que no se adquiere ni se pierde, pero que se actualiza de modo personal en cada intelecto, en cada acto de intelección.[70] Es lo que permite al hombre

---

[68] J. J. Sanguinetti, *La filosofía de la ciencia según Santo Tomás*, Pamplona, EUNSA, 1977, p. 323, donde se cita: Tomás de Aquino, *In. Anal. Post.* II, lect. 6: "*Aliud* est quod quid est homo, *et* esse hominem*: in solo enim primo essendi Principio, quod est essencialiter ens, ipsum* esse *et* quidditas *eius est unum et idem; in omnibus autem aliis, quae sunt entia per participationem, oportet quod sit aliud* esse *et* quidditas entis. *Non est ergo possible quod eadem demonstration demonstret aliquis* quid est *quia est*".
[69] Tomás de Aquino, *In De Trin.*, q. 4, a. 4.
[70] Cfr. O. J. González, "Tomás de Aquino: la aprehensión del 'acto de ser'". Ver también: J. M. Christianson, "The Necessity and Some Characteristics of the Habit of First Indemonstrable (Speculative) Principles", *The New Scholasti-*

la posibilidad de conocer porque es siempre recto en sus afirmaciones,[71] infalible, y el punto de partida de toda posibilidad de comprensión. Cito de Orestes J. González, en su artículo "Tomás de Aquino: la aprehensión del 'acto de ser'":

> Esta orientación explícita del intelecto hacia la *ratio obiecti*, orientación que ocurre sólo en la mente del metafísico, es un acto de intelección que genera la noción de "ente en acto" y la afirma automáticamente como lo más evidente que pueda haber para el intelecto: "el ente en acto es, el ente que no está en acto no es". Y sobre este principio se apoya de modo implícito todo acto de intelección, porque la afirmación de lo que está actualmente presente al intelecto se da de modo automático, *statim*, con un asentimiento indefectible que no se puede contradecir. Y lo que causa que el intelecto exprese un "es" afirmativo es la "actualidad" de la cosa que actualiza −pone en ejercicio− la capacidad inicial de conocer que tiene el intelecto, el *habitus principiorum*.[72]

Y así como del ente dependen todas las demás concepciones, de la ciencia del ente dependen las demás ciencias y sus consideraciones. La ciencia que estudia al ente en cuanto ente es la Metafísica. Aunque todas las ciencias dependan de la Metafísica porque obedecen a la consideración del ente en cuanto tal, la Metafísica no depende de ninguna, y ciertamente ninguna de las ciencias particulares se deducen de la Metafísica, pero permanecen claramente ligadas a ella porque en ellas encuentran su *resolutio*:[73] "Toda la consideración resolutoria de la razón en todas

---

cism 62 (1988), pp. 262: "*The habit of first principles provides inborn intellectual ability for integrating the meanings of simple terms from the start, in order that the mind may understand at least the virtual composition of their self-evident, unified meanings...as metaphysical, propositional principles of reality, the truth of wich principles thereby is grasped without error*".
71 Cfr. Tomás de Aquino, *S. Th.* I, q. 17, a. 3, ad. 2.
72 O. J. González, "Tomás de Aquino: la aprehensión del 'acto de ser'", p. 158.
73 Así como la *ratio* tiene como término de resolución el *intellectus*, así todas las demás ciencias vuelven a la Metafísica y terminan en ella.

las ciencias termina en la consideración de la metafísica".[74] Los principios segundos de las ciencias particulares son los géneros de entes que ellas estudian junto a ciertas propiedades fundamentales de esos géneros que son expresadas en determinadas proposiciones. Todas las ciencias convergen en la metafísica como los radios de un círculo sobre su centro, de modo que el conocimiento de adentro hacia afuera es compositivo, mientras que el de afuera hacia adentro es resolutorio.

Un error metafísico repercute en todas las ciencias. Si la ciencia es metafísicamente correcta, se logra una mayor inteligencia de su objeto de indagación, generando una mayor organización de los conocimientos y métodos, y formulando apropiadamente las leyes derivadas. Es la causa de la máxima certeza y evidencia intelectual de los demás campos cognoscitivos; nada se puede saber sin cierta metafísica, sin cierto conocimiento del ente y de lo propio del ente. Según expresa en el libro sexto de *In Ethic.*, la sabiduría (*simpliciter*) es entre todas las ciencias la más cierta porque alcanza los primeros principios de los entes, que en sí mismos son lo más conocido (*notissima*) para nosotros (*quoad nos*).[75]

El valor más importante en el cuerpo de las ciencias es la fase resolutoria, que consiste en volver las cosas a su causa como al principio de su unidad, contemplando la multiplicidad bajo una nueva luz. Ella no aumenta el saber en su extensión, sino que otorga un grado mayor de inteligibilidad y una óptima intelección del principio, que ya se conocía antes, pero ahora se considera con mayor claridad, discernimiento y unidad, confiriendo con respecto a la experiencia una mayor penetración. El único modo de rectificar los errores es, de este modo, la resolución en el ente y sus principios.

---

[74] Tomás de Aquino, *In De Trin.*, q. 6, a.1.
[75] Cfr. Tomás de Aquino, *In Ethic* VI, lect. 5.

Cuando Tomás de Aquino habla de *resolutio in prima principia*, está refiriéndose al conocimiento de los principios del ente y por lo tanto de los primeros principios que se toman de la condición del ente, de su misma noción. De este modo, del primer principio del ente que se sigue de conocer algo como *habens esse* se capta que el ente no puede ser y no ser a la vez, por lo cual el ser expulsa el no ser, no puede igualarse o mezclarse con éste en el mismo respecto: aquí se formula el primer principio de no contradicción, gracias al cual el pensamiento no puede contradecirse. Este principio es el supremo de todas las ciencias y de todos los métodos científicos. La verdad de que el ser no puede no ser es la primera conocida al componer o dividir, e influye en la posterior operación del juicio. Éste, por más débil que sea, encarna esta verdad y confiere a la afirmación solidez y unidad de significado; no se puede entender si no se está entendiendo en acto este principio. Así, la ciencia también adquiere la debida firmeza y coherencia. Se constituye como principio, a su vez, de todo principio de ciencia; por ejemplo, al plantear que "el todo es mayor que la parte", se está suponiendo el principio de no contradicción. Sin éste, no podría subsistir ningún saber, ni moral, ni propio de la vida humana. Señala Cardona:

> De ahí que Santo Tomás haga depender la adquisición misma de los primeros principios de la razón —el de no contradicción y todos los demás— de la intelección del ente, que es primaria y radical: de modo que el primer principio es primero sólo en la segunda operación de la mente, que supone la primera, donde lo primero es la intelección del ente: y *ex intellectu entis* depende ese primer principio *impossibile est esse et non esse simul*.[76]

---

[76] C. Cardona, *René Descartes: Discurso del Método*, Madrid, EMESA, 1975, pp. 56-57.

La comunidad de todos los entes en el ser no es una simple relación lógico-predicativa, sino una universalidad concreta perteneciente al orden del acto; por ello, Santo Tomás llama *communia* a los principios trascendentales del ente. La reducción a los primeros principios es una reducción al acto, no simplemente una evidencia. Es una reducción al *acto de ser* del ente: "el principio de no contradicción no es una simple premisa puesta en el encabezamiento de una cadena de silogismos, sino la propia actuación del ser de cada ente singular, en cuanto simultáneamente no puede ser tal actuación participada".[77]

Santo Tomás explica que el defecto intelectual (*defectus intellectus*) es causa del error, el cual puede invalidar el proceso racional. Como afirma Boecio, el intelecto es a la razón como el círculo al centro. La razón discurre considerando los actos y defectos, y las relaciones de unas cosas con otras, pero si no se resuelve en la intelección de la verdad, esa razón es vana; por ello cuando recibe la verdad de la cosa, la toma como su centro. Algunos discurren pero no logran aferrar la verdad (*discurrunt, et non attingunt*).[78]

La *ratio* difiere del *intellectus* como el tiempo de la eternidad, lo propio de la razón es difundirse en torno a las cosas múltiples con el objeto de recoger de ellas un conocimiento simple y rodear la verdad, y en este sentido su capacidad es inferior a la de los ángeles; pero en cuanto el hombre es capaz de envolver lo múltiple en lo uno, se asemeja a aquéllos: "*Unde dicit Dionysius 7 c. de divinis nominibus quod animae secundum hoc habent rationabilitatem, quod diffusive circumeunt existentium veritatem, et in hoc deficiunt ab angelis*".[79]

---

[77] J. J. Sanguinetti, *La filosofía de la ciencia según Santo Tomás*, p. 331.
[78] Tomás de Aquino, *In Ad. Tim.*I, c. 6, lect. 1: "*Sicut dicit Boetius, ita se habet intellectus ad rationem, sicut circulus ad centrum. Ratio enim discurrit considerando actus ac defectus et habitudinem unius rei ad aliam. Et nisi resolvat usque ad intellectum veritatis, vana est ratio. Unde quando accipit veritatem rei, habet eam quasi centrum. Quidam autem discurrunt, et non attingunt*".
[79] Tomás de Aquino, *In De Trin.*, pars 3, q. 6, a. 1, co.

Así, la verdad de los existentes consiste en la aprehensión de su esencia, que no puede ser aprehendida inmediatamente por los racionales, sino que se va consolidando a partir de las propiedades y efectos que surgen de ellas. De este modo, la investigación de la razón termina en la inteligencia de la verdad que se considera en los primeros principios y, como un círculo, partiendo desde lo uno, procede hacia lo múltiple y termina en lo uno.[80]

Conclusiones

Las ciencias se han desarrollado históricamente bajo supuestos filosóficos alejados del contenido propiamente metafísico, lo que significa una privación de la metafísica del ser y del aspecto moral de las cosas. Se debe insistir en la instancia metafísica que guía el desarrollo de las ciencias, pues el defecto de los conocimientos científicos actuales y de los métodos que les preceden consiste en la desvinculación de la sabiduría: "La ciencia que se construye como un saber estrictamente formal, metódicamente aislado del todo real, compromete la unidad de los entes y perjudica gravemente la unidad del conocimiento objetivo, y la misma unidad de vida del científico".[81]

En lo que concierne al lugar que ocupa el hombre en el universo, se puede decir que tiene el privilegio de encontrarse por debajo del rango de los ángeles, quienes, como su nombre lo indica (en su origen ἄγγελος), son los enviados o

---

[80] Tomás de Aquino, *In De Div.Nom.*, c. 7, lect. 2: "*Veritas enim existentium radicaliter consistit in aprehensione quidditatis rerum, quam quidditatem rationales animae non statim apprehendere possunt per seipsam, sed diffundunt se per propietates et effectus qui circumstant rei essentiam, ut ex his ad propriam veritatem ingrediantur. Haec autem circulo quodam efficient, dum ex proprietatibus et effectibus causas inveniunt ex causis de effectibus iudicant (...) Inquisitio enim rationisad simplicem intelligentiam veritatis terminator, sicut incipit a simplici inelligentia veritatis quae consideratur in primis principiis; et ideo, in procesu rationis est quaedam convolution ut circulus dum ratio, ab uno incipiens, per multa procedens, ad unum terminatur*".

[81] J. J. Sanguinetti, *La filosofía de la ciencia según Santo Tomás*, p. 355-356.

mensajeros mediadores de la luz de Dios y cuya capacidad de conocimiento es participada por el ser humano, gracias a la providencial acción de la creación. Se confirma una vez más, en este caso, en el plano gnoseológico, la presencia del argumento de contigüidad en la unidad y diversidad de los órdenes creados, especialmente en el punto en que convergen las naturalezas de los espíritus puros y el alma del hombre: la iluminación *sub quo*, aquella donde es posible, a partir de nociones y principios evidentes, lograr la visión –fragmentaria y perfeccionable– de las especies inteligibles que permiten al conocimiento humano avanzar y acercarse a la contemplación de la esencia.

El argumento en el fundamento de la sindéresis

Introducción

En el *Comentario a las Sentencias* que trata sobre el libre arbitrio y el pecado (Volumen II, 2), Santo Tomás desarrolla aspectos sistemáticos concernientes a las doctrinas centrales sobre el mal, y las analiza en un doble aspecto: uno de contenido metafísico, es decir, el bien y el mal en los seres, y el otro de contenido moral: la malicia y la bondad de los actos humanos.

Se sabe que la suerte de los ángeles quedó definitivamente fijada desde el primer instante que siguió a su creación: aunque no fueron creados en estado de beatitud,[82] los que quisieron se unieron a Dios en un acto único de caridad, que les mereció de inmediato la felicidad eterna. La razón de este hecho deriva de la perfección de la naturaleza angélica, que vive naturalmente bajo el régimen de la intuición directa sin conocimiento discursivo; por consiguiente, es capaz de alcanzar su fin en un solo acto. El hombre, por el

---

[82] Tomás de Aquino, *In Sent.*II, d. 4, a. 1.

contrario, se halla necesitado de buscarlo, dependiendo del tiempo y de una vida con una cierta duración para alcanzarlo. Como expresa en la *Summa*: "*Homo secundum suam naturam non statim natus est ultimam perfectionem adipisci, sicut angelus: et ideo homini longior vita data est ad merendum beatitudinem, quam angelo*".[83]

El hombre es un ser dotado de voluntad, propiedad inseparable de un agente racional y libre. Su libertad consiste en las posibilidades que surgen del conflicto entre la voluntad y su objeto. Si bien la voluntad tiende siempre al bien universal, se halla siempre de hecho frente a algunos bienes particulares que son incapaces de satisfacer su deseo, y por ello se mantiene completamente libre con respecto a ellos.[84] De este modo, no está determinada y precisa una orientación que sólo puede obtener de ciertos principios rectores.

Existe una indeterminación originaria de la razón que es necesario revertir para el logro de la correcta aplicación práctica en los actos humanos. Para ello se hace preciso encontrar ciertos principios inalterables que sirvan de guía a la potencia humana de querer, y con ello se debe dar lugar a la comprensión del primer principio de orden práctico llamado *sindéresis*. Para arribar a este tema y ascender en el entendimiento de lo más universal, primeramente se presentan ciertas consideraciones sobre el acto humano. Luego, la reflexión se orientará a la demostración de la existencia de estos principios teniendo como base el principio de contigüidad ontológica, que supone la doctrina de la participación.

---

[83] Tomás de Aquino, *S.Th.* I, q. 62, a. 5, co.
[84] Cfr. Tomás de Aquino, *S. Th.* I-Iae., q. 10, a. 2, ad resp.

Los elementos del acto humano y su relación con los hábitos

El objeto de estudio de la ciencia moral es propiamente el acto humano. Las acciones humanas conciernen siempre a lo particular y contingente, pasando de un principio universal a lo particular, de lo inmutable y cierto hasta lo variable e incierto. Es decir que conocer lo que se debe hacer puede ser algo completamente lleno de incertidumbre si no hay un principio rector. La razón no se arriesga a emitir un juicio sin hacerlo preceder por una deliberación o *consilium*. Dicha deliberación constituye un momento previo a la elección, que debe concluir en un juicio de razón práctica, sin lo cual su acto se prolongaría al infinito y no se produciría la decisión. Esta parte se cumple en el intelecto solo, sin que la voluntad intervenga, salvo para ponerlo en movimiento.[85] Es decir que tiene que haber una instancia puramente intelectual anterior a la elección y a la manifestación del acto.

¿Qué es la elección? Aristóteles responde que es un *appetitivus intellectus* o un *appetitus intellectivus*.[86] Un apetito intelectivo, el acto completo por el cual la voluntad se determina a partir de un juicio o principio del intelecto. Es un acto que deriva en parte del intelecto, y en parte de la voluntad, con el fin de que se cumpla la deliberación que permite la existencia de un juicio que permita optar por los medios adecuados para el fin buscado.

La potencia intelectual aporta en cierto modo la materia del acto al proponer los juicios a la aceptación de la voluntad. Pero para dar al acto la forma de la elección es necesario un movimiento de la función volitiva, un movimiento del alma hacia el bien que elige:

---

[85] Cfr. Tomás de Aquino, *S. Th.* I-Iae., q. 14, a. 1, ad. resp, y 2, ad resp.
[86] Cfr. Tomás de Aquino, *S. Th.* I, q. 83, a. 3, co: "*quod in nomine electionis importatur aliquid pertinens ad voluntatem dicit enim philosophus, in VI Ethic. quod electio est appetitivus intellectus, vel appetitus intellectivus*".

Manifestum est autem quod ratio quodammodo voluntatem praecedit, et ordinat actum eius, inquantum scilicet voluntas in suum obiectum tendit secundum ordinem rationis, eo quod vis apprehensive appetitivae suum obiectum raepresentat. Sic igitus ille actus quo voluntas tendit in aliquid quod proponitur ut bonum, ex eo quod per rationem est ordinatum ad finem.[87]

La voluntad mueve a todas las facultades hacia su fin y a ella corresponde el acto de "tender hacia", esto es, la intención.[88] Por ello la voluntad se mueve hacia su fin como hacia el término de su movimiento. Una vez en presencia de los resultados obtenidos por la deliberación, por un *consensus* la voluntad adhiere al resultado de la deliberación. Pero los juicios obtenidos pueden ser varios, ya que muchos medios pueden conducir al mismo fin y suscitar en ella varios consentimientos. Pero entre los múltiples medios, la capacidad volitiva elige uno y con ello se da la elección: *"Et ideo electio substantialiter non est actus rationis, sed voluntatis, perficitur enim electio in motu quodam animae ad bonum quod eligitur. Unde manifeste actus est appetitivae potentiae".*[89]

Intelecto y voluntad son elementos diferentes que intervienen en la unidad de la acción; y aunque se entrecruzan perpetuamente, jamás se mezclan. En cuanto a la voluntad, como facultad del alma racional y cuya libre determinación se funda sobre la universalidad de la razón, es capaz de ser sujeto de hábitos.

Los hábitos constituyen el complemento de la naturaleza, en cuanto determinaciones que establecen relaciones definidas entre el intelecto y sus objetos o posibles operaciones.[90] Todos los hábitos están orientados hacia ciertas operaciones ya sean cognitivas, ya sean voluntarias. El hábito tiene la función de situar al individuo más o menos lejos de su propio fin: el que dispone al hombre a cumplir un

---

[87] Tomás de Aquino, *S.Th.* I-IIae., q. 13, a. 1, co.
[88] Cfr. Tomás de Aquino, *S.Th.* I-Iae., q. 12, a. 3, co. y ad. 4.
[89] Cfr. Tomás de Aquino, *S.Th.* I-IIae., q. 13, a. 1, co.
[90] Cfr. Tomás de Aquino, *S.Th.* I-IIae. q. 49, a. 4, ad 1.

acto conforme a su naturaleza y a su fin natural se llama virtud, y aquél que los dispone a realizar un acto que no le conviene, se denomina vicio.[91]

El bien del hombre consiste en estar de acuerdo con la razón, según también había destacado Dionisio en *Los nombres divinos*.[92] Entonces, *bueno* será todo acto que se conforme a la razón, y acto *no moral* será aquel que tiende a destruir su orden. Así, se entiende que la virtud, esencial y primariamente, consiste en una disposición permanente de obrar conforme a la razón. Si el hombre fuera un espíritu puro, o si el cuerpo unido a su alma le estuviera completamente sometido, sólo le bastaría ver lo que debe hacer para efectuarlo y entonces sólo habría virtudes intelectuales.[93] Pero no somos puro espíritu ni nuestra voluntad está determinada, por lo cual la virtud moral debe ser agregada a la virtud intelectual; y así como el apetito es principio de los actos humanos en la medida en que participa de la razón, así la virtud moral es una virtud humana en la medida en que se conforma con la razón.

Entre las virtudes intelectuales, el primer hábito del intelecto y su primera virtud es el hábito de los primeros principios, que se constituye en el conocimiento de las verdades inmediatamente evidentes o principios. Las verdades que no son inmediatamente evidentes, sino deducidas y concluidas, no dependen del intelecto sino de la razón. Entonces, de los primeros principios, derivarán todas las decisiones de la razón práctica.

La primera y más universal de las verdades es la que proclaman, al obedecerla, los seres vivos: *hacer el bien y evitar el mal*. Y es la ley natural primera que está escrita en el corazón del hombre, en efecto, la llamada *sindéresis* contiene (*in sinderesis autem sunt*) los primeros principios de la ley

---

[91] Cfr. Tomás de Aquino, *S.Th*. I-IIae. q. 54, a. 3, ad resp y a. 55, 1-4.
[92] Cfr. Dionisio Areopagita, *Los nombres divinos*, c. IV.
[93] Cfr. Etienne Gilson, *El Tomismo*, p. 365.

natural. Esta ley participa de la ley eterna, de la cual participan, a su vez, todos los seres a su modo, y según sus posibilidades. El hombre participa sobre todo intelectualmente:

> *Et talis participatio legis aeternae in rationali creatura lex naturalis dicitur. Unde cum Psalmista dixisset, sacrificate sacrificium iustitiae, quasi quibusdam quaerentibus quae sunt iustitiae opera, subiungit, multi dicunt, quis ostendit nobis bona? Cui quaestioni respondens, dicit, signatum est super nos lumen vultus tui, domine quasi lumen rationis naturalis, quo discernimus quid sit bonum et malum, quod pertinet ad naturalem legem, nihil aliud sit quam impression divini luminis in nobis. Unde patet quod lex naturalis nihil aliud est quam participatio legis aeternae in rationali creatura.*[94]

Hacer el bien y evitar el mal es justamente lo que estudiamos: el hábito natural de la sindéresis. A ella le corresponde remurmurar (advertir) de cuanto se oponga a esta ley natural.[95] En la distinción 24 del *Comentario a la Sentencias* (segundo libro), comienza diciendo que así como todo movimiento procede de un primer motor inmóvil, en el conocimiento ocurre lo mismo. La razón tiene cierta movilidad y conviene que todo ese movimiento tenga como punto de partida un conocimiento quieto y uniforme, que no provenga de ningún discurso inquisitivo de la razón. Así como la razón deduce, en lo especulativo, a partir de principios *per se notis*, que pertenecen al hábito intelectual, también la razón práctica debe partir de principios conocidos de la misma manera, súbita y directamente, que provienen del hábito de la sindéresis. Refiriéndose a este hábito dice expresamente que procede del intelecto agente (*"ex ipso lumine intellectus agentis"*),[96] como el hábito de la intelección de los primeros principios del intelecto especulativo.[97]

---

[94] Cfr. *S. Th.* I-IIae, q. 91, a. 2, co.
[95] Ver Tomás de Aquino, *In Sent.* II, d. 7, q, 1, a. 2, ad. 3.
[96] Tomás de Aquino, *In Sent.* II, d. 24, q, 2, a. 3, co.
[97] Tomás de Aquino, *In Sent.* II, d. 24, q, 2, a. 3.

El argumento presente en la fundamentación de la sindéresis

Naturaleza y necesidad de la sindéresis

Todas las leyes de la naturaleza, de la moral o de la sociedad deben ser consideradas como los casos particulares de una sola y misma ley, la ley divina. Esta ley primera es fuente única de todas las leyes. Como criatura racional que es, el hombre tiene la premisa ineludible de conocer lo que la ley eterna le exige y de conformarse a ello, lo cual implica que esta ley está escrita en cierto modo en su sustancia, de modo que le basta observarse atentamente para descubrirla. Así, la ley eterna se halla inscrita en la propia naturaleza, y por ello se denomina *ley natural*.[98]

Si hay una ley natural, participante de la ley eterna, y que es universal: ¿por qué no obran los hombres de la misma manera? Poner en aplicación el hábito de la sindéresis, es decir, hacer lo bueno y evitar lo malo, no significa decretar arbitrariamente una ley moral, sino leer la ley natural inscrita en la sustancia de los seres y manifestar el principio básico como resorte de todas sus operaciones. Se aplica a cada caso particular según la prudencia, es decir, sabiendo adecuar razonablemente la ley a las circunstancias especiales que cada caso indica.

La sindéresis se da en el hombre bajo un doble aspecto: en cuanto ser vivo, y en cuanto ser racional, y en tres grandes preceptos. Lo que comúnmente se llama *instinto de conservación*, significa la tendencia a lo que puede conservar su vida o proteger su salud, asegurando la integridad de todo lo que por derecho corresponde a su naturaleza. La preservación de su ser, entonces, es el primer precepto de la ley natural.

---

[98] Cfr. Tomás de Aquino, *S.Th.* I-IIae, c. 91, a. 2, co.

El segundo precepto se relaciona con todo aquello que se le presenta por ser un animal y ejercer las funciones de tal: reproducirse, criar a sus hijos, además de otras obligaciones naturales.[99] El tercer precepto, que surge en virtud de su característica racional, manda a buscar todo lo bueno según el orden de la razón:

> *Tertio modo inest homini inclinatio ad bonum secundum naturam rationis, quae est sibi propria, sicut homo habet naturalem inclinationem ad hoc quod veritatem cognoscat de Deo, et ad hoc quod in societate vivat. Et secundum hoc, ad legem naturalem pertinent ea quae ad huiusmodi inclinationem spectant, utpote quod homo ignorantiam vitet, quod alios non offendat cum quibus debet conversari, et cetera huiusmodi quae ad hoc spectant.*[100]

Los bienes de la naturaleza racional son buscados en la sociedad, en el esfuerzo mancomunado y ayuda de unos a otros; este criterio, además, mueve a buscar la verdad en el orden de las ciencias naturales, a no hacer mal a los hombres con los que debemos convivir, evitar la ignorancia, entre otros aspectos de la ley que habita en el corazón del hombre y, por lo tanto, no puede borrarse. Se debe hacer el bien, evitar el mal, hay que adquirir ciencia, huir de la ignorancia; pero ¿cómo obrar para satisfacer a las exigencias de la razón para obrar con corrección en cada caso particular? Dados los principios de la ley natural y el detalle infinitamente complejo de los actos particulares que pueden conformársele, parece extenderse un abismo que ninguna reflexión puede franquear sola y debe ser llenado por la ley humana. Aquí es donde comienza el trabajo de la razón, de derivar los preceptos segundos de la ley primera.

---

[99] Cfr. Tomás de Aquino, *S.Th.*, I-IIae, c. 94, a. 2, co.
[100] Tomás de Aquino, *S.Th.*, I-IIae, c. 94, a. 2, co.

La ley natural es común para todos y *per se notae* implica proposiciones cuyos términos son evidentes. El primer término que es conocido por sí, en el intelecto especulativo, es el ente, como se especificó más arriba en torno a los denominados trascendentales.

> *Nam illud quod primum cadit in apprehensione, est ens, cuius intellectus includitur in omnibus quaecumque quis apprehendit. Et ideo primum principium indemostrabile est quod non est simul affirmare et negare, quod fundatur supra rationem entis et non entis, et super hoc principio omnia alia fundantur, ut dicitur in IV Metaphys.*[101]

Del mismo modo, lo primero que cae en la aprehensión de la facultad intelectiva práctica, esto es, que se ordena al obrar, es el bien, por lo tanto todo agente que se mueve hacia un fin, tiende a un fin que tiene razón de bien: *"Et ideo primum principium in ratione practica est quod fundatur supra rationem boni, quae est, bonum est quod omnia appetunt. Hoc est ergo primum praeceptum legis, quod bonum est faciendum et prosequedum, et malum vitandum"*.[102] Y sobre esta ley se fundan todas aquellas normas de la ley natural en las que se cristaliza la aprehensión de lo que es bueno para el hombre. Lo que es bueno tiene razón de fin e inclina hacia él y, contrariamente, lo que es malo no puede tener la misma razón, por lo tanto naturalmente se evita.

La sindéresis es un hábito natural y la guía radical que orienta hacia la acción que tiene razón de buena y cuya existencia en el intelecto no se ve alterada ni amenazada por nuestros actos posteriores. Proporciona un conocimiento habitual de los primeros principios prácticos supliendo la indeterminación de la razón. Pero no se trata de un hábito adquirido por repetición de actos semejantes, como ocurre con las virtudes morales, de modo que no depende de nuestros actos libres.

---

[101] Tomás de Aquino, *S.Th.*, I-IIae, c. 94, a. 2, co.
[102] Tomás de Aquino, *S.Th.*, I-IIae, c. 94, a. 2, co.

Decir que la sindéresis es un hábito natural es distinto de afirmar que se trata de un hábito innato, porque por *innato* se entiende algo que proviene solamente de la naturaleza.[103] Lo natural no siempre es innato, porque lo innato excluye siempre la intervención de un principio exterior. Lo natural, en cambio, puede proceder en parte de la naturaleza y en parte de un principio exterior. De este modo, mientras el principio interior, natural, del que surgen los hábitos intelectuales es la luz del intelecto agente,[104] el principio exterior que suscita la aparición del hábito natural es el conocimiento que procede de los sentidos. Sin ese conocimiento sensible no formaría hábito el intelecto, puesto que el hábito de los primeros principios especulativos se actualiza a partir de él, y lo mismo ocurre con la formación del hábito de la sindéresis.

Para rescatar a la razón de su indeterminación originaria en el plano especulativo, el hábito del intelecto siempre requiere de la abstracción de las especies inteligibles a partir del conocimiento proporcionado por los sentidos, con lo cual regula el uso teórico de la razón con el fin de que no incurra en contradicciones. Del mismo modo, para rescatar, en el plano práctico, a la razón de su indeterminación y dirigirse hacia el bien o la integridad moral, se precisa la múltiple experiencia del bien y del mal que se ofrece a nuestros sentidos.[105] El primer principio del obrar aporta la dirección racional de la conducta para que las acciones no sean inconsistentes con la integridad de la naturaleza humana.

Ciertamente, no podría haber firmeza o certidumbre en aquellas cosas que se siguen de los principios, si ellos mismos no estuvieran firmemente establecidos.[106] De allí que en las obras humanas, para que pueda haber rectitud (*aliqua rectitudo*), se debe hallar un principio permanente que

---

[103] Cfr. Tomás de Aquino, *De Ver.*, q. 16, a. 1, ad 14.
[104] Tomás de Aquino, *S.Th.* I-IIae, q. 51, a. 1, co.
[105] Cfr. Tomás de Aquino, *De Ver.* q. 16, a. 3
[106] Cfr. Tomás de Aquino, *De Ver.* q. 16, a. 2, co. Donde se cita: Aristóteles, *Física*, I, cap. 6 (189 a 19).

tenga rectitud inmutable para que todas las obras humanas sean examinadas de modo que en ellas se aplique la sindéresis: *"Et haec est synderesis, cuius officium est remurmurare malo, et inclinare ad bonum"*.[107] Ella no constituye el acto de la virtud moral, sino que es su preámbulo, del mismo modo como las cosas naturales son el preámbulo de todo aquello que es adquirido o infuso.

La sindéresis y la conciencia

Se ha notado que casi nunca falta en Santo Tomás una alusión más o menos explícita acerca de la sindéresis cuando trata cuestiones relativas al derecho o a la ley natural, sobre todo en el *Comentario a las Sentencias*, haciendo alguna referencia esporádica en el comentario de determinados pasajes de la *Ética a Nicomáquea*. Se considera que el Aquinate ha pasado a la historia de la ética en gran medida por su doctrina de la ley natural, de manera que estas alusiones representan un punto clave para valorar su aporte. Concretamente, en lo que se refiere al tema de la conciencia moral, hoy resulta inconcebible que una teoría ética no haga referencia a la sindéresis.

Determinar la diferencia entre la sindéresis y la conciencia puede ser importante a los fines de esclarecer los elementos que intervienen en los actos humanos para definir la corrección de los motores de la acción. Pero además, para el presente trabajo, resulta útil para conocer el valor de los primeros principios prácticos, que conforman la *coronilla* de la razón, su parte más alta, evidente e infalible; esta breve referencia ayuda a reparar en aquel punto de unión entre la naturaleza superior y la naturaleza humana, considerando su infalibilidad y características.

Sindéresis es un hábito, por el que poseemos un conocimiento evidente de los primeros principios morales, que conoce y prescribe de manera universal –no particular–,

---

[107] Cfr. Tomás de Aquino, *De Ver.* q. 16, a. 2, co.

por lo cual no inclina directamente a un determinado objeto o acción. Como la acción siempre es particular, ella no podría por sí sola promover la obtención práctica de todos los bienes humanos, por lo cual precisa de la virtud de la prudencia, que implica la aplicación correcta y razonable de la prescripción universal al caso particular.

Por ser un hábito intelectual, perfecciona a la potencia racional a fin de que se pueda orientar hacia la acción determinada, a diferencia de la conciencia, que es el juicio que resulta de la aplicación del conocimiento habitual de la razón a un acto concreto. Es decir que la diferencia entre la sindéresis y la conciencia es la misma diferencia que existe entre un hábito y un juicio.[108] Juzgar presupone siempre el uso de algún hábito intelectual. De este modo, por la conciencia se aplica la noticia de la sindéresis y de la razón superior e inferior al acto particular que se debe examinar.[109] Por eso la primera pauta para los actos humanos es la sindéresis y no la conciencia. Para Santo Tomás la conciencia es una ley del intelecto, pero ya regulada.[110] Esto significa que la rectitud del juicio de conciencia depende de los hábitos intelectuales de los que procede tal juicio y de que, en el proceso de concluir los juicios, la razón –en su actividad discursiva– no incurra en error. Esta explicación resulta relevante porque de otro modo no se podrían explicar los yerros de la conciencia. Éstos no se deben a la sindéresis, que nunca es perturbada en su naturaleza, sino que, en todo caso, el error tiene su origen en alguna falta de sabiduría o de ciencia, consintiendo la equivocación proveniente de los juicios suministrados por la razón superior e inferior:

---

[108] Cfr. Tomás de Aquino, *De Ver.*, q. 17, a. 1, co.
[109] Cfr. Tomás de Aquino, *De Ver.*, q. 17, a. 2, co.
[110] Cfr. Tomás de Aquino, *De Ver.*, q. 17, a. 2, ad 7.

> *In universali quidem synderesis iudicio, errorem esse non contingit, ut ex supra dictis patet; sed in iudicio superioris rationis contingit esse peccatum; sicut cum quis exstimat esse secundum legem Dei, vel contra, quod non est: ut haeretici qui credunt iuramentum esse a Deo prohibitum. Et ita error accidit in conscientia propter falsitatem quae erat in superiori parte rationis. Et similiter contingere potest error in conscientia ex errore existente in inferiori parte rationis; ut cum aliquis errat circa civiles rationes iusti vel iniusti, honesti vel non honesti.*[111]

El juicio universal de la sindéresis está exento de todo error, por ser la primera de las leyes naturales referidas a la dimensión práctica del hombre. Necesariamente debe ser infalible. Pero el juicio de la razón superior es susceptible de contener pecado, porque, como se dijo, el error de la conciencia sobreviene a causa de la operación de la razón que media entre aquel primer principio y las afirmaciones derivadas. Sin embargo, la posibilidad del yerro en el juicio de la conciencia no exime al hombre de la obligación de seguirla. Por la conciencia se aplica la noticia de la sindéresis al acto que se debe examinar.

La sindéresis, su aparición en el principio de contigüidad ontológica y su infalibilidad

El ámbito de la sindéresis es delimitado para comprender su ubicación en la realidad humana, al mismo tiempo que muestra la conexión existente entre lo humano y el ser superior contiguo a él. Siguiendo las formulaciones presentadas en *De Veritate*, la cuestión 16, en su primer artículo, afirma que la sindéresis no es una potencia, sino que designa algo que es común a la razón superior y a la inferior (*communiter habens se ad utramque*).[112] Por ejemplo, en la esfera de lo operable existe una comunidad entre el hábito de los principios universales del derecho y algunas cosas

---
[111] Ver Tomás de Aquino, *De Ver.*, q. 17, a. 2, co.
[112] Tomás de Aquino, *De Ver.*, q. 16, a. 1, ad 9.

pertenecientes a las razones eternas, como es el caso de saber que Dios debe ser obedecido.[113] Estos principios universales además pueden contener otras cosas pertenecientes a la razón inferior, por ejemplo que se debe vivir conforme a la razón.[114] Se dice que la razón superior y la sindéresis apuntan a lo inmutable, aunque de distinto modo.

Algo es inmutable a causa de la necesidad de su verdad, aunque se trate de una verdad referida a las cosas que cambian: *"Dicitur etiam aliquid immutabile per necessitatem veritatis, quamvis etiam sit circa res secundum naturam mutabiles, sicut ista veritas: omne totum maius est sua parte, incommutabilis est etiam in mutabilibus rebus. Et hoc modo synderesis incommutabilibus inhaere dicitur".*[115] Así, el acto propio de la sindéresis, en un sentido amplio, es advertir del mal (*remurmurare*) e inclinar al bien. La respuesta, en el artículo primero de la cuestión 16, determina el lugar de este hábito natural afirmando:

> *Sicut enim Dionysius in VII cap. de Divin. Nomin., divina sapientia coniungit fines primorum principiis secundorum; naturae enim ordinatae ad invicem sic se habent sicut corpora contiguata, quorum inferius in sui supremo tangit superius in sui infimo: unde et natura inferior attingit in sui supremo ad aliquid quod est proprium superioris naturae, imperfecte illud participans.*[116]

La sindéresis no es potencia sino el hábito de una potencia. Es la *coronilla* del alma, su parte suprema, así como la coronilla del cuerpo es su parte superior; de allí que el juicio natural es la coronilla de la facultad racional. El acto de la sindéresis no es el acto de la virtud sin más, sino el

---

113 Tomás de Aquino, *De Ver.*, q. 16, a. 1, ad 9
114 Tomás de Aquino, *De Ver.*, q. 16, a. 1, ad 9
115 Tomás de Aquino, *De Ver.*, q. 16, a. 1, ad 12.
116 Tomás de Aquino, *De Ver.*, q. 16, a. 1, co.

preámbulo de la virtud (*preambulum ad actum virtutis*), así como las cosas naturales son preámbulo infalible de las virtudes infusas y adquiridas.[117]

Conclusiones

Acerca de la sindéresis Tomás afirma con nitidez que se trata de un hábito de una potencia, concretamente de la potencia racional que, junto con la virtud de los primeros principios especulativos, conforman la *scintilla rationis*,[118] que es la parte más elevada del ser humano por tratarse de hábitos connaturales al hombre. Como la luz, esta chispa ilumina todo el proceder del ser humano, ya sea en su conocimiento o en las directrices del obrar.

Lo que tomamos de la naturaleza superior afecta a todo nuestro conocimiento y serán para nosotros los principios naturales, ciertos y estables, verdadero semillero para todo el conocer que se sigue de ellos ("*cum haec quidem cognitio sit quasi seminarium quoddam totius cognitionis sequentis*").[119]

La luz que proviene de la sindéresis no se puede extinguir,[120] al igual que sucede con el intelecto de los principios teóricos; pero si bien es cierto que estos últimos consiguen que la ciencia pueda lograr exactitud, la sindéresis, por su parte, tiene una aplicación variable. Los principios universales de la ley natural pertenecen a la sindéresis (*ad synderesis pertinent*) porque en ella residen como en su lugar propio.[121] Ella ilumina tanto la razón superior como la inferior: *est aliud a superiori parte rationis, quia est supra totam rationem*;[122] en concreto, la sindéresis brilla constantemente haciendo patente todo lo que repugna a los principios que

---

[117] Tomás de Aquino, *De Ver.*, q. 16, a. 1, ad 5.
[118] Cfr. Tomás de Aquino, *In Sent*.II, d. 39, q. 3, a. 1.
[119] Tomás de Aquino, *De Ver.*, q. 16, a. 1.
[120] Cfr. Tomás de Aquino, *In Sent*.II, d. 24, q. 2, a. 3, ad. 5.
[121] Tomás de Aquino, *In Sent*.II, d. 24, q. 2, a. 3, ad 4.
[122] Tomás de Aquino, *In Sent*.II, d. 39, q. 3, a. 1, ad 2.

ella contiene.[123] Trasciende a la razón y a los sentidos y hace que sea imposible que yerren tanto los primeros principios del intelecto especulativo y los del práctico.[124] El error sólo puede provenir de la razón y de la conciencia: "La primera por tener que descender hacia lo particular, sensible, variable, que no es su mejor terreno de operaciones. La segunda, porque manifiesta la conclusión del juicio de la razón".[125]

La prudencia, como hábito teórico y práctico de la razón,[126] también es movida por la sindéresis, del mismo modo como la ciencia es movida por los primeros principios especulativos. Su acto teórico propio es deliberar y juzgar, y el práctico es llamado *imperium*, que significa mandar la ejecución. En vistas de su función central en el obrar humano, debe ser iluminada por este primer principio práctico. La sindéresis ayuda, aunque de distinta forma que la razón, a la prudencia, y a través de ella, a las demás virtudes.

La existencia de este principio puede argumentarse con dos explicaciones: por un lado, a través del principio de contigüidad ontológica y la doctrina de la participación, el nivel inferior de las criaturas superiores conecta con el nivel superior de las inferiores. Por tanto, el hombre tiene en la parte más alta de su intelecto dos hábitos, que participan a su manera del intelecto angélico, intelectual e intuitivo. Por otro lado, como se dijo más arriba, toda criatura tiene un principio natural que le ayuda a distinguir los bienes que necesita para su supervivencia. En el hombre, ese principio natural, práctico, infalible, es la sindéresis.

---

[123] Cfr. Tomás de Aquino, *In Sent*.II, d. 39, q. 3, a. 1., co.
[124] Cfr. Francisco Molina, "La sindéresis", *Cuadernos de Anuario Filosófico* 82 (1999), p. 17.
[125] Francisco Molina, "La sindéresis", p. 20.
[126] La prudencia, que es la *recta ratio agibilium*, aparece en el comentario a la *Ética Nicomaquea*, dentro de la referencia a los hábitos intelectuales, mientras que en Tomás de Aquino, *S. Th.* II-IIae, q. 47, a. 6, se la relaciona con la sindéresis.

Por último, cabe decir que el principio de contigüidad mencionado, se aplica, además, al funcionamiento integral del ser humano: se da una concatenación en los principios del pensar, desde su origen hasta su fin: primero, la sindéresis aporta los principios de la ley natural, al modo de un silogismo, de modo que la premisa mayor es obra de la razón superior, la menor de la inferior; luego la conciencia emite su juicio moral, sobre la bondad o maldad de lo que se ha pensado. Y finalmente el juicio de elección es el último acto de la razón que determina el acto de la voluntad. Si la luz sindéresis no llega a la razón, o la razón, por algún motivo, desvía sus razonamientos, esta concatenación causal y continua puede romperse, y la razón puede fallar, aún cuando se quiera poner al servicio de la fe.[127]

---

[127] Cfr. Tomás de Aquino, *In Sent*.II, d. 39, q. 3, a. 1., ad. 3.

Conclusiones generales

Conclusiones de la primera parte

El presente trabajo se ha desarrollado según el interés preciso de rastrear el principio de contigüidad ontológica, con el objeto de hallar su origen y sus antecedentes en la obra de dos pensadores neoplatónicos y en una obra anónima del siglo XIII, y luego se orientó a desplegar dicho principio en su primera exposición formal, a saber, la de Dionisio Areopagita. Posteriormente, el argumento se centró con mayor detenimiento y precisión en la obra de Tomás de Aquino, en lo cual consiste la segunda parte de la tesis.

Uno de los objetivos iniciales fue estudiar el argumento de contigüidad en su gestación desde la tradición neoplatónica y su continuación hacia la Baja Edad Media; esto es, cómo se habría desarrollado y fundamentado este principio. Se procedió efectivamente a la interiorización en la obra de Plotino y Proclo y el *Liber de Causis* para hallar los antecedentes directos de su formulación; y se buscó en los escritos de Dionisio, en especial, en el tratado *Los nombres divinos*, la primera enunciación formal de esta argumentación. Luego, la investigación se adentró en la exploración del principio en la transmisión al mundo medieval, en especial, en la recepción del mismo por Tomás de Aquino. Se continuó con el análisis del argumento en la *opera omnia* del Doctor Angélico, estudiando todos los casos en los que aparece, comprendiendo el contexto de su mención. Se pudo comprobar que el contexto propio de cada pasaje estaba dado por postulados pertenecientes a diversos ámbitos temáticos, y se destacaron, en particular, tres de ellos: el metafísico, el gnoseológico y el moral. De lo trabajado se obtuvieron algunas conclusiones que se exponen a continuación.

En lo que respecta a la obra de Plotino, se constató primeramente la existencia de un esquema básico propio del neoplatonismo, que se edifica en torno a una jerarquía organizada de seres, cuya consistencia es adquirida a partir de su origen en el Uno.[1] Como Primer Principio, genera una vinculación causal por la cual todos los seres inferiores en una escala descendente, participan del Uno, de manera que cada ser da aquello que ha recibido del ser inmediatamente superior; y recibe perfección en la medida en que su posibilidad ontológica lo permite.

El universo plotiniano se encuentra sostenido en la unidad por un doble proceso de interacción entre los niveles de realidad: el de "procesión" (πρόοδος), por el cual se da una suerte de iluminación o irradiación de los inferiores por los superiores, sin que el superior sufra desmedro alguno de su integridad. El otro, llamado de "reversión" (ἐπιστροφή), que implica un retorno a la fuente. Es el auto-despliegue del Principio en sí mismo, por el cual cada ser realiza un "retorno contemplativo"[2] hacia la fuente. La multiplicidad vuelve hacia el Uno a partir de su actividad contemplativa —en el grado en que se lo permite su propia naturaleza— en un movimiento que se revela como de identidad dinámica. La divinidad es participada por los distintos grados ontológicos para realizarse como tales y volver a su fuente según el modo de *procesión-retorno* presente en este sistema.

La actividad segunda, propia de la Inteligencia, primer ser derivado del Uno, es producida por la primera *necesariamente*, lo cual responde al principio de la productividad de

---

[1] Cfr Plotino, *Enéadas*, VI, 9, 1-2.
[2] Cfr. G. Reale, "Fundamentos de la Metafísica de Plotino", p. 176.

lo perfecto: "todas las cosas, cuando ya son perfectas, engendran".[3] Este principio es retomado por Plotino de un principio que el Estagirita desarrolla en el marco de sus estudios biológicos. Aristóteles había concluido que, a través de una inducción del reino de lo sensible, las plantas y los animales, al haber alcanzado una cierta madurez, engendran un nuevo ser semejante a ellos. Semejante, pero no igual, y necesariamente menos perfecto. La Inteligencia procede del Uno Bien así como el Alma procede de la Inteligencia, a partir de una especie de desbordamiento de la sobreabundancia de sus respectivas causas.[4]

Se pudo comprobar un contraste entre el sistema derivativo de Plotino y la metafísica que tiene origen en el esquema cristiano, que incorporó al mundo religioso y filosófico la idea de la creación. De manera que el plotiniano es un pensamiento que consolidó la metafísica neoplatónica en su esquema básico, en el cual la multiplicidad de esferas de ser están estrictamente relacionadas y subordinadas entre sí, dispuestas en una serie descendente que procede del Uno, cuya noción de unidad es señalada no sólo por la singularidad, sino también por su completa simplicidad, es decir, por la ausencia de cualquier limitación o determinación externa. Asimismo, intentó explicar la causa y cómo es posible el paso de la unidad a la multiplicidad, con lo cual se pudo contemplar el inicio del argumento de continuidad ontológica, en cuanto se da una continuidad entre los seres existentes, que conforman una cadena sin fisuras, en que lo inferior participa de las perfecciones de lo superior.

Posteriormente, la investigación sobre la filosofía de Proclo –el más importante miembro de la escuela del neoplatonismo después de su fundador Plotino– permitió concluir ciertas semejanzas y algunas diferencias con la exégesis plotiniana. Su sistema constituyó un proceso gradual y continuo, que busca explicar la naturaleza de todas las cosas

---

[3] Cfr. Plotino, *Enéadas*, V, 1, 6, 38.
[4] Cfr. Plotino, *Enéadas*, V, 2, 1, 7-16.

y establecer un procedimiento en que la distancia entre los momentos sea lo más ínfima posible. Señala la existencia de un Uno absolutamente trascendente, del cual proceden las diversas formas. En él se muestra una continuidad a lo largo de las procesiones divinas. Los términos más elevados de la segunda serie están necesariamente unidos con los términos limítrofes del primero. En este caso, la conexión que liga a cada rango de ser con el anterior se verifica por medio de la semejanza; la semejanza congrega, en cada caso, lo más elevado del orden inferior y lo inferior del superior, y manifiesta un punto de conexión que permitiría la participación de lo menos perfecto en lo más perfecto. De este modo, Proclo multiplicó la cadena causal para poder explicar, en primer lugar, el paso de la unidad a lo múltiple y luego el descenso mediado de unos seres por otros, hasta llegar a lo ínfimo: la materia. En el proceder cósmico desde el Uno, se desarrolla un proceso graduado en tríadas con la transmisión continua de la *semejanza*: "Πᾶν τὸ παράγον τὰ ὅμοια πρὸς ἑαυτὸ πρὸ τῶν ἀνομοίων ὑφίστησιν".[5] Se pudo comprobar, además, que el sistema procleano no se presenta como un conjunto global estático, sino que se configura como una compleja trama de relaciones articuladas de manera dinámica.

El *Liber de Causis* fue un texto anónimo del siglo XIII que reunió pensamientos procleanos y neoplatónicos en general, así como dejó entrever su pertenencia al reino del pensamiento cristiano y de la doctrina creacionista del cristianismo de la Alta Edad Media. El *De Causis* se convirtió en una excelente influencia para los que pensaron posteriormente en términos de jerarquía universal y de continuidad en la cadena causal, habiendo sorteado el obstáculo de las excesivas multiplicaciones de instancias intermedias que había propuesto el pensador de Bizancio. Su planteo simplificador y muy preciso sintetizó el común de los sistemas

---

5 Proclo, *E.T.*, §28.

neoplatónicos, pero purificó y armonizó el esquema general a partir de premisas evidentes, de modo que para los posteriores significó un libro de consulta fundamental. Se pudo concluir −en relación con este texto− que la doctrina de la creación mediante el intelecto se presenta en el *Liber* como un punto original en la Edad Media, porque aunque ciertamente retomó el pensamiento de Plotino de la derivación inmediata del νοῦς, se relacionó con la doctrina de la creación. Esto se muestra tanto a lo largo del texto del *Liber* como en la *Expositio* de Tomás, y generó un cambio sustancial en el pensamiento, pues en ambos textos se verificó una nueva concepción del ser, del ente y de la participación. Comprendiendo y precisando en este contexto la relación entre el Creador y lo creado, se logró definitivamente explicar la aparición de la multiplicidad a partir de la unidad. En el apartado se pudo descubrir y analogar la relación de la mediación de la inteligencia con la función del *esse creatum* tomasiano, que en su primera manifestación es puro intelecto.

El *De Causis* intentó resolver lo que finalmente Tomás de Aquino solucionó en su totalidad, esto es, problema de la conexión causal en el interior de la jerarquía. El Aquinate logró definir el punto de unidad de ambos en la noción de *esse creatum*. Este concepto representa la totalidad de la creatura y significa la condición de posibilidad de la diferenciación de todos los entes en sus rangos y, a su vez, la identificación de todos ellos en la estructura común del ser de lo creado. El *Liber*, además, reflexiona a partir del pensamiento creacionista, desarrollando una nueva concepción del tiempo y la eternidad, tratados con excelencia posteriormente por el Doctor Angélico. De este modo, el *De Causis* y la *Expositio* legaron elementos relevantes y realistas para la comprensión de la continuidad ontológica.

La filosofía neoplatónica se conjuga, en Dionisio Areopagita, de modo provechoso con el pensamiento cristiano, proveyendo una nueva respuesta a la pregunta siempre presente en el neoplatonismo: ¿cómo del Uno procede la multiplicidad? La reflexión dionisiana abarca todos los niveles de realidad, rompiendo, en cierto modo con el esquema procleano. Señala Ysabel de Andía:

> En el estudio de la influencia de los libros de Proclo sobre Dionisio hemos visto cómo en cada caso Dionisio toma de Proclo su concepción filosófica general, corrigiéndola, sin embargo, en función de su fe en un Dios único, creador y trascendente a lo creado, lo que permite afirmar que se preocupa a la vez de ser fiel al cristianismo y original respecto del neoplatonismo.[6]

Dionisio conservó la concepción general del mundo inteligible, pero situó el lugar de los inteligibles en la mente de Dios. Retuvo la tríada Ser-Vida-Intelecto, aunque como nombres de Dios —si bien desarrolló una contundente teología negativa— y no como atributos solamente pertenecientes a los entes creados. También sostuvo las categorías propuestas en el *Parménides*,[7] pero mientras Proclo establecía una jerarquía en la multiplicidad de las hénades, Dionisio relacionó la multiplicidad de los nombres divinos en un solo Dios, Creador de la variedad óntica ordenada según grados de perfección, lo cual dice relación directa con la doctrina cristiana.

El *Corpus Dionisyacum* aparece compuesto estructuralmente por elementos neoplatónicos, en particular plotinianos y procleanos y con referencias al *Liber de Causis*; comenta al respecto Cícero Cunha Bezerra: "*Dizemus esquecidas por acreditarmos que o* Corpus dionysiacum, *mais que um conjunto de textos aparentemente conciliadores entre princípios teológicos cristãos e pagãos, é um guia contra toda Teologia e Filosofia que se estruturem em uma concepção de Deus como um* conceptus

---

[6] Y. de Andía, "Neoplatonismo y Cristianismo en Dionisio Areopagita», pp. 392-393

[7] Ver Y. de Andía, "Neoplatonismo y Cristianismo en Dionisio Areopagita», p. 393: "Relaciona las dos primeras hipótesis del *Parménides* 'El Uno es uno' y 'El Uno es' con un Dios único lo que le permite afirmar que Dios es a la vez anónimo y polínomo, según la teología afirmativa y la teología negativa".

obiectivus".⁸ Lejos del concepto objetivo de Dios, con Dionisio se arriba a una etapa de comprensión de Dios como una "ausencia-presencia", que preserva al pensamiento de caer en la noción de Él como uno más de los seres que componen el universo; entendió la vida del hombre y los demás entes como morada de toda manifestación divina. De modo que la contemplación de la divinidad por el ser humano implica siempre un "salir de sí mismo" (éxtasis), abandonando todo ser o no ser, en el desierto del silencio, para que Dios se manifieste libremente.⁹ En este sentido, apunta el mismo comentador: *"podemos afirmar que o pensamento dionisiano é um marco diferenciador na tradição cristã, dado que ousa renunciar a objetividade de un fundamento absoluto para assumir o vazio de um Deus que é* retraimento e supressão".¹⁰

El capítulo VII de *Los nombres divinos* reveló la primera enunciación formal del argumento de contigüidad ontológica, que fundamentó la unidad del todo del universo. El ser participado, es decir, el más elevado, comunica al subsiguiente su perfección ínfima; esto sucede a causa de la Sabiduría Divina, que une los fines de unos seres con los principios de otros, generando una cadena causal establecida en última instancia por el Amor de Dios, que genera por su Divina Voluntad un gran orden universal armónico. En éste, ejerce su Providencia, en la comunicación de los bienes desde el primer ente hasta el último. Los bienes son derramados sobre las creaturas en la medida de la capacidad de recepción de cada uno, determinada por su proximidad al Principio.

---

8   C. Cunha Bezerra, *Dionísio Pseudo-Areopagita. Mística e neoplatonismo*, São Paulo, Paulus, 2009, p. 139.
9   Cfr. A. Vega, "La huella del desierto en el Maestro Eckart", *Revista de Filosofía* 24-25 (1999), p. 68.
10 C. Cunha Bezerra, *Dionísio Pseudo-Areopagita. Mística e neoplatonismo*, pp. 141-142.

El despliegue inicial del argumento, cuya autoría pertenece al Areopagita, surgido en el contexto de las nominaciones divinas, en particular, en la exposición del nombre "Sabiduría" (cap. VII de *Los nombres divinos*), es tratado más ampliamente en los textos citados del *Corpus Thomisticum*.

Conclusiones de la segunda parte

En la segunda parte, se expone la recepción del argumento en Tomás de Aquino, comenzando el itinerario con una referencia a las fuentes neoplatónicas del tomismo. Se logró poner en evidencia que hay elementos del neoplatonismo que se corresponden con el pensamiento del Angélico, aunque es claro que éste desarrolló un pensamiento propio y verdaderamente original. Se advirtió el carácter superador de las especulaciones tomasianas, y se concluyó, además, que este pensamiento realizó una síntesis acabada de elementos platónicos y aristotélicos, acentuando la noción de participación como la de causalidad. Para el Aquinate, la noción de participación es clave –constituyente esencial de la doctrina neoplatónica– y es un punto de referencia tanto desde el punto de vista estático de la estructura de la criatura, como también desde el punto de vista dinámico de la causalidad en el sentido de la derivación del ente por participación de Dios –*esse per essentiam*–. Esta concepción asume del platonismo la ejemplaridad y la distinción absoluta entre el ente que participa y el *Esse Subsistens*, y del aristotelismo, el principio de la composición real y de la causalidad en cada nivel del ente finito. La participación permite comprender cómo la omnipotencia divina, fuente de todo ser, puede reconciliarse con la autonomía de la sustancia creada, que recibe perfecciones aunque en menor escala, de acuerdo con su capacidad receptiva natural. En este contexto, Tomás incorporó un nuevo concepto de *esse* como acto, que aparece en el plexo de la creación como su constituyente esencial, por el cual la díada *ens per participationem* y *ens per essentiam* asume un valor destacado, comparable con la díada de *acto-potencia*, que es desarrollado y amplificado por Tomás de Aquino para una mejor comprensión de la realidad. Del mismo modo, se pudo estudiar la causalidad dentro de este sistema, como un concepto que va asociado –además de a la noción de participación– al de procesión y retorno: por un lado, la causalidad se manifiesta en el proceder de la multiplicidad desde la unidad primera y, por otro, permite el retorno de todo a dicha unidad.[11]

Tomás incorporó la dialéctica especulativa del neoplatonismo en el marco del monoteísmo creacionista cristiano, poniendo el ser directamente en Dios al considerarlo como constitutivo propio de la esencia divina. Es completamente abandonada la dualidad plotiniana del Uno (Bien) y el Ser como dos esencias diversas y separadas. Dios no solamente es el *Unum* y *Bonum*, sino en verdad el *Ipsum Esse*, y son abandonadas todas las distinciones entre Dios y el mundo de las ideas o formas separadas, con lo cual queda suprimido todo rasgo de necesidad en la creación. Se advirtió además el carácter superador de todas las especulaciones tomasianas, en asuntos nucleares de la metafísica como la comprensión del *esse*.

Las siguientes secciones del trabajo se orientaron a buscar los pasajes de las distintas obras de Tomás en las que se presentara el argumento de la contigüidad ontológica. En esta búsqueda, el análisis particular de cada enunciación del argumento, se realizó en el contexto particular de cada pasaje del *Corpus Thomisticum*. El principio es expuesto en el primer libro del *Comentario*, explicando que, según Dionisio, a causa de la sabiduría divina lo supremo de la naturaleza inferior toca (*attingit*) lo inferior de la naturaleza superior, por lo cual lo superior de la naturaleza del

---

[11] Con anterioridad se ha constatado que la tríada permanencia, procesión y retorno fue el eje paradigmático de los pensadores neoplatónicos, y que luego tuvo una clara acogida en el pensamiento de Tomás de Aquino.

alma humana toca lo inferior de la naturaleza angélica y, en un sentido ontológico y gnoseológico, participa en la intelectualidad, en cuanto sitio de confluencia de ambos rangos entitativos. Ésta es parte de la imagen divina, más que la razón, porque la razón se descubre como *naturaleza intelectual oscurecida*.[12] En este caso explica que la actividad racional necesita la mediación de su discursividad para llegar a lo que el intelecto logra sin mediación; y esto porque el intelecto es la facultad de los primeros principios que aparecen inmediatamente (*statim*) al conocimiento.

El alma humana media entre las sustancias inteligibles y las sustancias corpóreas, y por ello el santo Doctor afirma que es creada en el horizonte de la eternidad.[13] Esta reflexión permite contemplar el ser del alma como el punto de unidad y horizonte intermediario entre lo terreno y lo celestial, lo cual significa que el hombre ocupa un lugar privilegiado en la inmensidad de la creación. Gracias a su existencia, es posible una articulación entre la jerarquía en la tierra y la jerarquía de los cielos, las cuales quedan convenientemente unidas en un solo edificio jerárquico.

La investigación confirmó que al no ser espíritu puro, la vida humana debe tomar inicialmente de la experiencia los elementos necesarios para realizar el conocimiento sensible. Lo dicho implica que, para que el hombre pueda descubrir la verdad, necesita dos puntos de partida: por un lado los primeros principios del intelecto, sin los cuales el pensamiento carecería de consistencia y orden y que por su evidencia proporcionan coherencia, unidad y solvencia al pensamiento; y por otro lado, necesita los aportes de la experiencia que, tomados por la razón, le permiten completar el conocimiento inicial a través de un trabajo discursivo, por el cual es preciso el movimiento propio de las tres operaciones de la facultad racional: la simple aprehensión,

---

[12] Tomás de Aquino, *In Sent.* I, d. 3, q. 4, a. 1, ad 4: "*ratio enim nihil aliud est nisi natura intellectualis obumbrata*".
[13] Cfr. Tomás de Aquino, *In De causis*, lect. 30.

el juicio humano y sobre todo el razonamiento, que es el acto más propio de la *ratio*. Se puede afirmar que esta doble vertiente de la verdad en el alma tiene correspondencia directa con las posibilidades humanas y con sus facultades limitadas.

Pero ¿cómo es posible que el intelecto, eterno en su configuración, pues su contenido es lo inmutable, sea limitado? Tomás de Aquino resuelve esta cuestión y expone que el intelecto es un hábito de la razón y no constituye una facultad aparte de ella. Es un hábito que se encuentra en la cumbre de la razón y se manifiesta de dos modos: como intelecto de los primeros principios especulativos, al que denomina específicamente *intellectus*, que guía todo conocimiento teórico, y en cuanto intelecto de los primeros principios prácticos, llamado *synderesis*, que conduce el conocimiento del ámbito práctico, de modo que en ella encuentra el obrar su fundamento primario: "*Omne malum est vitandum*".[14] Este ápice o *scintilla* de la razón, es el rasgo de semejanza que se toca con lo inferior del intelecto angélico y que permite la continuidad con el ser del hombre. Estos principios inmutables participan de la ley eterna, por eso conllevan perfección y constituyen el camino directivo desde el cual comienza y hacia el cual avanza el trabajo propio de la razón –donde también ocurre un *exitus-reditus*–. Los dos hábitos se manifiestan como el principio de toda la ciencia y de toda virtud.

A la *ratio*, en cambio, corresponde *cogitare*, es decir, considerar las cosas según sus partes y sus propiedades.[15] La multiplicidad y la sucesión juegan un papel fundamental en el movimiento racional, que está muy lejos de la simple mirada deiforme del intelecto puro. Su proceder implica un proceso, un movimiento que transita de la potencia al acto, con el objeto de hacer llegar al espíritu hacia la verdad

---

14 Tomás de Aquino, *In Sent*. II, d. 24, q. 2, a. 4, co.
15 Tomás de Aquino, *In Sent*. I, d. 3, q. 4, a. 5, co.

por medio de una búsqueda larga y penosa.[16] A través de la razón, puede verse la causa en el causado, porque es propio de ella deducir de los principios las conclusiones.[17]

El *De Veritate*, desde una perspectiva gnoseológica, se ocupa de disputar sobre la verdad (*quid sit veritas?*) y profundiza en el contenido del intelecto que representa la *scintilla* de la razón, la luz que permite la actividad racional en el hombre, esto es, la perfección superior que posee, y que participa de la perfección y se centra en aquello que es la base de todo pensamiento buscando su elemento fundacional. En el artículo primero de la cuestión 1, Tomás q. 1, a. 1, de la teoría aristotélica de la ciencia, se reconoce la imposibilidad de un proceso al infinito, lo cual es un absurdo para ella. La reducción debe llegar a un fin, debe llegar a algo que sea realmente primero, que no es conocido a través de otra cosa, sino *per se*. Y encuentra que lo primero que concibe el intelecto es la noción de ente, en el cual se resuelven todas las concepciones. El ente es el *primum intelligibile*, la primera concepción posible y está presente con evidencia inmediata en el pensamiento.

El ente es lo más universal que está implícito en todo concepto, es indefinible y evidente por el cual se produce una circularidad en el entendimiento: el ente es tanto su principio como su fin, porque el conocimiento humano es desde el principio una concepción de ente, y es aquello en lo cual el intelecto resuelve sus contenidos.

Del mismo modo como el ente es lo primero, en una visión más amplia, sucede lo mismo con el intelecto. Éste posee las primeras concepciones y principios necesarios para el conocer sobre lo especulativo y lo práctico, y éstos son completados por el trabajo de la razón que finalmente también resuelve todos sus contenidos intelectualmente. Esto es, todo comienza en lo evidente, luego la *ratio* –en sentido estricto– efectúa su labor discursiva y aporta los

---

[16] Cfr. J. Peghaire, *Intellectus et ratio selon...*, p. 87.
[17] Tomás de Aquino, *In Sent.* II, d. 24, q. 1, a. 3.

contenidos derivados de los principios y coherentes con ellos, y retorna para ser nuevamente un conocimiento intelectual. La misma fórmula *exitus–reditus* neoplatónica presente en la consideración del ente y del *intellectus*.[18] La cadena jerárquica supone una continuidad descendente también; en este sentido explica que la posibilidad gnoseológica es participada por los animales que siguen al ser racional. Éstos, que tienen superioridad en la serie zoológica, participan del aspecto más imperfecto de la voluntad y conocimiento humanos. Se citó el pasaje que expone esta comunicación entre hombre y animal, situado en el centro de coordinación y especificación llamada "estimativa"; ella dirige la vida de los animales: *"Dicit (Aristóteles) quod sapere inest paucis animalium, et non quod insit solis hominibus, quia etiam quaedam animalia participant aliquid prudentiae et aliquid sapientae, scilicet quod recte iudicant de agendis per aestimationem naturalem".*[19] Se trata en ellos de cierta capacidad que les permite separar lo conveniente de lo inconveniente por estimación natural. En el hombre esta capacidad se denomina "cogitativa"[20] en cuanto es una *ratio* particular que se inserta en la dimensión temporal y que prepara a la razón para la recepción de los fantasmas de la imaginación.

Cogitativa en el hombre y estimativa en el animal configuran una capacidad semejante en ambos y allí reside la contigüidad de sus naturalezas. Para Santo Tomás, la facultad racional asciende desde la experiencia singular al conocimiento del universal y por éste a la formulación de los primeros principios. Mediante la cogitativa el intelecto se relaciona con la realidad concreta y percibe indirectamente las cosas particulares, y de este modo opera en la función ascendente de la inducción y en el trayecto descendente

---

[18] Tomás de Aquino, *De Ver.*, q. 15, a. 1, co.
[19] Tomás de Aquino, *In De Anima* III, lect.4, n. 15.
[20] Cfr. Tomás de Aquino, *De Ver*, q. 14, a.1, ad. 9.

de la deducción, así como en la voluntad y en el apetito concupiscible e irascible. Ella prepara al alma para los actos superiores del espíritu, la ciencia y la virtud. Entonces, en el orden de las potencias humanas, esto es, en el interior del hombre mismo, se produce la continuidad ontológica, puesto que cada una de sus capacidades está ligada a la otra según que todas contribuyen al orden armónico, y existe una disposición por la cual lo superior de lo inferior se une –*coniunguntur*– con lo inferior de lo superior. Esta unión se visualiza en la potencia cogitativa, que se conjuga con la *ratio*, entendida como una particular forma de ella. En la originalidad de la doctrina tomista del conocimiento, es preciso advertir que la cogitativa es quien recoge la experiencia de lo percibido justamente porque participa de la inteligencia, de la misma inteligencia que participa de la verdad absoluta de los principios, y garantiza su certeza por la presencia de la verdad divina. Cada acto, forma y actividad inferior se encuentran ligados y fundados en los actos superiores.

Así como se da una afinidad ontológica entre las facultades humanas, también se produce una continuación en la cadena de los seres desde el hombre hasta los últimos rangos. Al nivel animal le sigue la vida vegetativa, que en lo superior se toca con el reino animal y en lo inferior es contiguo con el grado de ser inerte puramente conformado por la materia. En estos estratos inferiores, la similitud con lo divino se encuentra atenuada, y en el reino vegetal se puede apreciar una delicada estructura análoga al sistema nervioso con un modo preciso de responder a los estímulos.

En *Contra Gentiles* se retoma la distinción presente entre el intelecto angélico y la capacidad humana, comprendiendo que en el hombre lo intelectual es el origen de la razón y que en el ángel el conocimiento es directo: "*Angelorum autem cognitio (...) est etiam immobilis, quia non discurrendo ab effectibus in causas aut e converso, sed simplici intuitu puram veritatem de rebus intuentur*".²¹ Las especies inteligibles llegan a nuestro intelecto por vía de resolución, es decir, por la abstracción de las condiciones materiales e individuantes, y a raíz de todo un trabajo previo y de los principios primeros que se necesitaron para alcanzarlas.²² El argumento de contigüidad se plantea en términos de distinción entre el acto cognoscitivo angélico y el humano, pero contemplando su correspondencia: "*Quia vero natura inferior in sui summo non nisi ad infimum superioris naturae attingit, oportet quod haec ipsa cognitio sit eminentior in substantiis separatis quam in nobis*".²³

En *Contra Gentiles*, recobra la idea del hombre como un microcosmos (*minor mundus*), que contiene en sí todas las naturalezas integradas,²⁴ participando de las perfecciones espirituales y las corporales.²⁵ Por esta característica, se pudo concluir que la persona es el lugar donde mejor puede leerse la semejanza con el Creador²⁶ y aquel ser en el que más nítidamente se manifiesta el principio de la continuidad, a raíz de su coligamiento e integración interior de cuatro naturalezas: la material, la biológica, la animal y la espiritual.

En la *Suma Teológica* el argumento tiene la misma forma, pero se presenta en diversas temáticas y secciones, particularmente en el estudio de las facultades humanas, en relación con la felicidad del hombre y también relacionado con aspectos de la jerarquía religiosa. En el tratamiento de las facultades humanas el Aquinate se expresa brevemente, y se las distingue genéricamente según su objeto, destacando que cuanto más noble sea una potencia, se dirige hacia un objeto más universal. Entre las facultades se encuentran: la vegetativa, la sensitiva y la intelectiva, que

---

[21] Ver Tomás de Aquino, *C.G.*II, c. 91, n.4.
[22] Cfr. Tomás de Aquino, *C.G.*II, c. 101.
[23] Tomás de Aquino, *C.G.* III, c. 49, n.9.
[24] Cfr. Tomás de Aquino, *In Sent.* II, d. 1, q. 2, a. 3, s.c.2.
[25] Cfr. Tomás de Aquino, *C.G.* II, 68, n. 6.
[26] Cfr. F. O'Rourke, *Pseudo-Dionysius and the metaphysics of Aquinas*, p. 269.

se conectan entre sí necesariamente para conformar la unidad sustancial del hombre. La racionalidad –ubicada en el vértice superior de esta jerarquía– le permite abarcar en cierto modo todas las cosas e ir más allá de ellas,[27] y actualizar su ser en la búsqueda de la felicidad, que es su fin, y retorno a su Creador.

En cuanto a la felicidad, como fin último del hombre, le otorga su especificidad; la beatitud del hombre consiste en un bien del alma que lo aproxima a Dios como a su fuente de ser y como su Bien infinito y subsistente. En este sentido, se afirmó que existe una común orientación de los seres hacia Dios en razón de que todos participan del *esse*; la existencia es la fuente de su común unidad,[28] y esta unidad se mueve hacia Dios en cuanto Él es "*tota ratio existendi et bonitatis*".[29] Cada ser se completa y actualiza en la unión con la totalidad y en su tendencia a su fin propio: la realización de los bienes particulares, encabezados por la felicidad –como fin último del ente racional–, que integran los fines de los seres inferiores y del ser humano. En el reino de los fines también es posible contemplar una jerarquía sin fisuras, que contribuye a la armonía universal y se halla cimentada en el principio que estudiamos.

Lo mismo ocurre en otro orden de cosas, en relación con la jerarquía eclesiástica, que conserva la unidad y el orden en función de los fines propios de su actividad terrestre, cuya autoridad máxima está representada por el estado episcopal, al cual siguen las órdenes religiosas. Entre las órdenes religiosas también se produce la cadena jerárquica, pero su diferenciación tiene lugar por el fin que persigue cada una. En este sentido la continuidad se puede apreciar en cuanto a la obra que lo especifica.

---

[27] Cfr. Tomás de Aquino, *S.Th.* I, q. 78, a. 1.
[28] Tomás de Aquino, *In De Div.Nom.*, c. 4, lect. 6: "*Omnes partes universo conveniunt in ratione existendi*".
[29] Tomás de Aquino, *S. Th.* I, q. 60, a. 5, ad 1.

En las obras *De malo* y *De spiritualibus creaturis*, la demostración del argumento aparece vinculada con la necesidad de postular la existencia de sustancias incorpóreas no unidas a un cuerpo material, cuya operación intelectual es realizada perfectamente, por no estar unidas a materia sensible.[30] Posteriormente se expone que una sustancia espiritual puede unirse a un cuerpo, como sucede en el caso de la naturaleza humana, en cuyo interior, a su vez, se confirma su unidad sustancial y sin intermediarios. En él, se produce la integración total del alma con el cuerpo. Toda el alma está en cada parte del cuerpo,[31] pues se trata de una realidad inmaterial que es forma del cuerpo. La unión entre ambos no está mediada: *"non potest aliquid cadere medium inter animam et corpus"*[32] y por ello ocurre la continuidad en su mismo ser, que da lugar a una misma naturaleza en la persona humana.

El cuarto y último capítulo reúne las formulaciones mostradas en la segunda parte de esta investigación, pero abarcadas en tres secciones, revelando, primero, la presencia del argumento en la explicación de la jerarquía de los seres; segundo, mostrándolo en la posibilidad de la intuición en el conocimiento humano; y, por último, en cuanto se efectiviza como fundamento de la sindéresis.

De estos aspectos específicos de la doctrina de Tomás de Aquino, en la primera, esto es, en la referente a la jerarquía, se citaron pasajes en los que el Aquinate revela que la continuidad de los seres gira en torno a diversas nociones tales como la semejanza, la causalidad sucesiva y la decreciente *k*desde el primer principio hasta el último de los seres. Cada uno tiene, con el anterior y con el que le sigue, un rasgo de identidad y otro de diferencia, identidades que acaecen en el mismo punto de contacto entre un ser y otro, y diferencias que se suscitan allí mismo, y además

---

[30] Cfr. Tomás de Aquino, *De Spir. Creat.*, q. un, a. 5, co.
[31] Tomás de Aquino, *De Spir. Creat.*, q. un, a. 2, arg. 13.
[32] Tomás de Aquino, *De Spir. Creat.*, q. un, a. 3, s.c. 3.

en la especificidad natural de cada cual; sin embargo, hay que recordar que en última instancia todos se identifican en el *esse*.

Además de la semejanza entre los seres, el cosmos se descubre como un inmenso organismo que de algún modo refleja cierta semejanza con el Creador. Para que ésta se comunicara más plenamente, fue necesaria la diferenciación de lo creado, con el objeto de que, en la variedad se expresara la perfección. Y por eso fueron concatenados en escala descendente según su dignidad todos los existentes. [33]

La disposición jerárquica se verifica también en la distinción que se presenta en el universo, en cuanto en él se da lo *necesario* y lo *contingente*. Los entes superiores gozan de mayor grado de necesidad, en el sentido de que su realidad es incorruptible en comparación con las demás; de este modo, los seres van decayendo en las condiciones de necesidad a medida que descienden en la escala. Los inferiores se van corrompiendo en cuanto a su ser –*esse*– y producen efectos no necesaria, sino contingentemente.[34] Por ello afirma Tomás que los entes menos nobles están para los más nobles: aunque sus efectos sean contingentes, contribuyen en los fines de los que los anteceden en superioridad.

Efectivamente, la causalidad proviene de la Causa Primera que, siendo la causa universal de todo ser, permite suponer que haya creado seres provistos, a su vez, de causalidad, generando una cadena de entidades dependientes, que median unas por otras para que la providencia actúe en ellas.[35]

La segunda parte de este capítulo se ocupa de otro aspecto específico de la doctrina de Tomás, a saber, la presencia del argumento en el ámbito del conocimiento

---

[33] Tomás de Aquino, *C.G.* III, q. 97, n. 3.
[34] Cfr. Tomás de Aquino, *C.G.* III, q. 94, n. 11.
[35] Cfr. Tomás de Aquino, *De Anima*, q. un., a. 1, co.: "*sic igitur anima humana, inquantum unitur corpori ut forma, habet esse elevatum supra corpus, non dependens ab eo, manifestum est quod ipsa est in confinio corporalium et separatarum substantiarum constituta*".

humano, particularmente el referido a la posibilidad de la intuición en el alma racional. En este apartado, se demostró la existencia de algo en el hombre que lo hace capaz de la verdad en una mínima medida, y ella se encuentra en su intelecto, en el *habitus principiorum*. En la profundización acerca de la naturaleza de la capacidad intelectiva, se afirmó que existe en nosotros un intelecto agente, individual para cada uno de los hombres.[36] Éste opera como un principio activo por el cual se logra la actualización de los inteligibles en la potencia cognitiva, de manera que su virtud es llegar a la contemplación del inteligible, operación que manifiesta el rol del intelecto como término. Así como la luz permite la visión del ojo, del mismo modo hay en nosotros un intelecto agente que ilumina, de un modo que Tomás denomina *sub quo*, abstrayendo de las especies sus condiciones materiales. Esta luz del intelecto agente ha sido infundida por Dios y permite que en nosotros haya un intelecto que está siempre en acto y que proporciona la concepción de los inteligibles. Esta tenue participación en la intelectualidad pura permite a la persona humana mantener firme la estructura cognoscitiva, otorgando solidez y la dirección del *exitus-reditus*: el punto de partida es evidencia del ente y de los primeros principios impresos en el intelecto; el *reditus* se constituye en el retorno luego del trabajo discursivo de la razón por el cual se completa la comprensión de la verdad.

La última subsección del capítulo cuarto de este trabajo señaló la aparición del principio estudiado en relación con la sindéresis, del mismo modo como aparece en la posibilidad del conocimiento teórico del hombre. Se pudo constatar, a la luz de los textos tomasianos, que existe en el hombre una evidencia intelectual del ente y sus primeros principios y también una evidencia de los principios que orientan al hombre hacia el bien, al tiempo que la posibilidad de remurmurar (advertir) cuanto se oponga a esta ley

---

[36] Cfr. R. Peretó Rivas, "Santo Tomás de Aquino y la iluminación *sub quo*", p. 124.

natural.[37] Esta participación en la Ley divina dice relación directa con la contigüidad de los seres conformando una totalidad graduada de perfecciones. Se pudo advertir a partir de todo lo estudiado que el hilo unificador de la historia supo transmitir a la posteridad el legado del neoplatonismo y sus concepciones centrales. En este marco, pudo verse la transferencia del argumento de contigüidad ontológica, tomado desde sus antecedentes fundamentales de la antigüedad tardía hasta su exposición sistematizada en Tomás de Aquino, y aparece mostrado en sus caracteres principales en el contexto de la metafísica extraordinaria desarrollada por el Santo Doctor del siglo XIII.

---

[37] Ver Tomás de Aquino, *In Sent.* II, d. 7, q, 1, a. 2, ad 3.

Bibliografía

Obras de Tomás de Aquino

In libros De caelo et mundo expositio (cum texto ex recensione leonina), ed. R. M. Spiazzi, Taurini-Roma, 1952.
De substantiis separatis, Editio Leonina, vol. XL, Roma, 1978.
Expositio Libri Boetii De ebdomadibus, Editio Leonina, vol. L., Roma-Paris, Comissio Leonina, Éditions du Cerf, 1992.
In II librum Posteriorum Analyticorum, ed. Roberto Busa, Roma, Comissio Leonina, 1882.
In Librum beati Dionysii de divinis Nominibus Expositio, ed. C. Pera, Taurini-Romae, Marietti, 1950.
In libros Posteriorum Analyticorum, Editio Leonina, vol. I, Roma, 1882.
In XII libros Metaphysicorum Aristotelis expositio, ed M. R. Cathala y R. M. Spiazzi, Turin, 1971.
Opuscula Theologica, ed. Spiazzi, R., Taurini-Romae, Marietti, 1954.
Quaestiones Disputatae De malo, Roma-París, Comissio Leonina-Librairie Philosophique J. Vrin, 1982.
Quaestio Disputata De spiritualibus creaturis, Editio Leonina, vol. XXIV, ed. J. Cos, Roma-París, Comissio Leonina, 2000.
Quaestiones Disputatae de Anima, Editio Leonina, vol. XXIV, ed. B-C. Bazán, Roma-París, Comissio Leonina-Éditions du Cerf, 1996.
Quaestiones disputatae De Potentia, ed. P. M. Pension, en: *Quaestiones disputatae* vol. II, Taurini-Romae, 1965.

Quaestiones disputatae De Veritate, Editio Leonina, vol. XXII, Romae, ad Sanctae Sabinae, 1970-1976.
Quaestiones de Quodlibet, Editio Leonina, vols. XXV y XXVI, Roma-París, Comissio Leonina-Editions du Cerf, 1996.
Scriptum Super Libros Sententiarum I-II, ed. Mandonnet, P., París, 1929.
Scriptum Super Libros Sententiarum III-IV, ed. Moos, M. F., París, 1933-1947.
Sententia Libri de Anima, Editio Leonina, Roma-París, Comissio Leonina-Librairie Philosophique J. Vrin, 1984.
Sententia libri Ethicorum, Editio Leonina, ed. R. Busa, 1969.
Summa contra gentiles, Editio Leonina, vols. XIII-XV, Roma, 1953.
Summa Theologiae, Editio Leonina, vol. XXV, Roma-París, Comissio Leonina, 1888-1906.
Super Boetium De Trinitate, Editio Leonina, vol. L, Roma-París, Comissio Leonina, Éditions du Cerf, 1959.
Super Epistolam S. Pauli (2 vol.), ed. R. Cai, Taurini-Romae, Marietti, 1953.
Super Librum De Causis Expositio, ed. Saffrey, H. D., París, Librairie Philosophique J. Vrin, 2002.

Traducciones

Suma Teológica, edición bilingüe, 16 tomos, Madrid, Biblioteca de Autores Cristianos, 1954.
Suma contra los Gentiles, edición bilingüe, 2 tomos, Nos. 94 y 102, Madrid, Biblioteca de Autores Cristianos, 1ª ed.1952, 2ª ed. 1967-1968.
Suma de Teología, Tomos I-V, Madrid, Biblioteca de Autores Cristianos, 2001.
De Veritate, Cuestiones 16 y 17, Introducción, traducción y notas de A. M. González, Pamplona, *Cuadernos de Anuario Filosófico* (61), 1998.
Opúsculos y cuestiones selectas, Madrid, B.A.C. Maior, 2005.

De Veritate, Cuestión 14. La Fe, Introducción, traducción y notas de Gelonch, S. y Argüello, S., Pamplona, Cuadernos de Anuario Filosófico, 2001
Comentario a las Sentencias de Pedro Lombardo, Libro I, Navarra, EUNSA, 2002.
Cuestiones disputadas sobre el alma, estudio preliminar y revisión de Cruz Cruz, J. traducción y notas de Téllez, E., Madrid, EUNSA, 1999.

Recursos informáticos

Opera Omnia, cum hypertextibus in CD-Rom, auctore Busa, R., Milano, Editoria Elettronica Editel, 1996.

Obras de Dionisio Areopagita

Corpus Dionysiacum I (DN), ed. Suchla, B. R., Berlín, De Gruyter, 1990.
Corpus Dionysiacum II (CH, EH, MT, Letters), Heil, G. and Ritter. A. M. (eds.), Berlín, De Gruyter, 1991.
The Complete Works, trans. C. Luibheid and Rorem, P., London, Society for the Promotion of Christian Knowledge, 1987.
Pseudo – Denys l'Aréopagite. Oeuvres complètes. Traduction, préface et note, París, Aubier, 1980.

Traducciones

Obras completas del pseudo Dionisio Areopagita, ed. de T. H. Martin, B.A.C., Madrid, 1990.
La jerarquía celestial (CH). La jerarquía eclesiástica (EH). La teología mística. Epístolas (Ep.), Estudio filológico-lingüístico con traducción directa y notas de Cavallero, P., Buenos Aires, Losada, 2008.

Los nombres divinos, trad. y notas por Cavallero, P. A., revisión y comentarios al texto por Ritacco, G., Buenos Aires, Losada, 2007.

Fuentes antiguas y medievales

Agustín de Hipona, *De Trinitate* (Libri XIII-XV), ed. Mountain, W. J., Turnholti, Brepols, 1968.
Agustín de Hipona, *Meditaciones, soliloquios y manual del Gran Padre*, trad. Zeballos, E., Madrid, Ed. San Mauro, 1777.
Alberto Magno, *Commentarii in Primum Librum Sententiarum, Opera Omnia*, cura et labore Augusti Borgnet, Pont. Max. Leone XIII, París, 1893.
Aristóteles, *Acerca del alma*, introducción, traducción y notas de Calvo Martínez, T., Madrid, Gredos, 2000.
Aristóteles, *De Anima*, Oxford, Oxford University Press, 1963.
Aristóteles, *Ética Nicomáquea*, trad. y notas de Pallí Bonet, J., Madrid, Gredos, 1997.
Aristóteles, *Física*, trad. y notas de De Echandía, G. R., Madrid, Gredos, 1995.
Aristóteles, *Metafísica*, introd., trad. y notas de Calvo Martínez, T., Madrid, Gredos, 2000.
D'Amico, C. (ed.), "Libro de las causas o de la Bondad Pura", *Todo y nada de Todo: Selección de Textos del neoplatonismo latino medieval*, trad. Ludueña, E. y Strok, N., Buenos Aires, Ediciones Winograd, 2008.
Pattin, A. (ed.), "Liber de Causis", *Tijdschrift voor Filosofie* 28/1 (1966) 90-203.
Platón, *Diálogos IV. República*, Introducción, traducción y notas de Eggers Lan, C., Madrid, Gredos, 2000.

Platón, *Diálogos V. Parménides. Teeteto. Sofista. Político*, introducciones, traducciones y notas de Santa Cruz, Ma. I., Vallejo Campos, Á. y Cordero, N. L., Madrid, Gredos, 2000.

Platón, *Diálogos VI. Timeo*, introducciones, traducciones y notas de Durán, M. A. y Lisi, F., Madrid, Gredos, 2000,

Platón, *Diálogos VII. Carta VII*, Introducción de Zaragoza, J., Madrid, Gredos, 1992.

Platón, *Diálogos. VIII. Leyes* (Libros I-VI), Madrid, Gredos, 1999

Plotino, *Eneada primera*, traducción del griego, prólogo y notas de Miguez, J. A., Buenos Aires, Aguilar, 1960.

Plotino, *Enéadas*, Introducciones, traducciones y notas de Igal, J., Madrid, Gredos, 1985.

Proclus, *Commentary on Plato's Parmenides*, trad. inglesa de Morrow, G. R. y Dillon, J., Princeton, 1987.

Proclus, *Commentary on Plato's Timaeus*, Vol. II, Book 2: Proclus on the Causes of the Cosmos and its Creation, traducción, introducción y notas de Runia, D. T. y Share, M., Cambridge, Cambridge University Press, 2008.

Proclus, *De malorum subsistentia*, ed. Boese, H., Berlín, Berolini, 1960.

Proclus, Elementa Theologiae, Dodds, E. R. (2°. ed.), Oxford, Clarendon Press, 1963 (Repr. 1977).

Proclus, *In Platonis Cratylum commentaria*, ed. Pascuali, G., Lipsiae, 1908.

Proclus, *In Platonis Timaeum Commentaria*, ed. Diehl, E., 3 vols., Leipzig, Teubneri, 1903-6.

Proclus, *Théologie Platonicienne*, ed. Saffrey, H. D. and Westerink, L. G., 6 vols, Paris, Société d'édition "Les belles lettres", 1968-97.

Puertas, M. L. (ed.), *Los Elementos de Euclides*, ed. Crítica, Madrid, Gredos, 1996.

Obras y artículos contemporáneos

Aertsen, J., "The platonic tendency of thomism and the foundations of Aquinas philosophy", *Medioevo*, 18 (1992), pp. 53-70.

—, *La filosofía medieval y los trascendentales. Un estudio sobre Tomás de Aquino*, trad. Aguerri, M. y Zorroza, Ma. I., Pamplona, EUNSA, 2003.

Anawati, C., "Prolégomènes à une nouvelle edition du De Causis arabe", *Études de philosophie musulmane*, 1 (1974), pp. 117-154.

Andereggen, I. E. M., "El conocimiento de Dios en la exposición de Tomás de Aquino sobre el *De divinis nominibus* de Dionisio Areopagita", *Sapientia*, 45 (1990), pp. 269-276.

—, *La metafísica de Santo Tomás en la Exposición sobre el De divinis nominibus de Dionisio Areopagita*. Educa, Buenos Aires, 1989.

Aouad, M., "La Théologie d'Aristote et autres textes du Plotinus Arabus", *Dictionnaire des philosophes antiques*, 1 (1989), pp. 541-590.

Armstrong, A. H., "'Emanation' in Plotinus", *Mind*, 46/181 (1937), pp. 61-66.

—, *The Architecture of the Intelligible Universe in the Philosophy of Plotinus: An Analytical and Historical Study*, Cambridge, Cambridge University Press, 1940.

Aubenque, P., *Le probléme de l'être chez Aristote. Essai sur la problématique aristotélicienne*, París, Presses Universitaires de France, 1962.

Bardenhewer, O., *Die pseudo-aristotelische Schrift Ueber das reine Gute Bekannt unter dem Namen Liber de Causis*, Freiburg i. Br. 1882, Hildesheim, 1961.

Beierwaltes, W., "Der Kommentar zum 'Liber de Causis' als neuplatonisches Element in der Philosophie des Thomas Von Aquin", *Philosophische Rundschau*, 11 (1963), pp. 192-215.

—, "Neoplatonica", *Philosophische Rundschau*, 16/2 (1969), pp. 130-152.
—, *Proclo. I fondamenti della sua metafisica*, trad. Scotti, N., Introducción de Reale, G., Milano, Pubblicazioni della Università del Sacro Cuore, 1988.
Beuchot, M., *Microcosmos. El hombre como compendio del ser*, Colección Siglo XXI, México, Universidad Autónoma de Coahuila, 2009.
Blumenthal, H. J., Markus, R. A., "Neoplatonism and Early Christian Thought: Essays in Honour of A. H. Armstrong", *Variorum Publications*, 2 (1981), pp. 189-203.
Bofill, J. "La notion de *proximité* dans les cadres de la métaphysique thomiste", *Convivium*, 41 (1974), pp. 97-100.
Boghetto, M., "L'atto dell'intelletto nella gnoseologia di Tommaso d'Aquino", *Studi Medievali*, 39 (1998), pp. 633-714.
Boiadjiev, T., "Das Lichtproblem im Kommentar des heiligen Thomas von Aquin zu Dionysius' *De divinis nominibus*", *Archiv für mittelalterliche Philosophie und Kultur* (Sofia), 3 (1996), pp. 54-66.
Bonino, S. T. (ed.), "Saint Thomas au XXe siècle", *Actes du Colloque du Centenaire du la Revue Thomiste*, (1994), pp. 198-217.
—, "Influence du Pseudo-Denys sur la conception thomiste de *l'esse*". *Bulletin de Littérature Écclésiastique*, 94/3 (1993), pp. 269-273.
Bové, S., *Santo Tomás de Aquino y el descenso del entendimiento*, Barcelona, Ed. Subirana, 1913.
Brade, W. R. V., *From Plotinus to S. Thomas Aquinas: Being Studies in the Later Phases of the Tradition of Greek Philosophy*, London, The Faith Press, 1926.
Bréhier, E., *Les idées philosophiques et religieuses de Philon d'Alexandrie*, Paris, J. Vrin, 1925.
Butler, E. *The Metaphysics of Polytheism in Proclus*, United States, UMI, 2003.

Canals Vidal, F., *Sobre la esencia del conocimiento*, Biblioteca Universitaria de Filosofía, Barcelona, 1987.
Cardona, C., "Introducción a la 'Quaestio Disputata De Malo'", *Scripta Theologica*, 6 (1974), pp. 111-143.
—, *René Descartes: Discurso del Método*, Madrid, EMESA, 1975.
Casanova, A., "Participación y causalidad en Aristóteles", *Cuadernos de Anuario Filosófico*, 54 (1998), pp. 3-58.
Casciaro, J. M., "Santo Tomás ante sus fuentes. Estudio sobre la II-II, q. 173, a. 3", *Scripta Theologica*, 6 (1974), pp. 11-65.
Chenu, M. D., "Note de lexicographie philosophique medieval", *Revue Des sciences philosophiques théologiques*, 16 (1927), pp. 435-446.
—, *Introduction à l'étude de saint Thomas d'Aquin*, París, J Vrin, 1984.
Chlup, R., *Proclus. An introduction*, Cambridge, Cambridge University Press, 2012.
Christianson, J. M., "The Necessity and Some Characteristics of the Habit of First Indemonstrable (Speculative) Principles", *The New Scholasticism*, 62 (1988), pp. 249-296.
Clarke, W. N., "Feature Review: St. Thomas and Platonism", *Thought*, 32 (1957), pp. 437-444.
—, "The Platonic Heritage of Thomism". *The Review of Metaphysics*, 7 (1954), pp. 105-124.
Clavell, L., *El nombre propio de Dios según Santo Tomás de Aquino*, Pamplona, Ediciones Universidad de Navarra, 1980.
Corbin, M., *Le chemin de la théologie chez Thomas d'Aquin*, Bibl. des Archives de Phil., N. S. 16, París, 1974.
Corrigan, K, Still, C. N., "The Problem of Aquinas's Notion of reditio completa in Relation to Its Neoplatonic Sources", Hackett, J. M., Murnion, W. E., Still. C. N. (eds.), *Being and Thought in Aquinas*, 2004, pp. 1-14.

Corsini, E., *Il Trattato De Divinis Nominibus dello Pseudo Dionigi e I commenti neoplatonici al Parmenide*, Torino, Giappichelli, 1962.
Cortest, L., "Was Thomas Aquinas a Platonist?", *The Thomist*, 52 (1988), pp. 209-219.
Cruz Cruz, J. *Intelecto y razón. Las coordenadas del pensamiento clásico*, Pamplona, Ediciones Universidad de Navarra, 1998.
Cunha Bezerra, C., *Dionísio Pseudo-Areopagita. Mística e neoplatonismo*, São Paulo, Paulus, 2009.
D'ancona Costa, C., *Recherches sur le Liber de Causis*, París, Vrin, 1995.
Dabrowski, W., "Il concetto della Rivelazione nel Super Boetium De Trinitate di San Tommaso d'Aquino". *Angelicum*, 77 (2000), pp. 459-476.
D'Ancona Costa, C., "Historiographie du platonisme médiéval: le cas de saint Thomas", *Saint Thomas aux siècle*, 1994, pp. 198-217.
—, *Recherches sur le liber de causis*, Vrin, París, 1995.
De Andia, Y., "L'union a Dieu chez Denys l'Areopagite", *Vigiliae Christianae*, 53/3 (1999), pp. 328-332.
—, "Neoplatonismo y cristianismo en Pseudo-Dionisio Areopagita", *Anuario Filosófico*, 33 (2000), pp. 363-394.
De Haas, A. J., *John Philoponus' New Definition of Prime Matter. Aspects of its Background in Neoplatonism and the Ancient Commentary Tradition*, Leiden, Brill, 1997.
De Wulf, M., *History of Medieval Philosophy*, London, Longman and Co., 1909.
Diels, H. and Kranz, W.(eds.), *Die Fragmente der Vorsokratiker*, Berlín, Weidmannsche Verlagsbuchhandlung, 1954.
Dillon, J., "Plotinus al Work on Platonism", *Greece & Rome*, 39/2 (1992), pp. 189-204.
Dodds, E. R., *Pagan and Cristian in an Age of Anxiety*, Cambridge, Cambridge University Press, 1965.
Doherty, F., "St. Thomas and the Pseudo-Dionysian Symbol of Light", *The New Scholasticism*, 34 (1960), pp. 170-189.

Doherty, F., "The Location of the Platonic Ideas", *The Review of Metaphysics*, 14 (1960), pp. 57-72.
Dondaine, F., *Le Corpus Dionysien de l'Úniversité de Paris au XIII siècle*, Roma, Edizioni di storia e letteratura, 1953.
Durantel, J. *Saint Thomas et le Pseudo-Denis*, París, Librairie Félix Alcan, 1919.
Émery, G., "Le photinisme et ses précurseurs chez Saint Thomas", *Revue Thomiste*, 95/3 (1995), pp. 371-398.
Ewbank, B., "Diverse Orderings of Dionysius's *triplex via* by Saint Thomas Aquinas". *Mediaeval Studies*, 52 (1990), pp. 82-109.
—, "Remarks on Being in St. Thomas Aquinas's *Expositio de divinis nominibus*", *Archives d'Histoire Doctrinale et Littéraire du Moyen Âge*, 56 (1989), pp. 123-149.
Fabro, C., "Platonism, Neo-Platonism, and Thomism: Convergencies and Divergencies", *The New Scholasticism*, 44 (1970), pp. 69-100.
—, *Esegesi Tomistica*, Roma, Pontificia Università Lateranense, 1969.
—, *Introducción al tomismo*, Rialp, Madrid, 1999.
—, *La nozione metafisica di partecipazione secondo San Tommaso d'Aquino*, Torino, Società Editrice Internazionale, 1963.
—, *Partecipazione e causalità secondo S. Tommaso d'Aquino*. Intr.: L. de Raeymaeker, Torino, Società Editrice Internazionale, 1960.
—, *Tomismo e pensiero moderno*, Roma, Librería editrice della Pontificia Università Lateranense, 1969.
Faucon de Boylesve, P., *Aspects néoplatoniciens de la doctrine de saint Thomas d'Aquin*, París-H. Champion, Lille, 1975.
Fernández del Valle, A. B., "La doctrina metafísica de la participación en Santo Tomás de Aquino", *Giornale di Metafisica*, 30 (1975), pp. 257-266.
Forment, E., *Tomás de Aquino esencial*, España, Montesinos/ Esencial, 2008.

García Bazán, F., "Antecedentes, continuidad y proyecciones en el neoplatonismo", *Anuario Filosófico*, 33 (2000), pp. 111-149.
—, *Plotino y la mística de las tres hipóstasis*, Colección Sophia, Buenos Aires, El hilo de Ariadna, 2011.
—, *Plotino. Sobre la trascendencia divina*, Mendoza, Ed. de la Facultad de Filosofía y Letras, U.N.Cuyo, 1992.
Gauthier, A., *Introduction historique à S. Thomas d'Aquin. Contra Gentiles*, introducción de A. Gauthier, trad. Bernier, R. y Corvez, M., París, P. Lethellieux, 1961.
Gelonch Villarino, S. y Argüello, S., "Santo Tomás de Aquino, la Gnoseología y el tomismo contemporáneo", *Sapientia*, 54 (1999), pp. 339-350.
Gelonch Villarino, S., "Ciencia platónica y humanismo verdadero. El fundamento *per se* del humanismo de Santo Tomás de Aquino", Sociedad Tomista Argentina (ed.), *Santo Tomás de Aquino humanista cristiano (Jubileo del cincuentenario de la Sociedad Tomista Argentina 1998)* (1999) 155-167.
Gersh, E., *From Iamblicus to Eriugena. An investigation of the Prehistory and Evolution of the Pseudo Dionysian Tradition*, Leiden, Brill, 1978.
Gerson, P., "Eternal Truth: Plotinus, Aquinas, and James Ross". *Proceedings of the American Catholic Philosophical Association*, 67 (1993), pp. 143-150.
Giacon, "Il platonismo di Aristotele e S. Tommaso", *Doctor Communis*, 28 (1975), pp. 153-170.
Gilson, E., "Elementos de una metafísica tomista del ser", *Espíritu*, 41 (1992), pp. 5-38.
—, *El Tomismo*, 5ta. ed., trad. Oteiza Quirno, A., Buenos Aires, Ediciones Desclée, 1943.
—, *La philosophie au Moyen Âge*, Payot, París, 1962.
Golitzin, A., "The Mysticism of Dionysius Areopagita: Platonist or Christian?", *Mystics Quarterly*, 19/3 (1976), pp. 98-114.
González, J., Tomás de Aquino. "La aprehensión del "acto de ser"", *Anuario Filosófico*, 24/1 (1991), pp. 139-152.

Guerrero, R., *Filosofías árabe y judía*, Madrid, Síntesis, 2004.
Hadot, P., "Etre, vie, pensée chez Plotin et avant Plotin", *Les sources de Plotin*, 5 (1960), pp. 107-157.
Hankey, W. J., "Aquinas and the Platonists", *The Platonic Tradition in the Middle Ages: A Doxographic Approach*, 2002, pp. 279-324.
—, "Theology as System and as Science: Proclus and Thomas Aquinas", *Dionysius*, 6 (1982), pp. 83-93.
–, "Thomas' Neoplatonic Histories: His Following of Simplicius". *Dionysius*, 17 (1999), pp. 153-178.
—, *God in Himself, Aquinas' Doctrine of God as Expounded in the Summa theologiae*, Oxford, Oxford University Press, 1987.
—, "Dionysian Hierarchy in Thomas Aquinas: Tradition and Transformation", *Série Antiquité*, 151 (1997), pp. 405-438.
Heiser, H., "Plotinus and Aquinas on *esse commune*", *The Modern Schoolman*, 70/4 (1993), pp. 259-287.
Henle, J., *Saint Thomas and Platonism: A Study of the Plato and Platonici Texts in the Writings of Saint Thomas*, The Hague, M. Nijhoff, 1956.
Henry, P., "The place of Plotinus in the History of Thought", *Plotinus, "The Enneads"*, trad. Mackenna, London, Penguin, 1991.
Herrera, J. J., *La simplicidad divina según Santo Tomás de Aquino*, Prefacio de Bonino, S. T., San Miguel de Tucumán, Ediciones de la Universidad Nacional del Norte Santo Tomás de Aquino, 2011.
Hunt, D. P., "Contemplation and hypostatic procession in Plotinus", *Apeiron: A Journal for Ancient Philosophy and Science*, 15/2 (1982), pp. 71-79.
Jaowitz, N., "Theories of divine names in origen and Pseudo-Dionysius", *History of Religions*, 30/4 (1991), pp. 359-372.
Jones, D., "The Ontological Difference for St. Thomas and Pseudo-Dionysius". *Dionysius*, 4 (1980), pp. 119-132.

Jones, J. N., "The status of the Trinity in Dionysian Thought", *The Journal of Religion*, 80/4 (2000), pp. 645-657.
Klitenic Wear, S. y Dillon, J., *Dionysius the Areopagite and the Neoplatonist Tradition*, England, Ashgate, 2007.
Kremer, K., *Die neuplatonische Seinsphilosophie und ihre Wirkung auf Thomas von Aquin*, Leiden, Brill, 1966.
Little, A., "The Platonic Heritage of Thomism", Dublin, Golden Eagle Books, 1949.
Loosky-C. Ph., V., *La notion des "analogies" chez Denys le Pseudo Aréopagite*, A D H D M A 5, 1930.
Luscombe, D., "Thomas Aquinas and Conceptions of Hierarchy in the Thirteenth Century", *Miscelanea Mediaevalia*, 19 (1988), pp. 261-277.
Madec, G., "La christianisation de l'hellénisme. Thème de l'"histoire de la philosophie patristique"", *Petites Études Augustiniennes*, 142 (1994), pp. 13-26.
Mahoney, E. P., "Pseudo-Dionysius's conception of metaphysical hiercarchy and its influence on medieval philosophy", *Recontres de Philosophie Medievale*, 9 (2000), pp. 429-475.
Marenbon, J., *Later Medieval Philosophy*, London and New York, Routledge, 1991.
Martijn, M., *Proclus on nature: philosophy of nature and its methods in Proclus' Commentary on Plato's Timaeus*, Boston, Brill, 2010.
Martin, J. T., "Causalidad y entendimiento agente", *Anuario Filosófico*, 26/3 (1993), pp. 673-683.
Mathieu, V., *Perché leggere Plotino*, Milano, Rusconi, 1992.
Migne, P. (ed.), *Joannis Scoti opera quae supersunt* omnia, en *Patrologia Latina*, vol. 122, coll. 439-1022, París, 1853.
Molina, F., La sindéresis. Cuadernos de Anuario Filosófico, Serie Universitaria 82, Servicio de Publicaciones de la Universidad de Navarra, Pamplona, 1999.
Muralt, A. de, *Néoplatonisme et aristotélisme dans la métaphysique médiévale: analogie, causalité, participation*, París, J. Vrin, 1995.

O' Rourke, F., "Aquinas and Platonism", Kerr, F. (ed.), *Contemplating Aquinas: On the Varieties of Interpretation*, 2003, pp. 247-279.

—, *Pseudo-Dionysius and the Metaphysics of Aquinas*, New York, University of Notre Dame Press, 2005.

Pascual, F., "La concezione metafísica di Plotino", *Alpha Omega*, 9/1 (2006), pp. 123-156.

Patfoort, M., "La unité de la *Ia. Pars* et le mouvement interne de la *Somme* de S. Thomas d'Aquin", *RSPT*, 47 (1963), pp. 513-544.

Peghaire, J., *Intellectus et ratio selon S. Thomas d'Aquin*, Vrin, París, 1936.

Peretó Rivas, R., "Santo Tomás de Aquino y la iluminación *sub quo*, Doctor Angelicus. Internationales Thomistiches Jahrbuch", *Editiones Thomisticae*, 3 (2003), pp. 111-126.

Perl, E., "Hierarchy and participation in Dionysius the Areopagite and Greek Neoplatonism", *American Catholic Philosophical Quarterly*, 68/1 (1994), pp. 15-30.

Philipp, M., *From Platonism to Neoplatonism*, The Hague, M. Nijhoff, 1960.

Philippson, P., *Untersuchungen über den griechischen Mythos*, Zürich, 1994.

Phillips, J., *Order From Disorder. Proclus' Doctrine of Evil and its Roots in Ancient Platonism*, Berchman, R. M., Finamore, J. F. (eds.), Boston, Brill, 2007.

Pöltner, G., "Pluralismo y unidad. La relevancia práctica de la idea metafísica de participación", *Anuario filosófico*, 36 (2003), pp. 203-219.

Pöltner, G., "The importance of Dionysius for St. Thomas Aquinas' comprehension of being", *Diotima*, 23 (1995), pp. 128-132.

Prouvost, G., "La question des noms divins. Saint Thomas entre apophatisme et ontotheologie", *Revue Thomiste*, 97/3 (1997), pp. 485-511.

Quinn, P., "The Experience of Beauty in Plotinus and Aquinas: Some Similarities and Differences". A. Alexandrakis (ed.), *Neoplatonism and Western Aesthetics*, 2002, pp. 41-52.
Quinn, P., *Aquinas, Platonism, and the Knowledge of God*, Avebury, Brookfield-Aldershot, 1996.
Reale, G., "Fundamentos, estructura dinámico-relacional y caracteres esenciales de la metafísica de Plotino", *Anuario Filosófico*, 33/1 (2000), pp. 163-191.
—, *Per una nuova interpretazione di Platone alla luce delle dottrine non scelte*, colección *Il pensiero Occidentale*, Italia, Bompiani, 2010.
Reinhardt, E. "El Verbo-Imagen y la asunción de la naturaleza humana, creada *ad imaginem Dei*, en la doctrina de Santo Tomás de Aquino", Izquierdo, C., Muñoz de Juana, R. (eds.), *Teología: Misterio de Dios y saber del hombre. Textos para una conmemoración*, 2000, pp. 755-762.
Riccati, C., "La imagen de Platón en Tomás de Aquino", *Revista de Filosofía*, México, 20 (1987), pp. 6-27.
Rineau, M., *Penser Dieu: jugement et concept dans la théologie des noms divins d'après saint Thomas d'Aquin*, París, Téqui, 2004.
Rist, J. M., "Te One of Plotinus and the God of Aristotle", *The Revue of Methaphysics*, 27/1 (1973), pp. 75-87.
Roques, R., *L'univers dionysien. Structure hiérarchique du monde selon le Pseudo-Denis*, Latour-Maubourg, Les Éditions du Cerf, 1983.
Rorem, P., *Pseudo Dionysius. A Commentary on the Texts and an Introduction to their Influence*, New York, Oxford University Press, 1993.
Ross, L., "Thomizing Plotinus: A Critique of Professor Gerson", *Phronesis*, 41/2 (1996), pp. 197-204.
Ross, R., "The non.existence of God: Tillich, Aquinas, and the Pseudo Dionysius", *Harvard Theological Review*, 68/2 (1975).
Rousselot, P., *L'intellectualisme de saint Thomas*, París, Beauchesne, 1928.

Royo Marín, A., *Dios y su obra*, Madrid, B.A.C., 1963.
Ruello, F., "La doctrine de l'illumination dans le traité *Super librum Boethii De Trinitate* de Thomas d'Aquin" *Recherches de Science Réligieuse*, 64 (1976), pp. 341-358.
—, *Les "noms divins" et leurs "raisons" selon Albert le grand commentateur du "De Divinis Nominibus"*, París, Vrin, 1963.
Russino, G., "Tommaso lettore dello Pseudo-Dionigi. Note sull' *Expositio in librum De divinis nominibus*", *Schede Medievali*, 24-25 (1993), pp. 248-258.
Saffrey, H. D., "New Objective Links between the Pseudo-Dionysius and Proclus", D. O'Meara (ed.) *Neoplatonism and Christian Thought*, 1982, pp. 65-74.
Sanguinetti, J. J., *La filosofía de la ciencia según Santo Tomás*, Pamplona, EUNSA, 1977.
Schiavone, M., *Neoplatonismo e Cristianèsimo nello Pseudo Dionigi*, Milano, 1963.
Schindler, D. C., "What's the Difference? On the Metaphysics of Participation in a Christian Context", *The Saint Anselm Journal*, 3/1 (2005), p. 11
Schmid, A., *Die peripatetisch-scholastische Lehre von den Gestirngeistern*, Munich, Athenaeum, 1862.
Schneider, W., *Die Quaestiones disputatae de veritate des Thomas von Aquin in ihrer philosophiegeschichtlichen Beziehung zu Augustinus*, Aschendorff, Münster in Westfalen, 1930.
Schönberger, R., *Nomina divina. Zur theologischen Semantik bei Thomas von Aquin*, Frankfurt am Maine – Bern, Peter Lang, 1981.
Schröer, C., "Boëthius". P. Bruns (ed.), *Von Athen nach Bagdad. Zur Rezeption griechischer Philosophie von der Spätantike bis zum Islam*, 22 (2003), pp. 111-131.
Shaw, G., "Neoplatonic Theurgy and Dionysius the Areopagite", *Journal of Early Christian Studies*, 7 (1999), pp. 573-599.
Sluiter, I., "Commentaries and the Didactic Tradition", Glenn W. Most (ed.), *Commentaries – Kommentare*, 4 (1999), pp. 173-205.

Soto-Bruna, M. J., "Presentación. Causalidad y manifestación en el neoplatonismo medieval", *Anuario Filosófico*, 44/1 (2011), pp. 7-26.
Taylor, A. E., "The Philosophy of Proclus", *Proceedings of the Aristotelian Society*, 18 (1917-1918), pp. 600-635.
Taylor, R. C., "Aquinas, the "Plotiniana Arabica", and the Metaphysics of Being and Actuality", *Journal of the History of Ideas*, 59/2 (1998), pp. 217-239.
Thivierge, G. R., *Le Commentaire des noms divins de Denys l'Aréopagite: l'occasion d'une rencontre entre platonisme et aristotélisme chez Thomas d'Aquin*, Romae, Éd. des clercs de Saint- Viateur, 1986.
Torrel, J. P., *Iniciación a Santo Tomás de Aquino: su persona y su obra*, Pamplona, EUNSA, 2002.
—, *Saint Thomas d'Aquin, maître spirituelle*, 3° ed., Fribourg, Academie Press Fribourg, 2008.
Trouillard, J., "Le cosmos du Pseudo-Denys", *Revue du théologie et de philosophie*, 5 (1955), pp. 51-57.
—, "Procession néoplatonicienne et création judéochrétienne", *Néoplatonisme: Mélanges oefferts à Jean Trouillard*, 1 (1981), pp. 1-30.
—, *La Procession plotinnienne et la Purification plotinniene*, París, Presses Universitaires de France, 1955.
Twetten, B., "Aquinas's Aristotelian and Dionysian definition of God", *The Thomist* 69/2 (2005).
Twetten, D. B., "Aquinas's Aristotelian and Dionysian definition of God", *The Thomist*, 69/2 (2005), pp. 203-250.
Van Riel, G., "Horizontalism o Verticalism? Proclus, Plotinus on the Procession of Matter", *Phronesis*, 46/2 (2001), pp. 129-153.
Vega, A., "La huella del desierto en el Maestro Eckart", *Revista de Filosofía*, 24-25 (1999), pp. 49-72.
Vegas M., J. A., *Teoría del conocimiento según Santo Tomás de Aquino*, Tegucigalpa, Editorial Universitaria, 1985.
Verbeke, G., "Man as "Frontier" according to Aquinas", Verbeke, G., Verhelst, D. (eds.), *Aquinas and problems of his Time*, 1976, pp. 195-224.

Wallis, R. T., "Divine Omniscience in Plotinus, Proclus and Aquinas". H. J. Blumenthal, H. J., Markus, R. A. (eds.), *Neoplatonism and Early Christian Thought: Essays in Honour of A. H. Armstrong*, 1981, pp. 223-235.

Yarza, I., "Anotaciones sobre la relación en Plotino", *Anuario Filosófico*, 33 (2000), pp. 279-290.

Zubizarreta, V., *Theologia dogmatico-scholastica ad mentem S. thomae Aquinatis*, Bilbao, Eléxpuru Hnos., 1937.

Este libro se terminó de imprimir en mayo de 2017 en Imprenta Dorrego (Dorrego 1102, CABA).

www.ingramcontent.com/pod-product-compliance
Lightning Source LLC
Chambersburg PA
CBHW021134230426
43667CB00005B/105